工程管理专业硕士学位（MEM）研究生系列教材

研究生创新教育系列教材

# 工程管理案例集

**GONGCHENGGUANLIANLIJI**

何正文　王能民　著

西安交通大学出版社

XI'AN JIAOTONG UNIVERSITY PRESS

## 内容提要

本书从工程管理的理论体系及实践需求出发,聚焦工程的投资控制、挣值分析、资源配置、进度计划、成本控制、风险管理、现金流优化和多目标集成等管理核心内容,系统地收集、整理、撰写了8个具有代表性的工程管理实际案例。首先介绍了所选案例的总体概况;随后分析其管理现状,提炼相应的数据资料并归纳其存在的问题;接着将实际问题向理论层面提升,应用相关工具方法研究问题的解决方案;最后提出工程管理改进的对策建议并对其实施效果进行评价。本书特别注重理论与实践的紧密结合,具有深入性、实践性和新颖性的特点。

本书面向工程管理、项目管理等相关专业的研究生和本科生,可作为各专业课教学的配套教材,也可作为实践型专业课的教材独立使用。

**图书在版编目(CIP)数据**

工程管理案例集/何正文,王能民著. —西安:西安
交通大学出版社,2017.4
工程管理专业硕士学位(MEM)研究生系列教材
研究生创新教育系列教材
ISBN 978-7-5605-9518-4

Ⅰ.①工… Ⅱ.①何… ②王… Ⅲ.①工程管理-案
例-研究生-教材 Ⅳ.①F40

中国版本图书馆 CIP 数据核字(2017)第 059167 号

| | | |
|---|---|---|
| 书　　名 | 工程管理案例集 | |
| 著　　者 | 何正文　王能民 | |
| 出版发行 | 西安交通大学出版社 | |
| | (西安市兴庆南路 10 号　邮政编码 710049) | |
| 网　　址 | http://www.xjtupress.com | |
| 电　　话 | (029)82668357　82667874(发行中心) | |
| | (029)82668315(总编办) | |
| 传　　真 | (029)82668280 | |
| 印　　刷 | 陕西宝石兰印务有限责任公司 | |
| 开　　本 | 787mm×1092mm　1/16　印张 16　字数 399 千字 | |
| 版次印次 | 2017 年 6 月第 1 版　2017 年 6 月第 1 次印刷 | |
| 书　　号 | ISBN 978-7-5605-9518-4 | |
| 定　　价 | 42.00 元 | |

读者购书、书店添货,如发现印装质量问题,请与本社发行中心联系、调换。
订购热线:(029)82665248　(029)82665249
投稿热线:(029)82665379
读者信箱:xj_rwjg@126.com

**工程管理专业硕士学位(MEM)研究生系列教材**

# 编写委员会

# 总 序

　　工程与工程管理对我国而言,具有十分重要的战略意义。工程投资在我国经济活动中占有十分重要的战略地位,为我国国民经济的发展提供了重要的驱动力,提升了我国整体国际竞争力,也产生了很多标志性的、具有世界影响的工程,如神舟系列的航天工程、三峡水利工程等。在取得标志性工程成果的同时,我国在工程管理领域里也取得了巨大的成绩:钱学森同志率先将系统工程思想与航天工程实践结合,是典型的工程管理成果;与此同时,我国每年以万亿计的工程投资需要大量的工程管理人才,而我国目前还缺乏系统培养工程管理专业人才的体系。基于这一现实,中国工程院工程管理学部组织专家讨论并向国务院学位办建议设立工程管理专业硕士学位(MEM),这一建议被学位办所采纳,在全国范围70余所高校开展了 MEM 专业教育与人才培养工作。

　　我们看到,自设立 MEM 专业学位以来,我国高等院校中的工程管理专业硕士学位研究生教育迈上了一个新台阶。在培养主体上,由原来的商学院/管理学院或者土木工程学院等单独培养工程管理专业的学生,逐渐转变为由商学院/管理学院和工学院联合为主体来培养工程管理专业的学生。上述学生培养主体的变化对工程管理教育的影响,表现为在工程管理专业的课程体系中融入了相当数量的工程方面的内容。

　　实际上,不论是工程管理实践还是工程管理理论,均强调工程管理与工程相符合,强调其管理的行为必须与一定的工程、工程环境、工程技术与方法相融合,强调在工程多目标的实现过程中各种资源的系统化运用,等等。显然,工程管理的要求与变化对工程管理教育提出了新的要求:必须将管理教育的视野放开,站在工程与管理集成的角度来考虑管理的问题。

　　为了适应我国工程管理所面临的新形势与新发展,满足我国工程管理人才培养的需要,西安交通大学管理学院组织一批专家并征得西安交通大学出版社的同意,决定推出工程管理专业硕士学位(MEM)研究生系列教材。该系列教材包括:工程管理概论、工程管理方法论、工程决策与分析、工程经济学、工程项目管理、工程质量管理、工程成本管理、工程进度管理、工程环境管理、工程风险管理、工程管理案例集等。

本系列教材的主要特点有：

第一，作者阵容强大，教学经验丰富。本套系列教材的主编及参编人员大多来自西安交通大学管理学院，他们长期从事本专业的教学工作。本套系列教材是这些教师长期积累的教学和科研成果的总结。

第二，内容视野开阔，符合培养目标。每位作者都努力站在工程与管理集成的角度来考虑和阐述问题，以期达到满足工程管理专业硕士研究生培养的需要、扩大学生视野的目的。

第三，体例统一规范，教材实用性强。为便于使用，每章均安排了案例，有利于学生将理论知识与管理实践相结合。同时，每章的最后还配有思考题，以便学生明确各章的学习重点并对学习内容产生兴趣。

我相信，本套系列教材的出版，一定会对我国的工程管理专业硕士研究生培养与教育产生积极的推动作用。当然，限于作者水平，本套系列教材的缺点和不足在所难免，恳请广大读者批评指正。

西安交通大学管理学院 汪应洛

2013 年 9 月

# 前　言

近年来,我国经济快速发展,综合国力日益提升,各种各样的大型工程不断立项实施,社会对工程管理理论、知识与方法有巨大需求,需要大批高级工程管理专业人才。工程管理具有显著的实践性特征,在工程管理理论体系和人才培养中,对实际案例的总结提炼、分析研究,具有无可替代的重要作用。目前,我国国内工程管理案例教材仍然比较缺乏,不能完全满足人才培养,特别是高层次人才如工程管理硕士培养的需求。

中国工程院院士、西安交通大学管理学院名誉院长汪应洛先生很早就注意到了这个问题,于2012年就提出要撰写一部高质量的《工程管理案例集》,以满足工程管理人才培养的需要。他指出,这部案例集不仅要从工程管理实践出发进行总结整理,而且要特别注意实际问题向理论层面的抽象提炼,突出案例研究的规范性和深入性,以使其能够为提升学生的应用型研究能力提供直接的帮助。他同时还强调,要尽可能地把工程管理领域比较新颖的研究成果纳入其中,以便拓宽学生视野,培养他们的创新性思维。

按照汪应洛院士关于《工程管理案例集》的指示和指导意见,我们认真梳理了工程管理的理论体系和关键知识点;结合自己多年的教学和科研成果积累,对研究团队数十位工程管理硕士和项目管理专业工程硕士的学位论文进行了仔细筛选;按照从实际抽象到理论,再把理论应用回实际的基本思路,对挑选出的学位论文进行了系统的加工改造和精炼完善,从而形成了这部案例集的内容。

全书由8个代表性案例构成,分别聚焦于工程的投资控制、成本管理、挣值分析、风险应对、现金流优化、资源配置、进度计划和多目标集成等核心内容,构成了一个较为完备的工程管理案例体系。在这些案例的撰写过程中,我们特别注意内容的实践性、规范性、深入性、新颖性,因而该案例集特别适合于工程管理硕士和项目管理专业工程硕士的教学使用。同时,该教材也可供相关专业本科生拓展学习使用,并为工程管理从业者解决实际问题提供参考借鉴。

本书从提出到完成的全过程,都得到了汪应洛院士的悉心指导和帮助,在此谨对汪院士表示衷心的感谢。书中的8个案例是在于全宁、宗文杰、曾正才、滕晓晴、侯建华、罗方、杨辉、邱荣等8位硕士所完成的硕士学位论文的基础上,进一步整理、加工、提炼而成,在此,对上述硕士的辛勤付出表示真诚的感谢。此外,在本书的出版过程中,得到了西安交通大学研究生院和西安交通大学出版社的大力支持,在此一并表示感谢。

最后需要特别声明的是,本书中实际案例的现状调研、数据提炼、模型构建及求解分析等,受到了国家自然科学基金面上项目"风险环境下大型复杂工程项目现金流动态均衡调度优化研究"(71371150/ G010301)的支持,在此谨表示感谢。

何正文 博士、教授    王能民 博士、教授

2016 年 11 月于西安

# 目　录

# 第 1 章　HNZQ2×600 MW 机组
# 工程投资分析与控制

## 1.1　工程的基本情况

### 1.1.1　外部行业环境

山西省是我国重要的能源基地,煤炭资源极为丰富。但长期以来,煤炭生产受到铁路运力的限制,使山西省的经济发展受到制约。为此,山西省委、省政府提出变输煤为输煤、输电并重的经济发展战略方针,并受到国家的高度重视和大力支持。山西电网是华北电网的组成部分之一,目前从北到南已形成覆盖全省的 220 kV 双回路和 500 kV 双回路(北部为双回路、中南部为单环网)为主干的全省性电力网络。按照自然行政区的划分,山西省电力公司包括 11 个供电分公司。按照送受电关系,划分为北部、中部、南部和东南部四大供电区,其中,北部电网包括大同、忻州和朔州电网,中部电网包括太原、阳泉、吕梁、晋中电网,南部电网包括临汾、运城电网,东南部电网包括长治、晋城电网。

截至 2008 年年底,山西省总装机容量 23029.77 MW。省网装机容量 17530 MW,其中火电 16747 MW,水电 783 MW。当年省网新投产发电机组有:平朔电厂 2♯ 机 50 MW、兴能(古交)电厂 2×300 MW、河曲电厂 2♯ 机 600 MW、兆光电厂 2×300 MW、华泽电厂 2×300 MW、综合利用电厂及小火电厂 449.05 MW,合计新增发电容量 2899.05 MW,全部为燃煤火电机组。截至 2008 年年底,全省发电量完成 1311.971 亿千瓦时,本省装机完成发电量 1025.899 亿千瓦时,同比增长 18.5%,其中水电 20.3176 亿千瓦时,火电 1005.582 亿千瓦时,同比分别增长 0.19%、19%。全社会用电量完成 946.3 亿千瓦时,同比增长 13.6%。最大发电负荷 13746 MW,同比增长 11.24%。截至 2008 年年底,全口径发电设备平均利用小时数 6339 小时,同比减少 255 小时;火电设备利用小时数 6531 小时,同比减少 320 小时。火电设备利用小时比上年同期有所下降,表明山西电网几年来严重缺电的局面有所缓解。

2008 年山西电网新建成临汾 500 kV 变电站 2♯ 主变、容量 750 兆伏安/1 台;新建扩建 220 kV 变电站 17 座,新增主变容量 3730 兆伏安/39 台;新增 500 kV 输电线路 5 条,长度增加 154 千米;新增 220 kV 输电线路 27 条,长度增加 470.752 千米。500 kV 线路包括临汾至晋中第二回线路、侯村至石家庄廉州 500 kV 线路、古交电厂至晋中线路、兆光电厂至霍州线路等工程。山西 500 kV 电网从北到南形成双回路结构,其中,南部与东南部构成了 500 kV 单环网。截止 2008 年底,山西电网共有 500 kV 线路 18 条,线路长度 1733.4 千米;220 kV 线路 187 条,线路长度 6596.4 千米。共有 500 kV 变电站(包括开闭站)7 座,变压器 6 台,变电容量 4500 兆伏安;220 kV 变电站(开闭站)80 座,变压器 171 台,变电容量 20311 兆伏安。220 kV 公用变电站 71 座,变电容量 17190 兆伏安;220 kV 用户变电站 9 座,容量 31214 兆伏安。

山西是向外输电较多的省份,目前山西电网向外送电的通道有:北部通过大同二厂以双回

500 kV 大房线路向京津唐电网送电；河曲电厂、神头二电厂以双回 500 kV 神徐线路和侯村至石家庄单回 500 kV 线路向京津冀电网送电；阳城电厂 2100 MW 机组容量以点对网的方式向江苏送电；通过忻州市保德 220 kV 变电站以 110 kV 电压向陕西省榆林地区送电；中部娘子关电厂 2×100 MW 机组与山西电网解列，以双回 220 kV 线路并入河北南网。截至 2008 年年底，山西外送总电量 359.356 亿千瓦时，其中本省自用装机外送电量 94.1148 亿千瓦时。

基于以上情况，山西省的电网建设项目仍然存在着如下一些问题：

(1)山西电网发电机组装机容量不足。2008 年，山西电网新增发电装机容量 2900 MW，扣除河曲电厂 2# 机组外送 450 MW，华泽电厂自备机组 600 MW 后，实际新增发电装机 1850 MW，2008 年年底仍缺装机容量 1000 MW 左右。2008 年山西电网不考虑避峰、错峰、轮供导致的受限负荷，最大拉电负荷 1877.2 MW，月拉电电量最多 1.6382 亿千瓦时，月最大拉电条次 10738 条次。全年累计直接拉路 40237 条次，比去年同期减少 96970 条次；损失电量 7.58206 亿千瓦时，比去年同期减少 9.7 亿千瓦时。

(2)发电机组健康水平下降，机组发电出力不足。由于省调发电装机容量不足，发电机组利用小时数较全国平均水平依然偏高，造成发电设备健康水平下降，非计划停运次数增加，全省用电形势紧张。2008 年发电用煤情况紧张，山西省内电厂对电煤价格承受能力较弱，发电用煤普遍质量差、灰分大，发电机组出力普遍依然偏低，电力供应缺口加大，部分电厂甚至出现缺煤停机。

(3)部分输变电设备满载或过载，开关短路容量超标。在夏季和冬季大负荷期间，山西主网候村、南社、冶峪、新店、小店、杨家堡、广兴、汾阳、原平、匡村、三家庄、新绛、临晋、闻喜、候堡等 220 kV 变电站主变负荷均满载或过载。220 kV 冶广线、晋汾线、漳候线运行潮流很重，均有过载情况发生。220 kV 冶峪、新店、小店、南社、平遥、新绛、原平、霍州电厂部分开关短路容量超标，电网运行安全受到威胁。

"十五"期间，随着山西省加大基础设施建设的投资力度，重点工程建设步伐不断加快，国民经济进入了新一轮的增长期。特别是高耗电的有色、黑色金属冶炼业，煤化工等行业的惯性发展，带动电力需求快速增长。电力需求在经济结构调整和消费拉动作用下保持有力增长，城乡居民用电稳步上升，使全社会用电量持续快速增长，国民经济发展对电力的需求不断增大，山西省电力市场出现供销两旺现象。全社会用电量由 2000 年的 502.1 亿千瓦时增加到 2008 年的 946.3 亿千瓦时，五年平均增长率为 13.5%。发电负荷由 2000 年的 7614 MW 增加到 2008 年的 13746 MW，五年平均增长率为 12.6%。

### 1.1.2 工程建设背景

左权县煤炭资源丰富，地理位置优越，交通运输条件便利，位于清漳河西源上游距县城 7 公里的石匣水库和左权县污水处理厂，可为电厂分别提供地表水和城市再生水，因此，左权县具备了建设大型火力发电厂的良好的客观条件。原山西省电力工业局早在 1985 年，就把左权电源点列入了山西省电源规划方案中。2002 年 5 月，原山西省发展计划委员会组织相关部门召开了"西电东送"后续项目开发会议，并下发文件《山西省发展计划委员会关于印发"西电东送"后续项目开发会议纪要的通知》(晋计产业发[2002]445 号)，该通知明确"我省应逐步开发灵丘和左权等建厂条件优越的'西电东送'后续电源项目，并且，为了保持我省在'西电东送'北部通道建设中的重要地位，灵丘和左权电厂单机容量不能低于 60 万千瓦"。

根据以上通知,原山西省地方电力公司立即成立了"左权发电厂建设项目"筹备组,确定左权电厂规划容量 4×600 MW,且在厂区总体规划时要留有再扩建的条件。一期工程建设规模为 2×600 MW 国产超临界凝汽式燃煤直接空冷发电机组。该工程由中国华能集团公司和山西国际电力有限公司共同出资建设,因此被称为"HNZQ2×600 MW 机组工程"。工程的建设单位为"华能左权电厂筹建处"。工程计划 2007 年 1 月开工建设,2009 年 6 月 1 号机组投产,2009 年 12 月 2 号机组投产。项目资金方面由中国华能集团公司和山西国际电力有限公司以 51％和 49％的比例共同承担,项目注册资金占总投资的 20％,其余 80％资金以向银行借贷的形式进行筹措。

### 1.1.3　主要技术条件

"HNZQ2×600 MW 机组工程"拟建设 2×600 MW 国产超临界燃煤直接空冷汽轮发电机组,同步建设烟气脱硫和脱硝设施,并留有扩建的条件。工程所选机组的锅炉、汽轮机及发电机的主要技术条件分别如表 1-1、表 1-2 和表 1-3 所示。其中,锅炉采用超临界参数、单炉膛、一次中间再热、平衡通风、固态排渣、前后墙对冲燃烧方式、Π 型布置、全钢构架、半露天布置、变压运行直流炉。锅炉同步建设烟气脱硝装置,锅炉炉膛的防爆压力应考虑烟气脱硝装置的影响。为了保证锅炉的整体性能并降低工程造价,将脱硝装置纳入锅炉的设计和供货范围。锅炉采用微油点火装置。为保证锅炉的安全性和可靠性,将微油点火装置纳入锅炉的设计和供货范围,以便锅炉厂保证整体性能。汽轮机采用超临界参数、一次中间再热、三缸四排汽、间接空冷表面凝汽式汽轮机。主蒸汽压力 24.2 MPa,主蒸汽和再热蒸汽温度均为 566℃。发电机采用水—氢—氢冷却方式,励磁系统采用无刷励磁或自并励静态励磁,通过招标确定。由锅炉厂、汽机厂配供的仪表控制设备的选型与配置,应能满足电厂整体自动化水平和控制系统接口的要求。

表 1-1　锅炉技术参数表

| 型式 | 超临界直流锅炉,采用单炉膛、墙式对冲燃烧、平衡通风、全钢架悬吊结构、半露天布置、固态排渣 |
|---|---|
| 最大连续蒸发量 | 2025 t/h |
| 过热器出口蒸汽压力 | 25.4 MPa |
| 过热器出口额定蒸汽温度 | 569℃ |
| 再热蒸汽流量 | 1650 t/h |
| 再热蒸汽压力(进口/出口) | 5.2/5.01 MPa |
| 再热蒸汽(热段)温度 | 569℃ |
| 再热蒸汽(冷段)温度 | 335℃ |
| 给水温度 | 293.6℃ |

表 1-2 汽轮机技术参数表

| 型式 | 三缸四排汽、超临界、一次中间再热、直接空冷凝汽式汽轮发电机组 |
|---|---|
| 额定功率 | 600 MW |
| 高压主汽门前蒸汽压力 | 24.2 MPa |
| 高压主汽门前蒸汽温度 | 566℃ |
| 中压主汽门前蒸汽压力 | 4.647 MPa |
| 中压主汽门前蒸汽温度 | 566℃ |
| 额定进汽量 | 1650 t/h |
| 设计气温 | 17℃ |
| 额定排汽压力 | 15kPa |
| 额定转速 | 3000 r/min |
| 给水回热级数 | 7级(3高加+1除氧+3低加),低加疏水采用逐级回流,除氧器滑压运行 |

表 1-3 发电机技术参数表

| 型号 | QFSN-600-2-22 |
|---|---|
| 型式 | 三相两极同步发电机,采用水氢氢冷却方式,励磁方式采用自并励静止励磁系统 |
| 额定功率 | 600 MW |
| 最大容量 | 727 MVA |
| 额定容量 | 667 MVA |
| 额定电压 | 20 kV |
| 额定功率因素 | 0.90(迟相) |
| 额定频率 | 50 Hz |
| 额定转速 | 3000 r/min |
| 相数 | 3 |

## 1.1.4 面临的主要问题

由于工程涉及面广、难度大、建设时间长,所以,不可避免地会面临很多实际问题。其中,最主要的也是最关键的有如下几个方面:

**1. 厂址的选择**

由于火电建设项目占地面积大,在选址时应充分考虑地形地貌、气象条件、地震情况、工程地质水文条件、交通运输条件、环境保护等自然条件。比如,相同装机容量的某两个电厂,位于大城市周边电厂的土地征用费,比位于某山区电厂的土地征用费高 4 倍。同时,由于电力项目建设所需设备全部为专业设备,体积和重量都较大,运输这些设备一般都得用专用运输工具,这就将支出较多的运输费用,如果选择项目建设地点远离交通枢纽,运输成本肯定会增加。此外,还要考虑厂址的位置是否有利于当地发展规划、征地拆迁、移民安置等。所以,合理地选择项目建设地点,将在很大程度上影响工程的建设成本,决定工程未来的经济效益和社会效益。

**2. 燃料的供应**

本工程需燃煤量约 $296.2 \times 104$ t/a,由于所需煤量较大,而左权县各煤场均达不到此产量,因此只能依托某较大煤场,将其作为主要煤源,再到周边的小煤场进行余煤的采购,用公路运输运至左权电站。由于需要考虑到运输环节,因此煤源的选择就显得至关重要,否则,不仅会增加运输成本,而且一旦煤源无法到位,甚至有可能导致电厂无法正常运转。火电机组能耗大、发电成本高,这就对燃料的供应有较严格的限制。火力发电厂项目中都有运煤所需的铁路专用线建设,项目建设地如果远离铁路交通线,势必会增加铁路专用线的征地、拆迁和建设成本。

**3. 水源的供应**

本工程 $2 \times 600$ MW 空冷机组夏季耗水量约 424 $m^3$/h,年需水量约 $295 \times 104$ $m^3$。目前只是建设一期工程,考虑到日后的工程扩建,水源的提供一定要充足。经过实地考察,暂定补给水源拟优先使用左权县城污水处理厂的再生水,不足部分由石匣水库水补充,并以水库水作为再生水的备用水源。

**4. 其他**

随着人们环保意识的增强,对环境的保护和要求越来越高,电厂对污水和废气的处理,也日渐成为必须给予高度重视的问题,这其中亦涉及资金的投入和成本问题。此外,诸如交通运输等问题也需要逐步考虑并予以解决,这些问题对项目初期建设的影响虽然并不是很大,但是,如果忽视它们,将会导致工程后期运作上产生一系列问题,甚至影响二期工程的建设。

如何解决好上述问题,并在此基础上对相关资源进行优化,就成为了"HNZQ2×600 MW 机组工程"前期设计和统筹规划的关键。而其中如何制订一份优质的投资分析和控制计划,则是问题解决的重中之重。火电厂的建设属于大型工程建设范畴,所涉及的方面较多,如何在诸多条件的限制下,科学地对工程进行投资分析,据此优化资源配置并合理控制投资规模,无疑是一个具有重要现实意义的问题。

# 1.2　工程投资分析

## 1.2.1　投资的必要性

**1. 基本情况**

山西目前已基本形成了以重工业为主,煤炭、电力、冶金、机械、化工、建材等门类齐全的工业体系产业结构。"十五"期间山西省国民经济发展一直保持了强劲的增长势头,呈现出速度、质量、结构和效益协调发展的局面。2001 年、2002 年、2003 年、2004 年、2005 年,山西省生产总值与上年比分别增长了 8.4%、11.7%、13.2%、14.1%、12.5%,五年平均增长率为 13%。2008 年山西省地方生产总值完成 4121.18 亿元(当年价),其中,一产 257.9 亿元、二产 2307.87 亿元、三产 1555.41 亿元,与上年同期相比分别增长了 −5.4%、15.9%、11.6%,人均 GDP 达到 1520 美元。

左权电厂可以作为山西省自用电厂,根据山西省预测的负荷水平进行电力平衡。考虑已核准在建的电源项目,"十一五"期间可新增容量 8925 MW,2010 年总装机容量将达到 26455 MW。左权电厂位于山西省中部的东侧,煤炭资源储量丰富,煤炭品种齐全、煤质优良、开发条件好。从水资源分布来看,相对为富水地区。左权电厂是一个建设条件较好,距负荷中心较近的大型火电电源点。左权电厂一期 2×600 MW 机组的建设,作为山西省自用电厂在"十一五"期间和"十二五"初期存在较大的市场空间的,对促进山西地区经济发展具有重要意义。

左权电厂也可以作为外送电厂向华中送电,根据国家电网公司特高压交流电网建设规划,结合山西东南部地区大型电源工程"十一五"末期投产发电,以及百万伏级南北互供大通道的规划,首先建设晋东南——南阳——荆门单回路百万伏级交流输变电试验工程。由于华中电网以水电为主,华北电网以火电为主,华北与华中电网电源互补性强,"十一五"末期可实现华北与华中互送电 2800 MW。山西东部地区交通便利,煤炭已探明储量大,煤层地质构造优越,成矿条件好,便于规模化开采,采矿成本低廉,具备煤水资源兼得的优势。山西东部地区具备建设大型坑口电厂,输煤输电并举的优越地理位置和自然条件。左权电厂通过特高压电网向华中送电,符合国家能源总体流向。

**2. 煤炭需求分析**

华中地区一次能源主要依靠河南的煤炭,两湖及四川的水电以及外地的煤炭,自给率为 70% 左右。但是华中地区资源开发利用程度较高,进一步开发的潜力不大,随着经济的发展,华中地区能源的需求量将大幅度增加,能源的缺口将会越来越大。初步估计,2010 年华中地区需从区外调入约 8000 万吨煤炭,2020 年需从区外调入约 1.46 亿吨煤炭。因此,华中地区能源供需矛盾比较突出,从长远看,能源不能自给平衡,必须从区外购入能源。

山西是煤炭大省,煤炭资源储量大、品种全、煤质优、埋藏浅、易开采。沁水煤田作为山西的六大煤田之一,煤田面积 30500 平方公里,资源储量 3316.5 亿吨,主要煤种为无烟煤和半无烟煤。烟煤的保有储量 250.49 亿吨,无烟煤的保有储量 421.61 亿吨。晋东南地区与河南和河北省相连,交通便利,水利资源丰富,具备建设大型坑口电厂、输煤输电并举的优越自然条件。"十一五"期间随着晋城煤业集团开发赵庄、樊庄、郑庄三座矿井,设计能力 3200 万吨;潞安集团的高河、古城、辛庄三座矿井,设计生产能力 3100 万吨;沁水东大煤矿设计能力 800 万吨,山西东南煤田预计 2010 年新增产能 7100 万吨。山西东南部煤电基地的建设,有利于全国资源的优化配置。

**3. 电力市场分析**

根据华中地区电力规划,由于华中地区能源不能自给平衡,导致其电力也不能自给平衡,2010 年华中电网尚有电力市场空间 6760 MW。而且,随着经济的发展,这一市场空间在逐步增大,预计 2015 年电力市场空间将达到 25820 MW,"十一五"期间及以后均需要由外部输电。山西东部地区规划建设的大型电厂有:左权电厂位于左权县城南侧河南坪村,规划装机容量 4×600 MW;晋城电厂位于阳城县北部的端氏镇附近,规划装机容量 4×600 MW+4×1000

MW;漳山电厂位于长治市区北部安阳村北,二期工程装机容量 2×600 MW;赵庄电厂位于长子县南部的龙泉村,规划装机容量 4×600 MW;高河电厂位于长子县东部的薛家庄附近,规划装机容量 4×600 MW。山西东部地区上述规划电厂装机总容量为 14800 MW,左权电厂等条件较好的电厂可以通过特高压电网向外送电。

截至 2008 年年底,山西电网总装机容量为 36347.8 MW,其中本省自用装机容量为 28447.8 MW。2008 年全省用电量为 1314.3 亿千瓦时,同比降低 2.6%;自用最大发电负荷 17665 MW,同比降低 1.43%。根据山西省电力公司新一轮负荷预测,2010 年和 2015 年,山西省全社会用电量将会达到 1760 亿千瓦时和 2660 亿千瓦时,"十一五"和"十二五"年均分别增长 13.2%和 8.6%;山西电网最大发电负荷将达到 26500 MW 和 41000 MW,"十一五"和"十二五"期间年均增长分别为 14.0%和 9.1%。根据国家发展改革委员会已核准的电源,"十二五"期间山西省存在一定的电力市场空间。考虑国家发展改革委员会纳入规划的电源项目,山西电网电力缺额主要在南部电网和中部电网。

左权发电厂建设容量为 1200 MW,采用 2×600 MW 超临界空冷燃煤机组,计划于 2012 年投产。本工程建设符合国家"上大压小、节能减排"的政策,可满足山西中南部地区负荷增长的需求,可实现该地区的资源优化配置,促进地方经济发展。因此,本工程可作为山西电网可供选择的电源项目之一,根据电力市场和负荷发展情况适时开工建设。综合上述情况,左权电厂 2×600 MW 工程无论是外送,还是作为本省自用均有一定的市场空间。在"十一五"期间开工建设,在"十一五"末期或"十二五"初期建成投产是非常必要的。

### 1.2.2　工程投资估算

**1. 投资估算依据**

左权电厂规划容量 4×600 MW,一期 2×600 MW,预计"十一五"末期建成投产。电厂有两种送电方向,即山西省本省自用和经特高压电网试验工程向华中送电。根据山西省"十一五"及 2020 年电网规划设计,在 2008 年山西省 500 kV 主网架的基础上,2010 年前山西省 500 kV 主网将建成从北至南 3 回路 500 kV 线路,其中南部与东南部构成 500 kV 双环网。晋东南特高压以 π 型布局并入南部,与东南部构成 500 kV 双环网,其中特高压至长治为 3 回路、至晋城为 2 回路。

左权电厂距榆社 500 kV 开闭站约 45km,距晋中 500 kV 变电站约 100km,距晋东南特高压变电站约 135km。初步考虑电厂接入系统有如下三种方案:
- 方案一:左权电厂出两回路 500 kV 线路至榆社 500 kV 开闭站。
- 方案二:左权电厂出两回路 500 kV 线路至晋中 500 kV 变电站。
- 方案三:左权电厂出两回路 500 kV 线路至晋东南特高压变电站。

投资估算的其余关键性工作要点如下:
- 应对华能在山西省装机容量与山西省统调装机容量的比例,做垄断性分析;
- 请建设单位提供征、租地及拆迁赔偿费用的依据;
- 补充试桩费 300 万元;
- 整套试运费按"发改委 2474 号文件"执行;
- 根据电厂与煤矿明确的范围及投资分摊的原则,计列电厂部分投资;
- 地基处理费用根据招标单价和初设工程量进行计算;

- 火灾报警装置已含在土建定额中,不单独计列;
- 基本预备费仍按 5% 计列,其中三大主机因招标可按 3% 计列;
- 经济评价按发改委公布最新的电价执行。

工程投资估算的基本依据见表 1-4,其他依据如下:

1)基本数据

- 投资方、资金筹措、投资使用计划:项目注册资本金占项目总投资的 20%,中国华能集团公司和山西国际电力有限公司以 51%、49% 的比例出资;其余资金向银行借款,根据工程的实施进度计划,项目投资分年度使用比例为 20%、35%、25%、20%。
- 工程进度:建设期 2 年,投产期 2 年。
- 还款方式:采用本息等额的方式,偿还期为 18 年。

表 1-4  工程投资估算基本依据表

| 工程量 | 由设计专业提供 |
| --- | --- |
| 定额 | 中国电力企业联合会发布的《电力工程概算定额》(2006 年版) |
| 取费 | 发改委发布的《火电发电工程建设预算编制与计算标准》(2006 年版) |
| 材料价格 | 安装工程按《电力建设工程装置性材料综合预算价格》2006 年版取定价,建筑工程材料按《电力工程概算定额》2006 年版取定价 |
| 人工工资 | 概算定额建筑工程 26 元/工日,安装工程 31 元/工日,按晋电定函字(2007)5 号文对工资性补贴按 0.86 元/工日找差计入工程费用 |
| 材差 | (1)建筑、安装机械费均根据晋电定字(2009)10 号文《关于发布 2008 年山西省电力建设工程定额材料与机械费调整系数的通知》要求,按指定品种作价差计算;(2)建筑材料按晋电定字(2009)10 号文指定的品种,做定额价与山西省定额信息晋中地区 2009 年 9—10 月市场价差计算;(3)安装材料采用《火电工程限额设计参考造价指标》(2008 年版)与装置性材料综合预算价(2006 年版)找差;以上项目只取税金计入材差项 |
| 设备价格 | 三大主机采用合同价、主要辅机价为《火电工程限额设计参考造价指标》(2008 年版)设备价,其他参考《全国电力工程建设常用设备价格汇编》或同类工程招标价。主设备运杂费 0.5%,主要辅机 0.7%,其他设备 3.2%。锅炉:36530.5 万元/台;汽机:19388 万元/台(含凝汽器、低加);发电机:8000 万元/台 |
| 征租地费用 | 单价按业主提供的资料计列 |
| 大件运输 | 大件运输费暂按 300 万元计列 |
| 勘测设计费 | 按《工程勘察设计收费标准》2002 年修订版本计列 |
| 其他 | 基本预备费 5%,主设备预备费 3% |

2)成本费用计算依据

- 机组年利用 5500 小时。
- 发电标煤耗 299 kg/MWh。
- 发电厂用电率 7.4％。
- 标煤价 280 元/t。
- 水价 1.00 元/MWh。
- 材料费 10 元/MWh。
- 工资 50000 元/人年。
- 全厂定员 411 人。
- 其他费用 5 元/MWh。

3)电价测算依据

电价是在满足发电成本、税金、贷款偿还、资本金投资收益等基本条件下测定的。当注册资本金收益率为 8％时,相应的电价和主要经济指标如下:含税电价 274.06 元/MWh,不含税电价 234.52 元/MWh。

**2. 投资估算及调整**

本工程静态投资为 2008 年基础价,发电工程静态投资 484946 万元,单位投资 4041 元/kW;建设期贷款利息 23898 万元,发电工程动态投资 508844 万元,单位投资 4240 元/kW;铺底生产流动资金 2938 万元;根据左权电厂筹建处提供资料,滨河南岸道路、绿化及桥梁改造费用 3381.86 万元计列在总投资中;工程计划总资金 515164 万元,单位投资 4293 元/kW。可研收口投资估算与可研投资估算对比见表 1-5。

表 1-5　可研收口投资估算与可研投资估算对比表　　　　　　　　单位:万元

| 序号 | 项目名称 | 可研估算 | 可研收口估算 | 费用差 | 主要原因 |
|---|---|---|---|---|---|
| | 静态投资 | 462930 | 484946 | 22016 | |
| | 单位投资（元/千瓦） | 3858 | 4041 | 183 | |
| 一 | 热力系统 | 173166 | 208046 | 34880 | |
| 1 | 建筑费 | 19404 | 20419 | 1015 | 烟囱由耐酸砖内筒改为钛钢复合内筒 |
| 2 | 设备费 | 122783 | 157778 | 34995 | 主设备费用增加、磨煤机由中速磨改双进双出磨、电泵改气泵 |
| 3 | 安装费 | 30979 | 29849 | －1130 | 烟风煤管道和汽水管道的工程量都有减少 |
| 二 | 燃料供应系统 | 15507 | 21133 | 5626 | 厂外运煤方案变化,取消铁路增加管带机 |
| 1 | 建筑费 | 10325 | 10588 | 263 | |
| 2 | 设备费 | 4723 | 9814 | 5091 | |

| 序号 | 项目名称 | 可研估算 | 可研收口估算 | 费用差 | 主要原因 |
|---|---|---|---|---|---|
| 3 | 安装费 | 459 | 730 | 271 | |
| 三 | 除灰系统 | 6527 | 6403 | －124 | |
| 1 | 建筑费 | 1429 | 1587 | 158 | |
| 2 | 设备费 | 4326 | 4217 | －109 | |
| 3 | 安装费 | 772 | 599 | －173 | |
| 四 | 水处理系统 | 4378 | 4411 | 33 | |
| 五 | 供水系统 | 50663 | 47165 | －3498 | |
| 1 | 建筑费 | 9415 | 12345 | 2930 | 直接空冷改间接空冷,增加空冷塔 |
| 2 | 设备费 | 30721 | 28151 | －2570 | 直接空冷改间接空冷 |
| 3 | 安装费 | 10527 | 6920 | －3607 | 新预算将补给水费用放到单独项目中 |
| 六 | 电气系统 | 43862 | 40888 | －2974 | |
| 1 | 建筑费 | 1655 | 935 | －720 | |
| 2 | 设备费 | 27583 | 28151 | 568 | 配电装置由敞开式改为封闭式 |
| 3 | 安装费 | 14624 | 11801 | －2823 | |
| 七 | 热控系统 | 17836 | 14097 | －3739 | |
| | 设备费 | 11132 | 7711 | －3421 | |
| | 安装费 | 6704 | 6386 | －318 | |
| 八 | 附属生产工程 | 10614 | 16871 | 6257 | |
| 1 | 建筑费 | 7767 | 13011 | 5244 | 厂区防洪费用由单项工程列入附属生产工程项目下,使得防洪费用增加 |
| 2 | 设备费 | 2095 | 3150 | 1055 | 新预算将综合水泵房费用从供水系统调整到附属生产工程,增加消防车等费用 |
| 3 | 安装费 | 752 | 711 | －41 | |
| 九 | 脱硫 | 24243 | 13461 | －10782 | |
| 十 | 脱硝 | 0 | 10375 | 10375 | 新增项目 |
| 十一 | 与厂址有关的单项工程 | 40432 | 24562 | －15870 | |
| 1 | 交通运输工程 | 20543 | 2839 | －17704 | |

| 序号 | 项目名称 | 可研估算 | 可研收口估算 | 费用差 | 主要原因 |
|---|---|---|---|---|---|
| 1.1 | 铁路 | 20214 | | -20214 | 厂外运煤方案变化,取消铁路增加管带机 |
| 1.2 | 公路 | 329 | 486 | 157 | |
| 1.3 | 厂外运煤栈桥 | | 2353 | 2353 | 厂外运煤方案变化 |
| 2 | 灰场 | 4231 | 1323 | -2908 | |
| 3 | 水质净化系统 | | 639 | 639 | |
| 4 | 补给水工程 | 536 | 3885 | 3349 | |
| 5 | 地基处理 | 7200 | 12981 | 5781 | |
| 6 | 厂区施工区土石方 | 4601 | 1605 | -2996 | |
| 7 | 厂内外临时工程 | 779 | 1291 | 512 | |
| 8 | 防洪工程 | 2542 | | -2542 | 厂区防洪费用由单项工程列入附属生产工程项目下 |
| 十二 | 编制年价差 | 17475 | 20581 | 3106 | 编制年价格变化 |
| 十三 | 其他 | 58227 | 56953 | -1274 | |
| 1 | 其他费用 | 39253 | 37359 | -1894 | |
| 1.1 | 建设场地征用及清理费 | 12923 | 12542 | -381 | 灰场占地减少,拆迁赔偿费用取消3840 万元 |
| 1.2 | 项目建设管理费 | 3885 | 6859 | 2974 | 项目法人管理费率增加 |
| 1.3 | 项目建设技术服务费 | 13127 | 12300 | -827 | 新旧预算规费归类差别 |
| 1.4 | 分系统调试及整套启动试运费 | 8518 | 5359 | -3159 | 燃油量减少 |
| 1.6 | 大件运输措施费 | 800 | 300 | -500 | |
| 2 | 基本预备费 | 18974 | 19594 | 620 | 计算基数增加 |
| | 合计 | 462930 | 484946 | 22016 | |

根据电力规划设计总院《火电工程限额设计参考造价指标》,2×600 MW 超临界湿冷机组新建工程(2008 年水平)为 3724 元/kW。结合本工程的技术条件对限额设计参考造价指标模块进行调整,调整后的限额设计参考指标为 3997 元/kW。调整后的具体投资数据参数见表1-6。

表 1-6　调整后投资数据参数表　　　　　　　　单位:万元

| 序号 | 项目及费用名称 | 技术条件及造价比较 | | | | 费用差 | 单位投资 |
|---|---|---|---|---|---|---|---|
| | | 限额设计基本模块 | | 限额设计调整模块 | | | |
| | | 技术条件 | 费用 | 技术条件 | 费用 | | |
| | 基本造价 | 超临界湿冷机组 | 3724 | 超临界空冷机组 | | | |
| 一 | 热力系统 | | | | | | |
| 1 | 炉型 | 超临界烟煤 | 132729 | 超临界烟煤 | 132729 | | |
| 2 | 机型 | 超临界纯凝机组 | 59503 | 超临界纯凝机组 | 59503 | | |
| 3 | 锅炉封闭 | 露天 | | 紧身封闭 | 1168 | 1168 | 9.73 |
| 4 | 锅炉真空清扫 | 一台真空清扫车 | 191 | 一台真空清扫车 | 191 | | |
| 5 | 主厂房结构 | 钢筋混凝土结构 | 4196 | 钢筋混凝土结构 | 4196 | | |
| 6 | 烟囱 | 钢筋混凝土外筒,钢内筒内贴玻璃砖,内衬单套筒 | 2721 | 钢筋混凝土外筒,钢内筒内衬耐酸浇铸料,内衬单套钢筒 | 2425 | -296 | -2.47 |
| 7 | 主厂房框架 | 双框架 | 84650 | 双框架 | 84650 | | |
| 二 | 燃料供应系统 | 全部铁路敞车进厂 | 13524 | 汽车运输 | 13591 | 67 | 0.56 |
| 三 | 除灰渣系统 | | | | | | |
| 1 | 厂内除灰 | 正压气力除灰输送距离500 m,双室四电场除尘器 | 3286 | 正压气力除灰输送距离500 m,双室四电场除尘器 | 3286 | | |
| 2 | 厂内除渣 | 机械除渣至渣仓 | 1473 | 风冷排渣机+斗提机输送至渣仓 | 1938 | 465 | 3.9 |
| 3 | 厂外除灰 | 汽车运灰渣,运灰公路5公里,占地60亩;自卸汽车20辆;检修车库150m² | 1507 | 汽车运灰渣,运灰公路5公里,占地60亩;自卸汽车20辆;检修车库150m² | 1507 | | |
| 四 | 水处理系统 | | | | | | |

| 序号 | 项目及费用名称 | 技术条件及造价比较 | | | | 费用差 | 单位投资 |
|---|---|---|---|---|---|---|---|
| | | 限额设计基本模块 | | 限额设计调整模块 | | | |
| | | 技术条件 | 费用 | 技术条件 | 费用 | | |
| 1 | 锅炉补给水 | 有反渗透系统 | 1854 | 有反渗透系统 | 1854 | | |
| 2 | 循环水处理 | 加药处理 | 84 | 加药处理 | 84 | | |
| 3 | 凝结水精处理 | 高速混床系统 | 1514 | 高速混床系统 | 1514 | | |
| 4 | 城市污水深度处理 | 无中水处理 | | 无中水处理 | | | |
| 五 | 供水系统 | | | | | | |
| 1 | 供水 | 二次循环、补给水源地下水,2×DN1000×20 km 补给水管 | 24399 | 表凝式间接空冷 | 64051 | 39652 | 330.4 |
| 六 | 电气系统 | | | | | | |
| 1 | 升压站 | 500 kV 屋外配电装置,3/2 接线,2 回路出线,2 个完整串,8 个断路器 | 4412 | 500 kV 屋内 GIS 配电装置,3/2 接线,2 回路出线,2 个完整串,7 个断路器 | 8279 | 3867 | 32.2 |
| 2 | 系统二次优化 | 500 kV 出线 2 回路 | 1813 | 500 kV 出线 2 回路 | 1813 | | |
| 七 | 热工控制系统 | | | | | | |
| 1 | 生产期 MIS | 小型机 | 750 | 小型机 | 750 | | |
| 八 | 附属生产工程 | | | | | | |
| 1 | 暖通及启动锅炉 | 集中采暖区有启动锅炉 | 3451 | 集中采暖区有启动锅炉 | 3451 | | |

| 序号 | 项目及费用名称 | 技术条件及造价比较 | | | | 费用差 | 单位投资 |
|---|---|---|---|---|---|---|---|
| | | 限额设计基本模块 | | 限额设计调整模块 | | | |
| | | 技术条件 | 费用 | 技术条件 | 费用 | | |
| 2 | 氢气系统 | 制氢干燥储存系统 | 421 | 制氢干燥储存系统 | 421 | | |
| 九 | 交通运输工程 | 厂外铁路12 km，厂内4 km | 13350 | 汽车运输，厂外运煤公路3 km | 1232 | −12118 | −101.0 |
| 十 | 地基处理 | 46 m左右PHC桩 | 10013 | 46 m左右PHC桩 | 10013 | | |
| 十一 | 厂区及施工区土石方 | 平原电厂，土石方100万 m³ | 1750 | 山区电厂，土石方270万 m³ | 1750 | | |
| 十二 | 石灰石湿法脱硫 | | | | | | |
| 1 | 湿法脱硫主体 | 湿法脱硫（不含GGH） | 18000 | 湿法脱硫（不含GGH） | 18000 | | |
| 十三 | 脱硝处理系统 | 同步脱硝 | 10800 | 同步脱硝 | 10800 | | |
| 十四 | 其他费用 | | 41230 | | 41230 | | |
| | 以上小计 | | 437621 | | 470426 | 32805 | 273 |

本工程投资估算静态基础价为462930万元，单位投资3858元/kW；与调整后的限额设计控制指标4221元/kW比较，单位投资减少了363元/kW。经过比较，调整后的资金投入较之前的设计方案有了明显减少，且更加合理。项目投资的主要指标计算结果如下：对于全部投资，内部收益率为8.95%，净现值为84140万元，投资回收期为11.30年；对于自有资金，内部收益率为14.08%，净现值为68285万元，投资回收期为9.17年；对于注资资金，内部收益率为8%，净现值为21525万元，投资回收期为18.52年，投资利润率为4.04%，资本金净利润率为13.72%，投资利税率为7.14%。另外，本工程对投资、煤价、发电量进行了±10%幅度的敏感性分析，从分析结果看，项目具有一定的抗风险能力。

### 1.2.3 厂址选择与费用比较

针对左权电厂一期2×600 MW项目工程，分别选择河南坪和小会作为可能的厂址基地。通过对两个被选厂址的厂区用地、厂区工程地质、灰场及工程地质、防洪排洪、铁路专用线、厂外公路运输、供水管线、土石方工程量、拆迁工程量、环境保护、接入系统方案及送出线路等方面的技术条件进行比较，得出的厂址技术条件比较见表1-7。

**表 1－7　厂址技术条件比较表**

| 序号 | 项目名称 | 河南坪厂址 | 小会厂址 |
|------|----------|-----------|----------|
| 1 | 厂区用地 | 厂址位于左权县城南偏西 1.5 km,清漳西源(河)南岸河漫滩地处。厂址东西宽 1.1 km,南北宽 0.7 km,厂区地形平坦开阔,可利用场地较大,易于布置,有利于扩建。铁路专用线在厂区附近穿越河南坪村和冯婆峪村,需拆迁部分村舍。厂区占用旱地,属非基本农田 | 厂址位于左权县城西北约 4.0 km,清漳西源(河)北岸河漫滩地处。厂区地形较平坦开阔,可利用场地较大,易于布置,有利扩建。厂区需占用部分河道,太(谷)邢(台)公路在厂址处需改道在厂址北侧绕行。厂区占用水浇地,且有少量树木存在 |
| 2 | 厂区工程地质 | 河南坪厂址场地为中软土,建筑场地类别为Ⅱ类,场地处于抗震一般地段。场地中无活动断裂,在遭遇地震烈度为Ⅶ度的地震时不会产生砂土液化。河南坪厂址根据场地地形、地貌特点及地层结构将整个场地分为三个区,即:Ⅰ区:Ⅰ级阶地;Ⅱ区:Ⅱ级阶地;Ⅲ区:边山区,各区差别较大。主厂房、烟囱和荷重较大的重要建构筑物位于Ⅱ区,拟采用钢筋混凝土灌注桩或预应力混凝土管桩的地基处理方案,可选第 3 层粉质黏土或第 4 层卵石层作为桩端持力层。附属建构筑物根据其所处位置的地质情况和荷重大小及结构形式分别采用换土垫层、灰土挤密桩、孔内深层强夯法灰土桩进行地基处理,以部分或全部消除湿陷性并提高承载力 | 小会厂址场地土为中软土,建筑场地类别为Ⅱ类,场地处于抗震一般地段。场地中无活动断裂,场地南部河漫滩分布区的全新湿地层,在遭遇地震烈度为Ⅶ度的地震时,具有产生砂土液化的可能,其他分布区不会产生砂土液化。场地在遭遇基本烈度为Ⅵ度的地震时,不会产生构造地裂、滑坡、崩塌、地面塌陷的地震地质灾害。小会厂址地层分布不均,岩性复杂,但从总体上讲,仍受成因类型和地形地貌的控制。地层呈二元结构,上部以黄土状粉土、粉质黏土为主,承载力 150 kPa,厚度 15 m 左右。下部地层仍以粗颗粒碎石层为主,只是局部夹有粉土透镜体,其承载力稍低,但仍可达 250 kPa 以上,仍是厂区主要建筑物良好的持力层。河漫滩地层上部以砂、卵石层为主,厚度 4～6 m,承载力可达 300 kPa,但由于存在粉质黏土、粉土软弱下卧层,因此作为电厂天然地基依据不足。故该厂址仍建议采用桩基,其桩基持力层仍以下部碎石层为持力层 |
| 3 | 灰场及工程地质 | 所选的三家村东沟、武家爷沟和西沟三个干贮灰场均为山谷灰场,距电厂两厂址均较近,三个干贮灰场库容之和可满足电厂规划容量 20 年的贮灰要求。河南坪厂址以西沟作为本期灰场,贮灰场位于河南坪厂址西南方向约 1.5 km。西沟干贮灰场为第四系和二迭系地层。第四系地层岩土性质为黄土,二迭系地层由黄色砂岩、砂质页岩及泥岩组成。此灰场地质构造简单,无断层和不良地质现象,灰场稳定性较好 | 所选的三家村东沟、武家爷沟和西沟三个干贮灰场均为山谷灰场,距电厂两厂址均较近,三个干贮灰场库容之和可满足电厂规划容量 20 年的贮灰要求。小会厂址以武家爷沟作为本期灰场,贮灰场位于小会厂址以南约 1 km。坝址处两坝肩均为出露的基岩,谷底处有厚度小于 7 m 的黄土状粉质黏土及碎石覆盖层,库区和坝址均无不良地质现象 |

续表 1-7

| 序号 | 项目名称 | 河南坪厂址 | 小会厂址 |
|---|---|---|---|
| 4 | 防洪排洪 | 河南坪厂址位于清漳河西源干流一级阶地,按百年一遇防洪标准的防洪堤建设,防洪堤为围堤,河床侧堤线基本平行于河南坪厂址外边线和清漳河西支西河头桥至旧城南桥西河段防洪堤,对河势基本没有影响,基本不增加冲刷深度,最大壅水高度仅 0.23 m,对河道行洪影响不大;河南坪厂址南侧有两条山洪沟,故在厂址南侧修建截洪沟 2500 m,将山洪排至清漳河中。从防洪影响评价的角度看,防洪工程量较小 | 小会厂址占据清漳河西源干流部分主河道,需对主河道进行改道,与上游干流及支流柳林河势衔接不畅,对下游河势也有明显影响。防洪标准采用百年一遇,由于部分厂区占据主河槽,对该河道进行改线设计,将河道裁弯取直后河道宽 200 m,两岸均需进行防洪治理。厂址侧防洪堤沿厂址东、西、南三边线布置,形成围堤。小会厂址北侧有一条山洪沟,在厂址北侧修建截洪沟 2000 m,将山洪排至清漳河中。对岸岸坡进行开挖整治后设护岸,防洪工程量较大 |
| 5 | 铁路专用线 | 由左权火车站咽喉区外煤炭专用线上接轨,线路自接轨点至电厂站走行长度 4.2 km。河南坪厂址铁路专用线线路较短,线路拔起高度低,到达车辆自左权站可以按整列组织进厂,有利于运营,投资较省 | 由左权站咽喉区外煤炭专用线上接轨,线路自接轨点至电厂站走行长度 5.9 km。小会厂址由于受地形限制,纵坡较大,自接轨站至电厂只能组织半列进厂,不符合铁路大列运输要求 |
| 6 | 厂外公路运输 | 进厂公路长度 0.01 km,运灰公路长 1.90 km。燃煤汽车运输距离较近 | 进厂公路长度 1.40 km,运灰公路长 1.20 km。燃煤汽车运输距离较远 |
| 7 | 供水管线 | 左权污水处理厂至电厂供水管线长 4.5 km;石匣水库至电厂供水管线长 9.5 km | 左权污水处理厂至电厂供水管线长 9.0 km;石匣水库至电厂供水管线长 5.0 km |
| 8 | 厂址土石方工程量 | 厂区:挖方 1961500 m³,填方 2076800 m³;厂外公路:挖方 45600 m³,填方 48260 m³;施工区:挖方 962000 m³,填方 945000 m³ | 厂区:挖方 1853800 m³,填方 2195400 m³;厂外公路:挖方 76900 m³,填方 79800 m³;施工区:挖方 882000 m³,填方 986000 m³ |
| 9 | 厂址拆迁工程量 | 35 kV 线路 1 条;通信线路 1 条。铁路专用线在厂区附近穿越河南坪村和冯婆峪村,需拆迁部分村舍 | 无 |
| 10 | 环境保护 | 厂址位于左权县城南偏西 1.5 km,对县城有一定影响 | 厂址位于左权县城西北约 4.0 km,对县城影响较小 |

续表 1-7

| 序号 | 项目名称 | 河南坪厂址 | 小会厂址 |
|---|---|---|---|
| 11 | 接入系统方案及送出线路 | 本期工程接入系统初步方案为：以 500 kV 双回线路接入榆社 500 kV 开闭站，或晋中 500 kV 变电站，或晋东南特高压变电站 | 本期工程接入系统初步方案为：以 500 kV 双回线路接入榆社 500 kV 开闭站，或晋中 500 kV 变电站，或晋东南特高压变电站 |
| 12 | 技术条件比较结论 | 河南坪厂址距离铁路接轨站和汽车运输煤源点较近；满足铁路整列组织进厂要求，铁路专用线投资较省；防洪工程量较小且不占用现有河道，对河道行洪影响不大；进厂引接公路较短；厂址在遭遇地震烈度为Ⅶ度的地震时不会产生砂土液化；厂区不占用基本农田。两厂址送出线路长度基本相当。综合比较，河南坪厂址技术条件优于小会厂址 | |

通过对河南坪厂址和小会厂址铁路专用线、防洪截洪工程、厂外公路运输及其征地、供水管线及其租地、厂址土石方工程量、灰场征地及其工程量、拆迁工程量等费用的比较，得出工程其他费用见表 1-8。对比表中的费用结果，可以发现小会厂址的其他费用要比河南坪厂址高5240.78 万元。

表 1-8　不同厂址下的其他费用表

| 序号 | 项目名称 | 河南坪厂址 | | 小会厂址 | |
|---|---|---|---|---|---|
| | | 工程量 | 投资额（万元） | 工程量 | 投资额（万元） |
| 1 | 铁路专用线（不含左权站改造及机车车辆费用） | 4.2 km | 14842 | 5.9 km | 18546 |
| 2 | (1)防洪堤 (2)截洪沟 | 《防洪工程可行性研究报告》 2500 m | 2541.78 212.00 | 《防洪工程可行性研究报告》 2000 m | 3267.11 170.00 |
| 3 | 运灰公路 | 1.90 km | 452.20 | 1.20 km | 285.60 |
| 4 | 进厂公路 | 0.01 km | 1.80 | 1.40 km | 251.86 |
| 5 | 厂外公路征地 | 2.3 hm² | 18.40 | 3.82 hm² | 31.00 |
| 6 | 水源管线工程 | 1×DN300 长 4.5 km 1×DN400 长 9.5 km | 合计 1017.00 | 1×DN300 长 9.0 km 1×DN400 长 5.0 km | 合计 837.00 |

| 序号 | 项目名称 | 河南坪厂址 | | 小会厂址 | |
|---|---|---|---|---|---|
| | | 工程量 | 投资额（万元） | 工程量 | 投资额（万元） |
| 7 | 厂外水源管线租地 | 7.05 hm² | 两厂址相同 | 7.05 hm² | 两厂址相同 |
| 8 | 厂址土石方工程量 | 厂区:挖方 1961500 m³,填方 2076800 m³; | 2907.52 | 厂区:挖方 1853800 m³,填方 2195400 m³; | 3073.56 |
| | | 厂外公路:挖方 45600 m³,填方 48260 m³; | 67.57 | 厂外公路:挖方 76900 m³,填方 79800 m³; | 111.72 |
| | | 施工区:挖方 962000 m³,填方 945000 m³ | 1346.80 | 施工区:挖方 882000 m³,填方 986000 m³ | 1380.40 |
| 9 | 灰场征地 | 66.85 hm² | 201.00 | 75.575 hm² | 227.00 |
| 10 | 灰场工程量 | 西沟灰场 | 4248.80 | 武家爷灰场 | 4946.40 |
| 11 | 拆迁工作量 | 35 kV 线路 1 条;通信线路 1 条。注:铁路专用线穿越河南坪村和冯婆峪村,拆迁费用已计入铁路专用线费用 | 30.00 | / | |
| 12 | 小计 | | 27886.87 | | 33127.65 |

# 1.3 项目投资控制措施及效果

## 1.3.1 工程各阶段投资控制措施

### 1.设计阶段的投资控制措施

项目决策之后,设计环节便成为控制工程建设投资的关键。据有关资料统计,设计阶段对工程造价的影响达到了 70%～80%。在目前火电建设工程中,重施工、轻设计的现象普遍存在,设计人员往往着重考虑设计质量、功能和方案,对工程造价方面却不够重视;业主单位也没有采取应有的措施,促使设计单位去精心设计和限额设计,缺少对设计方案的优化选择和对设计造价指标的有效控制,从而导致设计保守,造成许多不必要的投资浪费。"HNZQ2×600MW 机组工程"在设计阶段,受四川汶川地震的影响,设计单位相对保守,安全质量标准相对提高,粗梁胖柱现象普遍存在。根据上述问题,工程业主单位采取了如下措施,力争控制好项目的投资。

1)完善火电厂设计招标制度

在目前的火电厂建设过程中,业主单位更多地注重施工阶段的招标工作,而设计阶段的招标工作往往是流于形式。中标后的设计单位由于设计业务多,再加上招标时低价中标,导致设计质量往往很难得到保证。因此,完善火电设计招标制度、健全监管机制,不仅有利于提高设计院的设计水平和竞争能力,促进设计方案的优化,还有利于业主单位控制工程造价。"HNZQ2×600 MW 机组工程"设计招标的核心内容包括:同类型机组分系统设计优化,新技术、新产品、成熟产品经验的推广应用,以及将工程造价作为投标评价的主要因素等。

2)实行限额设计

工程造价在项目建设的不同阶段表现为不同的形式,分别为投资估算、设计概算、修正概算、执行概算、施工图预算和施工预算、标底和报价、承包合同价、工程结算和竣工决算。整个计价是一个由粗到细、由浅到深、由模糊到清晰,最后确定工程实际造价的过程。限额设计就是在工程造价全过程的管理中,用投资估算价控制设计方案和设计概算造价,用设计概算造价控制技术设计和修正概算,用执行概算控制施工图设计和施工图预算,用施工图预算或承包合同价控制结算价,最后确保竣工决算工程造价不超过给定的投资限额。

"HNZQ2×600 MW 机组工程"设计及各分系统的限额设计,分专业根据技术条件与造价进行详细的对比分析,具体包括如下内容:

* 热力系统烟囱钢内筒设计与内贴玻璃砖限额设计对比分析,发现虽增加投资 2331 万元,但是增加了烟囱的使用寿命,降低了生产防腐维护费;
* 燃料供应系统管状带上煤系统的设计与铁运、汽运限额设计对比分析,增加投资 7662 万元;
* 除灰系统环保要求五电场与常规四电场限额设计对比,增加投资 637 万元;
* 运灰距离的缩短减少投资 760 万元;
* 水处理系统反渗透系统优化减少投资 135 万元;
* 供水系统表冷式间接空冷优化设计减少投资 9913 万元;
* 电气系统二次系统优化设计减少投资 922 万元;
* 脱硫系统湿法脱硫优化减少投资 1439 万元;
* 脱硝系统优化减少投资 425 万元;
* 建设用地征租地费用由于贫困地区差异减少投资大约 4000 万元。

3)设计单位是设计阶段造价控制的主体

目前大部分设计单位只对工程的技术方面负责,对工程造价方面应负的责任却模糊不清。设计单位还习惯于设计图纸完成后才编制概算,编制概算仅是设计的最后一道工序,从而导致利用设计概算中的经济指标对设计方案进行评价并调整成为一句空话。设计单位在设计阶段应主动承担对工程造价控制的责任,做好技术和经济的结合工作,通过经济指标的反馈,对技术方案进行合理化调整,并利用价值工程原理对设计方案进行优化,以有效控制和降低造价。同时,在设计院的内部管理机制上,要围绕工程造价控制制定相应的制度,使每一位设计人员都有控制工程造价的责任,不同级别管理人员要层层把关,为搞好设计阶段的造价控制工作提供保证。

华能国际率先在"HNZQ2×600 MW 机组工程"上,实行谁设计谁编制预算,并且自行利用经济指标的反馈修正设计方案,从而提高设计人员的造价意识和责任,真正做到在设计中控制造价,实现造价与技术的完美结合。在该工程的设计过程中,设计院的技术经济人员从现场收集大量的数据资料,全面开展工程的预算编制工作,预算结果将与项目结算委托单位北京恒信城达造价咨询公司的结算结果进行对比分析,查找差异、总结评比,取得了良好的造价控制效果。

4)做好设计阶段的审核工作

组织行业内技术和经济方面的专家或聘请社会专业咨询机构,对初步设计方案和设计概算进行认真审核,以此考查项目的设计方案是否经济、合理、先进、适用。设计院和业主单位根据专家提出的合理审核意见对设计方案进行修改,以保证设计方案更加完善,避免了施工阶段修改方案而发生不必要的变更费用;或根据专家提出的意见进行方案的优化,达到降低工程造价的目的。

"HNZQ2×600 MW 机组工程"在设计过程中,陆续向业主提供施工图纸,业主技术人员根据到位图纸,结合现场发生的签证,积极与设计院多方沟通,设计概算经历 8 次修编,经电力规划总院审核收口概算真实合理。收口概算静态投资单位造价 3772 元/kW,相比可研收口概算静态投资单位造价 4041 元/kW 减少 269 元/kW;收口概算动态投资单位造价 3950 元/kW,相比可研收口概算动态投资单位造价 4240 元/kW 减少 290 元/kW。

从初步设计到施工图设计阶段,借鉴华能集团公司在其他电厂的经验和现行环保、节能减排标准,共在该项目上体现了 10 个亮点工程,将工程造价控制在合理的范围内。投资控制的措施主要有:

• 主厂房跨度比常规减少 2 米,节约了工程的投资;
• 采用侧煤仓布置方式,减少机房与锅炉之间距离,减少占地面积,缩短四大管道长度,减少了工程投资;
• 制粉系统采用双进双出钢球磨冷风机正压直吹式制粉系统,磨煤机招标采购价较低;皮带穿烟囱,节省用地,降低造价。

环保要求投资相对偏高的项目包括:

• 电除尘由常规四电场改为五电场,烟囱由 200 米加高到 240 米;
• 厂外煤场至厂区采用管状式输煤皮带,厂内存煤采用存量 3.5 万吨的两座缓冲筒仓;
• 同步建设湿法脱硫系统和 SCR 式脱硝系统。

节能减排设施投资相对偏高的项目包括:

• 主机冷却水采用表冷式间接空冷,辅机冷却水采用机械通风干冷系统。

环保、节能设备的投入增加,虽然投资偏高,但却充分体现了工程对环境保护的考虑,创造了社会效益。

5)建立激励与考核机制

业主单位在与设计单位签订的设计合同中明确激励与考核办法。对于合理的优化设计,要给予设计单位一定的奖励;同时,对于设计失误或造价超出限额的设计要给予惩罚,对于设计变更大于 50 万元的予以严格的考核评审。

**2.招标阶段的投资控制措施**

工程招标是建设单位选择合格承包商的一种手段,也是降低工程造价的一个重要环节。为合理控制工程造价,招标阶段采取的措施有以下几个方面。

1)认真编制招标文件

招标工作的一个重要内容就是编制招标文件,招标文件质量的好坏直接影响招标结果,进而影响造价的控制。在编制招标文件技术规范时,要依据国家或行业现行的标准、设计方案,做出详细、规范的说明,不同专业之间要相互配合,避免交叉作业、重复作业现象的发生;必要时,邀请业务主管部门及专家进行把关审核。因为招标文件是投标报价的重要依据,而投标报价又直接决定了中标后的合同价格,从而影响工程造价,所以在编制招标文件商务部分时,对涉及投标报价的相关内容要格外仔细。在工程量清单初步编写完成之后,还要结合设计方案、技术要求、甲方供材情况等对清单逐项核对,尽可能准确并覆盖所有招标内容,清单不能完整表述的内容必须用文字进行补充说明。如果清单漏项、错项过多,施工过程中施工单位就会提出索赔,增加工程超出概算的可能性。同时,为了控制工程造价,要对投标单位的投标报价进行对比,并将各投标报价与概算进行对比,以及与投标报价平均值进行对比,最终确定合理的中标价格。

2)避免重复招标

"HNZQ2×600 MW 机组工程"的招标分为工程招标和物资招标两部分,为避免重复招标,工程招标文件中明确甲供材料与乙供材料的范围及分界,并在清单报价中再次进行标注。在施工中可以互换的材料采购,按照工作联系单和签证单的形式进行结算,使得施工报价相对比较明确,避免了重复招标所造成的投资浪费。

3)合理确定中标价格

现行的招标评标办法推行合理低价中标,但是,合理低价并不是投标报价最低的报价,而是经过评审的最低投标价。建设单位对项目"合理低价"应做到心中有数,对于低于成本价的报价要坚决拒绝,避免恶意竞标现象出现。"HNZQ2×600 MW 机组工程"共招标 10 个主标段,投标单位来自华能国际评审数据库中合格承包商,评标专家从设计单位和华能国际专家数据库中随机抽取,评审的中标价与同类机组近期结算价比较,考虑市场因素和地区差异,最终由华能国际招标领导组、工作组及专家定标。

4)签订合同

确定中标单位后,10 日内与中标单位进行合同谈判,提交招标文件约定的履约保函后,签订合同。合同签订的依据是合同法、招投标法、招标文件、投标文件、技术支持文件、图纸、招标澄清等相关附件,合同金额为中标价格。付款结算原则、合同条款、双方责任公平合理,理赔条款清晰,详细规定了施工过程中可能遇到的各种情况,形成双方共同认可的协议条文,为合同结算奠定了良好的基础。

**3. 施工阶段的投资控制措施**

火电项目建设过程中,虽然施工阶段对工程造价的影响可能只有 20% 左右,但这一阶段是工程投资集中发生的时期,如果这一阶段没有做好造价控制工作,很有可能发生投资浪费的现象。本阶段对工程造价控制的重点是充分发挥监理单位的作用,与业主一起加强合同管理和施工现场管理。

1)加强监理工作

在近几年的火电建设中,由于电力建设项目定额人员少、没有丰富的施工经验,火电建设工程项目一般采取"小业主、大监理"的管理模式,这种管理模式充分体现了监理单位在施工过程中的重要地位和作用。监理单位应在业主的授权范围内,在造价控制工作中发挥积极作用。

监理人员的素质要求是,专业技术过硬,熟悉造价管理,具备项目经理资格。在作业过程中避免重复施工,修筑道路要永久临时相结合,土方工程要精确计算,避免考虑不周,造成工程重复计费等。

2)做好施工合同管理

施工阶段造价控制的重要依据是施工合同,做好合同管理工作,不仅要签订严密的施工承包合同,还要加强合同执行过程的管理工作,严格按合同办事,有效控制工程造价。施工合同是在招标和设计工作的基础上签订的,所以在签订工程施工合同时,除了遵循招标和设计的基本原则外,还要注意招标和设计工作中不明确、不具体的内容,在合同谈判时,发包方和承包方要根据工程项目的实际情况,尽量将上述不明确的内容转化为详细、清晰的合同条款。为了更好地控制工程造价,增强合同的可执行性,对合同中涉及工期、价款支付方式、结算方式、违约争议处理等内容都应有明确的约定。目前,火电建设工程的合同形式一般有两种,一种是固定单价合同,一种是固定总价合同。对于固定单价合同,在合同签订时,工程量和总价都是暂定的,最终以实际的竣工图和变更单工程量为准进行结算。结算人员需要对施工单位上报的所有工程量和单价逐条进行审核,不仅要审核合同范围以内的,还要审核合同范围以外的变更单,需要重新计算工程量。而对于固定总价合同,在工程结算时,只要审核施工单位上报的除总价合同以外的内容即可,结算人员需要熟悉合同及招标文件,明确区分施工单位上报内容属于合同内还是合同外,然后对合同外内容进行仔细的审核。

3)通过控制设计变更控制工程造价

设计变更是指设计单位、业主单位或施工单位对施工图纸和设计文件提出修改。设计变更提出后,监理单位、业主单位和设计单位均要对设计变更的可行性和必要性进行审查,对于那些增加投资费用却没有改善使用功能的设计变更要严格制止,比如,不适当地提高建设标准、增加建设内容、扩大投资规模等。对于必须发生的设计变更,则尽可能提前设计变更发生的时间,因为变更发生的时间越早,损失会越小。如设计变更发生在设计阶段,则只需设计单位修改施工图纸;但如果设计变更发生在施工完成后,则施工单位必须拆除已经完成的工程,重新施工,这样将会造成很大的损失,导致工程造价增加。

4)加强签证工作管理

在施工过程中,对于设计图纸和合同预算中没有包括而现场又实际发生的工作内容和费用,通常是通过签证的形式进行认可,运用谈判、协商等手段要求偿付费用。如不加强管理,势必增加工程造价。造价控制人员首先依据现场实际,对签证发生的事实及工程量进行确认,力求签证真实准确,再依据施工合同、招标文件、投标文件、标准定额等相关资料对签证的价款进行审核,切忌对定额和综合单价中已经包括的项目重复计价。

5)严格控制材料用量,合理确定材料价格

材料费在火电建设工程中占有很大的比例,因此材料用量和材料价格对施工阶段的工程造价影响很大,只有严格按照施工图纸对材料用量进行控制,合理确定材料价格,才能有效降低工程造价。在实际实施中,对于如电缆、管道、保温材料、阀门等主要材料,采用甲方供应,这样建设单位可以通过招标集中采购,既保证了质量,又降低了造价。同时,在甲方供应材料的领用过程中,要严格审核领用程序,必须按照施工图纸中的材料量领用,避免施工单位多领用材料而造成浪费。

**4. 工程结算和决算阶段的投资控制措施**

在工程竣工结算与决算阶段,要逐一对一些遗留问题进行落实,确定处理方案、制定处理制度,减少对工程造价的影响。在结算与决算的过程中,对未按图纸要求完工的工作量及未按规定执行的签证一律核减费用;凡合同条款明确包含的费用,属于风险费包含的费用,以及未按合同条款履行的违约等,一律进行核减。为保证左权电厂一期工程——"HNZQ2×600 MW 机组工程"结算和财务决算工作顺利开展,做到合理公平,控制好工程造价不超概算,建设单位聘请了有经验的北京恒信城达造价咨询公司进行工程结算和竣工决算,业主进行审核审批。造价咨询公司业务人员都是经过多个火电工程磨练出的高素质人才,精通业务、计算准确,熟悉华能管理理念,对结算争议处理得当,凭借他们的结算经验,使得工程造价得到有效控制。

## 1.3.2　项目投资控制效果

统筹考虑铁路专用线、防洪截洪工程、厂外公路运输及其征地、供水管线及其租地、厂址土石方工程量、灰场征地及其工程量、拆迁工程量等费用,经过具体的数据统计,2008 年本工程的实际静态投资为:发电工程静态投资 462930 万元,单位投资 3858 元/kW;建设期贷款利息 24991 万元,发电工程动态投资 487921 万元,单位投资 4066 元/kW;铺底生产流动资金 1966 万元,发电工程计划总资金 489887 万元,单位投资 4082 元/kW。根据左权电厂筹建处提供的资料,滨河南岸道路、绿化及桥梁改造费用 3381.86 万元计列在总投资中,工程总投资 515164 万元,单位投资 4293 元/kW。"HNZQ2×600 MW 机组工程"整体项目的造价控制在概算受控范围之内,尽管材料市场价格略有上涨,建筑、安装、其他费用均有结余。但是,必须指出的是,该工程造价控制实际上还存在不少的不足之处,仍有进一步的潜力可以挖掘。例如,设计阶段缺乏设计监理,设计单位照本宣科,审核单位审查意见不超标准即可,行业技术或定额标准(包括修订标准)编制缓慢,滞后于现场实际实施的需要,影响工程造价的准确性;在工程的实施阶段,有经验的施工单位投标报价采用不平衡报价,钻业主招标文件编写不准确的空子,从而导致部分清单高价,造成工程投资上升。

总之,为了有效控制工程造价,就要在建设过程的各个阶段,采用科学的计算方法和切合实际的计价依据,合理地确定投资估算、设计概算、修正概算、批准概算、施工图预算和施工预算、标底和报价、承包合同价、工程结算和竣工决算。工程造价的控制,则是在投资决策阶段、设计阶段、建设工程招标阶段、施工阶段以及竣工结算阶段,把建设工程的造价控制在批准的造价限额以内,并随时纠正发生的偏差,以保证造价控制目标的实现。从本工程投资的实际控制效果看,控制工程投资的关键是在建设项目的前期工作阶段,项目前期工作的好坏将直接影响后期资金的投入和控制,没有详细、认真的项目前期工作,不对项目作有效的可行性研究,就不可能做出合乎实际的投资估算,投资控制也就成了无源之水、无本之木,控制投资也就无从谈起。企业自身要在培养具有控制力、执行力、决策力的高级造价管理人才的基础上,在工作中不断积累经验,将项目前期、施工、结算等各个环节工作做实做细,动态控制,堵塞漏洞,多学习、多交流,提升造价综合管理水平,才能建设出"高质量、低造价"的优秀项目。

## 问题思考

1. 该工程建设的内外部情况是怎样的？所面临的主要问题有哪些？

2. 该工程投资的必要性如何？投资估算的依据及内容有哪些？

3. 该工程的厂址有哪几种选择？不同的选择对投资费用有何影响？

4. 该工程的投资控制措施有哪些？最终的实施效果如何？

5. 结合自己的体会，谈谈工程投资分析的现实意义，以及如何有效地对工程投资进行控制。

# 第 2 章　LAMDO 移动应急指挥系统
## 开发项目成本管理

## 2.1　立项背景及成本控制概况

### 2.1.1　立项背景

LD 电子科技有限责任公司(下文简称为 LD 公司),是行业领先的综合通信解决方案供应商。通过为客户提供创新技术与产品解决方案,让用户享有语音、数据、多媒体、无线传输等全方位通讯服务。2010 年,LD 公司自主开发了国内第一套拥有全部自主知识产权的小型移动应急指挥系统,该系统具备多网融合、无线网络自动切换功能,可根据网络状况在 3G 网络(EVDO/WCDMA)与中国中星卫星系统之间进行自动切换并选择优质网络,从而保障无线可视化通讯指挥。2012 年,LD 公司根据其战略规划,决定开发一款新型的移动应急指挥系统——LAMDO 移动应急指挥系统,旨在第一代系统基础上增加 COFDM 数字微波模块,克服"最后 3 公里"无线通讯的问题,以满足全天候、全方位的移动应急指挥通讯保障的需求。

"LAMDO 移动应急指挥系统"涵盖卫星通讯、视频图像采集、综合指挥调度等功能,确保在发生突发事件、常规通讯手段不能正常工作的情况下,能够有效地实现对图像采集、信息传输、现场指挥调度的应急通讯保障功能,提高对突发事件的预测预警、监测监控及实时处置的能力。从市场的角度看,基于无线移动通信与无线数据采集网络相结合的移动应急指挥系统发展空间巨大、应用前景广阔。移动应急指挥系统整个项目的系统功能非常复杂,涉及领域众多、人员参与量大、质量要求高,怎样合理计算和控制项目成本投入,如何以合理的成本保证项目的顺利完成,是在项目启动时急需解决的最为关键和迫切的问题之一。

### 2.1.2　成本控制概况

LD 公司目前的成本计算采用人工经验进行估算,这种方法对于小型项目有其独特的优势,可以快速地估算出项目成本。而且由于项目规模不大,项目执行中的成本控制也较为容易,最终的实施结果与估算数值不会出现较大偏差。但对于大型项目而言,由于整个项目是一个复杂的系统工程,涉及自主研发、技术外包、设备采购、系统集成等多种开发方式,同时,会有包括研发、生产、质量保证、采购、人力资源、市场等多个部门的参与,而各个部门在项目投入上的成本核算方式和习惯各不相同。如果依然按照经验法进行成本估计和控制,整个项目的实施将会存在很大的风险,最终可能会因为成本分析不明,引起后期资金短缺而延误项目进度,甚至可能造成成本投入过大而导致项目失败。

**1.设计阶段成本控制**

对于"LAMDO 移动应急指挥系统"开发项目,项目经理根据各部门上报的分项成本进行汇总。在项目的前期阶段(设计阶段以前),由于其他职能部门人员参与较少,项目的成本控制基本上依靠研发部人员积累的经验来进行。由于缺少相应的指标考核,所以,这一阶段较为具体的成本控制措施基本上是缺失的,通常在设计阶段后才开始考虑成本控制问题。由于整个项目的功能确定、零件类型选择、结构件模具开发等都是在设计阶段决定的,因此,在设计阶段就将成本控制问题纳入统筹考虑的范畴,对于整个项目的成本控制具有至关重要的作用。首先,在第一代产品现有功能的基础上,确定该项目中需要增加的主要性能指标,经过项目经理与市场部沟通,最终确定该项目的各项性能指标要求。在确定性能指标之后,设计阶段即可采取如下两方面措施对项目成本进行控制:

• 无线传输模块的方案分析与成本比较。无线传输模块的性能要求,决定了配套元器件的类型和要求。如主控机选型、布线方案设计,以及与之相关的主要元件的精度匹配、无线路由器功耗选择等,均与无线传输模块方案选择密切相关。所以,无线传输模块方案的选择,直接影响着项目的主要材料成本,因而一般在分析比较 2~3 个备选方案后,才最后确定设计方案。

• 元器件的比较确定。无线传输模块方案确定后,收集比较周边元器件的类型和规格,并初步筛选出适合方案的元器件。

经过设计阶段后,"LAMDO 移动应急指挥系统"所具备的功能及其物料清单就基本确定了,因此,项目成本的构成内容也就随之确定。

**2. 实施阶段成本控制**

当项目进入实施阶段后,各职能部门参与项目的程度加大,需要处理的事务增多,项目成本控制过程也随之变得复杂。例如,质量工程师需要与客户讨论,确定整个产品的外观质量接受标准、产品可靠性测试标准、物料环保要求标准等;同时,还需要督促研发部门不断改进设计,确保设计标准满足客户要求。而采购部则需要花费大量时间,选择确定符合要求的供货商,分析审查供应商的供货质量保证书,不断督促供货商及时交货。工业工程方面的工程师则需要关注产品的产能实现计划,检查设计的工艺制造过程是否有利于提高生产效率。市场人员则更加关注项目进度是否按计划进行,能否如期推向市场。为尽可能达到成本控制指标要求,在实施阶段的主要成本控制措施包括:

• 尽可能使用可与其他项目共用的物料,以增大相同物料的采购批量,提高采购部与供应商的谈判能力,降低物料采购成本;

• 寻找低成本替代物料;

• 优化测试项目,尽可能地减少测试内容以及优化测试程序,进而减少测试时间和测试成本;

• 对主要元器件的多种规格进行成本比较,最后确定性价比最为合适的规格。

在对主要元器件进行规格成本比较时,电子工程师首先根据以往开发类似产品时积累的经验,如哪些元器件价格相对较高,哪些元器件具备多种规格可供选择等,确定一些价格较为适宜的元器件进行重点分析。然后,根据客户的测试标准要求,对各种规格的零件逐个进行测试,使之达到系统的电性能要求。最后,考察 COFDM 模块、音视频服务器、主控机、一体摄像机和电池等关键器件的规格选择。

**3. 测试和运行阶段成本控制**

进入测试阶段以后,在主要物料的型号规格以及相应的成本已经初步确定的基础上,采取如下措施对项目其他方面的成本进行控制：

- 针对次要零件,如电阻电容类,寻找价格更便宜的供应商,并且准备好第二候选供应商;
- 产品主要不良原因分析,优化设计、降低不良率,减少成本浪费;
- 培训员工,减少人为原因造成的成本浪费。

而随后的运行阶段的主要成本控制措施为：

- 进行物料管控,减少物料浪费;
- 优化工装夹具,减少作业时间,节约人工费用。

经过对各阶段成本控制措施的比较分析,最后得到的"LMADO 移动应急指挥系统"开发项目主要元器件的对比选择结果,见表 2-1。

表 2-1　"LAMDO 移动应急指挥系统"开发项目主要元器件对比选择

| 序号 | 元器件名称 | 数量 | 规格/品牌说明 | 零件价格 (元) | 零件不良率 |
|---|---|---|---|---|---|
| 1 | COFDM 模块 | 1 | CO-FDM | 2250 | 0 |
| | | | TDD-FDM | 1950 | 0 |
| 2 | 音视频服务器 | 1 | TouchKit-10232-9ppu56 | 1850 | 0 |
| | | | Dahua-1002 | 2020 | 0 |
| 3 | 主控机 | 1 | 4-layer,IBM 6700S | 1000 | 0 |
| | | | 6-layer,Double side | 1250 | 0 |
| | | | 8-layer,Double side | 1660 | 0 |
| 4 | 一体摄像机 | 1 | Ds-2cz2152p(n)(HK) | 1350 | 0.5% |
| | | | Hdc7301kd130(YA) | 1200 | 0.6% |
| 5 | 电池 | 1 | 15Ah,2000Cycle | 720 | 0.20% |
| | | | 18Ah,l500Cycle | 900 | 0.30% |
| | | | 20Ah,800Cycle | 1000 | 0.50% |

注:表中阴影字表示选择的器件。

## 2.2　产品功能选择及项目成本分解

### 2.2.1　产品功能选择

根据对"LAMDO 移动应急指挥系统"的各个子系统之间的逻辑关系分析,可以整理出包括 7 个一级功能及 9 个二级功能的项目功能系统图,见图 2-1。图 2-1 表明了"LAMDO 移动应急指挥系统"开发项目的最终目的和用途,能够确保产品实现前方单人小设备 0~3km 内短距离通讯(无网络信号情况下,使用 COFDM 技术),并能和后方指挥中心实现无线实时通讯。根据分析的结果,基本功能是产品或者服务的主要目标,也是管理者所关注的重点内容,如果不能实现基本功能,那么产品或服务将失去市场价值。而基本功能以外的功能,可以通称为附属功能。因此,将 7 个一级功能按属性划分,基本功能包括连接 COFDM 模块、数据通道、触控屏、语音对讲,附属功能包括携带方便、可充电源、外壳三防。

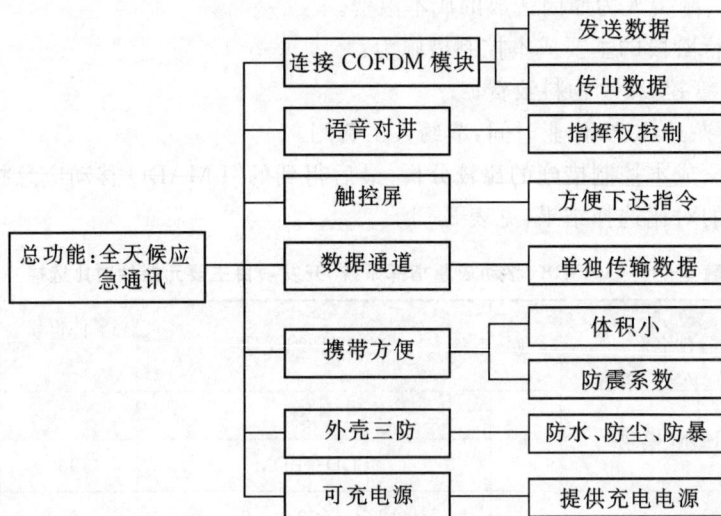

图 2-1 项目功能系统图

在梳理和定义了产品的初步功能之后,接下来的工作就是对其进行功能评价。所谓功能评价,就是计算评价对象现有各个功能的量值,并对功能量值与对应的成本量值之间的匹配关系进行分析,由此给出功能配置的合适性和经济性结论,并据此采取相应的措施改善产品的功能设计。通过功能评价可以消除不合理的功能,调整功能之间的比率,得到功能结构更为合理的产品。功能评价的基本程序是:首先确定功能的评价值系数;随后计算功能成本系数;再进一步计算功能的价值系数;最后评价功能的价值系数,并在此基础上选择价值系数低、成本改善期望值大的功能或功能区域作为重点改进对象。在功能评价的基础上,即可进一步研究产品的费用和经济问题,从而据此提高产品的功能价值。下面,就按照上述程序对"LAMDO 移动应急指挥系统"进行功能评价。

**1. 确定功能评价值系数 $f_i$**

经过项目团队讨论,组织 6 名研发、工程和销售人员,用直接评分法对各子功能的重要程度进行评分,各评价人员之间有重要性之分,进行加权平均后,得到对功能重要性的评价值,评价结果如表 2-2 所示。从表 2-2 可以看出,由于功能的重要性不同,其评价值系数差异很大,如连接 COFDM 模块功能的评价值系数为 0.49,而触控屏功能的评价值系数仅为 0.05,两者相差 9.8 倍,说明这两个功能的重要性差异很大。

**2. 计算功能成本系数 $c_i$**

根据实现初选功能的物料关键器件成本清单,将各零件按实现功能属性的作用大小进行划分,把它们的成本分摊到各功能中,外观功能的成本可以由构成外观的零部件成本相加得出。然后将每个功能的零件成本进行汇总,得到各功能的现实成本清单见表 2-3。

**表 2-2　功能评价值系数 $f_i$ 计算表**

| 功能部件 | 权值 | | | | | 加权得分值 | 功能评价价值系数 $f_i$ |
|---|---|---|---|---|---|---|---|
| | 电子工程师 (0.2) | 机械工程师 (0.15) | 项目经理 (0.35) | 销售经理 (0.2) | 质量工程师 (0.1) | | |
| 连接 COFDM 模块 | 86 | 78 | 89 | 90 | 93 | 87.35 | 0.488 |
| 数据通道 | 11 | 11 | 14 | 10 | 13 | 12.05 | 0.067 |
| 触控屏 | 9 | 9 | 9 | 7 | 12 | 8.9 | 0.050 |
| 语音对讲 | 11 | 9 | 8 | 7 | 10 | 8.75 | 0.049 |
| 携带方便 | 7 | 10 | 10 | 8 | 10 | 9 | 0.050 |
| 外壳三防 | 16 | 23 | 20 | 22 | 26 | 20.65 | 0.115 |
| 可充电源 | 35 | 30 | 31 | 35 | 28 | 32.15 | 0.180 |

**表 2-3　项目功能现实成本清单**

| 序号 | 产品组成部分零件名称 | 数量 | 零件成本（元） | 功能领域 | | | | | | |
|---|---|---|---|---|---|---|---|---|---|---|
| | | | | 连接 COFDM 功能 | 数据通道 | 触控屏 | 语音对讲 | 携带方便 | 外壳三防 | 可充电源 |
| 1 | COFDM 模块 | 1 | 2250 | √ | | | | | | |
| 2 | 音视频服务器 | 1 | 2020 | | | | √ | | | |
| 3 | 主控机 | 1 | 1660 | | √ | | | | | |
| 4 | 一体化摄像机 | 1 | 1200 | | | | | | | √ |
| 5 | 电池 | 1 | 1000 | | | | | √ | | |
| 6 | 开关转换器 | 1 | 120 | | | √ | | | | |
| 7 | COFDM 天线 | 2 | 60 | √ | | | | | | |
| 8 | S 开关 | 6 | 60 | | | | √ | | | |
| 9 | 头挂耳机 | 1 | 25 | | | | √ | | | |
| 10 | 外壳 | 1 | 300 | | | | | | √ | |
| 11 | 充电模块 | 1 | 10 | | √ | | | | | |
| 12 | SD 卡 | 1 | 60 | | √ | | | | | |
| 13 | 网络开关器 | 1 | 20 | | √ | | | | | |
| 14 | 减震海绵 | 1 | 100 | | | | | | √ | |
| 15 | 屏蔽线 | 1 | 60 | | | | | √ | | |
| 16 | 屏蔽网 | 1 | 80 | | | | | √ | | |
| 17 | 螺丝 | 1 | 100 | | | | | √ | | |

续表 2-3

| 序号 | 产品组成部分零件名称 | 数量 | 零件成本（元） | 功能领域 | | | | | | |
|---|---|---|---|---|---|---|---|---|---|---|
| | | | | 连接COF-DM功能 | 数据通道 | 触控屏 | 语音对讲 | 携带方便 | 外壳三防 | 可充电源 |
| 18 | PCB电路板 | 1 | 340 | √ | √ | √ | √ | | | |
| 19 | W\E天线 | 1 | 12 | √ | | | | | | |
| 20 | 晶振组 | 1 | 15 | √ | | | | | | |
| 21 | 二极管单元 | 2 | 11 | √ | | | | | | |
| 22 | 感应器 | 1 | 33.8 | | | | | | | |
| 23 | DECO控制板 | 1 | 5 | | | | | | | |
| 24 | 按钮 | 1 | 3.5 | | | | | | √ | |
| 25 | 过滤器 | 1 | 6.3 | | | | | | √ | |
| 26 | ChipR/C | 1 | 7.2 | | | | | | √ | |
| 27 | 挂钩 | 1 | 1.2 | √ | | | | | √ | |
| 28 | 连接器 | 2 | 0.8 | | √ | | | | | |
| 29 | SOP6 | 1 | 4.1 | | | | √ | √ | | |
| 30 | 放大钮 | 1 | 2.8 | | | | √ | √ | | |
| 31 | 调音钮 | 1 | 8.9 | | | | √ | | | |
| 32 | 晶体管组 | 1 | 1.1 | √ | | | | | | |
| 33 | 保险管 | 1 | 2.3 | | | | | | √ | |
| 34 | 总计 | | | 3256 | 1860 | 352 | 970 | 560 | 1580 | 1200 |

注：表中仅列出了部分零件及功能领域成本数据。

由于各功能的重要性不同，各功能所花费的现实成本也有较大差异。根据各功能零件成本分摊，计算出各功能的零件成本系数，结果如表2-4所示。功能的成本系数体现各功能对整个产品物料成本的耗用比重，即每个功能的实现成本占全部物料成本的比例。从表2-4中可以得知，每个功能的成本系数相差很大，如连接COFDM模块的成本系数为0.333，说明该功能的现实成本占整个物料成本的33.3%；而触控屏0.036，说明触控屏功能的现实成本只占整个物料成本的3.6%，两者相差近10倍。

表2-4 功能成本系数 $c_i$ 计算表

| 序号 | 功能 | 零件成本（元） | 成本系数 $c_i$ |
|---|---|---|---|
| 1 | 连接COFDM模块 | 3256 | 0.333 |
| 2 | 数据通道 | 1860 | 0.190 |
| 3 | 触控屏 | 352 | 0.036 |
| 4 | 语音对讲 | 970 | 0.099 |

| 序号 | 功能 | 零件成本（元） | 成本系数 $c_i$ |
|---|---|---|---|
| 5 | 携带方便 | 560 | 0.057 |
| 6 | 外壳三防 | 1580 | 0.162 |
| 7 | 可充电源 | 1200 | 0.123 |

**3. 计算功能价值系数** $v_i$

根据以上的功能评价值系数 $f_i$ 和功能成本系数 $c_i$，即可计算功能价值系数 $v_i$，即 $v_i = f_i/c_i$，得到的结果见表 2 - 5。从价值工程的公式 $v_i = f_i/c_i$ 可知，当 $v_i = 1$ 时，表示 $f_i = c_i$，是最理想的状态，即花费的现实成本与实现功能所必须的最低成本相当。当 $v_i < 1$ 时，表示 $f_i < c_i$，即花费的现实成本大于实现功能所必需的最低成本，说明成本过高或功能有过剩现象。当 $v_i > 1$ 时，表示 $f_i > c_i$，即花费的现实成本小于实现功能所必需的最低成本，说明有功能不足的可能。价值系数太高或太低都不好，功能价值系数太低，说明功能所花费的现实成本很高或功能过剩现象严重；如果功能价值系数太高，说明功能有存在不足的问题，此时，应将此功能列为价值工程的分析对象。

表 2 - 5　功能价值系数 $v_i$ 计算表

| 序号 | 功能 | 功能评价系数 $f_i$ | 成本系数 $c_i$ | 价值系数 $v_i = f_i/c_i$ |
|---|---|---|---|---|
| 1 | 连接 COFDM 模块 | 0.488 | 0.333 | 1.47 |
| 2 | 数据通道 | 0.067 | 0.190 | 0.35 |
| 3 | 触控屏 | 0.050 | 0.036 | 1.39 |
| 4 | 语音对讲 | 0.049 | 0.099 | 0.49 |
| 5 | 携带方便 | 0.050 | 0.057 | 0.88 |
| 6 | 外壳三防 | 0.115 | 0.162 | 0.71 |
| 7 | 可充电源 | 0.180 | 0.123 | 1.46 |

**4. 评价功能价值系数**

从表 2 - 5 可看出，连接 COFDM 模块的价值系数为 1.47，大于 1，需进一步分析其合理性；数据通道、语音对讲功能的价值系数仅分别为 0.35 和 0.49，应列为重点分析对象；而可充电源、触控屏等功能的价值系数偏高，分别为 1.46 和 1.39，也可列为分析对象；携带方便、外壳三防两个功能的价值系数比较适中，暂可不列为分析对象。由于"LAMDO 移动应急指挥系统"开发项目各功能的重要性不同，功能、成本的绝对值也不相同，有的甚至相差几十倍。同时，它们在整个对象功能实现上的重要程度也相差很大，因此，在许多情况下仅仅凭借价值系数很难作出正确的判断，有可能会忽视应该给予关注的对象。基于这个原因，先通过价值系数的大小来简单地判断是否存在功能成本过高或功能过剩的现象；当功能系数差异较大时，再进一步采用最合适区域法进行更为详细的计算和判断，由此分析出功能需要改善对象，并确定该项目最为合理的功能区域。

### 2.2.2　基于 WBS 的项目成本分解

"LAMDO 移动应急指挥系统"开发项目的 WBS(work breakdown structure)采用基于过程的分解方法,大致可分为产品功能设计、产品成本核算、产品详细设计、试制生产、销售服务以及项目总结 6 个部分。其中,产品功能设计、产品成本核算、产品详细设计属于研发设计阶段工作。据此,对该项目的各项工作分解归类,并对每个任务包设置一个编号,形成该项目的 WBS,如表 2-6 所示。在表 2-6 中,将任务划分给各个职能部门负责,每个职能部门都有专人对任务负责或跟踪。通过任务划分后,可以清晰地看出任务所属的阶段特征等,从而为项目的过程控制提供方便。

**表 2-6　项目的 WBS 分解结果**

| 编号 | 任务名称 | 责任部门 | 编号 | 任务名称 | 责任部门 |
|---|---|---|---|---|---|
| 0 | 项目管理 | 项目经理 | 3.4.2 | 设备采购 | 采购部 |
| 1 | 产品功能设计 | 研发销售 | 3.5 | 包装设计 | 研发部 |
| 1.1 | 资料收集 | 项目团队 | 3.6 | 产品质量验收标准确定 | 质量部 |
| 1.2 | 方案设计 | 项目团队 | 3.7 | 设计文档管理 | 质量部 |
| 1.3 | 方案评价与选择 | 项目团队 | 3.7.1 | 产品设计文档管理 | 质量部 |
| 2 | 产品成本核算 | 项目团队 | 3.7.2 | 产品设计变更管理 | 质量部 |
| 2.1 | 物料报价 | 生产部 | 3.7.3 | 产品质量标准文档管理 | 质量部 |
| 2.2 | 加工成本报价 | 采购部 | 4 | 试制生产 | 生产部 |
| 2.3 | 报价汇总确认 | 项目团队 | 4.1 | 生产前准备 | 生产部 |
| 3 | 产品详细设计 | 研发部 | 4.1.1 | 物料采购 | 采购部 |
| 3.1 | 电子电路设计 | 研发部 | 4.1.2 | 制造设备/设施准备 | 生产部 |
| 3.1.1 | EP 阶段设计 | 研发部 | 4.1.3 | 测试设备准备 | 研发部 |
| 3.1.2 | FP 阶段设计更改 | 研发部 | 4.1.3.1 | 测试设备清单 | 研发部 |
| 3.1.3 | T/R 阶段设计更改 | 研发部 | 4.1.3.2 | 测试设备采购 | 采购部 |
| 3.1.4 | 电子物料电磁辐射防护要求保证 | 质量部 | 4.1.4 | 人员准备及培训 | 生产部 |
| 3.1.4.1 | 电子物料清单 | 研发部 | 4.1.5 | 工艺准备 | 工程部 |
| 3.1.4.2 | 电子物料电磁辐射防护保证书管理 | 采购部 | 4.2 | 产品生产管理 | 生产部 |
| 3.2 | 系统结构设计 | 研发部 | 4.2.1 | 生产计划编制 | 生产部 |
| 3.2.1 | EP 阶段外观设计 | 研发部 | 4.2.2 | 产品制造 | 生产部 |
| 3.2.2 | FP 阶段设计更改 | 研发部 | 4.2.3 | 生产产能跟踪 | 生产部 |
| 3.2.3 | T/R 阶段设计更改 | 研发部 | 4.3 | 生产质量控制 | 质量部 |

| 编号 | 任务名称 | 责任部门 | 编号 | 任务名称 | 责任部门 |
|------|---------|---------|------|---------|---------|
| 3.2.4 | 结构物料强度要求保证 | 质量部 | 4.3.1 | 零件质量问题分析 | 质量部 |
| 3.2.4.1 | 结构物料清单 | 研发部 | 4.3.2 | 制造过程质量问题分析 | 质量部 |
| 3.2,4.2 | 结构物料强度保证书管理 | 采购部 | 4.4 | 工艺文档管理 | 质量部 |
| 3.3 | 软件与测试系统设计 | 研发部 | 5 | 销售与服务 | 销售部 |
| 3.3.1 | 产品软件开发 | 研发部 | 5.1 | 合同管理 | 销售部 |
| 3.3.1.1 | EP 阶段软件开发 | 研发部 | 5.1.1 | 客户合同管理 | 销售部 |
| 3.3.1.2 | FP 阶段软件优化 | 研发部 | 5.1.2 | 采购合同管理 | 采购部 |
| 3.3.1.3 | T/R 阶段软件优化 | 研发部 | 5.2 | 产品出货 | 生产部 |
| 3.3.2 | 测试软件开发 | 研发部 | 5.2.1 | 物流公司联系 | 生产部 |
| 3.3.2.1 | FP 阶段开发 | 研发部 | 5.2.2 | 报关资料准备 | 销售部 |
| 3.3.2.2 | T/R 阶段软件优化 | 研发部 | 5.3 | 客户反馈与处理 | 销售部 |
| 3.4 | 测试设备选购 | 研发部 | 5.4 | 财务结算 | 项目团队 |
| 3.4.1 | 试产阶段测试设备清单 | 研发部 | 6 | 项目总结 | 项目团队 |

将"LAMDO 移动应急指挥系统"开发项目进行 WBS 分解,得出的表 2-6 明晰了整个项目所要完成的工作,也为各个阶段的成本控制提供了基本依据。在表 2-6 中,研发部所承担的任务是,控制设计阶段所发生的、会对整个项目产生影响的现实成本。由"LAMDO 移动应急指挥系统"开发项目成本构成分析可知,该项目的成本由直接原材料成本、直接人工成本、制造费用、财务费用和管理费用分摊五大类构成。其中,制造费用又分为若干个子项及分子项,将各项成本进行汇总,便可得出该项目的成本分析表,如表 2-7 所示。

表 2 - 7　项目成本细分表

| 编号 | 费用科目 | 单件分摊成本(元) | 备注 |
|------|---------|------------------|------|
| 1 | 直接原材料 | 10800 | 由设计阶段决定物料型号,从而确定原材料成本 |
| 2 | 直接人工成本 | 1380 | 费用由生产阶段产生 |
| 3 | 制造费用 | | |
| 3.1 | 折旧 | | |
| 3.1.1 | 生产设备折旧分摊 | 780 | 费用由生产阶段产生 |
| 3.1.2 | 测试设备折旧分摊 | 200 | 因而测试设备需求数量不同 |
| 3.2 | 单件不良损失成本分摊 | 100 | 与设计阶段物料选型有关 |
| 3.3 | 其他制造费用 | | |
| 3.3.1 | 其他固定资产折旧分摊 | 20 | 整个过程 |

| 编号 | 费用科目 | 单件分摊成本(元) | 备注 |
|---|---|---|---|
| 3.3.2 | 样品制作及试验费 | 20 | 整个过程 |
| 3.3.3 | 间接人工费用 | 10 | 整个过程 |
| 3.3.4 | 工装夹具费用 | 1 | 整个过程 |
| 3.3.4 | 设备维修及易耗品 | 5 | 整个过程 |
| 4 | 管理费用 | | |
| 4.1 | 管理费用分摊 | 10 | 整个过程 |
| 4.2 | 业务招待费 | 25 | 其他阶段 |
| 4.3 | 水电费用 | 10 | 整个过程 |
| 4.4 | 财务费用 | 5 | 整个过程 |
| 4.5 | 其他 | 2 | 整个过程 |

表 2-7 显示了"LAMDO 移动应急指挥系统"开发项目的各项成本。根据表 2-7 所给出的数据,对各类成本进行分类汇总并进一步分析比较,即可明确"LAMDO 移动应急指挥系统"开发项目成本控制的重点方向。将"LAMDO 移动应急指挥系统"开发项目成本,按直接物料成本、直接人工成本、制造费用、其他费用进行汇总,得到四类成本各自占总成本的比例如图 2-2 所示。从图 2-2 可看出,直接物料成本占整个项目成本的 80.7%。一般而言,项目的直接原材料成本占整个项目成本的比例约为 50%~60%,但由于"LAMDO 移动应急指挥系统"为上一代产品的升级版,减少了大量的研发、试制费用,故直接原材料成本所占的比例相对较高。制造费用占项目总成本的 8.2%,而直接人工成本占 10.3%。因此,重点对直接物料成本、直接人工成本和制造费用进行控制,可以起到显著的效果。

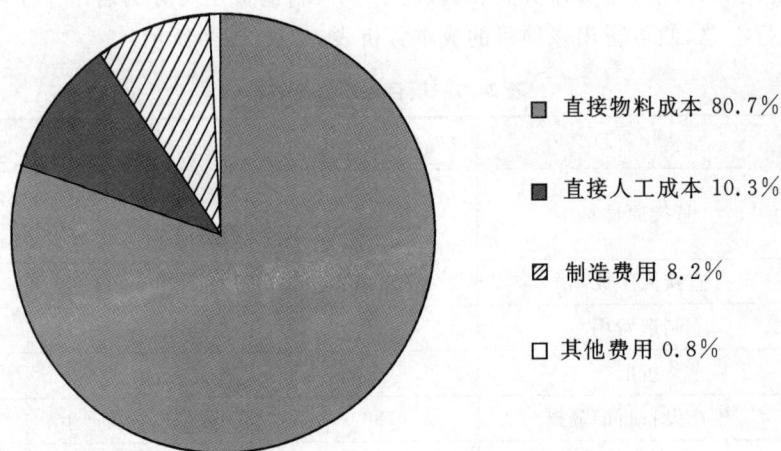

- 直接物料成本 80.7%
- 直接人工成本 10.3%
- 制造费用 8.2%
- 其他费用 0.8%

图 2-2 项目分类成本构成

图 2-3 给出了项目制造费用构成。由图 2-3 可见,生产设备折旧分摊、测试设备折旧分摊所占比例较大,分别占制造费用的 65.6% 和 16.8%,合计 82.4%,可列为项目成本控制的

重点。而单件不良损失成本分摊和其他费用分别占 8.4％和 9.2％,合计 17.6％,在项目成本控制中也需要适当给予关注。

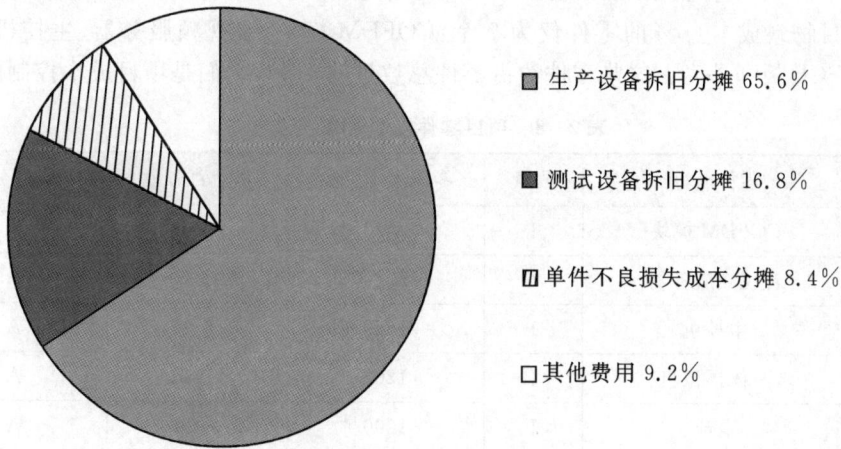

图 2-3　项目制造费用构成

根据项目 WBS 分解及成本细分结果,"LAMDO 移动应急指挥系统"开发项目的各项成本,可进一步分解为各个阶段发生或影响的成本。需要特别说明的是,各个阶段的影响成本是指按照阶段划分,不属于设计阶段,但这些成本是由于设计阶段的原因而在后续各个阶段所引发的。例如,某部件由于设计或选型不当而造成生产过程中需要提高生产工艺要求等,从而增加了制造费用,这部分增加的费用即为设计阶段的影响费用。对于"LAMDO 移动应急指挥系统"开发项目来说,设计阶段影响的成本会占到整个项目成本的 88％,因此,对研发设计阶段所影响的成本进行分析和控制应是项目成本控制的重点。

根据以上分析可见,对于"LAMDO 移动应急指挥系统"开发项目来说,应重点对研发设计阶段所涉及的项目方案确定、原材料选型、测试设备投资等进行深入分析,在此基础上提出合理的控制成本方案。

## 2.3　项目成本要素分析

在确定了"LAMDO 移动应急指挥系统"开发项目所具备的功能后,相应的电性能设计方案也就确定了下来。随之而来地,与初步设计方案相对应的物料清单也就基本确定(注意,结构设计在随后也可能发生更改,从而造成结构零件和物料清单发生变化)。那么,接下来需要深入研究如何采取有效措施降低"LAMDO 移动应急指挥系统"开发项目的物料成本,包括改善功能的现实成本。

### 2.3.1　项目成本的 ABC 分类

在设计阶段进行成本控制的重点,是通过过程功能分析、过程结构优化、过程属性改善,从成本形成的原因上尽可能地堵住成本上升的漏洞。"LAMDO 移动应急指挥系统"开发项目的物料成本占据该项目成本的大部分,因此,对该项目的物料成本构成进行分析,将有助于寻找出该项目成本控制的重点。在明确该项目应具备的功能之后,即可确定实现相应功能的设计方案及物料清单,进而将零件清单按零件成本从高到低排序,然后再按重要程度分类,便可得到零件成本的 ABC 分类结果,如表 2-8 所示。根据表 2-8 零件 ABC 分类的结果,可计算出占据该项目物料成本 80% 的零件仅为 7 个:COFDM 模块、音视频服务器、主控机、一体摄像机、电池、PCB 板和外壳。这些零件约占零件总数量的 17%,它们是项目成本控制的重点。

**表 2-8 项目零件成本 ABC 分类**

| 序号 | 零件名称 | 数量 | 零件成本(元) | 累计百分比 | ABC 分类 |
|---|---|---|---|---|---|
| 1 | COFDM 模块 | 1 | 2250 | 20.83 | A |
| 2 | 音视频服务器 | 1 | 2020 | 18.70 | A |
| 3 | 主控机 | 1 | 1660 | 15.37 | A |
| 4 | 一体摄像机 | 1 | 1200 | 11.11 | A |
| 5 | 电池 | 1 | 1000 | 9.26 | A |
| 6 | PCB 板 | 1 | 340 | 3.15 | A |
| 7 | 外壳 | 1 | 300 | 2.78 | A |
| 8 | 开关 | 1 | 60 | 0.56 | B |
| 9 | 头戴耳机 | 1 | 25 | 0.23 | B |
| 10 | 3G 天线 | 1 | 60 | 0.56 | B |
| 11 | 充电模块 | 10 | 10 | 0.09 | B |
| 12 | SD 卡 | 1 | 60 | 0.56 | B |
| 13 | 网关 | 2 | 20 | 0.19 | B |
| 14 | 防震棉 | 1 | 100 | 0.93 | B |
| 15 | 内部天线 | 2 | 60 | 0.56 | B |
| 16 | 盖罩 | 1 | 80 | 0.74 | B |
| 17 | 螺丝 | 100 | 120 | 1.11 | B |
| 18 | 逆变器模块 | 1 | 100 | 0.93 | B |
| 19 | 微型通话器 | 1 | 146 | 1.35 | B |
| 20 | FMIC | 1 | 41 | 0.38 | B |
| 21 | COFDM 天线 | 1 | 35 | 0.32 | B |
| 22 | 晶振单元 | 100 | 32 | 0.30 | B |
| 23 | 二极管单元 | 1 | 28.2 | 0.26 | B |
| 24 | 感应器模块 | 1 | 22.2 | 0.21 | B |
| 25 | DECO 板 | 10 | 122 | 1.13 | B |
| 26 | 按钮 | 8 | 21.8 | 0.20 | B |

| 序号 | 零件名称 | 数量 | 零件成本(元) | 累计百分比 | ABC 分类 |
|---|---|---|---|---|---|
| 27 | 过滤器模块 | 1 | 20 | 0.19 | B |
| 28 | ChipR/C | 1 | 18.6 | 0.17 | B |
| 29 | 内部挂钩 | 1 | 15.5 | 0.14 | B |
| 30 | 链接单元模块 | 1 | 115.2 | 1.07 | B |
| 31 | SOP6 | 1 | 12.8 | 0.12 | B |
| 32 | 动作按钮 | 1 | 11.6 | 0.11 | B |
| 33 | 调音钮 | 1 | 10.5 | 0.10 | B |
| 34 | 半导管 | 1 | 9.2 | 0.09 | B |
| 35 | 保险 | 10 | 18 | 0.17 | B |
| 36 | 壳底膜 | 1 | 6.7 | 0.06 | B |
| 37 | 光波导单元 | 1 | 17.4 | 0.16 | B |
| 38 | 内圈套 | 1 | 16.9 | 0.16 | B |
| 39 | 壳顶防磁网 | 1 | 56.6 | 0.52 | B |
| 40 | 标示 | 1 | 25 | 0.23 | B |
| 41 | LED | 10 | 116 | 1.07 | B |
| 42 | 话筒控制器 | 1 | 33.6 | 0.31 | B |
| 43 | 屏蔽罩 | 1 | 48.5 | 0.45 | B |
| 44 | 微型语音控制器 | 1 | 43.4 | 0.40 | B |
| 45 | 晶体管单元 | 2 | 52.9 | 0.49 | B |
| 46 | 防尘组件 | 2 | 32.9 | 0.30 | B |
| 47 | 校准器 | 1 | 34.8 | 0.32 | B |
| 48 | 音频放大器 | 1 | 22.6 | 0.21 | B |
| 49 | 链接自锁紧单元 | 1 | 12.5 | 0.12 | B |
| 50 | 防水密封条 | 1 | 22.1 | 0.20 | B |
| 51 | 扭动转换器 | 1 | 10.7 | 0.10 | B |
| 52 | D 型焊接连接圈 | 1 | 11.3 | 0.10 | B |
| 53 | 有机玻璃 | 1 | 40.6 | 0.38 | B |
| 54 | IP 分配模块 | 1 | 30.5 | 0.28 | B |
| 55 | 隔板单元 | 1 | 20.4 | 0.19 | B |

从成本控制的角度出发,将 A 类物料零件定义为关键器件。由前面的分析可知,关键器件面临多种规格的选择问题,而其规格的选择会对物料成本产生重要影响。在关键器件中,由于 PCB、外壳没有多种规格可供选择,故在此不对这两种器件进行分析研究;而将研究重点放

在 COFDM 模块、音视频服务器、主控机、一体摄像机和电池零件等 5 个关键器件的不同规格的选择问题上,借此有效降低该项目的物料成本。

### 2.3.2 关键器件的相互影响分析

如前所述,将零件按重要性高低排序后,得出了需要重点关注的关键器件。由于每种关键器件具备几种规格可供选择,为便于后续分析,首先定义关键器件变量,每个变量代表某一规格的关键器件。然后分析这些变量组合的相互作用关系,从而找出影响成本控制决策的关键约束条件。

**1. 关键器件的变量定义**

对该项目的器件进行 ABC 分类后,即可将分析的重点聚焦于关键器件的成本控制问题上。由于每种关键器件具备多种规格可供选择,不同规格的关键器件的价格差异又比较大,因此,可以通过关键器件不同的规格组合,在确保实现设计方案所要求的功能指标的前提下,取得"LAMDO 移动应急指挥系统"开发项目成本的最小化。

用 $0-1$ 变量 $X_{ij}$ 表示某种规格的关键器件,其中,$i=1,2,\cdots,5$,表示关键器件的序号,$j=1,2,3$,表示关键器件的规格。$X_{ij}=1$,表示关键器件 $i$ 的规格选取为 $j$;$X_{ij}=0$,关键器件 $i$ 的规格不选 $j$,共有 13 个变量。然后,收集各个变量的成本信息和不良率资料,整理得到表 2-9。在定义了各种规格的关键器件变量之后,在计算相关成本时,便可将计算过程及结果转化为变量的代数表达式。

表 2-9 关键器件规格变量定义

| 序号 | 零件名称 | 数量 | 变量定义 | 规格/品牌说明 | 价格(元) | 零件不良率 |
|---|---|---|---|---|---|---|
| 1 | COFDM 模块 | 1 | $X_{11}$ | CO-FDM | 2250 | 0 |
| | | | $X_{12}$ | TDD-FDM | 1950 | 0 |
| 2 | 音视频服务器 | 1 | $X_{21}$ | TouchKit-10232-9ppu56 | 1850 | 0 |
| | | | $X_{22}$ | Dahua-1002 | 2020 | 0 |
| 3 | 主控机 | 1 | $X_{31}$ | 4-layer,IBM 6700S | 1000 | 0 |
| | | | $X_{32}$ | 6-layer,Double side | 1250 | 0 |
| | | | $X_{33}$ | 8-layer,Double side | 1660 | 0 |
| 4 | 一体摄像机 | 1 | $X_{41}$ | Ds-2cz2152p(n)(HK) | 1350 | 0.5% |
| | | | $X_{42}$ | Hdc7301kd130(YA) | 1200 | 0.6% |
| 5 | 电池 | 1 | $X_{51}$ | 15Ah,2000Cycle | 720 | 0.20% |
| | | | $X_{52}$ | 18Ah,1500Cycle | 900 | 0.30% |
| | | | $X_{53}$ | 20Ah,800Cycle | 1000 | 0.50% |

注:表中阴影字表示选择的器件。

**2. 测试指标及其相互影响**

为了对关键测试指标之间的相互影响进行分析,首先要对关键器件进行初步分析并对锂电池做性能分析。然后,根据关键器件的初步分析结果,通过实验找出其不同组合之间的相互影响关系。

1)关键器件的相互影响分析

在选择不同规格的关键器件前首先要进行电路的原理分析。例如,不同规格的 COFDM 模块的接口不同,直接影响着主控机叠层厚度、介质材料,以及整个主控机的布线等,导致人工检测的时间长短会发生变化,所以,COFDM 模块选择会直接影响主控机的规格选择;主控机的运算速度差异则影响着音视频服务器的解码频度和速度,进而影响生产过程中的测试时间长度;COFDM 模块与音视频服务器之间会产生相互干扰,必须采取措施来消除二者之间的干扰;而且 COFDM 模块与音视频服务器规格性能指标之间本身还存在着回音的影响,如果 COFDM 模块的带宽较高,且音视频服务器的解码度也较高的话,则器件的发热和耗电就会很大。因此,对 COFDM 模块、音视频服务器、主控机选择一个合适规格的组合搭配,对图像传输、图像解析、无线实时传输取得较好的效果,会起到至关重要的作用。经过上述分析,可以确定各种关键器件在搭配时的相互影响。对于一体摄像机,其规格相对较好确定,一体摄像机的规格会在一定程度上受到 COFDM 模块规格选择的影响,只要考虑好技术要求如清晰度、线数、自动对焦时间等即可。当初研发人员所给出的备选型号是因为使用过这些类型的产品,入选的 $X_{41}$、$X_{42}$ 均已由质量工程师测试达到技术要求。当 COFDM 模块选择 $X_{11}$ 时,那么一体摄像机必须选择 $X_{41}$。其他部件相互影响的分析结果如表 2-10 所示。

表 2-10　关键器件相互影响初步分析

| 序号 | 相互影响关键器件 | | 影响程度与关系 |
|------|------|------|------|
| 1 | COFDM 模块 | 主控机 | 测试时间长短,解码速度快慢 |
| 2 | COFDM 模块 | 音视频服务器 | 影响运算时间和实时性 |
| 3 | 一体摄像机 | COFDM 模块 | 影响移动应急指挥系统图像质量(清晰度、线数、自动对焦时间等) |
| 4 | 音视频服务器 | 主控机 | 共同影响传输测试效果 |
| 5 | 电池 | | 影响移动应急指挥系统的使用时间 |

表 2-10 分析结果显示,COFDM 模块和音视频服务器、主控机零件之间联系紧密,COFDM 模块器件的规格选择,将与其他几个器件共同影响着产品的测试结果。特别地,COFDM 模块与音视频服务器规格选择,对于主控机测试指标如运算时间、实时性等的影响尤为明显,因此需要进一步的实验验证。锂电池与其他零部件的相互联系较小,可以单独对其进行分析。

2)锂电池的性能分析

根据"LAMDO 移动应急指挥系统"开发项目的要求,锂电池必须能够支持长达 6 小时以上的实时通讯时间。锂电池在充满电后,放电过程基本为一直线,放电范围在 12 V 到 24 V 之间,之后就急剧下降;当降到 9.0 V 以下时,锂电池基本上就不能满足移动应急指挥系统的正常工作需求。经分析,锂电池与移动应急指挥系统的其他元器件一起工作时,除了在成品测试时需关注充电电流这项指标外,基本不会因锂电池的规格不同而影响移动应急指挥系统的其他测试指标,也不会影响移动应急指挥系统的生产测试时间。因此,在评价锂电池时,只需关注其实时通讯时间指标能否满足系统的技术要求即可。

通过对三种规格锂电池的测试,充电电流这项指标均能符合系统开发的要求,但由于"LAMDO 移动应急指挥系统"开发项目组要求锂电池的实时通讯时间达到 6 小时以上,因此,需单独测试三种规格的实时通讯时间,测试的具体数据见表 2-11。从该表可见,变量 $X_{51}$ 所代表的锂电池待机时间为 5 小时,不能满足系统的要求,故放弃 $X_{51}$ 的电池方案,即直接令 $X_{51}$ =0。

表 2-11 锂电池各规格性能影响分析

| 变量 | 容量 | 充电循环次数 | 平台电压(V) | 实时通讯时间(h) | 评价 |
|---|---|---|---|---|---|
| $X_{51}$ | 15Ah | 2000 次以上 | 24 | 5 | 不能满足要求 |
| $X_{52}$ | 18Ah | 1500 次以上 | 23.5 | 6.5 | 可以满足要求 |
| $X_{53}$ | 20Ah | 800 次以上 | 23 | 7 | 可以满足要求 |

3)关键器件组合测试的影响分析

通过对不同规格关键器件的电路原理进行分析,可以基本确定在生产测试过程中它们之间的相互影响关系。进一步地,经过实验分析得到 COFDM 模块、音视频服务器、主控机三个器件不同规格之间的相互组合对测试结果的影响,每个组合至少进行三次以上的试验,以确保试验结果的可信性。最后获得的分析结果如表 2-12 所示,其中,"OK"表示该项测试结果达到技术测试指标要求,"NG"表示该项测试结果未达到技术测试指标要求。表 2-12 的测试结果表明,各种规格的关键器件间存在着相互制约关系。比如,由于 $X_{22}$ 的数据解码量大,$X_{33}$ 的运算时间长,因此两者组合后,会造成测试指标实时通讯时间达不到技术要求。

表 2-12 关键器件测试互相影响分析

| 序号 | COFDM 模块 | 音视频服务器 | 主控机 | 功能测试 | 实时性测试 | 整体测试 |
|---|---|---|---|---|---|---|
| 1 | $X_{11}$ | $X_{21}$ | $X_{31}$ | OK | OK | OK |
| 2 | $X_{11}$ | $X_{21}$ | $X_{32}$ | OK | OK | OK |
| 3 | $X_{11}$ | $X_{21}$ | $X_{33}$ | OK | OK | OK |
| 4 | $X_{11}$ | $X_{22}$ | $X_{31}$ | OK | OK | OK |
| 5 | $X_{11}$ | $X_{22}$ | $X_{32}$ | OK | OK | OK |
| 6 | $X_{11}$ | $X_{22}$ | $X_{33}$ | OK | NG | NG |
| 7 | $X_{12}$ | $X_{21}$ | $X_{31}$ | OK | OK | OK |
| 8 | $X_{12}$ | $X_{21}$ | $X_{32}$ | OK | OK | OK |
| 9 | $X_{12}$ | $X_{21}$ | $X_{33}$ | OK | OK | OK |
| 10 | $X_{12}$ | $X_{22}$ | $X_{31}$ | OK | OK | OK |
| 11 | $X_{12}$ | $X_{22}$ | $X_{32}$ | OK | OK | OK |
| 12 | $X_{12}$ | $X_{22}$ | $X_{33}$ | OK | NG | NG |

表 2-13 为关键器件组合测试的时间记录。剔除表 2-12 中的关键器件测试指标不合格的组合后,从表 2-13 中剩余的数据就可以看出,由于测试时间受到主控机的运算速度以及器件本身的精度、不良率等的影响,不同组合在各测试工序的测试时间也会有差异。导致这种结果的原因是多方面的,如主控机的运算速度和运算时间的不同,COFDM 模块的精度不同造成响应时间不同,以及器件本身精度、不良状况不一致等,从而导致测试时间产生差异。

表 2-13　关键器件组合测试的时间记录

| 序号 | COFDM 模块 | 音视频 服务器 | 主控机 | 功能 测试 | 实时性测试 (h) | 整体测试 (h) | 测试时间 (h) |
|---|---|---|---|---|---|---|---|
| 1 | $X_{11}$ | $X_{21}$ | $X_{31}$ | 1 | 9.8 | 24 | 34.8 |
| 2 | $X_{11}$ | $X_{21}$ | $X_{32}$ | 1 | 10.2 | 23.2 | 34.4 |
| 3 | $X_{11}$ | $X_{21}$ | $X_{33}$ | 1 | 9.7 | 24.1 | 34.8 |
| 4 | $X_{11}$ | $X_{22}$ | $X_{31}$ | 1 | 9.9 | 24.2 | 35.1 |
| 5 | $X_{11}$ | $X_{22}$ | $X_{32}$ | 1 | 10 | 24.2 | 35.2 |
| 6 | $X_{12}$ | $X_{21}$ | $X_{31}$ | 1 | 10.5 | 23.8 | 35.3 |
| 7 | $X_{12}$ | $X_{21}$ | $X_{32}$ | 1 | 9.6 | 23.9 | 34.5 |
| 8 | $X_{12}$ | $X_{21}$ | $X_{33}$ | 1 | 9.5 | 23.7 | 34.2 |
| 9 | $X_{12}$ | $X_{22}$ | $X_{31}$ | 1 | 10.1 | 24 | 35.1 |
| 10 | $X_{12}$ | $X_{22}$ | $X_{32}$ | 1 | 10.3 | 24.2 | 35.5 |

### 2.3.3　项目成本构成要素

通过对关键器件选型的相互影响分析可知,由于关键器件各种规格型号的价格、质量、零件精度各不相同,以及组合后的测试时间不同,关键器件的组合将会对以下几类成本产生重要影响:直接原材料成本、测试设备折旧分摊、直接人工成本的测试部分、关键器件质量的损失成本。综合考虑各关键器件之间的相互关系,将这几类成本以变量代数式表达,其余各类成本参照当前现状,最后通过建立数学模型求解出该项目的最小成本。

**1. 直接原材料成本**

"LAMDO 移动应急指挥系统"的功能确定后,相应的物料清单也就随之确定。除 5 个关键器件外的其他物料成本为:10800－8130＝2670(元),因此,总的直接原材料成本为:

直接原材料成本＝2670＋($X_{11}$×2250＋$X_{12}$×1950＋$X_{21}$×1850＋$X_{22}$×2020＋$X_{31}$×1000＋$X_{32}$×1250＋$X_{33}$×1660＋$X_{41}$×1350＋$X_{42}$×1200＋$X_{51}$×720＋$X_{52}$×900＋$X_{53}$×1000)

**2. 直接人工成本**

1)除测试外的直接人工成本计算

在关键器件选择过程中,关键器件不同规格的选择除对测试工作的时间有影响外,对其他的零件装配时间并无影响。因此,在单件产品加工工时的基础上,减去功能测试、实时性测试、

最终测试三个工序的人工时间,即得到除测试工序之外的直接人工工时:

$$除测试外的直接人工工时=80-1-10-24=45(小时)$$

由此可以得到除测试外的直接人工成本:

$$除测试外的直接人工成本=(3000\div21.75\div8)\times45=776(元)$$

2)测试部分直接人工成本计算

根据关键器件组合测试的时间纪录,将每个组合的测试时间,乘以人工工时费率,便可以得到测试的人工工时成本:

$$\begin{aligned}
测试部分直接人工成本=&(X_{11}\times X_{21}\times X_{31}\times34.8+X_{11}\times X_{21}\times X_{32}\times34.4\\
&+X_{11}\times X_{21}\times X_{33}\times34.8+X_{11}\times X_{22}\times X_{31}\times35.1\\
&+X_{11}\times X_{22}\times X_{32}\times35.2+X_{12}\times X_{21}\times X_{31}\times35.3\\
&+X_{12}\times X_{21}\times X_{32}\times34.5+X_{12}\times X_{21}\times X_{33}\times34.2\\
&+X_{12}\times X_{22}\times X_{31}\times35.1+X_{12}\times X_{22}\times X_{32}\times35.5)\\
&\times3000\div21.75\div8
\end{aligned}$$

**3. 测试设备折旧分摊**

由于关键器件的不同规格组合决定了功能测试、实时性测试及最终测试的测试时间,而各测试工序的设备需求则由交货要求及测试时间决定,因此,各测试工序的设备需求数量也会与关键器件有关。LD 公司的"LAMDO 移动应急指挥系统"为一种可持续开发的产品,相关的测试设备在该项目生产结束后,可以应用于其他移动应急指挥系统产品的开发及生产。财务部采用直线折旧法给出测试设备使用期限为 5 年,而该项目计划使用 2 年,因此测试设备在该项目上的成本分摊为总投资的 2/5。根据各工序测试设备清单,可以计算出测试设备的总成本。该项目部测试人员发现,测试设备的使用时间的长短,并没有因为关键器件的改变而改变,这是因为不管所使用的设备为何种型号,所需测试设备的拷机时间都是一样的。所以,测试设备的折旧分摊成本为:

$$测试设备折旧分摊=(1200000\div12\div2\div100\div5)\times2=200(元)$$

**4. 不良质量损失成本**

常规上关键器件在生产过程中发生不良时,将会造成返工或报废的损失,从而增加"LAMDO 移动应急指挥系统"开发项目的成本。如果是关键器件本身质量问题所导致的成本损失,由于 LD 公司具有良好的商业信誉保证,供应商在收到退货后,通常会进行损失赔偿,故可以不予考虑,即认为关键器件不良质量损失成本为 0 元。其他类不良损失根据成本分析计算,分摊至单件的成本约为 100 元。

**5. 其他类项目成本**

根据对项目成本构成的计算分析,除以上各项成本外的其他各类成本的总量及单件分摊结果如表 2-14 所示。

表 2-14　其他各类项目成本

| 科目 | 总量(元) | 单件分摊成本(元) |
| --- | --- | --- |
| 其他固定资产折旧分摊 | 48000 | 20 |
| 样品制作及试验费 | 48000 | 20 |

| 科目 | 总量（元） | 单件分摊成本（元） |
|---|---|---|
| 间接人工费用 | 24000 | 10 |
| 工装夹具费用 | 2400 | 1 |
| 设备维修及易耗品 | 12000 | 5 |
| 管理费用分摊 | 24000 | 10 |
| 业务招待费 | 60000 | 25 |
| 水电费用 | 24000 | 10 |
| 财务费用 | 12000 | 5 |
| 其他 | 4800 | 2 |
| 合计 | 259200 | 108 |

## 2.4　成本控制优化模型构建与求解

### 2.4.1　优化模型的构建

根据上述分析可得，该项目成本分为两部分，一部分可以用之前定义的变量表达式表达，另一部分则是已经确定的成本，将这两部分成本进行汇总，便可得到单件产品的总成本，这即是所要构建的优化模型的目标函数。单件总成本包含了关键器件的物料成本，以及除关键器件之外的其他物料成本、直接人工成本测试部分、除测试外的直接人工成本、生产设备折旧分摊、测试设备折旧分摊、不良质量损失成本和项目的其他成本。

**1. 项目分项成本**

1）关键器件物料成本

基于对项目成本的 ABC 分类结果，A 类器件中有 7 项，其中，有 5 项器件被确定为关键器件。对于这 5 种关键器件，根据前述对关键器件规格变量的定义，有如下几种可能的结果选择。

- COFDM 模块有两种选择：$X_{11}=2250, X_{12}=1950$。
- 音视频服务器有两种选择：$X_{21}=1850, X_{22}=2020$。
- 主控机有三种选择：$X_{31}=1000, X_{32}=1250, X_{33}=1660$。
- 一体摄像机有两种选择：$X_{41}=1350, X_{42}=1200$。
- 电池有三种选择：$X_{51}=720, X_{52}=900, X_{53}=1000$。

所以，关键器件的物料成本可以表示为：

$$\begin{aligned}
\text{关键器件物料成本} =& X_{11}\times 2250 + X_{12}\times 1950 + X_{21}\times 1850 + X_{22}\times 2020 \\
&+ X_{31}\times 1000 + X_{32}\times 1250 + X_{33}\times 1660 + X_{41}\times 1350 \\
&+ X_{42}\times 1200 + X_{51}\times 720 + X_{52}\times 900 + X_{53}\times 1000
\end{aligned}$$

2) 除关键器件外的其他物料成本

除关键器件外的其他物料成本等于单件总成本与关键器件成本之差,为

其他物料成本=10800−1950−2020−1660−1200−1000=2670(元)

3) 直接人工成本的测试部分

根据关键器件组合测试时间纪录,将每个组合的测试时间乘以人工工时费率,便可得到测试的人工工时成本如下式所述:

$$
\begin{aligned}
测试人工成本= & (X_{11} \times X_{21} \times X_{31} \times 34.8 + X_{11} \times X_{21} \times X_{32} \times 34.4 \\
& + X_{11} \times X_{21} \times X_{33} \times 34.8 + X_{11} \times X_{22} \times X_{31} \times 35.1 \\
& + X_{11} \times X_{22} \times X_{32} \times 35.2 + X_{12} \times X_{21} \times X_{31} \times 35.3 \\
& + X_{12} \times X_{21} \times X_{32} \times 34.5 + X_{12} \times X_{21} \times X_{33} \times 34.2 \\
& + X_{12} \times X_{22} \times X_{31} \times 35.1 + X_{12} \times X_{22} \times X_{32} \times 35.5) \\
& \times 3000 \div 21.75 \div 8
\end{aligned}
$$

4) 除测试外的直接人工成本

在关键器件选择过程中,关键器件不同规格选择只对测试工作的时间有影响,而对其他的零件装配时间并无影响。因此,在单件产品的加工工时的基础上,减去功能测试、实时性测试、最终测试三个工序的人工时间,即得到除测试工序外的直接人工工时如下:

除测试外的加工工时=80−1−10−24=45(小时)

所以,除测试外的直接人工成本为:

除测试外的直接人工成本=(3000÷21.75÷8)×45=776(元)

5) 生产设备折旧分摊

生产设备折旧分摊可根据实际生产占用机器时间计算,该项目每件产品在生产设备上的生产时间为 11 小时。因此,根据设备加工成本信息,生产设备折旧分摊如下:

生产设备折旧分摊成本=11×70.9=780(元)

6) 测试设备折旧分摊

对于该项目,LD 公司将获得两年的订单,每个月交货量为 100 件。由于 LD 公司的移动应急指挥系统产品具有持续发展潜力,所以新购的测试设备在该项目结束后,仍可以应用于其他型号产品的生产。按照财务部规定的测试设备 5 年直线折旧法计算,测试设备投资后的折旧分摊到该项目上的单件成本计算如下:

测试设备总投资=1200000(元)

使用两年的设备折旧分摊=(1200000×2)÷5=480000(元)

订单总需求=24×100=2400(件)

单件产品的测试设备折旧分摊=480000÷2400=200(元)

7) 不良质量损失成本

根据之前的分析可以得出,在关键器件生产过程中,由于供应商提供的零件问题而导致产品发生不良时,将会造成返工或报废浪费,增加单件成本。当这种情况发生时,可以向供应商退货并要求赔偿损失。由于 LD 公司良好的商业信誉保证,供应商在收到退货后,一般都会进行损失赔偿,故可以认为此方面所导致的关键器件不良质量损失成本为 0 元。其他质量损失成本主要是指除主要器件外的其他物料不良、工艺不良、人为操作失误等造成的不良品损失,这些不良损失分摊至单件成本约为 100 元。

8）其他类项目成本

根据对项目成本构成所进行的分析,除以上各项成本外的其他各类成本如表 2-14 所示。其他类项目成本为 108 元。

**2. 成本控制优化模型**

根据上述的计算分析,"LAMDO 移动应急指挥系统"的单件总成本 $Z$ 为:

$Z$＝关键器件物料成本＋除关键器件外的其他物料成本＋直接人工成本测试部分

　　＋除测试外的直接人工成本＋生产设备折旧分摊＋测试设备折旧分摊

　　＋不良质量损失成本＋其他类项目成本

将各类成本进行汇总整理,结合目标最小化要求,得到优化模型的目标函数:

$$
\begin{aligned}
\text{Min } Z = &(X_{11} \times 2250 + X_{12} \times 1950 + X_{21} \times 1850 + X_{22} \times 2020 + X_{31} \times 1000 \\
&+ X_{32} \times 1250 + X_{33} \times 1660 + X_{41} \times 1350 + X_{42} \times 1200 + X_{51} \times 720 \\
&+ X_{52} \times 900 + X_{53} \times 1000) + 2670 + (X_{11} \times X_{21} \times X_{31} \times 34.8 \\
&+ X_{11} \times X_{21} \times X_{32} \times 34.4 + X_{11} \times X_{21} \times X_{33} \times 34.8 \\
&+ X_{11} \times X_{22} \times X_{31} \times 35.1 + X_{11} \times X_{22} \times X_{32} \times 35.2 \\
&+ X_{12} \times X_{21} \times X_{31} \times 35.3 + X_{12} \times X_{21} \times X_{32} \times 34.5 \\
&+ X_{12} \times X_{21} \times X_{33} \times 34.2 + X_{12} \times X_{22} \times X_{31} \times 35.1 \\
&+ X_{12} \times X_{22} \times X_{32} \times 35.5) \times 3000 \div 21.75 \div 8 + 776 + 780 + 200 + 100 + 108
\end{aligned}
$$

其中,第一个括号内为关键器件材料成本,第二个括号内为测试部分直接人工成本。

将各种约束进行归纳,形成优化模型的约束条件,如下:

$$X_{11} + X_{12} = 1 \tag{2-1}$$

$$X_{21} + X_{22} = 1 \tag{2-2}$$

$$X_{31} + X_{32} + X_{33} = 1 \tag{2-3}$$

$$X_{41} + X_{42} = 1 \tag{2-4}$$

$$X_{51} + X_{52} + X_{53} = 1 \tag{2-5}$$

$$X_{51} = 0 \tag{2-6}$$

$$X_{22} + X_{33} < 2 \tag{2-7}$$

$$X_{11} = X_{41} \tag{2-8}$$

$$X_{ij} = 0 \text{ 或 } 1 \tag{2-9}$$

其中,约束条件共分为 4 类,式(2-1)至式(2-5)为同一关键器件不同规格相互排斥约束,即同一关键器件只能而且必须选择一种规格,式(2-6)为锂电池性能需满足客户最低要求约束,式(2-7)至式(2-8)为关键器件测试互相影响关系约束,(2-9)为自变量取值范围约束。将上述分析进行汇总,即可得到"LAMDO 移动应急指挥系统"的单件总成本控制,完整的 0-1 整数非线性规划优化模型如下所述:

$$
\begin{aligned}
\text{Min } Z = &(X_{11} \times 2250 + X_{12} \times 1950 + X_{21} \times 1850 + X_{22} \times 2020 + X_{31} \times 1000 \\
&+ X_{32} \times 1250 + X_{33} \times 1660 + X_{41} \times 1350 + X_{42} \times 1200 + X_{51} \times 720 \\
&+ X_{52} \times 900 + X_{53} \times 1000) + (X_{11} \times X_{21} \times X_{31} \times 34.8 + X_{11} \times X_{21} \\
&\times X_{32} \times 34.4 + X_{11} \times X_{21} \times X_{33} \times 34.8 + X_{11} \times X_{22} \times X_{31} \times 35.1 \\
&+ X_{11} \times X_{22} \times X_{32} \times 35.2 + X_{12} \times X_{21} \times X_{31} \times 35.3 + X_{12} \times X_{21} \\
&\times X_{32} \times 34.5 + X_{12} \times X_{21} \times X_{33} \times 34.2 + X_{12} \times X_{22} \times X_{31} \times 35.1
\end{aligned}
$$

$$+X_{12} \times X_{22} \times X_{32} \times 35.5) \times 17.24 + 4634$$

$$
\text{s. t.}
\begin{cases}
X_{11} + X_{12} = 1 \\
X_{21} + X_{22} = 1 \\
X_{31} + X_{32} + X_{33} = 1 \\
X_{41} + X_{42} = 1 \\
X_{51} + X_{52} + X_{53} = 1 \\
X_{51} = 0 \\
X_{22} + X_{33} < 2 \\
X_{11} = X_{41} \\
X_{ij} = 0 \text{ 或 } 1
\end{cases}
$$

### 2.4.2 优化模型的求解

考虑到上述优化模型的非线性特征,同时问题的规模又不是太大,所以,采用隐枚举法来进行求解。首先,上述优化模型的决策变量的取值共有如下几种可能:

- COFDM 模块有 2 选择:$X_{11} = 2250, X_{12} = 1950$。
- 音视频服务器有 2 种选择:$X_{21} = 1850, X_{22} = 2020$。
- 主控机有 3 种选择:$X_{31} = 1000, X_{32} = 1250, X_{33} = 1660$。
- 一体摄像机有 2 种选择:$X_{41} = 1350, X_{42} = 1200$。
- 电池有 3 种选择:$X_{51} = 720, X_{52} = 900, X_{53} = 1000$。

如果不考虑约束条件的限制,由上述决策变量取值所构成的可行解空间规模为:

$$C_2^1 \times C_2^1 \times C_3^1 \times C_2^1 \times C_3^1 = 72$$

对上述约束条件进行分析,可以发现如下结果:

- 对于关键器件中的一体摄像机,有 $X_{11} = X_{41}$;
- 对于锂电池各种规格的性能影响分析,可以得出 $X_{51} = 0$;
- 过滤掉不满足约束的部分变量组合 $X_{22} + X_{33} < 2$。

可以得到 20 种变量取值组合,见表 2-15 所示。

表 2-15　过滤后的变量组合

| 序号 | COFDM 模块 | | 音视频服务器 | | 主控机 | | | 一体摄像机 | | 电池 | | |
| --- | --- | --- | --- | --- | --- | --- | --- | --- | --- | --- | --- | --- |
| | $X_{11}$ | $X_{12}$ | $X_{21}$ | $X_{22}$ | $X_{31}$ | $X_{32}$ | $X_{33}$ | $X_{41}$ | $X_{42}$ | $X_{51}$ | $X_{52}$ | $X_{53}$ |
| 1 | 1 | 0 | 1 | 0 | 1 | 0 | 0 | 1 | 0 | 0 | 1 | 0 |
| 2 | 1 | 0 | 1 | 0 | 0 | 1 | 0 | 1 | 0 | 0 | 1 | 0 |
| 3 | 1 | 0 | 1 | 0 | 0 | 0 | 1 | 1 | 0 | 0 | 1 | 0 |
| 4 | 1 | 0 | 1 | 0 | 1 | 0 | 0 | 1 | 0 | 0 | 0 | 1 |
| 5 | 1 | 0 | 1 | 0 | 0 | 1 | 0 | 1 | 0 | 0 | 0 | 1 |
| 6 | 1 | 0 | 1 | 0 | 0 | 0 | 1 | 1 | 0 | 0 | 0 | 1 |
| 7 | 1 | 0 | 0 | 1 | 1 | 0 | 0 | 1 | 0 | 0 | 1 | 0 |
| 8 | 1 | 0 | 0 | 1 | 0 | 1 | 0 | 1 | 0 | 0 | 1 | 0 |

| 序号 | COFDM 模块 | | 音视频服务器 | | 主控机 | | | 一体摄像机 | | 电池 | | |
|---|---|---|---|---|---|---|---|---|---|---|---|---|
| | $X_{11}$ | $X_{12}$ | $X_{21}$ | $X_{22}$ | $X_{31}$ | $X_{32}$ | $X_{33}$ | $X_{41}$ | $X_{42}$ | $X_{51}$ | $X_{52}$ | $X_{53}$ |
| 9 | 1 | 0 | 0 | 1 | 1 | 0 | 0 | 1 | 0 | 0 | 0 | 1 |
| 10 | 1 | 0 | 0 | 1 | 0 | 1 | 0 | 1 | 0 | 0 | 0 | 1 |
| 11 | 0 | 1 | 1 | 0 | 1 | 0 | 0 | 1 | 0 | 0 | 1 | 0 |
| 12 | 0 | 1 | 1 | 0 | 0 | 1 | 0 | 1 | 0 | 0 | 1 | 0 |
| 13 | 0 | 1 | 1 | 0 | 0 | 0 | 1 | 1 | 0 | 0 | 1 | 0 |
| 14 | 0 | 1 | 0 | 1 | 0 | 1 | 0 | 0 | 1 | 0 | 1 | 0 |
| 15 | 0 | 1 | 0 | 1 | 1 | 0 | 0 | 0 | 1 | 0 | 1 | 0 |
| 16 | 0 | 1 | 1 | 0 | 0 | 0 | 1 | 0 | 1 | 0 | 1 | 0 |
| 17 | 0 | 1 | 0 | 1 | 1 | 0 | 0 | 1 | 0 | 0 | 0 | 1 |
| 18 | 0 | 1 | 0 | 1 | 0 | 1 | 0 | 1 | 0 | 0 | 0 | 1 |
| 19 | 0 | 1 | 0 | 1 | 0 | 0 | 1 | 1 | 0 | 0 | 0 | 1 |
| 20 | 0 | 1 | 0 | 1 | 0 | 0 | 0 | 1 | 0 | 0 | 0 | 1 |

结合上述初步选定的方案，可以确定一个初始可行解 $X(0)$ 如下：

$$X(0)=(0,1,0,1,0,0,1,0,1,0,0,1)$$

该初始可行解对应的目标函数值为：$Z_0=13368$。引进过滤约束条件 $Z_1 \leqslant Z_0$，即要确保新方案的目标函数值 $Z_{min} \leqslant 13368$；然后依次检查过滤后的变量组合，每得到一个可行解，就求出其对应的目标函数值 $Z_1$。接着，检查 $Z_1 \leqslant Z_0$ 是否得到满足，若满足则将原来的过滤约束换成 $Z_2 \leqslant Z_1$；否则，保持原过滤约束条件不变。结合表 2－15，隐枚举法的求解过程可表示如表 2－16 所示。在表中，"√"表示可行解满足约束条件，"×"表示不能满足约束条件。最后求解得到最优解如下：

$$X^*=(1,0,1,0,0,1,0,0,1,0,1,0)$$

即选取 $X_{12}$、$X_{21}$、$X_{32}$、$X_{42}$ 和 $X_{52}$，该最优解对应的目标函数为最小值：$Z^*=12216$。

表 2－16　0－1 整数规划求解过程

| 可行解 $(X_{11}, X_{12}, X_{21}, X_{22}, X_{31}, X_{32}, X_{33}, X_{41}, X_{42}, X_{51}, X_{52}, X_{53})$ | 目标函数 $Z$ 值（元） | 约束条件 (7) | 约束条件 (8) | 过滤条件 |
|---|---|---|---|---|
| $(1,0,1,0,1,0,0,1,0,0,1,0)$ | 12454 | √ | √ | $Z \leqslant 12454$ |
| $(1,0,1,0,0,1,0,1,0,0,1,0)$ | 12529 | × | × | |
| $(1,0,1,0,0,0,1,1,0,0,1,0)$ | 12903 | × | × | |
| $(1,0,1,0,1,0,0,1,0,0,0,1)$ | 12368 | √ | √ | $Z \leqslant 12368$ |
| $(1,0,1,0,0,1,0,1,0,0,0,1)$ | 12601 | × | × | |

| 可行解 $(X_{11},X_{12},X_{21},X_{22},X_{31},X_{32},X_{33},X_{41},X_{42},X_{51},X_{52},X_{53})$ | 目标函数 $Z$ 值（元） | 约束条件 | | 过滤条件 |
| --- | --- | --- | --- | --- |
| | | (7) | (8) | |
| (1,0,1,0,0,0,1,1,0,0,0,1) | 12352 | √ | √ | $Z \leqslant 12352$ |
| (1,0,0,1,1,0,0,1,0,0,1,0) | 12432 | × | × | |
| (1,0,0,1,0,1,0,1,0,0,1,0) | 12759 | × | × | |
| (1,0,0,1,1,0,0,1,0,0,0,1) | 12657 | × | × | |
| (1,0,0,1,0,1,0,1,0,0,0,1) | 12931 | × | × | |
| (0,1,1,0,1,0,0,1,0,0,1,0) | 12530 | × | × | |
| (0,1,1,0,0,1,0,1,0,0,1,0) | 12869 | × | × | |
| (0,1,1,0,0,0,1,1,0,0,1,0) | 13286 | × | × | |
| (0,1,1,0,1,0,0,0,1,0,1,0) | 12216 | √ | √ | $Z \leqslant 12216$ |
| (0,1,1,0,0,1,0,0,1,0,1,0) | 12702 | × | × | |
| (0,1,1,0,0,0,1,0,1,0,1,0) | 13423 | × | × | |
| (0,1,0,1,1,0,0,1,0,0,0,1) | 12902 | × | × | |
| (0,1,0,1,0,1,0,1,0,0,0,1) | 13158 | × | × | |
| (0,1,0,1,1,0,0,0,1,0,0,1) | 12753 | × | × | |
| (0,1,0,1,0,1,0,0,1,0,0,1) | 13051 | × | × | |

## 2.5　成本控制措施及实施效果

### 2.5.1　项目成本控制措施

对于"LAMDO 移动应急指挥系统"开发项目设计阶段的成本控制来说，建立成本控制机制至关重要。在对成本进行深入分析的基础上，提炼构建该项目成本控制机制，不仅可以深化对该项目成本控制的认识，同时，也可为今后其他类似开发项目设计阶段的成本控制提供借鉴。

**1. 项目报价精确化、合理化**

报价阶段成本控制的主要任务是对项目成本进行预测，然后在项目成本预测的基础上，合理地确定项目的投标价格。项目报价在整个项目成本控制中占据相当重要的地位，项目的合理报价不但能让销售部门接单时具备竞争力，而且也可以为项目最后的盈利打下良好的基础。因此，项目报价应该协调工艺、采购、工业工程、研发等多个部门共同合作完成。通常，项目报价包括原材料报价、加工成本报价、其他相关费用及利润。项目的原材料报价一般是以供应商提供的报价作为基础,结合相关项目的实际原材料使用情况进行细微调整,涉及的重要原材料报价应找多家供应商进行报价比较,然后再审慎地确定。而项目的加工成本报价则是通过项目的作业成本分析,计算每一工序所需的标准时间,进而得到项目所需资源、产品工时等等。最后,加上相关的制造费用以及公司预期的利润,这样便能得到项目的预期成本以及预期的利润空间,给销售部门接单时的谈判提供参考。

### 2. 构建目标成本控制体系,提高全员成本控制意识

1)确定项目目标成本,项目经理对项目目标成本负责

从上述的分析可以看出,项目目标成本是根据拟定的成本标准,同时结合项目的实际情况编制的,对于项目成本控制具有重要的指导意义。目标成本要有一定的先进性,需要项目部全体成员共同努力才能达到,需要采取技术先进又切实可行的实施方案与组织措施作保证;同时,又必须与一定的激励政策挂钩,制定总部与项目部的分配控制政策。项目经理应对整个项目的目标成本负责,在项目运作过程中当实际成本超出目标成本时,应及时采取措施进行纠偏,避免出现项目成本控制出现的如经验主义、保守主义等所造成的成本浪费。

2)提高全员成本控制意识

项目成本控制涉及项目组织中的所有部门和员工,应明确项目部各业务部门、班组以及个人的成本控制责任及权利,使项目部树立全员控制成本意识,充分调动全体成员关心成本、控制成本的积极性。项目部定期对各业务主管部门的成本控制业绩进行检查和考核,并与奖金挂钩,做到奖罚分明,增强成本考核制度的权威性。

### 3. 做好项目成本预算,细化 WBS 中各项任务的费用

工作结构分解简便易行,能够清晰地表明项目的任务构成,对于项目成本控制具有重要的意义。依据项目 WBS 的分解结果,对项目的每项任务进行分析,进而将整个项目的成本分解到各个子项目中,并尽可能细化到每个任务包。然后对分解子项设定一个目标成本,并将成本控制情况纳入考核指标内,定期反馈实际成本情况,针对超出目标的任务及时分析原因,并采取有针对性措施进行纠偏。

根据项目工作结构分解所对应的各种费用预算,如原材料、半成品、直接工资、工资附加费、外协加工费、专项费用、制造成本、电力成本、废品损失、设计变更费用等,按照企业内部各预算分解的组织结构和生产过程,设定设计部、采购部、质量控制部和生产部等各个部门的预算,并交付给财务部作为控制项目成本核算的基础。

### 4. 加强设计阶段的成本控制并强化生产成本的管理

1)加强设计阶段的成本控制及优化

成本控制的重点在设计阶段,设计者应综合考虑产品的制造、组装、测试、维修等阶段及其他成本因素,从项目的技术经济评价的视角出发进行相应的设计工作。对于设计工作来说,可以依据图 2-4 所给出的工作流程,对设计工作进行改进,从而降低项目的成本。具体地说,设计阶段的项目成本控制工作可以分为如下三步展开:在产品的规划阶段,规划产品构思层次的目标成本,作为在设计阶段产品设计的条件;在产品的原理设计阶段,采用价值工程分析的方法来选择最优设计方案;在产品的具体设计阶段,对目标成本进行分解和转移,并对重要组成部分进行价值分析和优化。项目产品的设计又可以分为概念设计和详细设计,根据面向成本的设计方法,在产品概念设计阶段,通过价值工程在成本分析中的应用,可有效实现产品结构

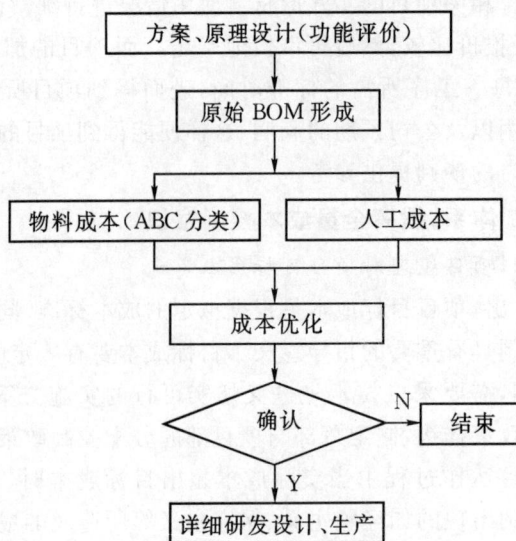

图 2-4　面向成本的设计工作流程

的优化;在详细设计阶段,通过综合考虑制造、装配、测试及其他成本信息,完成对产品的技术经济评价,根据评价结果对产品设计进行优化,从而降低产品成本。

2)产品生产成本的管理与控制

在产品的设计过程中,根据对成本信息的估计,完成对结构和零部件设计参数的优化,从而降低产品的成本,具体的措施包括:

• 优化设计方案,用最少的零部件来实现产品的功能。

• 优化零件的外形、尺寸、工艺参数和工艺方案,从而降低零件的制造加工成本。

• 寻找在整个产品中成本占用比例较高的零件的替代品。

• 减少材料用量。

• 实现零件标准化、部件通用化、产品系列化。

• 应用面向制造的设计、面向装配的设计的分析评价方法,改进设计、简化复杂零部件结构,改善零部件的制造和装配性能,降低加工成本和装配成本。

基于标准成本建立标准成本制度。标准成本制度包括功能评价、制定标准成本和计算成本差异等,通过分析和报告,揭示成本差异的原因,从而有效地控制项目成本。在产品设计的目标上,产品分解结果为标准成本和日常成本控制的基础,通过将标准成本和目标成本控制组合成一个有机的整体,从而使得项目的成本控制更为科学。对于成本控制中出现的偏差,进行举证责任分析和优先顺序分析,提出具体的改进措施并有效地付诸实施,使偏差得到及时有效的纠正。

**5. 及时进行项目成本的分析和考核、及时纠偏**

项目的成本控制就是在整个项目的实施过程中:定期且经常地收集项目的实际成本信息;进行成本的计划值与实际值的动态比较分析,包括总目标和分目标等多层次的对比核算;对尚未发生的成本额度进行预测;如果发现偏差则及时采取措施纠偏,并提前制订后续成本的控制对策,以尽可能实现项目的成本目标。

**6. 项目核算及经验总结**

在项目的结束阶段,成本控制的任务主要是对项目的实际成本进行核算、评估和考核,并将项目成本的实际数据汇总上报。在项目结束后,由项目经理召开项目总结会议,对项目全过程尤其是成本控制进行全面总结。对于取得的成绩,应整理出好的工作方法;对于遭受的失败,应该汲取教训,从而为下一个项目的顺利实施积累经验。

### 2.5.2　实施效果分析

经过对"LAMDO 移动应急指挥系统"的产品功能的选择分析,在现状方案基础上增加了 COFDM 模块的功能。按照 LD 公司的成本计算流程,改进后"LAMDO 移动应急指挥系统"开发项目的成本,按照如下方式进行计算:

$$单件总成本 = 关键器件物料成本 + 除关键器件外的其他物料成本$$
$$+ 直接人工成本测试部分 + 除测试外的直接人工成本$$
$$+ 生产设备折旧分摊 + 测试设备折旧分摊$$
$$+ 不良质量损失成本 + 其他类项目成本$$

**1. 关键器件物料成本计算**

"LAMDO 移动应急指挥系统"的关键器件物料成本见表 2 - 17。根据表 2 - 17 可知,关键器件的最优组合选择为:

表 2 - 17　关键器件选择结果

| 序号 | 零件名称 | 数量 | 变量定义 | 规格/品牌说明 | 零件规格(元) |
|------|----------|------|----------|---------------|--------------|
| 1 | COFDM 模块 | 1 | $X_{11}$ | CO - FDM | 2250 |
| | | | $X_{12}$ | TDD - FDM | 1950 |
| 2 | 音视频服务器 | 1 | $X_{21}$ | TouchKit - 10232 - 9ppu56 | 1850 |
| | | | $X_{22}$ | Dahua - 1002 | 2020 |
| 3 | 主控机 | 1 | $X_{31}$ | 4 - layer, IBM 6700S | 1000 |
| | | | $X_{32}$ | 6 - layer, Double side | 1250 |
| | | | $X_{33}$ | 8 - layer, Double side | 1660 |
| 4 | 一体摄像机 | 1 | $X_{41}$ | Ds - 2cz2152p(n)(HK) | 1350 |
| | | | $X_{42}$ | Hdc7301kd130(YA) | 1200 |
| 5 | 电池 | 1 | $X_{51}$ | 15Ah, 2000Cycle | 720 |
| | | | $X_{52}$ | 18Ah, 1500Cycle | 900 |
| | | | $X_{53}$ | 20Ah, 800Cycle | 1000 |

注:表中阴影字表示选择的器件。

- COFDM 模块:规格选取 TDD - FDM。
- 音视频服务器:规格选取 TouchKit - 10232 - 9ppu56。
- 主控机:规格选取 6 - layer Double side。

- 一体摄像机:规格选取 Hdc7301kd130(YA)。
- 电池:规格选取 18Ah,1500Cycle。

由此可得,关键器件物料成本为:1950＋1850＋1250＋1200＋900＝7150(元)。根据前面的计算结果,除关键器件外的其他物料成本为:10800－8130＝2670(元)。所以,改进方案的初始物料成本为:7150＋2670＝9820(元),比原方案下降 10800－9820＝980(元)。

**2. 直接人工成本计算**

对于改进后的方案中的关键器件,按照前述的计算方法,测试的人工成本为 432 元;除测试外的直接人工成本为:(3000÷21.75÷8)×45＝776(元)。所以,改进后的方案中的人工成本为:432＋776＝1208(元),而原方案的直接人工成本为 1380 元,直接人工成本下降了 1380－1208＝172(元)。

**3. 成本对比分析**

结合对 LD 公司成本控制的现状分析,将改进后的方案与原来的方案中的关键器件选择结果进行对比,得到的结果如表 2－18 所示。

表 2－18　关键器件选择结果对比

| 序号 | 零件名称 | 数量 | 现状方案(元) | 改进后方案(元) |
|---|---|---|---|---|
| 1 | COFDM 模块 | 1 | 2250 | 1950 |
| 2 | 音视频服务器 | 1 | 2020 | 1850 |
| 3 | 主控机 | 1 | 1660 | 1250 |
| 4 | 一体摄像机 | 1 | 1200 | 1200 |
| 5 | 电池 | 1 | 1000 | 900 |

将改进后的方案与原来的方案进行成本对比,对比结果见表 2－19 所示。从表 2－19 的数据可看出,"LAMDO 移动应急指挥系统"开发项目改进方案不但增加了新功能,单件总成本反而降低了 1142 元,对比原来的方案总成本减少了 8.5%。

表 2－19　改进前后的成本对比

| 分类 | 现状方案(元) | 改进方案(元) | 减少额(元) | 减少百分百 |
|---|---|---|---|---|
| 物料成本 | 10800 | 9830 | 970 | 9% |
| 人工成本 | 1380 | 1208 | 172 | 12.5% |
| 制造费用 | 1188 | 1188 | 0 | 0% |
| 总成本 | 13368 | 12216 | 1142 | 8.5% |

# 问题思考

1. 总结"LAMDO 移动应急指挥系统"开发项目的立项背景以及不同阶段成本控制的

要点。

2.项目产品功能分析包括哪些内容？为什么要利用WBS对项目成本进行分解？

3.项目成本的ABC分类的依据是什么？关键器件的相互影响对于成本控制有何影响？项目成本是由哪些要素构成的？

4.项目的成本控制优化模型是怎样建立起来的？其作用是什么？如何求解？

5."LAMDO移动应急指挥系统"开发项目成本控制措施有哪些？实施的效果如何？

# 第 3 章 基于挣值分析的 NDIA 航栈桥工程成本控制

## 3.1 工程概况及成本控制目标

### 3.1.1 工程概况

NDIA(New Soha International Airport)为卡塔尔"新多哈国际机场"的英文简称。该工程占地 2200 公顷,2004 年开始投入设计和建设准备,40%的用地是通过阿拉伯海湾填海而成,位于现有机场东部约 4 公里。业主为"卡塔尔航空公司",负责机场建设的总承包商是修建胡佛大坝的世界性企业——"美国柏克德(Bechtel)公司"。

新机场建设工程于 2005 年 1 月开工,计划于 2012 年 3 月开始运营开放,预期年乘客流量 2400 万人次,运送货物 75 万吨。工程建设内容包括建造 26 个通道口的航站楼以及两条跑道、飞机棚、货运中心和大量的购物设施。航站楼的屋顶呈波浪状,由一座跨越人工湖的道路网络联通,将天然海湾和人工水域联系起来。机场还设有 1900 平方米的清真寺,航站楼南边花园广场还建有尖塔。工程到 2015 年新机场全部建成投入使用,预计总耗资达 155 亿美元,每年能够接待乘客 5000 万人次,运送货物 200 万吨,新机场拥有 100 个停机位,80 个登机闸口,拥有 2.5 万平方米的零售商铺区域、候机室及多层短期和长期停车区域。新机场还拥有专为贵宾设计的皇家航站楼(配有额外停机位)、货运大楼、飞机维修库以及机场辅助设施。航站综合楼将包括一个临近航站的机场酒店,和一个位于航站楼内、拥有 100 间客房的酒店,以方便游客和中转旅客的住宿使用,届时新机场的规模将为现有机场的 6 倍以上,为多哈成为国际性大都市提供硬件支持。

"新多哈国际机场"的航栈桥工程简称"NDIA 航栈桥工程",是由中国港湾工程有限责任公司中标分包承建。"NDIA 航栈桥工程"项目包括三座桥,分别位于机场东北、东南和西北三个方向,全长 1500 米,具体包括 68 根直径 700mm、40 根直径 1400mm 的钻孔灌注桩、54 根盖梁以及三座钢便桥;合同造价为 2750 万 QR(QR,即 Qatar Riyal,为卡塔尔货币单位,1QR=2.2 元人民币),签约日期为 2007 年 1 月 28 日。按合同要求,工程的开工日期为 2007 年 2 月 1 日,合同工期为 1 年。但由于业主方"卡塔尔航空公司"的原因,实际开工日期为 2007 年 4 月 1 日,实际工期为 14 个月。

### 3.1.2 成本控制目标

在"NDIA 航栈桥工程"正式开工之前,项目部组织全体项目管理人员开会,通过分析合同工程量清单,了解项目的施工内容以及成本构成情况。"NDIA 航栈桥工程"采用英国工程量清单标准,与我国的工程量清单在编制规则上不完全相同:我国的工程量清单编制参照的是国家统一的工程量计算规则,而英国的工程量清单编制参照的是土木工程计量标准方法

CESMM(civil engineering standard method of measurement),两者在清单内容及形式上有比较大的区别;英国工程量清单计价模式下清单费用主要包括开办项目费用、清单项目费用、计日工费用和暂定金额,而我国工程量清单计价模式下清单费用包括分部分项工程费、措施项目费、其他项目费、规费和税金。英国与中国清单费用的对应关系如表 3-1 所示。

表 3-1　英国与中国清单费用对应关系

| 英国标准 | 中国标准 |
|---|---|
| 开办项目费用 | 措施项目费＋规费＋税金 |
| 清单项目费用 | 分部分项工程费 |
| 计日工费用＋暂定金额 | 其他项目费 |

规费和税金是项目所在国卡塔尔法律强制规定必须缴纳的费用,其额度是固定不变的。所以,这部分费用不作为"NDIA 航栈桥工程"施工阶段成本控制的对象。由于"NDIA 航栈桥工程"是整个 NDIA 项目的中一个分包工程,根据投标阶段招标合同的事先约定,税金由总包商负责缴纳,不在投标报价范围之内,所以,"NDIA 航栈桥工程"工程量清单计价表中的综合单价没有包含税金。另外,工程的开办费发生在"NDIA 航栈桥工程"完工之后,也不作为施工阶段成本控制的对象。除此上述三项费用之外,所有的其他费用都是工程施工阶段成本控制的对象。

在确定成本控制对象之后,项目部开始着手计算项目的目标成本,根据公司经营领导层给项目部提出的 15％利润率要求,在 FIDIC(Fédération International Des Ingénieurs Conseils,国际咨询工程师联合会)施工合同条件和英国工程量清单计价模式下,确定"NDIA 航栈桥工程"的目标成本如表 3-2 至表 3-5 所示,该项目总目标成本为 21523458.46QR。

表 3-2　开办费及总则目标成本

| 编码 | 项目名称 | 计量单位 | 工程量 | 金额（QR） | |
|---|---|---|---|---|---|
| | | | | 成本单价 | 目标成本 |
| | 开办费及总则 | | | | 11180074.64 |
| 1 | 措施费 | | | | 3210353.74 |
| 1.1 | 施工措施费 | | | | 2619182.04 |
| 1.1.1 | 临时设施的日常维护费 | 月 | 12.00 | 9265.32×0.85 | 94506.26 |
| 1.1.2 | 陆上大型机械设备进出场费及安拆费 | 项 | 1.00 | 305283.39×0.85 | 259490.88 |
| 1.1.3 | 海上大型机械设备进出场费及安拆费 | 项 | 1.00 | 1221133.57×0.85 | 1037963.54 |
| 1.1.4 | 提供标准测量设备 | 月 | 12.00 | 14018.12×0.85 | 142984.82 |
| 1.1.5 | 测量补偿费 | 月 | 12.00 | 4672.70×0.85 | 47661.54 |

| 编码 | 项目名称 | 计量单位 | 工程量 | 金额（QR） | |
|---|---|---|---|---|---|
| | | | | 成本单价 | 目标成本 |
| 1.1.6 | 陆上大型机械设备维护保养费 | 月 | 12.00 | 34875.00×0.85 | 355725.00 |
| 1.1.7 | 海上大型机械设备维护保养费 | 月 | 12.00 | 66750.00×0.85 | 680850.00 |
| 1.2 | 质量措施费 | | | | 115976.54 |
| 1.2.1 | 混凝土试块检测费 | 项 | 1.00 | 136442.99×0.85 | 115976.54 |
| 1.3 | HSE措施费 | | | | 475195.15 |
| 1.3.1 | 现场急救和安全措施费 | 项 | 1.00 | 299053.12×0.85 | 254195.15 |
| 1.3.2 | HSE措施费 | 项 | 1.00 | 260000.00×0.85 | 221000.00 |
| 2 | 间接费 | | | | 2321964.62 |
| 2.1.1 | 承包商与总包商现场联络代理人费用 | 月 | 12.00 | 18690.82×0.85 | 190646.36 |
| 2.1.2 | 现场联络代理人协助人员费用 | 月 | 12.00 | 182702.77×0.85 | 1863568.26 |
| 2.1.3 | 现场安全 & 施工管理费 | 月 | 12.00 | 22500.00×0.85 | 229500.00 |
| 2.1.4 | 提供现场进度报表和照片 | 月 | 12.00 | 3750.00×0.85 | 38250.00 |
| 3 | 措施费，归入直接工程费 | | | | 5647756.28 |
| 3.1 | 临时钢平台 | | | | |
| 3.1.1 | 临时钢平台搭建费 | 项 | 1.00 | 6424419.15×0.85 | 5460756.28 |
| 3.1.2 | 临时钢平台拆除费 | 项 | 1.00 | 220000.00×0.85 | 187000.00 |

表 3－3　东北方向航栈桥目标成本

| 编码 | 项目名称 | 计量单位 | 工程量 | 金额（QR） | |
|---|---|---|---|---|---|
| | | | | 综合单价 | 目标成本 |
| | 清单项目费用 | | | | 2048461.10 |
| 3 | 直接工程费 | | | | 2048461.10 |
| 3.2 | 打桩工程—螺旋钻孔桩 | | | | 1036022.68 |
| 3.2.1 | 打700mm直径螺旋钻孔桩 | m | 336.00 | 1873.26×0.85 | 535003.06 |
| 3.2.2 | 永久性钢护筒制作安装 | 个 | 28.00 | 10602.80×0.85 | 252346.64 |
| 3.2.3 | 钢筋工程 | 吨 | 78.00 | 2367.50×0.85 | 156965.25 |
| 3.2.4 | 混凝土工程 | m³ | 173.00 | 623.65×0.85 | 91707.73 |
| 3.3 | 混凝土结构工程 | | | | 577876.80 |

| 编码 | 项目名称 | 计量单位 | 工程量 | 金额（QR） | |
|---|---|---|---|---|---|
| | | | | 综合单价 | 目标成本 |
| 3.3.1 | 桥墩和楼梯 | | | | 40155.92 |
| 3.3.1.1 | 土方开挖 | m³ | 10.00 | 138.94×0.85 | 1180.99 |
| 3.3.1.2 | 模板工程 | m² | 87.00 | 150.00×0.85 | 11092.50 |
| 3.3.1.3 | 钢筋工程 | 吨 | 0.86 | 2841.00×0.85 | 2076.77 |
| 3.3.1.4 | 混凝土工程 | m³ | 62.00 | 452.41×0.85 | 23842.01 |
| 3.3.1.5 | 伸缩缝 | m² | 3.00 | 770.06×0.85 | 1963.65 |
| 3.3.2 | 盖梁 | | | | 537720.88 |
| 3.3.2.1 | 模板工程 | m² | 635.00 | 307.75×0.85 | 166108.06 |
| 3.3.2.2 | 钢筋工程 | 吨 | 36.00 | 2367.50×0.85 | 72445.50 |
| 3.3.2.3 | 混凝土工程 | m³ | 295.00 | 1193.09×0.85 | 299167.32 |
| 3.4 | 钢结构工程 | | | | 434561.62 |
| 3.4.1 | 钢结构安装 | 吨 | 70.30 | 800.00×0.85 | 47804.00 |
| 3.4.2 | 防滑格栅板安装 | m² | 610.00 | 213.82×0.85 | 110865.67 |
| 3.4.3 | 栏杆安装 | m | 1012.00 | 320.73×0.85 | 275891.95 |

表 3－4　西北方向航栈桥目标成本

| 编码 | 项目名称 | 计量单位 | 工程量 | 金额（QR） | |
|---|---|---|---|---|---|
| | | | | 综合单价 | 目标成本 |
| | 清单项目费用 | | | | 2990112.09 |
| 3 | 直接工程费 | | | | 2990112.09 |
| 3.5 | 打桩工程—螺旋钻孔桩 | | | | 1486721.66 |
| 3.5.1 | 打 700 mm 直径螺旋钻孔桩 | m | 480 | 1873.26×0.85 | 764290.08 |
| 3.5.2 | 永久性钢护筒制作安装 | 个 | 40 | 10602.80×0.85 | 360495.20 |
| 3.5.3 | 钢筋工程 | 吨 | 114.00 | 2367.50×0.85 | 229410.75 |
| 3.5.4 | 混凝土工程 | m³ | 250 | 623.65×0.85 | 132525.63 |
| 3.6 | 混凝土结构工程 | | | | 893439.40 |
| 3.6.1 | 桥墩和楼梯 | | | | 107646.24 |
| 3.6.1.1 | 土方开挖 | m³ | 10.00 | 138.94×0.85 | 1180.99 |
| 3.6.1.2 | 模板工程 | m² | 248.00 | 150.00×0.85 | 31620.00 |

| 编码 | 项目名称 | 计量单位 | 工程量 | 金额（QR） | |
|---|---|---|---|---|---|
| | | | | 综合单价 | 目标成本 |
| 3.6.1.3 | 钢筋工程 | 吨 | 2.95 | 2841.00×0.85 | 7123.81 |
| 3.6.1.4 | 混凝土工程 | m³ | 171.00 | 452.41×0.85 | 65757.79 |
| 3.6.1.5 | 伸缩缝 | m² | 3.00 | 770.06×0.85 | 1963.65 |
| 3.6.2 | 盖梁 | | | | 785793.16 |
| 3.6.2.1 | 模板工程 | m² | 933.00 | 307.75×0.85 | 244061.14 |
| 3.6.2.2 | 钢筋工程 | 吨 | 52.00 | 2367.50×0.85 | 104643.50 |
| 3.6.2.3 | 混凝土工程 | m³ | 431.00 | 1193.09×0.85 | 437088.52 |
| 3.7 | 钢结构工程 | | | | 609951.03 |
| 3.7.1 | 钢结构安装 | 吨 | 97.30 | 800.00×0.85 | 66164.00 |
| 3.7.2 | 防滑格栅板安装 | m² | 805.00 | 213.82×0.85 | 146306.34 |
| 3.7.3 | 栏杆安装 | m | 1458.00 | 320.73×0.85 | 397480.69 |

表 3-5　东南方向航栈桥目标成本

| 编码 | 项目名称 | 计量单位 | 工程量 | 金额（QR） | |
|---|---|---|---|---|---|
| | | | | 综合单价 | 目标成本 |
| | 清单项目费用 | | | | 5304810.63 |
| 3 | 直接工程费 | | | | 5304810.63 |
| 3.8 | 打桩工程—螺旋钻孔桩 | | | | 3872622.65 |
| 3.8.1 | 打 1400 mm 直径螺旋钻孔桩 | m | 800.00 | 2279.63×0.85 | 1550148.40 |
| 3.8.2 | 永久性钢护筒制作安装 | 个 | 40.00 | 24474.01×0.85 | 832116.34 |
| 3.8.3 | 钢筋工程 | 吨 | 302.00 | 2367.50×0.85 | 607737.25 |
| 3.8.4 | 混凝土工程 | m³ | 1665.00 | 623.65×0.85 | 882620.66 |
| 3.9 | 混凝土结构工程 | | | | 822236.95 |
| 3.9.1 | 楼梯 | | | | 11761.90 |
| 3.9.1.1 | 土方开挖 | m³ | 10.00 | 138.94×0.85 | 1180.99 |
| 3.9.1.2 | 模板工程 | m² | 22.00 | 150.00×0.85 | 2805.00 |
| 3.9.1.3 | 钢筋工程 | 吨 | 1.04 | 2841.00×0.85 | 2511.44 |
| 3.9.1.4 | 混凝土工程 | m³ | 13.69 | 452.41×0.85 | 5264.47 |
| 3.9.2 | 盖梁 | | | | 810475.05 |
| 3.9.2.1 | 模板工程 | m² | 950.00 | 307.75×0.85 | 248508.13 |

| 编码 | 项目名称 | 计量单位 | 工程量 | 金额（QR） | |
| --- | --- | --- | --- | --- | --- |
| | | | | 综合单价 | 目标成本 |
| 3.9.2.2 | 钢筋工程 | 吨 | 55.00 | 2367.50×0.85 | 110680.63 |
| 3.9.2.3 | 混凝土工程 | m³ | 445.00 | 1193.09×0.85 | 451286.29 |
| 3.10 | 钢结构工程 | | | | 609951.03 |
| 3.10.1 | 钢结构安装 | 吨 | 97.30 | 800.00×0.85 | 66164.00 |
| 3.10.2 | 防滑格栅板安装 | m² | 805.00 | 213.82×0.85 | 146306.34 |
| 3.10.3 | 栏杆安装 | m | 1458.00 | 320.73×0.85 | 397480.69 |

## 3.2　工程成本控制内容及存在的问题

### 3.2.1　工程成本控制内容

在"NDIA 航栈桥工程"的施工阶段，项目成本主要由人工成本、材料成本、机械设备成本和其他费用等内容构成，这也是项目成本控制中最重要的组成部分。下面，分别对这几方面内容进行讨论分析。

**1. 人工成本的控制**

对于国外工程项目而言，人工成本的控制非常重要。我国对外工程承包的作业人员绝大部分从国内外派，外派人工单价至少是国内的 2～3 倍，而且基本实行的是月薪制。这种分配制度的弊端是工人劳动积极性不高、干活比较懒散，个别素质低下者甚至故意拖延时间，以期望在工期落后赶工过程中赚取赶工加班费。因此，"NDIA 航栈桥工程"项目部决定采取以下措施控制人工成本：第一，根据施工进度计划编制合理的劳动力安排计划，以避免劳动力数量不足或者窝工现象的发生；第二，尽量挑选和外派"一专多能"的复合型技术人员，比如前期的打桩人员在打桩工序完成之后，能够补充到后续的混凝土浇筑工作中去，这样就能减少混凝土浇筑人员的需求量；第三，合理搭配国内外派人员和外籍劳工数量，对于一些临时用工、杂工可以从当地劳务市场招募价格相对低廉的斯里兰卡或尼泊尔劳务人员；第四，对于一些赶工项目可以考虑采取包干制度，以调动工人的积极性；第五，合理安排工作时间，由于多哈属于热带沙漠气候，夏季最高温度达到 50 摄氏度，这种气温条件下不仅工作效率低下，而且工人很容易中暑，因此夏季施工时间调整为上午 5：00～10：00，下午 4：00～7：00，以规避中午高温时段，提高工人的工作效率。

**2. 材料成本的控制**

对外工程承包材料采购按供应渠道分国内采购、当地采购和向第三国采购。首先，"NDIA 航栈桥工程"所用材料较为普通，主要包括钢筋、混凝土、模板和钢结构所用型钢、格栅板等。由于钢结构工程没有成品可以采购，需要工厂加工预制，因此在材料采购方面，工程项目部采取的策略是：钢筋、混凝土、模板等材料通过当地采购，钢结构工程单独分包给当地的一家钢构公司,由他们负责采购和加工预制,工程项目部负责安装。这样既解决了钢结构部分材料采购问题,还省去了寻找厂家加工预制的麻烦,降低了成本超支的风险。其次,在材料进场时间方面也做了细致的安排,施工部门根据施工进度计划制定了材料采购计划和进场计划,采购工程师根据材料采购计划在保证质量的基础上,挑选最经济合理的供应商,并在采购合同中对所采购材料的价格、供货时间、送货方式、交货地点及其品质标准都做了详细规定。最后,根据事前制订的材料消耗计划,严把材料领用关,明确按照施工消耗量来发放物资材料,杜绝浪费现象,各部门按照限额领料制度,分期分批在限额内领料,对于周转材料要合理控制,尽量达到并延长其使用寿命。

**3. 机械设备成本的控制**

根据施工组织设计,"NDIA 航栈桥工程"需要配备的机械设备包括 2 台 50t 履带吊、1 台 25t 汽车吊、1 台液压振动锤、3 台发电柜、8 台人字架打桩机。工程项目部在综合考虑新购所需摊销成本和租赁所需租赁费用之后决定,新购 1 台 50t 履带吊和 1 台液压振动锤。另外,通过海运从国内调来 8 台人字架打桩机,其余机械设备全部在当地租赁,按机械工作台班数量支付租赁费用,这样既避免机械设备闲置造成的成本增加,又省去了大笔维护和维修费用。为保证机械设备的生产效率和完好率,在提高使用效率降低成本的同时,还能杜绝机械事故的发生,工程项目部规定在使用过程中要严格按照安全指示进行操作,防止零配件发生不必要的损坏,延长机械设备的使用寿命。相关零配件的更换也要遵照审批监管的规定,按照计划来购买,对设备进行统一调配,实现项目内部资源共享,节约机械设备使用成本。

**4. 其他费用的控制**

对于项目施工过程中发生的其他直接或间接费用的支出,也要按照"NDIA 航栈桥工程"的实际情况,制定严格的管理制度,坚持做到因事设岗、因岗选人的原则,对于非生产的不必要人员要尽量压缩,对于管理人员的费用成本支出也要尽量缩减,尤其是通讯费、业务招待费等要进行严格管理和控制,减少非生产性成本的支出。

### 3.2.2 成本控制存在的问题

**1. 成本管理意识薄弱**

对于"NDIA 航栈桥工程"来说,成本管理意识薄弱主要体现在以下三个方面:

• 施工组织设计阶段施工准备不足。由于缺乏科学的计划组织,一些项目前期准备不足,主要表现在前道工序的进度慢于后道工序。NDIA 航栈桥项目全部属于海上作业,在所有工序开始之前必须先搭建好钢结构工作平台,否则后续工作都无法进行。在搭建钢平台过程中,由于前期材料准备不足,施工机械仅有的 1 台 50t 履带吊,经常出现材料短缺、机械设备故障而停工的现象,这给项目成本控制带来不少困难。

• 施工阶段成本监控不力。项目部虽然在事前控制上想了不少方法,但在施工过程中没有对成本进行有计划的监控。尽管采取了一系列的成本控制措施,但是对于这些措施的实施效果没有进行具体的数据分析,更没有根据成本控制实际情况采取有效的纠偏措施。

• 竣工决算阶段忽视成本分析。项目竣工之后,会计人员仅满足于成本核算,对成本超支或结余项目的原因不作分析或分析得较为肤浅,没有总结出有针对性的成本控制经验教训。

由于上述几方面问题的存在,工程施工阶段成本的控制会造成直接或间接的不利影响。

**2. 没有形成完善的成本管理体制**

任何管理活动,都应建立责、权、利相结合的管理体制,成本控制也不例外。施工阶段的成本控制只有坚持权、责、利相结合的原则,将成本控制的权利和责任落实到部门或个人,并建立奖罚制度,才能有效控制或降低成本。而对于"NDIA 航栈桥工程"来说,尽管有一些成本控制措施,但是并没有形成完整的、系统的成本管理体制,从而使得工程施工阶段整个成本的控制工作陷于混乱,效果较差。

**3. 成本控制能力差**

"NDIA 航栈桥工程"成本控制能力差主要体现在如下几个环节上:首先,材料采购环节没有做到"货比三家",有些材质不符合工程质量要求,影响了施工的正常进行并带来不必要的浪费;其次,材料限额领料制度没有落到实处,工人瞒报、多报现象严重,没有采取进一步的措施,施工结束之后的节余材料也没有及时重新归库,导致不能准确核算材料消耗水平;最后,人员、机械设备利用效率较低,窝工现象时有发生,使得人工和机械使用上产生浪费,造成施工成本上升。

此外,要有效地对项目施工阶段的成本进行控制,必须对大量的成本数据进行计算、分析。由于我国的施工企业长期受到计划经济的影响,习惯于粗放型的成本控制模式,仅仅根据工程形象进度估算项目已完工程预算成本,再与实际发生费用进行比较,判断成本是否超支。比如,项目总造价为 100 万元,根据工程形象进度估计整个项目已完成 60%,然后就认为实际发生费用没有超过 60 万,就算成本节支。事实上,这样的判断结果存在很大误差,从而导致工程的成本控制针对性和效果都比较差。

**4. 忽视对其他成本的分析控制**

在工程施工过程中,项目部将成本控制重点集中在施工成本方面,忽视了对质量成本、HSE 成本(Health,Safety,Environment,即与健康、安全及环境有关的成本)等其他成本的控制。事实上,在国际工程承包及施工中,业主方对质量、健康、安全及环境成本的重视程度远远超出许多国内企业的想象。所以,承包商必须对上述工作给予高度的重视,如果忽视对这些成本的控制,必然会导致整个工程成本的失控。

## 3.3　基于挣值分析的成本控制

### 3.3.1　成本控制的思路及流程

应用挣值法进行成本控制的关键,在于准确绘制 BCWS(budgeted cost of work scheduled,计划工作的预算成本)、BCWP(budgeted cost of work performed,已完工作预算成本)、ACWP(actual cost of work performed,已完成工作实际成本)三大基本参数的成本控制曲线图。为了有效地控制"NDIA 航栈桥工程"的施工成本,在此对挣值法进行改进,建立有针对性的成本控制模型。基于改进挣值法的"NDIA 航栈桥工程"施工成本控制流程见图 3-1。其中,SV(schedule variance)和 CV(cost variance)分别为进度偏差和成本偏差,SPI(schedule performed index)和 CPI(cost performed index)分别为进度绩效指数和成本绩效指数。

**1. 建立项目计划工作的预算成本**

根据事先编制的"NDIA 航栈桥工程"横道图及合同工期要求,在每月月初设置监控点,计

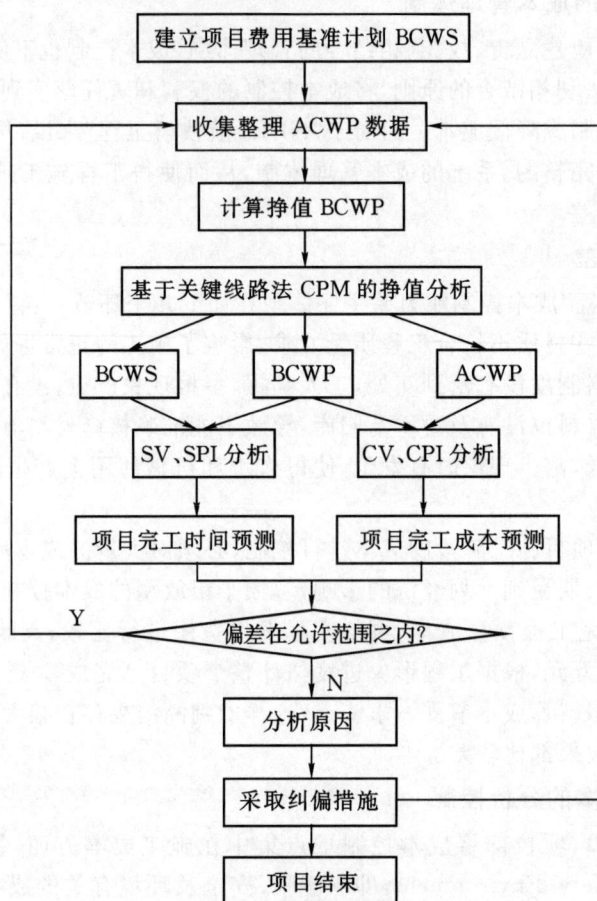

图 3-1 "NDIA 航栈桥工程"成本控制流程

算出上个月计划完成的预算成本,从而可以得出该项目的费用负荷图。再将每个月的费用逐月累加得到该项目计划工作的预算成本 BCWS,即费用累计图。需要说明的是,在应用横道图进行挣值分析时有个前提,即假设各分项工程每月计划进度与实际进度均为匀速推进,且各分项工作实际完成的总工程量与计划完成的总工程量相等。以 2007 年 6 月初的 BCWS 为例,BCWS 具体的计算过程如下:根据项目横道图,先列出 5 月份计划完成的所有工序,然后计算出每道工序计划完成百分比:

(1)搭建东北面临时钢平台 BCWS 为:$1391957.48 \times 31 \div 61 \times 100\% = 707388.24(QR)$;

(2)打 700mm 直径螺旋钻孔桩 BCWS 为:$535003.06 \times 31 \div 69 \times 100\% = 240363.69(QR)$;

(3)永久性钢护筒制作安装 BCWS 为:$252346.64 \times 31 \div 68 \times 100\% = 115040.38(QR)$;

(4)钢筋工程 BCWS 为:$156965.25 \times 31 \div 66 \times 100\% = 73726.10(QR)$;

(5)混凝土工程 BCWS 为:$91707.73 \times 31 \div 62 \times 100\% = 45853.87(QR)$;

(6)东北面盖梁模板工程 BCWS 为:$166108.06 \times 31 \div 50 \times 100\% = 102987.00(QR)$;

(7)钢筋工程 BCWS 为:$72445.50 \times 27 \div 51 \times 100\% = 38353.50(QR)$;

(8)混凝土工程 BCWS 为:$299167.32 \times 26 \div 51 \times 100\% = 152516.67(QR)$;

(9)搭建西北面临时钢平台 BCWS 为:$2034399.40 \times 3 \div 87 \times 100\% = 70151.70$(QR);

(10)措施费 BCWS 为:$3210353.73 \times 1546381.14 \div 15991140.11 \times 100\% = 310448.81$(QR);

(11)间接费 BCWS 为:$2321964.62 \times 1546381.14 \div 15991140.11 \times 100\% = 224539.48$(QR)。

进行汇总后得到 5 月份计划完成预算总成本为 2081369.44QR。以此类推,可以而得出各月份的计划完成工作预算成本,如表 3-6 所示。

表 3-6 "NDIA 航栈桥工程"计划工作预算成本(BCWS)

| 动态监控点 | 计划完成预算成本(QR) | 主要工序按计划完成百分比累加 | 累加值(QR) |
|---|---|---|---|
| 2007 年 5 月 | 1483113.63 | 东北面搭建钢平台、打桩工程、桥墩和楼梯、措施费及间接费 | 1483113.63 |
| 2007 年 6 月 | 2081369.44 | 东北面搭建钢平台、打桩工程、盖梁、西北面搭建钢平台、措施费及间接费 | 3564483.06 |
| 2007 年 7 月 | 1936998.65 | 东北面打桩工程、盖梁、钢结构工程、西北面搭建钢平台、打桩工程、桥墩和楼梯、措施费及间接费 | 5501481.71 |
| 2007 年 8 月 | 2625065.01 | 东北面钢结构工程、西北面搭建钢平台、打桩工程、桥墩和楼梯、盖梁、拆除东北面钢平台、措施费及间接费 | 8126546.72 |
| 2007 年 9 月 | 1842585.17 | 西北面搭建钢平台、打桩工程、盖梁、措施费及间接费 | 9969131.89 |
| 2007 年 10 月 | 1573889.32 | 西北面打桩工程、盖梁、钢结构工程、东南面搭建钢平台、打桩工程、措施费及间接费 | 11543021.21 |
| 2007 年 11 月 | 2755807.41 | 西北面钢结构工程、东南面搭建钢平台、打桩工程、楼梯、盖梁、拆除西北面钢平台、措施费及间接费 | 14298828.61 |
| 2007 年 12 月 | 2105960.48 | 东南面搭建钢平台、打桩工程、盖梁、拆除西北面钢平台、措施费及间接费 | 16404789.09 |
| 2008 年 1 月 | 2119637.50 | 东南面搭建钢平台、打桩工程、盖梁、措施费及间接费 | 18524426.59 |
| 2008 年 2 月 | 1780012.91 | 东南面搭建钢平台、打桩工程、盖梁、措施费及间接费 | 20304439.50 |
| 2008 年 3 月 | 375523.08 | 东南面打桩工程、盖梁、钢结构工程、措施费及间接费 | 20679962.58 |
| 2008 年 4 月 | 843495.88 | 东南面钢结构工程、拆除东南面钢平台、措施费及间接费 | 21523458.46 |

根据每月月初监测节点统计的上个月的计划完成工作的预算成本,绘制"NDIA 航栈桥工程"的费用负荷图如图 3-2 所示。将每个月的计划完成工作的预算成本逐月累加,便可得到该项目的费用基准计划(BCWS)即费用累计图如图 3-3 所示。

BCWS 费用负荷图

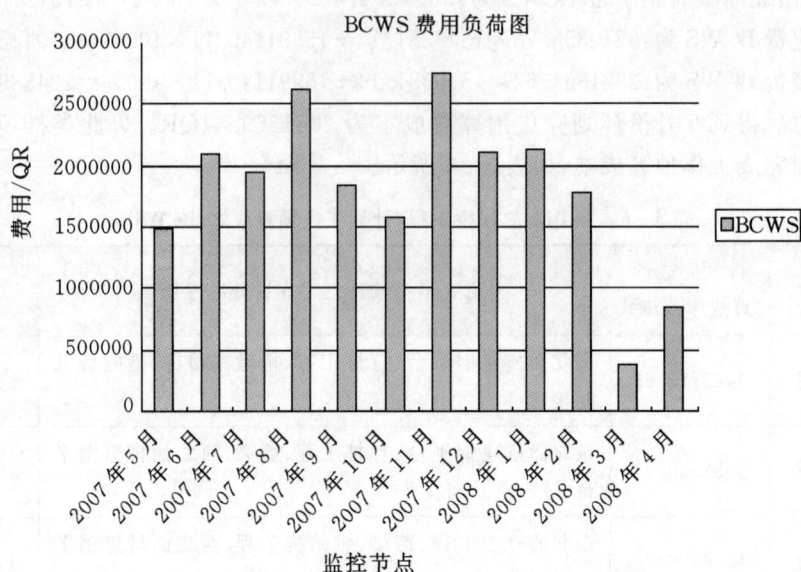

图 3-2 "NDIA 航栈桥工程"费用负荷图

BCWS 费用基准计划

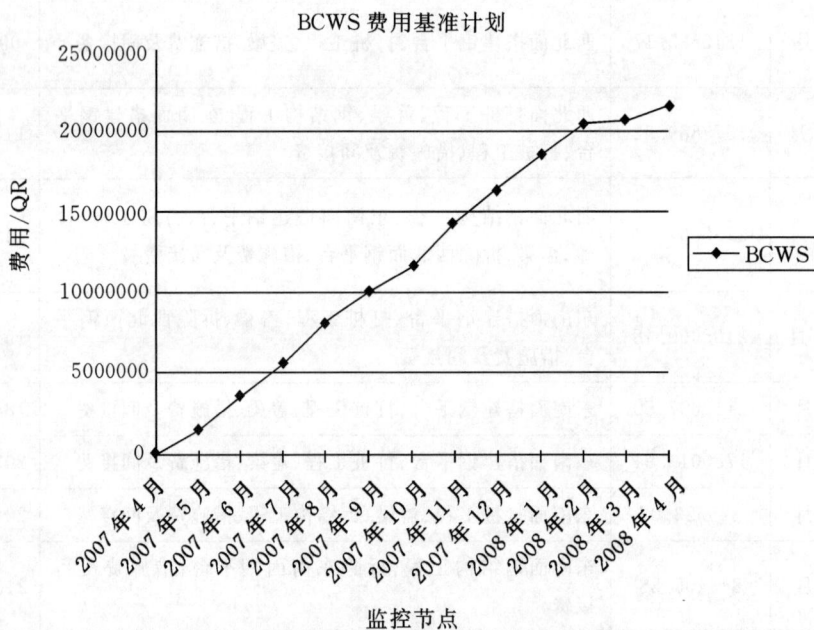

图 3-3 "NDIA 航栈桥工程"费用累计图

## 2. 建立 ACWP 和 BCWP 的费用累计图

参照上述步骤和方法,在相同的监控时点上,计算出上个月已完工作的预算成本和实际成本,然后逐月累计成本数据,建立 ACWP 和 BCWP 的费用累计图。

**3. 完成成本/进度的偏差分析**

通过比较每月月初监控时点的 BCWS、BCWP 和 ACWP 数据,进行成本/进度的偏差分析,并在此基础上对项目完工成本和完工工期进行预测。如果偏差在允许范围之内,则不做调整;如果偏差超出允许范围,则及时找出成本/进度偏差的原因,并立即采取有针对性的纠偏措施,加强施工阶段的成本控制,直到项目结束为止。

## 3.3.2　成本控制的实施过程

与传统的挣值分析法相比,改进后的挣值分析法引入了关键线路施工成本、质量成本、HSE 成本三个参数,弥补了传统挣值法在成本/进度偏差分析中的不足,可以更为明确地找出偏差产生的原因,进而采取更具针对性的纠偏措施。虽然此处主要研究的是"NDIA 航栈桥工程"施工阶段成本控制的问题,但是挣值分析法是一种同时考虑进度和成本的综合控制方法,而且在实际施工过程中,成本与进度是相互影响、相互制约的,进度偏差过大必然会影响成本控制的效果。所以,在应用改进挣值分析法进行成本监控的同时,也必须对项目进度进行监控。下面就对"NDIA 航栈桥工程"施工过程中的关键时间节点:2007 年 6 月 1 日、2007 年 9 月 1 日和 2008 年 2 月 1 日的成本监控情况进行详细的讨论和分析。

**1. 2007 年 6 月 1 日成本监控情况**

实践证明,在项目完成 15%～20%时,用挣值分析法预测该项目最终的成本和工期,其精确度可达到±10%。这是因为在项目完成 15%～20%时,在既定的合同价格和项目工期框架下,原始的"决策空间"已经缩减了 80%～85%,并且不会再出现较大的变动。"NDIA 航栈桥工程"开工日期为 2007 年 4 月 1 日,合同工期为 1 年,所以,选择开工之后第三个月月初作为监控时点是最为合适的。

1)收集整理已完工作实际成本数据(ACWP)

截止到 2007 年 5 月 31 日,经现场工料测量师统计、生产经理核实、项目经理批准,根据工程形象进度估计出监测时点位置各道工序的完工百分比如下:3.1.1.1 搭建东北面临时钢平台完成 85%;3.1.1.2 搭建西北面临时钢平台完成 0%;3.2.1 打 700mm 直径螺旋钻孔桩完成 71%;3.2.2 永久性钢护筒制作安装完成 82%;3.2.3 钢筋工程完成 82%;3.2.4 混凝土工程完成 71%;3.3.1.1 土方开挖完成 100%;3.3.1.2 模板工程完成 100%;3.3.1.3 钢筋工程完成 100%;3.3.1.4 混凝土工程完成 100%;3.3.1.5 伸缩缝完成 100%;3.3.2.1 模板工程完成 57%;3.3.2.2 钢筋工程完成 50%;3.3.2.3 混凝土工程完成 50%。

2)计算已完工作预算成本数据(BCWP)

截止到监控节点的已完工作预算成本按下式计算:$BCWP = TBC_1 \times X_1\% + TBC_2 \times X_2\% + TBC_3 \times X_3\% + \cdots + TBC_n \times X_n\%$。其中,$TBC_n$ 表示第 $n$ 道工序的分目标成本,$X_n\%$ 表示截止到监控节点第 $n$ 道工序实际完成的百分比。如截止到 2007 年 5 月 31 日,$TBC_{3.1.1.1} = 1391957.48(QR)$,$X_{3.1.1.1}\% = 85\%$。

3)计算计划工作预算成本(BCWS)

截止到监控节点的计划工作预算成本按下式计算:$BCWS = TBC_1 \times Y_1\% + TBC_2 \times Y_2\% + TBC_3 \times Y_3\% + \cdots + TBC_n \times Y_n\%$。其中,$TBC_n$ 表示第 $n$ 道工序的分目标成本,$Y_n\%$ 表示截止到监控节点第 $n$ 道工序计划完成百分比。如截止到 2007 年 5 月 31 日,$TBC_{3.1.1.1} =$

$1391957.48(QR)$，$Y_{3.1.1.1}\% = 100\%$。为了弥补传统挣值法在成本-进度偏差分析时的不足，改进后的挣值法引入了关键线路施工成本、质量成本、HSE 成本三个参数。从而得到十二个基本参数、二十二个分析指标，如表 3-7 所示。其中，"IFC"表示内部损失成本，"RFC"表示工程质量奖励，"EAC"表示完工费用估算，"EFC"表示外部损失成本，"ETTC"表示完工工期估算，"TBT"表示为项目总工期，"DT"表示工期延长时间；下标"T"表示总目标成本，下标"C"表示施工成本，下标"Q"表示质量成本，下标"HSE"表示 HSE 成本，下标"CP"表示关键线路施工成本。

表 3-7　成本监控报告(2007 年 6 月 1 日)

| 项目名称：NDIA 航栈桥工程 | | | |
|---|---|---|---|
| 项目总目标成本 $TBC_T$ (QR) | 21523458.46 | 项目总目标工期 $TBT_C$ (月) | 12 |
| 其中，施工目标成本 $TBC_C$ (QR) | 20932286.77 | | |
| 质量目标成本 $TBC_Q$ (QR) | 115976.54 | | |
| HSE 目标成本 $TBC_{HSE}$ (QR) | 475195.15 | | |
| 监控时点 | 2007 年 6 月 1 日 | | |
| 计划工作预算成本 BCWS(QR) | | | |
| $BCWS_C$ | 3466579.58 | 累计 $BCWS_C$ | 3466579.58 |
| 其中，$BCWS_{CP}$ | 1904068.23 | 累计 $BCWS_{CP}$ | 1904068.23 |
| $BCWS_Q = TBC_Q \times BCWS_C / TBC_C$ | 19206.78 | 累计 $BCWS_Q$ | 19206.78 |
| $BCWS_{HSE} = TBC_{HSE} \times BCWS_C // TBC_C$ | 78696.70 | 累计 $BCWS_{HSE}$ | 78696.70 |
| 已完工作预算成本 BCWP(QR) | | | |
| $BCWP_C$ | 2994892.51 | 累计 $BCWP_C$ | 2994892.51 |
| 其中，$BCWP_{CP}$ | 1565308.90 | 累计 $BCWP_{CP}$ | 1565308.90 |
| $BCWP_Q = TBC_Q \times BCWP_C / TBC_C$ | 16593.37 | 累计 $BCWP_Q$ | 16593.37 |
| $BCWP_{HSE} = TBC_{HSE} \times BCWP_C / TBC_C$ | 67988.67 | 累计 $BCWP_{HSE}$ | 67988.67 |
| 已完工作实际成本 ACWP(QR) | | | |
| $ACWP_C$ | 2895816.83 | 累计 $ACWP_C$ | 2895816.83 |
| 其中，$ACWP_{CP}$ | 1502557.80 | 累计 $ACWP_{CP}$ | 1502557.80 |
| $ACWP_Q = BCWP_Q + IFC_Q - RFC_Q$ | 16593.37 | 累计 $ACWP_Q$ | 16593.37 |
| $ACWP_{HSE} = BCWP_{HSE} + IFC_{HSE} - RFC_{HSE}$ | 117988.67 | 累计 $ACWP_{HSE}$ | 117988.67 |
| 偏差分析指标(QR) | | | |
| $CV_T = CV_C + CV_Q + CV_{HSE}$ | −13538.56 | $SV_T = SV_C \times TBC_T / TBC_C$ | −485008.50 |
| $CV_C = BCWP_C - ACWP_C$ | 36461.44 | $SV_C = BCWP_C - BCWS_C$ | −471687.07 |
| 其中，$CV_{CP} = BCWP_{CP} - ACWP_{CP}$ | 62751.10 | 其中，$SV_{CP} = BCWP_{CP} - BCWS_{CP}$ | −338759.33 |

| 项目名称:NDIA 航栈桥工程 | | | |
|---|---|---|---|
| $CV_Q = BCWP_Q - ACWP_Q$ | 0.00 | $SV_Q = BCWP_Q - BCWS_Q$ | −2613.41 |
| $CV_{HSE} = BCWP_{HSE} - ACWP_{HSE}$ | −50000.00 | $SV_{HSE} = BCWP_{HSE} - BCWS_{HSE}$ | −10708.02 |
| 绩效评价指标 | | | |
| $CPI_T = BCWP_T / ACWP_T$ | 0.996 | $SPI_T = SPI_C$ | 0.864 |
| $CPI_C = BCWP_C / ACWP_C$ | 1.012 | $SPI_C = BCWP_C / BCWS_C$ | 0.864 |
| 其中,$CPI_{CP} = BCWP_{CP} / ACWP_{CP}$ | 1.042 | 其中,<br>$SPI_{CP} = BCWP_{CP} / BCWS_{CP}$ | 0.822 |
| $CPI_Q = BCWP_Q / ACWP_Q$ | 1.000 | $SPI_Q = BCWP_Q / BCWS_Q$ | 0.864 |
| $CPI_{HSE} = BCWP_{HSE} / ACWP_{HSE}$ | 0.576 | $SPI_{HSE} = BCWP_{HSE} / BCWS_{HSE}$ | 0.864 |
| 预测指标 | | | |
| $EAC_T = TBC_T / CPI_T + EFC_Q$ | 21618083.92 | $ETTC_T = TBT_C / SPI_{CP} + DT$ | 14.63 |

4)挣值分析

(1)成本偏差分析。

由表 3 - 7 中的数据可见,本报告期项目总成本偏差为−13538.56QR,其中,施工成本偏差为 36461.44QR(关键线路施工成本偏差为 62751.10QR),质量成本偏差为 0.00QR,HSE 成本偏差为−50000.00QR;项目总成本绩效指数为 0.996,其中,施工成本绩效指数为 1.012(关键线路施工成本绩效指数为 1.042),质量成本绩效指数为 1.000,HSE 成本绩效指数为 0.576,即每投入 1QR 成本才获得 0.576QR 的收益。从数据分析可以得知,截止到 2007 年 5 月 31 日,该工程已完工作实际总成本比预算成本超支了 13538.56QR,其中,关键线路施工成本节约 62751.10QR,非关键线路施工成本超支 26289.66QR,质量成本持平,HSE 成本超支 50000.00QR。经过分析,发现上述结果的主要原因如下:

•  由于从国内调来 8 台人字架打桩机,这种设备操作简单、价格便宜,购买一台全新的人字架打桩机市场价才 12 万人民币左右。所以,大大降低了关键线路工作"3.2.1 打 700 mm 直径螺旋钻孔桩"的机械设备成本。

•  非关键线路施工成本超支的原因是报价时考虑不周全,部分单价过低。如"3.2.2 永久性钢护筒制作安装"工作,制作过程非常耗时(将钢板切割成 2000×2200 mm→将钢板弯曲成 2 米长 700 mm 直径钢管→焊接成 16 米长钢护筒→除锈、刷防腐防锈漆),实际人工成本远远高于预算成本。

•  由于现场作业人员(包括管理人员)安全环保意识弱,而业主和总包商对 HSE 又非常重视。所以,在开工前两个月经常违反业主和总包商的 HSE 规定,以至于在多次警告无效之后,对项目部下达了罚款 3 万 QR,而且全场停工整顿 1 天的指令,共增加 HSE 内部损失成本 5 万 QR。

(2)进度偏差分析。

表 3 - 7 中的数据表明,本报告期项目总进度偏差为−485008.50QR,其中,施工进度偏差

为-471687.07QR(关键线路施工进度偏差为-338759.33QR),质量进度偏差为-2613.41QR,HSE进度偏差为-10708.02QR;项目总进度绩效指数为0.864,其中,施工进度绩效指数为0.864(关键线路施工进度绩效指数为0.822),质量进度绩效指数为0.864,HSE进度绩效指数为0.864。从数据分析可以得知,截止到2007年5月31日,该工程总体实际进度比计划进度落后了485008.50QR,其中,关键线路施工进度落后338759.33QR,非关键线路施工进度落后132927.74QR,质量进度落后2613.41QR,HSE进度落后10708.02QR。进一步分析发现,造成整体和局部均落后的原因是关键线路工作"3.1.1.1搭建东北面临时钢平台"进展太慢,而其他所有工作都必须等临时钢平台搭建好才能开始。这一工作滞后的具体原因包括:

• 施工难度大导致进展缓慢。由于所有后续工作都在临时钢平台上完成,人员、施工机械设备(包括履带吊、汽车吊、打桩机、混凝土泵车等)都需要在钢平台上移动和操作,所以临时钢平台必须搭建得十分稳固。

• 施工机械不足。按照施工组织设计方案,搭建临时钢平台需要专用1台50t履带吊、1台液压振动锤,而其他工作包括移动打桩机械、安装永久性钢护筒、下钢筋笼等都需要利用50t履带吊。所以,施工过程中经常顾此失彼,当50t履带吊发生故障时甚至出现全场停工的现象,故而整体进度缓慢。

• HSE控制不力。由于所有工作都是在海上作业,HSE一直都是业主和总包商关注的焦点,HSE检查频繁且严格,加上我方作业人员安全环保意识薄弱,经常出现局部停工整顿的现象。

(3)完工成本及完工工期预测。

从表3-7可以看出,项目完工总成本预测$EAC_T=21618083.92QR>TBC_T=21523458.46QR$,即超出项目总目标成本94625.46QR;项目完工总工期预测$ETTC_T=TBT_C/SPI_{CP}+DT=12/0.822+1/30=14.63$(月),超过项目总目标工期2.63个月。

5)纠偏措施

从挣值分析可以看出,项目总成本偏差不是很大,而且施工成本绩效较好,处于成本节支的状态。但是,HSE成本绩效很差,因HSE问题增加5万QR的内部损失成本。项目进度绩效整体表现都很差,主要因关键线路工作"3.1.1.1搭建东北面临时钢平台"实际进度落后于计划进度所致。根据上述实际情况,经项目部讨论决定采取如下两个纠偏措施:

• 从当地租用1台50t履带吊用于移动打桩机械、安装永久性钢护筒、下钢筋笼等工作,自有的那台50t履带吊专门用于搭建临时钢平台,并在出现机械故障时可以临时替补过去。

• 加强现场作业人员包括管理人员的HSE意识教育,配备专职的HSE管理人员,负责监督和检查现场的HSE工作,并建立惩罚制度,规定因个人原因造成的HSE罚款由当事人和相关人员共同承担。

**2. 2007年9月1日成本监控情况**

1)收集整理已完工作实际成本数据(ACWP)并计算BCWP和BCWS

截止到2007年8月31日,经现场工料测量工程师统计,生产经理核实及项目经理批准,根据工程形象进度估计出各道工序的完工百分比如下:3.1.1.1搭建东北面临时钢平台完成100%;3.1.1.2搭建西北面临时钢平台完成84%;3.2打桩工程完成100%;3.3混凝土结构工程完成100%;3.5.1打700mm直径螺旋钻孔桩完成75%;3.5.2永久性钢护筒制作安装完成90%;3.5.3钢筋工程完成90%;3.5.4混凝土工程完成75%;3.6.1桥墩和楼梯完成

100%;3.6.2.1 模板工程完成 74%;3.6.2.2 钢筋工程完成 68%;3.6.2.3 混凝土工程完成 68%。根据所收集的数据,进一步计算出已完工作预算成本(BCWP)、计划工作预算成本(BCWS)和其他成本及进度指标,结果如表 3-8 所示。

**表 3-8　成本监控报告(2007 年 9 月 1 日)**

| 项目名称:NDIA 航栈桥工程 | | | |
|---|---|---|---|
| 项目总目标成本 $TBC_T(QR)$ | 21523458.46 | 项目总目标工期 $TBT_C$(月) | 12 |
| 其中,施工目标成本 $TBC_C(QR)$ | 20932286.77 | | |
| 质量目标成本 $TBC_Q(QR)$ | 115976.54 | | |
| HSE 目标成本 $TBC_{HSE}(QR)$ | 475195.15 | | |
| 监控时点 | 2007 年 9 月 1 日 | | |
| 计划工作预算成本 BCWS(QR) | | | |
| $BCWS_C$ | 6228736.25 | 累计 $BCWS_C$ | 9695315.83 |
| 其中,$BCWS_{CP}$ | 2700904.41 | 累计 $BCWS_{CP}$ | 4604972.64 |
| $BCWS_Q = TBC_Q \times BCWS_C/TBC_C$ | 34510.67 | 累计 $BCWS_Q$ | 53717.46 |
| $BCWS_{HSE} = TBC_{HSE} \times BCWS_C/TBC_C$ | 141401.91 | 累计 $BCWS_{HSE}$ | 220098.60 |
| 已完工作预算成本 BCWP(QR) | | | |
| $BCWP_C$ | 5619198.89 | 累计 $BCWP_C$ | 8614091.40 |
| 其中,$BCWP_{CP}$ | 2648047.64 | 累计 $BCWP_{CP}$ | 4213356.54 |
| $BCWP_Q = TBC_Q \times BCWP_C/TBC_C$ | 31133.49 | 累计 $BCWP_Q$ | 47726.87 |
| $BCWP_{HSE} = TBC_{HSE} \times BCWP_C/TBC_C$ | 127564.47 | 累计 $BCWP_{HSE}$ | 195553.14 |
| 已完工作实际成本 ACWP(QR) | | | |
| $ACWP_C$ | 5881858.39 | 累计 $ACWP_C$ | 8840289.47 |
| 其中,$ACWP_{CP}$ | 2836481.19 | 累计 $ACWP_{CP}$ | 4339038.99 |
| $ACWP_Q = BCWP_Q + IFC_Q - RFC_Q$ | 47933.49 | 累计 $ACWP_Q$ | 64526.87 |
| $ACWP_{HSE} = BCWP_{HSE} + IFC_{HSE} - RFC_{HSE}$ | 97564.47 | 累计 $ACWP_{HSE}$ | 215553.14 |
| 偏差分析指标(QR) | | | |
| $CV_T = CV_C + CV_Q + CV_{HSE}$ | -262998.06 | $SV_T = SV_C \times TBC_T/TBC_C$ | -1111760.47 |
| $CV_C = BCWP_C - ACWP_C$ | -226198.06 | $SV_C = BCWP_C - BCWS_C$ | -1081224.43 |
| 其中,$CV_{CP} = BCWP_{CP} - ACWP_{CP}$ | -125682.45 | 其中,$SV_{CP} = BCWP_{CP} - BCWS_{CP}$ | -391616.10 |
| $CV_Q = BCWP_Q - ACWP_Q$ | -16800.00 | $SV_Q = BCWP_Q - BCWS_Q$ | -5990.59 |
| $CV_{HSE} = BCWP_{HSE} - ACWP_{HSE}$ | -20000.00 | $SV_{HSE} = BCWP_{HSE} - BCWS_{HSE}$ | -24545.46 |

| 项目名称:NDIA 航栈桥工程 | | | |
|---|---|---|---|
| 绩效评价指标 | | | |
| $CPI_T = BCWP_T / ACWP_T$ | 0.971 | $SPI_T = SPI_C$ | 0.888 |
| $CPI_C = BCWP_C / ACWP_C$ | 0.974 | $SPI_C = BCWP_C / BCWS_C$ | 0.888 |
| 其中,<br>$CPI_{CP} = BCWP_{CP} / ACWP_{CP}$ | 0.971 | 其中,<br>$SPI_{CP} = BCWP_{CP} / BCWS_{CP}$ | 0.915 |
| $CPI_Q = BCWP_Q / ACWP_Q$ | 0.740 | $SPI_Q = BCWP_Q / BCWS_Q$ | 0.888 |
| $CPI_{HSE} = BCWP_{HSE} / ACWP_{HSE}$ | 0.907 | $SPI_{HSE} = BCWP_{HSE} / BCWS_{HSE}$ | 0.888 |
| 预测指标 | | | |
| $EAC_T = TBC_T / CPI_T + EFC_Q$ | 22162545.11 | $ETTC_T = TBT_C / SPI_{CP} + DT$ | 13.15 |

2)挣值分析

(1)成本偏差分析。

对表 3-8 中的数据进行分析,可以得知,截止到 2007 年 8 月 31 日,项目已完工作实际总成本比预算成本超支了 262998.06QR,其中,关键线路施工成本超支 125682.45QR,非关键线路施工成本超支 100515.61QR,质量成本超支 16800.00QR,HSE 成本超支 20000.00QR。项目总成本绩效指数为 0.971,其中,施工成本绩效指数为 0.974(关键线路施工成本绩效指数为 0.971),质量成本绩效指数为 0.740,HSE 成本绩效指数为 0.907,即每投入 1QR 才获得 0.907QR 的收益。经过具体分析,发现产生上述结果的主要原因如下:

• 非关键线路工作"3.2.2&3.5.2 永久性钢护筒制作安装"因制作成本过高,仍然处于亏损状态。

• 按照施工组织设计规定,关键线路工作"3.1.1.2 搭建西北面临时钢平台"所用的钢管桩、工字钢、槽钢等材料,一部分需要利用"3.1.2.1 拆除东北面钢平台"的二手材料。由于非关键线路工作"3.4 东北面钢结构工程"因材料质量问题迟迟没有开始安装,导致"3.1.2.1 拆除东北面钢平台"工作无法进行。所以,在"3.1.1.2 搭建西北面临时钢平台"过程中不得不额外新购部分钢管桩、工字钢、槽钢等材料,从而大大增加了材料成本。

• 因"3.4 东北面钢结构工程"材料质量问题增加质量内部损失成本 16800.00QR。与此同时,经全体项目人员共同努力,连续 3 个月没有出现重大 HSE 问题,按照合同规定,给予我项目部 3 万 QR 的奖励。

(2)进度偏差分析。

表 3-8 中的数据表明,截止到 2007 年 8 月 31 日,项目总体实际进度比计划进度落后了 1111760.47QR,其中,关键线路施工进度落后 391616.10QR,非关键线路施工进度落后 689608.33QR,质量进度落后 5990.59QR,HSE 进度落后 24545.46QR。项目总进度绩效指数为 0.888,其中:施工进度绩效指数为 0.888(关键线路施工进度绩效指数为 0.915),质量进度绩效指数为 0.888,HSE 进度绩效指数为 0.888。经过分析,发现主要原因如下:

• 关键线路工作"3.1.1.2 搭建西北面临时钢平台"由于施工难度大,实际进度落后于计划进度,进而导致后续工作的进度全面落后。

- 非关键线路工作"3.4 东北面钢结构工程"因材料质量问题没有按计划安装,导致非关键线路工作"3.1.2.1 拆除东北面临时钢平台"没有按计划完成。
- 由于作业人员实行月薪制,工人劳动积极性普遍不高,消极怠慢情绪蔓延,整体工作效率低下。

(3)完工成本及完工工期预测。

假定项目未完工部分按照过去的效率进行,从表 3-8 可以看出,项目完工总成本预测 $EAC_T = 22162545.11QR > TBC_T = 21523458.46QR$,即超出项目总目标成本 639086.65QR;项目完工总工期预测 $ETTC_T = TBT_C/SPI_{CP} + DT = 12/0.915 + 1/30 = 13.15$(月),超过项目总目标工期 1.15 个月。

3)纠偏措施

从挣值分析可以看出,项目成本绩效除了 HSE 成本绩效有所好转外,其他方面的成本绩效均有不同程度的恶化现象,尤其是关键线路施工成本绩效更是急剧恶化。通过比较前后两个报告时点上的统计数据,不难看出,施工成本绩效指标已由 1.012 降至 0.974,关键线路施工成本绩效更是从 1.042 降到 0.971。也就是说,上个报告期每投入 1QR 成本可以获得 1.042QR 的收益,而在本报告期却只能获得 0.971QR 的收益。项目进度绩效整体表现有所好转,但是并不明显,也只是由上个报告期的 0.864 增至 0.888,仍然处于全面落后的状态。因此,根据挣值分析找出的偏差原因,经项目部讨论决定采取以下两点纠偏措施:

- 由于本报告期项目成本超支和进度落后都和"3.4 东北面钢结构工程"材料质量问题有关,而钢结构工程已单独分包给杭萧钢构,由他们负责采购和加工预制,所以,因材料质量问题造成的一切后果理应由杭萧钢构承担。基于这一事实,项目部责令杭萧钢构分包项目负责人员立即采取措施,尽快解决材料质量问题并交业主和总包商代表重新验收,并向杭萧钢构提出索赔。
- 为提高施工人员的劳动积极性,项目部决定对所有可以计件的工作采取承包制度,工人劳动积极性大大提高。

**3. 2008 年 2 月 1 日成本监控情况**

1)收集整理已完工作实际成本数据(ACWP)并计算 BCWP 和 BCWS

截止到 2008 年 1 月 31 日,经现场工料测量工程师统计、生产经理核实、项目经理批准,根据工程形象进度估计出各道工序的完工百分比如下:3.1.1.1 搭建东北面临时钢平台完成 100%;3.1.1.2 搭建西北面临时钢平台完成 100%;3.1.1.3 搭建东南面临时钢平台完成 79%;3.2 打桩工程完成 100%;3.3 混凝土结构工程完成 100%;3.4 钢结构工程完成 100%;3.5 打桩工程完成 100%;3.6 混凝土结构工程完成 100%;3.7 钢结构工程完成 100%;3.8.1 打 1400mm 直径螺旋钻孔桩完成 70%;3.8.2 永久性钢护筒制作安装完成 95%;3.8.3 钢筋工程完成 95%;3.8.4 混凝土工程完成 70%;3.9.1 楼梯完成 100%;3.9.2.1 模板工程完成 68%;3.9.2.2 钢筋工程完成 63%;3.9.2.3 混凝土工程完成 63%。根据所收集的数据,计算出已完工作预算成本(BCWP)、计划工作预算成本(BCWS)和其他成本及进度指标,详情如表 3-9 所示。

**表 3－9　成本监控报告(2008 年 2 月 1 日)**

| 项目名称：NDIA 航栈桥工程 | | | |
|---|---|---|---|
| 项目总目标成本 $TBC_T$(QR) | 21523458.46 | 项目总目标工期 $TBT_C$(月) | 12 |
| 其中,施工目标成本 $TBC_C$(QR) | 20932286.77 | | |
| 质量目标成本 $TBC_Q$(QR) | 115976.54 | | |
| HSE 目标成本 $TBC_{HSE}$(QR) | 475195.15 | | |
| 监控时点 | | 2008 年 2 月 1 日 | |
| 计划工作预算成本 BCWS(QR) | | | |
| $BCWS_C$ | 10051434.03 | 累计 $BCWS_C$ | 19746749.86 |
| 其中,$BCWS_{CP}$ | 6623867.71 | 累计 $BCWS_{CP}$ | 11228840.35 |
| $BCWS_Q=TBC_Q\times BCWS_C/TBC_C$ | 55690.55 | 累计 $BCWS_Q$ | 109408.00 |
| $BCWS_{HSE}=TBC_{HSE}\times BCWS_C/TBC_C$ | 228183.03 | 累计 $BCWS_{HSE}$ | 448281.64 |
| 已完工作预算成本 BCWP(QR) | | | |
| $BCWP_C$ | 9444625.84 | 累计 $BCWP_C$ | 18058717.25 |
| 其中,$BCWP_{CP}$ | 5725917.77 | 累计 $BCWP_{CP}$ | 9939274.32 |
| $BCWP_Q=TBC_Q\times BCWP_C/TBC_C$ | 52328.49 | 累计 $BCWP_Q$ | 100055.36 |
| $BCWP_{HSE}=TBC_{HSE}\times BCWP_C/TBC_C$ | 214407.55 | 累计 $BCWP_{HSE}$ | 409960.70 |
| 已完工作实际成本 ACWP(QR) | | | |
| $ACWP_C$ | 9813485.83 | 累计 $ACWP_C$ | 18653775.29 |
| 其中,$ACWP_{CP}$ | 6110015.62 | 累计 $ACWP_{CP}$ | 10449054.61 |
| $ACWP_Q=BCWP_Q+IFC_Q-RFC_Q$ | 52328.49 | 累计 $ACWP_Q$ | 116855.36 |
| $ACWP_{HSE}=BCWP_{HSE}+IFC_{HSE}-RFC_{HSE}$ | 214407.55 | 累计 $ACWP_{HSE}$ | 429960.70 |
| 偏差分析指标(QR) | | | |
| $CV_T=CV_C+CV_Q+CV_{HSE}$ | −631858.04 | $SV_T=SV_C\times TBC_T/TBC_C$ | −1735706.19 |
| $CV_C=BCWP_C-ACWP_C$ | −595058.04 | $SV_C=BCWP_C-BCWS_C$ | −1688032.61 |
| 其中,$CV_{CP}=BCWP_{CP}-ACWP_{CP}$ | −509780.29 | 其中,$SV_{CP}=BCWP_{CP}-BCWS_{CP}$ | −1289566.03 |
| $CV_Q=BCWP_Q-ACWP_Q$ | −16800.00 | $SV_Q=BCWP_Q-BCWS_Q$ | −9352.64 |
| $CV_{HSE}=BCWP_{HSE}-ACWP_{HSE}$ | −20000.00 | $SV_{HSE}=BCWP_{HSE}-BCWS_{HSE}$ | −38320.94 |
| 绩效评价指标 | | | |
| $CPI_T=BCWP_T/ACWP_T$ | 0.967 | $SPI_T=SPI_C$ | 0.915 |
| $CPI_C=BCWP_C/ACWP_C$ | 0.968 | $SPI_C=BCWP_C/BCWS_C$ | 0.915 |

| 项目名称:NDIA 航栈桥工程 | | | |
|---|---|---|---|
| 其中,$CPI_{CP} = BCWP_{CP}/ACWP_{CP}$ | 0.951 | 其中,$SPI_{CP} = BCWP_{CP}/BCWS_{CP}$ | 0.885 |
| $CPI_Q = BCWP_Q/ACWP_Q$ | 0.856 | $SPI_Q = BCWP_Q/BCWS_Q$ | 0.915 |
| $CPI_{HSE} = BCWP_{HSE}/ACWP_{HSE}$ | 0.953 | $SPI_{HSE} = BCWP_{HSE}/BCWS_{HSE}$ | 0.915 |
| 预测指标 | | | |
| $EAC_T = TBC_T/CPI_T + EFC_Q$ | 22255860.08 | $ETTC_T = TBT_C/SPI_{CP} + DT$ | 13.59 |

2)挣值分析

(1)成本偏差分析。

从表 3 - 9 的数据分析可知,截止到 2008 年 1 月 31 日,项目已完工作实际总成本比预算成本超支了 631858.04QR,其中,关键线路施工成本超支 509780.29QR,非关键线路施工成本超支 85277.75QR,质量成本和 HSE 成本分别超支 16800.00QR 和 20000.00QR。项目总成本绩效指数为 0.967,其中,施工成本绩效指数为 0.968(关键线路施工成本绩效指数为 0.951),质量成本绩效指数为 0.856,HSE 成本绩效指数为 0.953。经过具体分析,发现主要原因如下:

• 非关键线路工作"3.5.2&3.8.2 永久性钢护筒制作安装"因制作成本过高仍然处于亏损状态。

• 在打桩过程中,发现东南面海底地质构造与地质勘探报告不符,原设计桩深为 26.8m,实际深度为 32m,因而大大增加了"3.8.2 永久性钢护筒制作安装"、"3.8.3 钢筋工程"、"3.8.4 混凝土工程"工作的成本。

• 由于三座钢便桥的盖梁尺寸完全一样,因而模板可以多次周转使用,这样也大幅度降低了"3.6.2.1&3.9.2.1 模板工程"的材料成本。

(2)进度偏差分析。

从数据分析可以得知,截止到 2008 年 1 月 31 日,项目总体实际进度比计划进度落后了 1735706.19QR,其中,关键线路施工进度落后 1289566.03QR,非关键线路施工进度落后 398466.58QR,质量进度落后 9352.64QR,HSE 进度落后 38320.94QR。项目总进度绩效指数为 0.915,其中,施工进度绩效指数为 0.915(关键线路施工进度绩效指数为 0.885),质量进度绩效指数为 0.915,HSE 进度绩效指数为 0.915。经过具体分析,发现上述结果的主要原因如下:

• 东南面海底地质构造与地质勘探报告不符,原设计桩深为 26.8m,实际深度为 32m,从而延长了局部工作的作业时间。

• 由于接近年尾,又远离故土,思乡之情愈发强烈,加上部分人员因工作时间超过 1 年申请回国探亲,不仅使得作业人员数量减少,还影响了工人的工作情绪,工作效率有所下降。

(3)完工成本及完工工期预测。

假定项目未完工部分仍按照过去的效率执行。从表 3 - 9 可以看出,项目完工总成本预测 $EAC_T = 22255860.08QR > TBC_T = 21523458.46QR$,即超出项目总目标成本 732401.62QR;

项目完工总工期预测 $ETTC_T = TBT_C/SPI_{CP} + DT = 12/0.885 + 1/30 = 13.59$（月），超过项目总目标工期 1.59 个月。

  3）纠偏措施

从挣值分析可以看出，施工成本绩效继续降低。主要原因是关键线路施工成本绩效持续恶化，从上个报告期的 0.971 降到 0.951。质量成本、HSE 成本绩效则保持上升势头。项目进度绩效整体表现有所好转，由上个报告期的 0.888 增至 0.915，而关键线路施工进度绩效正好相反，由上个报告期的 0.915 降至 0.885。所以从整体来看，项目进度有所加快，但关键线路的施工进度却更加落后，因此，有必要针对关键线路工作采取更有力的纠偏措施。经项目部讨论，决定提出以下两点纠偏措施：

  • 由于本报告期项目成本超支和进度落后，都和东南面海底地质构造与地质勘探报告不符有关。经项目部一致同意，决定广泛收集证据，向总包商提出索赔。

  • 为调动作业人员的工作情绪，经项目经理同意，决定给所有工人免费提供 200QR 的 IP 电话充值卡，并给全体项目人员带薪休假两天，集体组织外出购物、参观游览，以缓解大家的思乡之情。

# 3.4  工程成本控制的措施及效果

## 3.4.1  工程成本控制的措施

根据"NDIA 航栈桥工程"施工阶段成本控制的挣值分析，可以提出以下的成本控制改进措施。

**1. 合理确定工程报价**

在"NDIA 航栈桥工程"中，"3.2.2＆3.5.2＆3.8.2 永久性钢护筒制作与安装"工作就因为报价问题，导致亏损 691065.74QR。我国相当部分施工企业投标阶段和施工阶段是完全分离的，这就会出现一个问题，投标部门为了中标会不惜代价压低报价，工程部门为了质量和工期不得已增加成本。由于上述原因，在实际工程管理中，这两个部门会经常扯皮，工程部门怪投标部门报价太低，投标部门又埋怨工程部门成本控制不力。所以，最好的解决办法就是在投标过程中让工程部门参与进来，对一些明显低于实际成本的报价给予修正，毕竟投标人员长期脱离现场，对实际情况没有工程人员了解详尽。

**2. 加强对分包商的管理**

FIDIC 合同规定，关于分包工程，总包单位和分包单位要向建设单位共同承担责任。也就是说，分包单位的一切过失总包单位都必须连带承担责任。在"NDIA 航栈桥工程"施工过程中，非关键线路工作"3.4 钢结构工程"就因为项目部监管不到位，致使杭萧钢构提供的钢结构材料有质量问题，从而造成进度拖延、成本增加。所幸该项工作不处于关键线路上，否则后果会更加严重。因此在施工过程中，不仅要加强自身的管理，也要加强对分包单位的控制。

**3. 立足现实情况有效控制成本**

我国建筑企业在项目施工过程中极少有提前完工的例子，因为赶进度必然会降低质量标准、增加投入。为此，相关学者提出了一个最佳工期的理论，即工程施工工期长短与工程的直接成本和间接成本有着内在的关联关系,通过网络优化可以求得总成本最小的那个工期即为最佳工期。但是,在实际工程的施工过程中,因为影响工程成本和工期的因素太多,上述理论在现实中几乎无法实现。在现实工程管理中,通常要求项目经理有高超的成本预测能力,避免"重成本轻进度"现象的发生,确保工程成本能够得到有效的控制。例如,在"NDIA 航栈桥工程"施工过程中,关键线路工作"3.1 临时钢平台"的实际进度一直落后于计划进度。此时,项目经理有两种方案可以选择:一是加大人工、材料、机械投入,加快进度,采取赶工措施;二是保持现状,任由工期延长。经项目部全体人员集体讨论,最终决定采用第二种方案,因为采用第一种方案需多投入约 20 万 QR。

### 3.4.2　工程成本控制的效果

#### 1. 实际成本与计划成本的对比

"NDIA 航栈桥工程"完工日期为 2008 年 5 月 27 日,实际工期为 14 个月。经项目部会计人员和工料测量工程师的核算,并从实际成本中扣除杭萧钢构和总包商分别补偿的 242218.22QR 和 364142.13QR 收益。另外,工程完工后,通过回收变卖搭建临时钢平台的废钢材料,获得收益 1562511.34QR。最终得到的实际成本与计划成本对比数据如下表 3－10 所示。从表 3－10 的对比结果可知,项目总成本节支 469844.76QR,达到了预期目标成本要求。原可控成本部分的造价为 25321715.84QR,其实际成本为 21053613.70QR,实际利润率为 16.85%,高于公司经营层提出的 15% 利润率的要求。

表 3－10　实际成本与计划成本对比分析表

| 编码 | 费用名称 | 计划成本(QR) | 实际成本(QR) | 成本偏差(QR) |
|---|---|---|---|---|
| 1 | 措施费 | 3210353.73 | 3476414.34 | −266060.61 |
| 1.1 | 施工措施费 | 2619182.04 | 2769243.46 | −150061.42 |
| 1.2 | 质量措施费 | 115976.54 | 132776.54 | −16800.00 |
| 1.3 | HSE 措施费 | 475195.15 | 574394.34 | −99199.19 |
| 2 | 间接费 | 2321964.62 | 2398364.01 | −76399.39 |
| 3 | 直接工程费 | 15991140.11 | 14306835.35 | 1684304.76 |
| 3.1 | 临时钢平台 | 5647756.29 | 4068444.95 | 1579311.34 |
| 3.2 | 东北面打桩工程 | 1036022.68 | 1067219.41 | −31196.73 |
| 3.3 | 东北面混凝土结构工程 | 577876.80 | 578585.39 | −708.59 |
| 3.4 | 东北面钢结构工程 | 434561.62 | 434561.62 | 0.00 |
| 3.5 | 西北面打桩工程 | 1486721.66 | 1428095.78 | 58625.88 |
| 3.6 | 西北面混凝土结构工程 | 893439.40 | 869402.14 | 24037.26 |
| 3.7 | 西北面钢结构工程 | 609951.03 | 609951.03 | 0.00 |
| 3.8 | 东南面打桩工程 | 3872622.65 | 3916845.51 | −44222.86 |
| 3.9 | 东南面混凝土结构工程 | 822236.95 | 723778.49 | 98458.46 |

| 编码 | 费用名称 | 计划成本(QR) | 实际成本(QR) | 成本偏差(QR) |
|---|---|---|---|---|
| 3.10 | 东南面钢结构工程 | 609951.03 | 609951.03 | 0.00 |
| 4 | 工期延长 2 个月额外增加<br>人工、机械成本 | 0 | 436000.00 | -436000.00 |
| 5 | 合计 | 21523458.46 | 21053613.70 | 469844.76 |

## 2. 对结果的讨论分析

从表 3 - 10 显示的成本偏差数据可知,成本超支较为严重的有措施费、间接费、直接工程费中的东北、东南面打桩工程,还有因工期延长 2 个月而额外增加的人工和机械费用。主要原因如下:

• 直接工程费中的东北、东南面打桩工程分别超支 31196.73QR 和 44222.86QR,其中 "3.2.2&3.5.2&3.8.2 永久性钢护筒制作安装" 因报价太低,没有考虑到制作过程中将消耗大量的人工和机械台班,所以该项工作从头到尾均处于亏损状态。

• 措施费和间接费的超支主要跟工期延长有关,这两项费用都是均匀分摊到整个项目工期之内的,并随着工期的延长而增加。如 "1.1.1 临时设施日常维护费"、"1.1.6 陆上大型机械设备维护保养费"。这些费用都是按月支付的,工期延长 2 个月就必须增加 2 个月的维护保养费用,在 "NDIA 航栈桥工程" 中,间接费其实就是指企业管理费,和措施费一样,只要项目没有完工,成本就会逐月增加。

• 工期延长 2 个月额外增加人工、机械成本 43.6 万 QR,这是整个项目成本超支的主要原因,也能体现出与国内工程的不同之处。涉外工程承包最大的特点就是劳动力、机械设备资源调配困难,而且一般采用计时工资,所以只要工程没有完工,工人的工资就得照发,机械租赁费就得照付;材料费则不一样,除非正好赶上材料价格暴涨,只要工程量没有变更,材料费基本不会变。

此外,从表 3 - 10 显示的成本偏差数据可知,成本节支的项目有 "3.1 临时钢平台"、"3.5 西北面打桩工程"、"3.6&3.9 混凝土结构工程",分别节支 1579311.34QR、58625.88QR、24037.26QR 和 98458.46QR。这一结果的主要原因如下:

• 临时钢平台成本造价为 5647756.28QR,折合人民币约 1242.5 万元,其中材料费占了 60% 以上。工程完工后,项目部将这些废旧钢材回收变卖,获得收益 1562511.34QR,不仅降低了 "3.1 临时钢平台" 的实际成本,还同时弥补了其他项目成本超支带来的亏损。

• 工程开工前,项目部事先从国内调运 8 台人字架打桩机用于打桩作业。这种设备操作简单、价格便宜,购买一台全新的人字架打桩机市场价才 12 万人民币左右,大大降低了关键线路上的工作 "3.2.1&3.5.1&3.8.1 打螺旋钻孔桩" 的机械设备成本。

• 由于三座钢便桥的盖梁尺寸完全一样,因而模板可以多次周转使用,这样也大大降低了 "3.6.2.1&3.9.2.1 模板工程" 的材料成本。

• 因杭萧钢构提供的钢结构材料质量存在问题,导致项目部不得不额外新购临时钢平台搭建材料,造成我方成本增加。另外,在东南面打桩过程中发现实际桩深比原设计深度长5.2m,造成 "3.8 打桩工程" 成本大大超支。为此,项目部组织技术部、施工部和成本部相关人员仔细研究施工合同,广泛收集证据,最后分别向杭萧钢构和总包商分别成功索赔 242218.22QR 和 364142.13QR,这也避免了实际成本的增加。

在"NDIA 航栈桥工程"施工过程中,项目部发现,调整施工方案是降低成本的有效措施之一。比如,在打桩作业方案中,管理人员替换了国外先进的打桩机械,采用国内简单适用的人字架打桩机,实际成本比计划成本降低了 677547.60QR。而且,根据最终打出的桩孔质量表明,人字架打桩机更适合海底地质的打桩作业。此外,及时发现变更,有理、有据、有节地争取索赔也是成本节支的关键。比如,在该工程的施工过程中,项目部据理力争、成功索赔,获得 606360.35QR 损失补偿。

# 问题思考

1. "NDIA 航栈桥工程"的施工成本控制目标、内容是什么? 存在的问题有哪些?

2. 该工程成本控制的思路及流程是怎样的? 作者对挣值法进行了哪些改进?

3. 总结成本控制的实施过程,归纳三个时点上的成本数据、挣值分析和纠偏措施。

4. "NDIA 航栈桥工程"施工成本控制结果如何? 导致这些结果的原因和措施有哪些?

5. 结合自己的思考,谈谈对"NDIA 航栈桥工程"基于挣值分析的施工成本控制过程的看法。

# 第4章 基于故障树 DTBJ 热电厂建设 工程风险管理

## 4.1 工程概况

### 4.1.1 厂址选择及厂区布置

DTBJ 热电厂建设工程位于陕西省宝鸡市陈仓区千河镇宋家庄的千河西岸,距城市中心约 12 km,距陈仓区约 7 km。厂址地貌属于千河 I 级阶地,为建设留用地,根据水源状况、灰场用地、出线方式等条件规划布置厂区平面。厂址用地范围内自然地面最高高程为 437.6 m 和 440.3 m,最低高程 391.6 m,高差 51.3~52.4 m,场地边缘山体坡度达 13% 以上。沟谷顺向坡缓、倾角约 31°,反向坡陡、倾角约 44°,局部地段接近于直立,底宽 20~50 m。勘测范围内地面标高 393~456 m,最大高差近 60 m。

对于 DTBJ 热电厂建设工程,厂区的布置方案如下。贮煤场布置在厂区东侧,其西侧紧邻主厂房。采用这样的布置既方便燃煤经输煤栈桥送入主厂房,也便于运煤车辆进入电厂。再向西侧依次为冷却塔和升压站,升压站为架空线路方式,向西出线。主厂房布置采用汽机房—除氧间—煤仓间—锅炉房—布袋除尘器—引风机室—烟囱—炉后烟气脱硫岛的形式。锅炉采用岛式布置,紧身封闭,汽轮发电机组按纵向顺列布置,汽轮机机头朝向固定端,两机一控。主厂房南侧为供水设施,北侧为污水处理站和制氢站。厂区北部布置点火油泵和储油罐。

电厂布局充分考虑了安全和生产需要,对使用功能按照危险等级做了分区处理,有效控制了危险源,降低了事故发生概率和损失影响范围。

### 4.1.2 任务构成与管理体系

#### 1. 工程的任务构成

工程的任务构成见图 4-1。由图可见,DTBJ 热电厂 2×100 MW 级机组扩建工程主要包

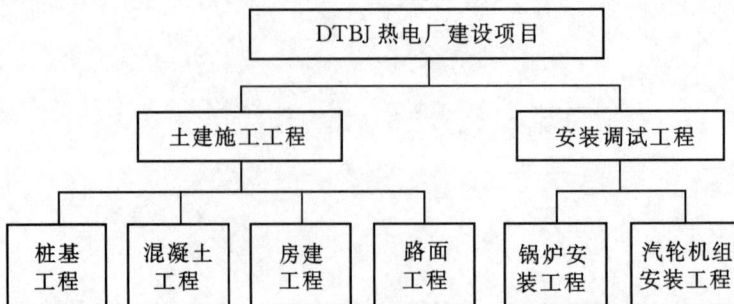

图 4-1 DTBJ 热电厂建设项目任务构成图

括建筑施工工程和安装调试工程。其中,建筑施工工程具体任务构成如下:

- 桩基工程:将上部结构较大的荷载通过较弱地层,传至深部较坚硬的、压缩性小的土层或岩层,本桩基工程采用灌注混凝土桩。
- 混凝土工程:该工程的混凝土工程是指各建筑结构的基础,其要点在于提高混凝土的抗冻和耐腐蚀性能。
- 房建工程:包括汽机房、除氧间、煤仓间、锅炉房、引风机室、除尘器、烟囱及外构筑物等。
- 路面工程:随着一、二期项目建成投产,进厂公路已经修好,厂区道路大部分也已在一、二期项目建设时建成,三期工程只需增加扩建道路、炉后通道、消防道路及其他少量道路。

安装调试工程具体包括如下内容:

- 锅炉安装工程:采用超临界参数变压运行螺旋管圈直流炉,为单元制,安装过程中需要重型设备吊装。
- 汽轮机组安装工程:安装 $2 \times 100$MW 级汽轮机组,并经调试保障能够正常起停机。

**2. 工程的管理体系**

DTBJ 热电厂建设工程的管理体系如图 4-2 所示。其中,项目的法人单位是大唐陕西发电有限公司,建设管理单位是大唐陕西发电有限公司,现场管理单位是 DTBJ 热电厂项目部,工程设计单位是陕西大唐新能电力设计有限公司,工程监理单位是西北电力设计院,工程施工单位为大唐陕西发电技术工程有限公司。在项目的管理体系中,项目经理向上对监理单位、建设单位和施工单位负责,向下主管安全部、技术部、生产部、质检部和材供部,安全部主要负责现场安全措施的布置,以及检查、纠正现场作业人员的违章行为;技术部就设计、施工等工作进行现场指导;生产部负责安排人员、洽谈合同和控制进度;质检部跟踪检查施工和调试质量;材供部提供材料、设备、工具。下设三个组:土建施工组、安装调试组和工程验收组,分别承担土建施工、安装调试及工程验收的具体工作。

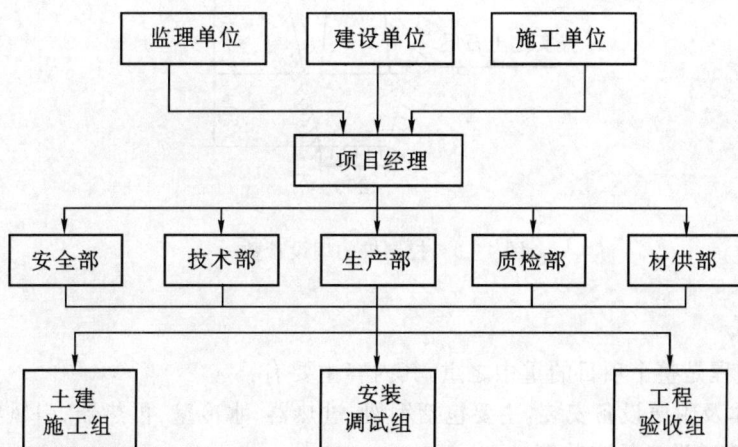

图 4-2　DTBJ 热电厂建设项目管理体系图

### 4.1.3　施工内容及流程

按照施工的技术要求，DTBJ 热电厂建设工程的施工流程为"土建施工→安装调试→设备试运行→启动调试及试生产→工程验收"。现将上述流程中各步骤的主要施工内容介绍如下。

**1. 土建施工**

土建施工工程主要包括主厂房、水塔、烟囱、煤场、灰场、道路、地下设施等，施工内容主要有施工测量、桩基和地基工程、主体工程、外围工程等。主厂房的施工内容主要有主体工程、电气工程、给排水工程和消防工程等。项目主厂房汽机房跨度 30.8 m，纵长 89.7 m；除氧间跨度 10 m，纵长 89.7 m；煤仓间跨度 12 m，纵长 70.0 m。底层标高为 0.00 m，低加热器层 6.8 m，高加热器层 14.5 m，除氧器层标高 24.3 m，吊车轨顶标高 25.8 m，汽机屋架下弦标高 28.9 m，皮带层 41.0 m。一般的施工程序是：地基施工—桩基及混凝土施工—钢结构施工—地面施工—厂房施工—上下水—消防—照明—通风—装饰工程施工及其他。DTBJ 热电厂三期扩建项目的选址紧邻一、二期工程，其施工要求在不影响已建成机组正常运行的情况下进行，再加上电厂建设具有其特殊性，对建筑工程施工提出了更高更细的要求。

工程基础中的大体积砼工程量为 7240 m³，占混凝土总量 25547 m³ 的 28.7%；钢结构工程量大，楼层钢梁、钢煤斗及钢板梁 1689t；预埋铁件品种规格多样，除氧煤仓间跨度 8.94 m，铁件总量 115t。桩基工程中控制桩的埋设参数如图 4-3 所示。控制点的埋设深度应根据实际情况确定，但为增加其稳定性，至少不得低于 0.8 m；为避免控制桩被破坏，应砌 0.3 m×0.3 m×0.26 m 砖结构加以围护，并作出醒目标志。

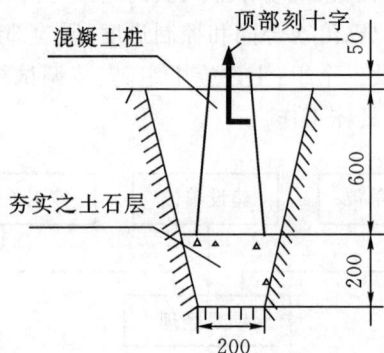

图 4-3　控制桩的埋设参数

**2. 安装调试**

安装调试工程是整个项目的重中之重，其内容主要有：

• 锅炉本体及附属设备安装，主要包括钢架、过热器、水冷壁、再热器、引风机、磨煤机、燃烧和除灰装置、管道设备的安装等。

• 汽轮发电机组安装，主要包括汽轮机、发电机、凝汽器、加热器、冷油器和主油箱等设备的安装。

• 燃煤系统安装，主要包括皮带输送机、轨道、取料机和翻车机等设备的安装。

• 电气设备安装，主要包括升压站和厂用站、综自系统、监控系统等设备的安装。

- 其他设备安装：主要包括供水系统、污水处理系统、通信系统、铁路专用线等设备的安装。

此外，安装调试工程还包括分步调试和启动调试工作。

工程吊装机械设备选用 300t.m 塔吊、50t 履带吊、40t 汽车吊进行吊装。另外，为了方便运输吊装，低压开关室与变压器联体共为一箱。开关室低压侧设出线仓位 4～7 个，每仓开关容量 600A。电缆埋深 300～400 mm，过道处及地面将有重物堆放处电缆埋深不小于 0.8 m。在电缆的引出端、终端、中间接头等处，每隔 50 米和走向有变化的部位埋设混凝土标示牌。直埋电缆与电杆基础边线、排水沟的平行间距应大于 2 m，与构建筑物基础边线间距应大于 0.6 m，与热管道平行间距应大于 2 m，交叉间距应大于 0.6 m，与其他管道平行间距应大于 0.6 m。

**3. 设备试运行**

设备的试运行主要包括如下内容：

- 电气及控制系统实验。
- 转动机械运行实验。
- 主机部分系统运行实验，分为锅炉系统化学清洗实验、循环水系统运行实验、管道系统运行实验、机组的油系统运行实验、炉膛及烟风系统运行实验等。
- 辅助系统运行实验，分为除灰系统运行实验、污水处理系统运行实验、空气压缩系统运行实验及输煤系统运行实验等。
- 大型排水系统运行实验。
- 大型闸板、阀门的整定和启闭实验。
- 大型起重设备的试运行等。

在进行上述各项设备运行实验时，实验过程和结果应满足相应的技术标准要求。

**4. 启动调试及试生产**

此阶段是风险最高的阶段，对整套发电机组进行启动、调整实验和整体试运行，以达到生产运行的标准。试生产是为了考核机组在各种条件下的运行和调试工况，是机组整套启动调试和试运行后，正式投入运行前的一个阶段。按照相关规定，试运行期为半年，这是投产准备的一个重要环节。

**5. 工程验收**

工程验收是工程建设的最后一个环节，是指通过整套机组启动调试和试运行，全面检验主机及其配套系统的施工和安装质量之后，按照国家规定，正式进行的并由各相关方共同参加的正式验收活动。

## 4.1.4　技术要求及主要参数

**1. 技术要求**

现代热电厂建设属于大型基础建设项目，以大机组、大规划容量、高电压、高自动化占主流，投资规模大，技术条件复杂，涉及的专业多，建设周期长，是一个十分复杂的系统工程。该工程应满足以下主要的技术要求如下：

- 基础混凝土表面应平整，无裂纹、孔洞、蜂窝和露筋等缺陷。
- 螺栓孔内须清理干净，螺栓孔中心线对基础中心线偏差不大于 0.1 d，且小于 10 mm，螺栓孔壁的铅垂直度偏差不大于 L/200 且小于 10 mm。

• 直埋式预埋地脚螺栓的材质、型号和标高,都应符合图纸要求,螺栓及铁件中心偏差应不大于 2 mm,铅垂偏差应小于 L/450,铁件标高偏差应不大于 5 mm,地脚螺栓标高偏差不大于±4 mm。

• 设备下部的混凝土承力面以及发电机的混凝土风道顶部等处的标高,应与图纸相符,偏差在 0～10 mm 范围内。

• 埋设在地下的套管形式的疏水管道,应在安装前进行工作压力 1.5 倍的密闭性水压试验。

• 进油管应向油泵侧有 1/1000 的坡度,回油管应向油箱侧倾斜,坡度不小于 5/1000。

• 汽封径向间隙应符合规定,汽轮机左右两侧各为 0.5～0.7 mm 为宜,上下侧间隙应考虑轴瓦油膜厚度的影响,上侧为 0.5～0.7 mm,下侧为 0.8～0.9 mm,高压缸内侧宜取上限,外侧间隙可稍小。

工程从立项到前期工作准备,再到征地、五通一平、施工、调试至移交生产,需要严密而科学的运筹。

**2. 主要参数**

本项目锅炉及汽轮机组主要参数见表 4-1 及表 4-2 所示。对于安装调试工程来说,风险最为集中的阶段为设备调试和机组试运行,此阶段由于受到多方面条件的影响,容易发生事故。汽轮机组经过调试运行,满足各项指标,工程移交给生产单位后,安装调试工程才能宣告结束。

表 4-1　锅炉外形尺寸主要参数

| 项目 | 尺寸(mm) |
|---|---|
| 炉膛宽度×深度 | 23160×23160 |
| 上排燃烧器至屏底距离 | 26630 |
| 下排燃烧器至冷灰斗上沿距离 | 5237 |
| 上下一次风喷口距离 | 21137 |
| 相邻层燃烧器间距 | 1612 |
| 水冷壁下集箱标高 | 4210 |
| 炉顶管标高 | 118190 |
| 大板梁顶标高 | 127140 |
| 锅炉宽度(锅炉构架范围) | 53512 |
| 锅炉深度(锅炉构架范围) | 63434 |
| 中间过渡集箱标高 | 68072 |

表 4-2　汽轮机组主要参数

| 机组功率(型式) | 部套 | 参数 |
|---|---|---|
| 1000 MW(CC4F-41) | 高压缸、中压缸 | 24.5 MPa,600℃/600℃,背压 4.27 kPa |
| 1000 MW(CC4F-41) | | 24.5 MPa,600℃/600℃,背压 5.09 kPa |

## 4.2　风险的分类及案例的统计分析

### 4.2.1　风险的分类

根据以上对 DTBJ 热电厂建设工程的任务构成、管理体系、施工内容及流程、技术要求的介绍和分析,结合一、二期工程的施工建设经验,可以初步预测出该工程在实施过程中可能遇到的风险,主要有以下几方面。

**1. 技术风险**

技术风险的种类很多,其主要类型是技术不足风险、技术开发风险、技术保护风险、技术使用风险、技术取得和转让风险。本工程项目主要涉及的是技术不足风险和技术使用风险,而这些风险又由土建施工风险和安装调试风险两大因素构成。其中,土建施工风险主要包括桩基深度不合适、由于气温因素引起的混凝土裂缝、房屋建筑质量不合格、路面塌陷;而安装调试风险则主要由设备或人为因素引起。

**2. 安全风险**

安全生产在工程项目管理中占有特殊的地位,有安全才能有生产。但是在整个生产过程中,由于各种不确定因素的存在,必然伴随着安全风险。在本工程项目中,安全风险主要有人身伤害风险和设备损坏风险两类,这两类风险都有着高危性质,无论是人身伤害还是设备损坏,都会对项目本身产生巨大影响,轻则导致工期延误等,重则影响整个项目的正常进行。所以,必须对安全风险给予足够的重视,并制定出有效的防范措施。

**3. 工期风险**

工程因不确定因素造成工期延误的现象即为工期风险。工程项目的实施受到时间、资金及内外部环境的限制,而其中时间限制则是项目管理者必须考虑的重要内容。本工程项目的工期风险主要有工期安排风险和施工因素风险两种。由于项目工期安排不合理,可能引起停工待料、工期滞后,即为工期安排风险;而施工过程中,由于材料、技术、环境、人为等因素引起的工期延误,这种风险因素即为施工因素风险。

**4. 环境风险**

环境风险包括政策环境风险和自然环境风险两类。政策环境在工程项目的运行中起着重要作用,如果对政策环境把握不准或失误,就会产生政策环境风险,进而对工程带来损失,甚至会导致工程无法正常进行。而自然环境风险属于不可抗力,会对工程项目造成影响,所以,也应采取相应对策来将自然环境风险的负面影响降到最低。

**5. 管理风险**

工程建设项目规模庞大,涉及多方面错综复杂的因素,如果不对这些因素加以协调和控制,就会影响项目的正常进行。本工程的工程风险主要有现场组织风险和材料供应风险两种,现场组织好各项工作,可以使安全和生产都有良好的保障;协调好材料的供应,可以确保工期不延误,确保工程项目按质按量完成。

进一步对上述风险进行解剖并分析其产生的后果,得到的结果汇总见表 4-3。根据表 4-3 绘制的 DTBJ 热电厂建设工程风险分类结构图如图 4-4 所示。由该图可见,DTBJ 热电厂建设工程的风险有 5 大类,分别是技术风险、安全风险、工期风险、环境风险和管理风险。而技术风险又可进一步分为土建施工风险和安装调试风险;安全风险分为人身伤害风险和设备损坏风险;工期风险分为工期安排风险和施工因素风险;环境风险分为政策环境风险和自然环境风险;管理风险分为现场组织风险和材料供应风险。

表 4-3　项目风险清单表

| 序号 | 风险种类 | 风险因素 | 产生后果 |
|---|---|---|---|
| 1 | 技术风险 | 土建施工风险 | 桩基深度不合适、混凝土裂缝、房屋建筑质量不合格、路面塌陷等 |
| | | 安装调试风险 | 引起设备运行事故或者不能正常投入生产运营 |
| 2 | 安全风险 | 人身伤害风险 | 在施工中人员被重物砸伤,高空摔伤,有时在锅炉和机组测试时会发生事故,影响人身安全 |
| | | 设备损坏风险 | 在施工和安装过程中,尤其是吊装期间和试车期间,可能会造成如锅炉、汽轮机组等设备损坏,产生较大损失 |
| 3 | 工期风险 | 工期安排风险 | 工程计划安排不合理,无法按计划完成工程 |
| | | 施工因素风险 | 因施工中各方面因素导致工期延误 |
| 4 | 环境风险 | 政策环境风险 | 对工程造成损失或工程无法进行 |
| | | 自然环境风险 | 造成一些工作无法开展,或增加工程投入,造成进度受阻,成本增加 |
| 5 | 管理风险 | 现场组织风险 | 造成资源浪费,增加工程投入,影响进度 |
| | | 材料供应风险 | 可能造成工期延误 |

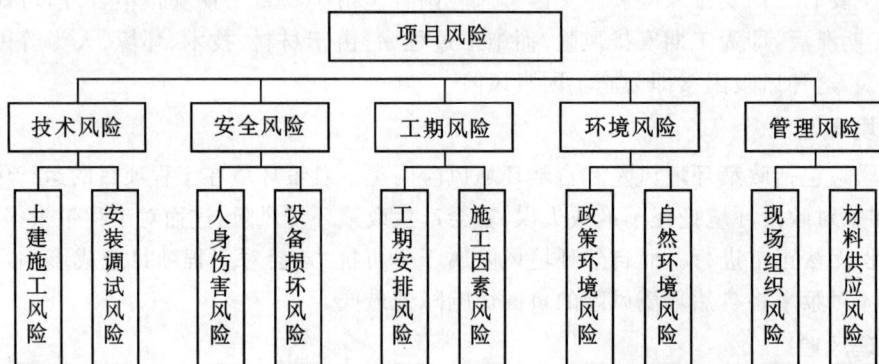

图 4-4　DTBJ 热电厂建设项目风险分类图

## 4.2.2　风险案例的统计分析

为了更为准确地识别和分析 DTBJ 热电厂建设项目在实施过程中可能遇到的风险因素,

在上述对风险因素进行初步识别的基础上,还收集了自 DTBJ 热电厂一、二期工程建设开工以来实施的所有项目,并对项目在土建施工和安装调试中所出现的各种风险事件进行统计,最终整理出风险事件案例 45 个。同时进一步归纳出这些风险事件所属的阶段、发生现象及风险因素形成环节,并剖析了这些风险因素产生的原因,最终得到的项目风险案例统计和分析结果见表 4 - 4。

**表 4 - 4　DTBJ 热电厂建设项目风险因素统计表**

| 编号 | 所属工期 | 现象 | 阶段 | 时间 | 主要原因 | 形成风险的环节 | 风险种类 | 主要风险因素 |
|---|---|---|---|---|---|---|---|---|
| 1 | 二期 | 所吊物件脱落 | 施工中 | 2010.09 | 超载作业 | 行车、吊车、起重机作业 | 技术风险 | 土建施工风险 |
| 2 | 一期 | 旋转滤网安装受影响 | 施工中 | 2008.12 | 设备吊装不符合安全要求 | 循环泵、旋转滤网检修 | 技术风险 | 安装调试风险 |
| 3 | 一期 | 管理失误 | 施工中 | 2009.02 | 管理者给定的路径和设备安装与实际情况不符 | 管道敷设 | 管理风险 | 现场组织风险 |
| 4 | 二期 | 人员被砸伤 | 施工中 | 2010.01 | 大车行走时作业区域内有人停留或工作 | 大车行走过程中 | 安全风险 | 人身伤害风险 |
| 5 | 二期 | 工期延误10天 | 施工中 | 2009.11 | 临时脚手架搭设不当,拆解后重新搭设 | 土木作业 | 工期风险 | 施工因素风险 |
| 6 | 一期 | 存在局部塌陷现象 | 施工中 | 2009.04 | 楼台楼板不符要求 | 生产区域楼台楼板检修 | 技术风险 | 土建施工风险 |
| 7 | 二期 | 承压部件焊接失误 | 运行中 | 2010.05 | 未按照安全规程作业,违章操作 | 带压对锅炉承压部件焊接、捻缝、紧螺丝等作业 | 技术风险 | 安装调试风险 |
| 8 | 一期 | 达不到施工条件 | 施工中 | 2008.12 | 气温偏低,材料的硬度和脆性增加,容易造成外护套开裂和绝缘损伤 | 管道敷设过程中 | 环境风险 | 自然环境风险 |
| 9 | 一期 | 大车行走受限 | 施工中 | 2009.05 | 井、坑、孔、洞或沟道没有覆以地面齐平盖板 | 路面施工过程中 | 技术风险 | 土建施工风险 |

| 编号 | 所属工期 | 现象 | 阶段 | 时间 | 主要原因 | 形成风险的环节 | 风险种类 | 主要风险因素 |
|------|----------|------|------|------|----------|----------------|----------|--------------|
| 10 | 二期 | 斗轮机损坏 | 施工中 | 2010.04 | 斗轮机与推扒机配合作业时安全距离不足 | 煤场堆、取煤作业 | 技术风险 | 土建施工风险 |
| 11 | 二期 | 人员被挂伤 | 施工中 | 2009.11 | 工器具捆绑不牢 | 高空作业 | 安全风险 | 人身伤害风险 |
| 12 | 一期 | 承压部件爆泄 | 竣工验收 | 2009.10 | 材料质量不合格 | 材料的保管 | 技术风险 | 土建施工风险 |
| 13 | 一期 | 转动机械飞车 | 运行中 | 2008.11 | 泵、风机等转动机械故障 | 转动机械检修 | 技术风险 | 安装调试风险 |
| 14 | 二期 | 压力容器超压损伤 | 运行中 | 2010.09 | 实验过程中水压过大 | 锅炉的水压试验 | 技术风险 | 安装调试风险 |
| 15 | 一期 | 汽轮机飞车 | 运行中 | 2009.06 | 高速运转 | 试运行检修 | 技术风险 | 安装调试风险 |
| 16 | 一期 | 升降机构运行失控 | 施工中 | 2008.08 | 小车开闭、升降机构电气故障 | 码头卸煤运行作业 | 技术风险 | 土建施工风险 |
| 17 | 二期 | 皮带机损坏 | 运行中 | 2010.05 | 皮带机紧停装置故障 | 输煤皮带的运行作业 | 安全风险 | 设备损坏风险 |
| 18 | 二期 | 油漆作业验收不合格 | 竣工验收 | 2010.06 | 油漆作业不符合作业规范 | 油漆作业 | 技术风险 | 土建施工风险 |
| 19 | 一期 | 调整系统报警 | 运行中 | 2009.03 | 温度过高,孔洞未封堵 | 汽轮机本体及调整系统检修 | 技术风险 | 安装调试风险 |
| 20 | 二期 | 水泵运行相关值较低 | 运行中 | 2009.09 | 阀门隔离不严 | 水泵、风机检修作业 | 技术风险 | 安装调试风险 |
| 21 | 一期 | 照明不符合规定要求 | 施工中 | 2008.06 | 未按规定要求作业 | 照明检修及维护作业 | 技术风险 | 土建施工风险 |

| 编号 | 所属工期 | 现象 | 阶段 | 时间 | 主要原因 | 形成风险的环节 | 风险种类 | 主要风险因素 |
|---|---|---|---|---|---|---|---|---|
| 22 | 一期 | 气温偏低,不符合敷设条件 | 施工中 | 2009.01 | 当日室外温度很低,温度为－10℃,管道材料延展性受限,材料的硬度和脆性增加,不符合施工条件 | 管道敷设 | 环境风险 | 自然环境风险 |
| 23 | 二期 | 汽轮机的辅助设备无法正常运行 | 运行中 | 2010.04 | 转动机械故障 | 汽轮机的辅助设备调试 | 技术风险 | 安装调试风险 |
| 24 | 一期 | 未能按期进行调试 | 运行中 | 2009.05 | 制氢设备安全措施不完善 | 制氢设备的运行操作及检修作业 | 技术风险 | 安装调试风险 |
| 25 | 一期 | 卸煤机受损 | 施工中 | 2008.11 | 换舱或移舱作业倒机作业时卸煤机驾驶室碰撞上驾驶台 | 码头卸煤运行作业 | 技术风险 | 土建施工风险 |
| 26 | 二期 | 设备损坏风险 | 施工中 | 2009.07 | 电缆输送机的电动机烧毁 | 电缆牵引敷设过程中 | 安全风险 | 设备损坏风险 |
| 27 | 一期 | 防护外壳烧毁 | 施工中 | 2008.09 | 电气设备故障 | 热力设备运行作业 | 技术风险 | 安装调试风险 |
| 28 | 一期 | 系统失效未动作 | 竣工验收 | 2009.10 | 蒸汽灭火系统故障 | 蒸汽灭火系统检测 | 技术风险 | 安装调试风险 |
| 29 | 二期 | 未能实施检修后的相关作业 | 施工中 | 2010.01 | 安全措施不到位 | 检修后的锅炉热紧法兰等处的螺丝作业 | 技术风险 | 安装调试风险 |
| 30 | 二期 | 混凝土工程未按期完工 | 施工中 | 2010.04 | 1 号厂房混凝土工程施工时间安排过短,无法按期完成 | 混凝土工程施工 | 工期风险 | 工期安排风险 |

| 编号 | 所属工期 | 现象 | 阶段 | 时间 | 主要原因 | 形成风险的环节 | 风险种类 | 主要风险因素 |
|------|---------|------|------|------|---------|--------------|---------|------------|
| 31 | 一期 | 不符合投运标准 | 施工中 | 2009.04 | 通风不良,粉尘超标 | 水冷壁管的检修作业 | 技术风险 | 安装调试风险 |
| 32 | 一期 | 煤堆坍塌造成车辆倾翻 | 施工中 | 2008.12 | 煤场堆放方式不正确,遮挡操作员视线 | 煤场推煤作业 | 技术风险 | 土建施工风险 |
| 33 | 二期 | 轻微触电事故 | 施工中 | 2010.03 | 绝缘工具不良 | 电气设备操作 | 安全风险 | 人身伤害风险 |
| 34 | 一期 | 电气设备故障 | 运行中 | 2009.09 | 温度过高 | 热力设备运行作业 | 安全风险 | 设备损坏风险 |
| 35 | 二期 | 工期延误15天 | 施工中 | 2009.11 | 锅炉耐压试验没有通过,压力故障查找,寻找困难,导致延误工期,同时工作计划没有很好地进行修正 | 锅炉耐压测试 | 工期风险 | 施工因素风险 |
| 36 | 一期 | 工期延误,窝工停产 | 施工中 | 2008.07 | 由于要涉及开挖绿化带,手续办理困难,受阻停工27天 | 土木作业过程中 | 环境风险 | 政策环境风险 |
| 37 | 二期 | 材料供应出现差错 | 施工中 | 2009.12 | 管理不善,协调不力,导致材料出现疏漏,严重影响施工 | 土木作业 | 管理风险 | 材料供应风险 |
| 38 | 一期 | 转子正常运行受到影响 | 运行中 | 2009.07 | 检修操作不当 | 转子检修 | 技术风险 | 安装调试风险 |
| 39 | 一期 | 设计与施工脱节 | 运行中 | 2008.12 | 设计变更未及时通知施工人员,造成返工现象严重 | 电气设备接地安装中 | 管理风险 | 现场组织风险 |

| 编号 | 所属工期 | 现象 | 阶段 | 时间 | 主要原因 | 形成风险的环节 | 风险种类 | 主要风险因素 |
|---|---|---|---|---|---|---|---|---|
| 40 | 二期 | 锅炉承压设备的泄漏检测结果不合格 | 运行中 | 2010.01 | 通风不良 | 锅炉承压设备的泄漏检修 | 技术风险 | 安装调试风险 |
| 41 | 二期 | 牵引设备绞磨机损坏 | 施工中 | 2009.11 | 牵引设备超负荷工作,致绞磨机损坏 | 设备固定过程 | 安全风险 | 设备损坏风险 |
| 42 | 一期 | 影响锅炉正常运行 | 运行中 | 2009.05 | 排污口不畅,导致无法进入正常运行状态 | 锅炉排污作业 | 技术风险 | 安装调试风险 |
| 43 | 二期 | 未找到电缆外护套破损点,延误工期 | 施工中 | 2009.09 | 外护套故障测寻不准确 | 电气设备电缆外护套耐压测试 | 工期风险 | 施工因素风险 |
| 44 | 二期 | 卸煤机发生故障停运 | 运行中 | 2009.08 | 现场风速超过卸煤机安全作业风速时继续作业 | 码头卸煤运行作业 | 技术风险 | 土建施工风险 |
| 45 | 一期 | 工期延误 | 施工中 | 2008.09 | 卸煤机钢丝绳更换过程中操作人员操作不当受伤,要求赔偿金额不能达成一致,导致工期延误 6 天 | 卸煤机钢丝绳更换 | 工期风险 | 施工因素风险 |

根据前面所建立的风险分类结构,对上述案例进行归纳总结,得到的统计结果见表 4 - 5。由表中的数据可以看出,DTBJ 热电厂建设工程中的技术风险发生的频数最大,在收集的 45 个案例中发生技术风险的案例就有 27 个,占总频数的 60%,说明技术风险是 DTBJ 热电厂建设项目的主要风险因素。而在技术风险中,安装调试风险发生的频数比较高,所以应重点对该工程中的安装调试风险进行分析和控制。

表 4－5　DTBJ 热电厂建设项目风险统计表

| 风险种类 | 技术风险 | | 安全风险 | | 工期风险 | | 环境风险 | | 协调风险 | |
|---|---|---|---|---|---|---|---|---|---|---|
| 风险因素 | 土建施工风险 | 安装调试风险 | 人身伤害风险 | 设备损坏风险 | 工期安排风险 | 施工因素风险 | 政策环境风险 | 自然环境风险 | 现场组织风险 | 材料供应风险 |
| 发生频数 | 11 | 16 | 3 | 4 | 1 | 4 | 1 | 2 | 2 | 1 |
| 频数合计 | 27 | | 7 | | 5 | | 3 | | 3 | |
| 占百分比 | 60.00% | | 15.50% | | 11.10% | | 6.70% | | 6.70% | |

## 4.3　基于故障树的工程安装调试风险分析

根据前面的分析可以得出结论,技术风险是影响工程施工最重要的风险,而在技术风险中,安装调试风险又最为重要。为此,利用故障树方法对 DTBJ 热电厂建设工程的安装调试风险进行深入分析,找到其最底层的影响因素,以便为风险的控制提供依据。

### 4.3.1　安装调试风险故障树的建立

建立故障树是故障树分析的第一步,也是最为重要的关键一步。作为后续定性及定量分析的对象,故障树的完善程度将直接影响分析结果的准确性,而其化简程度则关系到分析的工作量,也影响故障树的直观性。在 DTBJ 热电厂建设工程安装调试过程中,影响安装调试的底层因素很多,当有些底层因素发生时,其后果是导致工程不能通过压力测试,达不到验收的标准要求;而当另一些底层因素发生时,会造成工程不能通过汽轮机组高温高压试验,引起测试运行事故;等等。通常,这些底层风险因素都是潜在的,不易或无法及时被发现,但其一旦发生将造成不同程度的损失,对工程的成功产生不良的影响。针对这些风险因素,可以通过详细、系统和深入的分析,来建立 DTBJ 热电厂建设工程安装调试风险故障树,借助于故障树,便可以完成对造成安装调试风险各种因素的全面系统的分析。

根据对 DTBJ 热电厂建设工程安装调试过程影响因素的梳理分析,按照故障树的构建原则,绘制出的 DTBJ 热电厂建设工程安装调试风险故障树,如图 4－5 所示。由图可见,该故障树共包括 28 个中间事件,54 个基本事件,包括 26 个逻辑"或门",3 个逻辑"与门"。基本事件符号和名称见表 4－6。

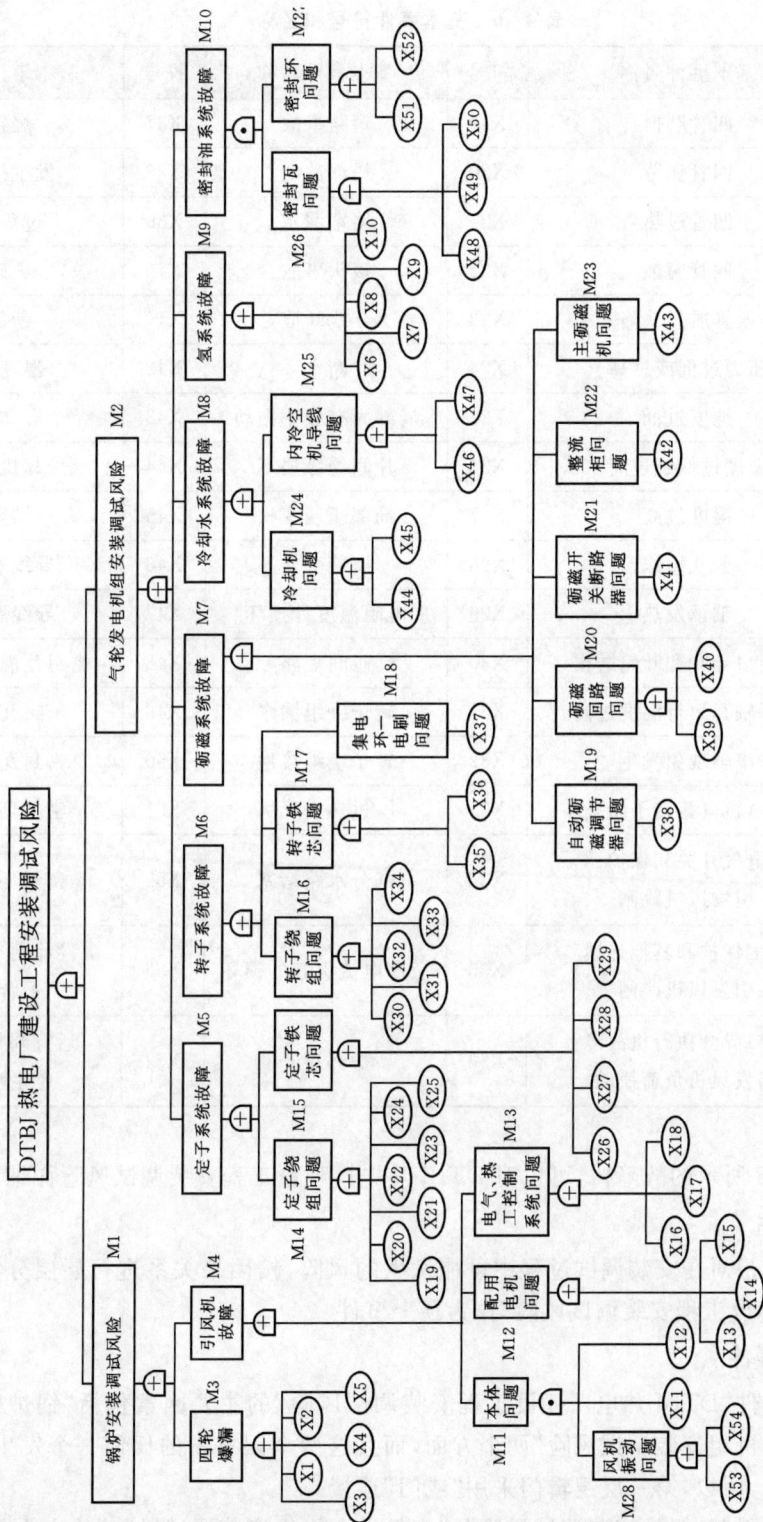

图 4－5　DTBJ 热电厂建设项目安装调试风险故障树图

表 4 - 6　基本事件符号和名称

| 符号 | 基本事件名称 | 符号 | 基本事件名称 | 符号 | 基本事件名称 |
|---|---|---|---|---|---|
| X1 | 四管磨损 | X19 | 短路事故 | X37 | 烧毁 |
| X2 | 四管疲劳 | X20 | 局部放电 | X38 | 发生故障 |
| X3 | 四管过热 | X21 | 堵塞漏水 | X39 | 过负荷 |
| X4 | 四管腐蚀 | X22 | 接头事故 | X40 | 失磁 |
| X5 | 四管质量缺陷 | X23 | 导线断股 | X41 | 断裂 |
| X6 | 压力过低或过高 | X24 | 断水 | X42 | 温度高 |
| X7 | 纯度过低 | X25 | 局部固有频率振动 | X43 | 震动大 |
| X8 | 温度过低或过高 | X26 | 片间绝缘损坏 | X44 | 冷却机漏水 |
| X9 | 湿度过高 | X27 | 局部压装变松 | X45 | 结露 |
| X10 | 氢气爆炸 | X28 | 压装变松 | X46 | 导线磨损 |
| X11 | 轴承发热 | X29 | 电阻温度计损坏 | X47 | 导线腐蚀 |
| X12 | 进出口导叶和叶轮磨损 | X30 | 匝间短路 | X48 | 密封瓦温度过高 |
| X13 | 轴承轴瓦运行温度过高 | X31 | 转子绕组漏水 | X49 | 密封瓦烧毁 |
| X14 | 串轴现象发生 | X32 | 转子绕组接地 | X50 | 密封瓦漏油 |
| X15 | 发电机鼠笼转子断条 | X33 | 过热变形 | X51 | 密封环磨损 |
| X16 | 电气开关和保护<br>引发风机跳闸 | X34 | 部分水路堵塞 | X52 | 密封环漏油 |
| X17 | 热工保护和其他连锁<br>引发风机跳闸 | X35 | 负序电流引起的损坏 | X53 | 设计制造结构<br>不合理 |
| X18 | 进口导叶执行机故障<br>引发风机负荷摆动 | X36 | 护环裂开 | X54 | 运行调整不当<br>产生喘振 |

依据图 4 - 5 所示的故障树,可以对 DTBJ 热电厂建设工程安装调试风险详细说明如下。

**1. 顶上事件**

故障树分析是对在安装调试过程中可能发生的风险,按因果关系进行层层分解,因此,把"DTBJ 热电厂建设工程安装调试风险"作为顶上事件。

**2. 第二层事件**

引起顶上事件"DTBJ 热电厂建设工程安装调试风险"的主要因素包括"锅炉安装调试风险"和"汽轮发电机组安装调试风险"两个方面,而且这两个因素中的任何一个发生,均会导致顶上事件的发生,所以,第一层逻辑门采用"或门"连接。

进一步分析引起"锅炉安装调试风险"、"汽轮发电机组安装调试风险"的主要因素。"锅炉安装调试风险"主要是由于"四管爆漏"或"引风机故障"造成的,因此,二者采用"或门"连接;"汽轮发电机组安装调试风险"主要是由于"定子系统故障"、"转子系统故障"、"励磁系统故障"、"冷却水系统故障"、"氢系统故障"或"密封油系统故障"造成的,这些因素中只要有一个发生,"汽轮发电机组安装调试风险"就会发生,因此它们之间也为"或门"关系。

**3. 第三层事件**

接下来分析引起第三层事件"四管爆漏"、"引风机故障"、"定子系统故障"、"转子系统故障"、"励磁系统故障"、"冷却水系统故障"、"氢系统故障"、"密封油系统故障"的产生因素。具体分析如下:

- 造成"四管爆漏"的主要原因是"四管磨损"、"四管疲劳"、"四管过热"、"四管腐蚀"、"四管质量缺陷",这五个原因中的任何一个发生就会发生"四管爆漏",所以它们之间是"或门"关系。

- "引风机故障"主要是由"本体问题"、"配用电机问题"或"电气、热工控制系统问题"引起的,它们之间是"或门"关系。

- 造成"定子系统故障"的主要原因包括"定子绕组"或"定子铁芯",这两者之间为"或门"关系。

- 造成"转子系统故障"的主要原因是"转子绕组"、"转子铁芯"或"集电环-电刷",这三个因素任何一个发生,就会发生"转子系统故障",因此,这二者之间的关系为"或门"关系。

- 引起"励磁系统故障"的主要原因是"自动励磁调节器"、"励磁回路"、"灭磁开关断路器"、"整流柜"或"主励磁机",它们之间是"或门"关系。

- 引起"冷却水系统故障"的主要原因是"冷却机"或"内冷空心导线",它们之间是"或门"关系。

- 引起"氢系统故障"的主要原因是"压力过低或过高"、"温度过低或过高"、"纯度过低"、"湿度过高"或"氢气爆炸",这五者中的任何一个发生就会发生"氢系统故障",因此这三者之间关系是"或门"关系。

- 引起"密封油系统故障"的主要原因是"密封瓦"和"密封环",在这两个因素的共同作用下就会发生"密封油系统故障",因此二者的关系是"与门"关系。

**4. 第四层事件**

接下来分析引起第四层事件的主要因素,具体如下:

- 造成"本体问题"的主要原因是"风机振动"、"轴承发热"、"进出口导叶和叶轮磨损",当这三个因素同时发生时,就会发生"本体问题",因此,这三者之间是"与门"关系。

- 引起"配用电机问题"的主要因素是"轴承轴瓦运行温度过高"、"串轴现象发生"或"发电机鼠笼转子断条",这三者中的任何一个发生就会发生"配用电机问题",所以它们之间的关系是"或门"关系。

- 引起"电气、热工控制系统问题"的主要原因是"电气开关和保护引发风机跳闸"、"热工保护和其他连锁引发风机跳闸"或"进口导叶执行机故障引发风机负荷摆动",这三者中任何一个发生,就会发生"电气、热工控制系统问题",所以它们之间为"或门"关系。

- 引起"定子绕组"的主要因素是"短路事故"、"局部放电"、"导线断股"、"接头事故"、"堵塞漏水"、"断水"或"局部固有频率振动",这七个因素中的任何一个发生,就会发生"定子绕组",因此,它们之间是"或门"关系。

- 引起"定子铁芯"的主要因素是"片间绝缘损坏"、"局部压装变松"、"压装变松"或"电阻温度计损坏",这四个因素中的任何一个发生,就会发生"定子铁芯",所以它们之间是"或门"关系。引起"转子绕组"的主要因素是"匝间短路"、"转子绕组漏水"、"转子绕组接地"、"过热变形"或"部分水路堵塞",这五个因素中的任何一个发生,就会发生"转子绕组",它们之间是"或"关系;引起"转子铁芯"的主要因素是"负序电流引起的损坏"和"护环裂开",因此它们之间是"与门"关系。

- 引起"集电环-电刷"的主要因素是"烧毁"。
- 引起"自动励磁调节器"的主要因素是"发生故障"。
- 引起"励磁回路"的主要因素是"过负荷"或"失磁",它们之间是"或门"关系。
- 引起"灭磁开关断路器"的主要因素是"断裂"。
- 引起"整流柜"的主要因素是"温度高"。
- 引起"主励磁机"的主要因素是"震动大"。
- 引起"冷却机"的主要因素是"冷却机漏水"或"结露",它们之间是"或门"关系。
- 引起"内冷空心导线"的主要因素是"导线磨损"或"导线腐蚀",它们之间是"或门"关系。
- 引起"密封瓦"的主要因素是"密封瓦温度过高"、"密封瓦烧毁"或"密封瓦漏油",它们之间是"或门"关系。
- 引起"密封环"的主要因素是"密封环磨损"或"密封环漏油",它们之间是"或门"关系。

**5. 第五层事件(基本底事件)**

最后,分析引起第五层的原因"风机振动"。引起"风机振动"的主要原因是"设计制造结构不合理"或"运行调整不当产生喘振",它们之间是"或门"关系。

### 4.3.2　故障树的定性分析

定性分析是通过求取故障树的最小割集,计算出底事件的结构重要度,以此分析事故发生的轻重缓急,从而为制定可行的风险预防控制措施提供支持,它是故障树分析的重要内容之一。

**1. 故障树的最小割集**

在故障树中,一组基本事件能造成顶上事件的发生,则该组基本事件的集合称为割集。能够引起顶上事件发生的最低限度的基本事件的集合称为最小割集。即如果割集中任一基本事件不发生,顶上事件就绝不会发生。采用布尔代数法,求取"DTBJ 热电厂建设工程安装调试风险"故障树的最小割集。对于该故障树来说,由 54 个底事件构成,与门关系可以表示为相应事件之积,或门关系可以表示为相应事件之和。由顶事件"DTBJ 热电厂建设项目安装调试风险"出发,按照布尔代数法逐步展开计算,得到一个由"或"关系组成的结果,即为该故障树的最小割集,如表 4 - 7 所列。

最小割集可直观比较各种故障模式的危险性。由表 4 - 7 可以看出,该故障树共有 47 个最小割集,说明造成顶上事件"DTBJ 热电厂建设工程安装调试风险"发生的可能性共有 47 种。某一最小割集含有的基本事件越少,则这种故障模式越危险,可以看出,其中 39 种是由单个底事件发生所引起的,这种故障模式最为危险。即 X1(四管磨损)、X13(轴承轴瓦运行温度过高)、X2(四管疲劳)、X17(热工保护和其他连锁引发风机跳闸)……X40(失磁),这 39 个底事件所引发的 DTBJ 热电厂建设工程安装调试风险发生的危险性最高。

表 4 - 7　故障树的最小割集列表

| 序号 | 最小割集 |
| --- | --- |
| 1 | {X1} |
| 2 | {X48,X52} |
| 3 | {X13} |
| 4 | {X49,X51} |
| 5 | {X2} |
| 6 | {X17} |
| 7 | {X24} |
| 8 | {X48,X51} |
| 9 | {X29} |
| 10 | {X15} |
| 11 | {X21} |
| 12 | {X32} |
| 13 | {X5} |
| 14 | {X4} |
| 15 | {X11,X12,X53} |
| 16 | {X19} |
| 17 | {X26} |
| 18 | {X3} |
| 19 | {X14} |
| 20 | {X22} |
| 21 | {X18} |
| 22 | {X50,X51} |
| 23 | {X33} |
| 24 | {X34} |
| 25 | {X23} |
| 26 | {X16} |
| 27 | {X25} |
| 28 | {X49,X52} |
| 29 | {X28} |
| 30 | {X45} |
| 31 | {X37} |
| 32 | {X20} |
| 33 | {X31} |

| 序号 | 最小割集 |
|------|---------|
| 34 | {X47} |
| 35 | {X30} |
| 36 | {X50,X52} |
| 37 | {X27} |
| 38 | {X43} |
| 39 | {X39} |
| 40 | {X35,X36} |
| 41 | {X44} |
| 42 | {X46} |
| 43 | {X11,X12,X54} |
| 44 | {X42} |
| 45 | {X41} |
| 46 | {X38} |
| 47 | {X40} |

此外还有 6 种是由 2 个底事件同时发生引起的,这种故障模式的危险性次之。即 X48(密封瓦温度过高)和 X52(密封环漏油)同时发生;X49(密封瓦烧毁)和 X51(密封环磨损)同时发生、X48(密封瓦温度过高)和 X51(密封环磨损)同时发生;……;X35(负序电流引起的损坏)和 X36(护环裂开)同时发生时,所引发的"DTBJ 热电厂建设项目安装调试风险"发生的危险性次之。

最后还有 2 种是由 3 个底事件同时发生引起的,这种故障模式的危险性最小,即 X11(轴承发热)和 X12(进出口导叶和叶轮磨损)和 X53(设计制造结构不合理)同时发生;X11(轴承发热)和 X12(进出口导叶和叶轮磨损)和 X54(运行调整不当产生喘振)同时发生时,所引发的"DTBJ 热电厂建设项目安装调试风险"发生的危险性最小。

**2. 底事件的结构重要度**

结构重要度分析就是不考虑基本事件发生的概率是多少,仅从故障树结构上分析各基本事件的发生对顶上事件的影响程度。在某一故障树中,不同的底事件对顶事件产生的影响也不同。结构重要度有助于人们了解不同底事件的发生对顶事件发生的影响程度。结构重要度分析是通过计算各底事件的结构重要度系数,从而得出各底事件的重要程度。可以根据下式计算,其前提是已找出最小割集,之后可以对结构重要度系数进行排序,系数值越大,底事件发生对顶事件发生的影响程度也越大:

$$I_{\Phi(i)} = 1 - \prod_{x_i \in k_j}\left[1 - \frac{1}{2^{N_j - 1}}\right]$$

式中:$I_{\Phi(i)}$ 为第 $i$ 个底事件的结构重要度系数;$k_j$ 为第 $j$ 个最小割集;$x_i \in k_j$ 为第 $i$ 个底事件属于第 $j$ 个最小割集;$N_j(x_i \in k_j)$ 为包含有底事件 $i$ 的 $k_j$ 中的底事件总数。根据该公式计算出的各底事件的结构重要度系数值见表 4 - 8。

表 4 - 8　底事件的结构重要度系数值

| 底事件 | 结构重要度系数 $I_{\Phi(i)}$ |
|---|---|
| X1 | 0.0217392 |
| X2 | 0.0217392 |
| X3 | 0.0217392 |
| X4 | 0.0217392 |
| X5 | 0.0217392 |
| X6 | 0.0217392 |
| X7 | 0.0217392 |
| X8 | 0.0217392 |
| X9 | 0.0217392 |
| X10 | 0.0217392 |
| X11 | 0.0093785 |
| X12 | 0.0093785 |
| X13 | 0.0217392 |
| X14 | 0.0217392 |
| X15 | 0.0217392 |
| X16 | 0.0217392 |
| X17 | 0.0217392 |
| X18 | 0.0217392 |
| X19 | 0.0217392 |
| X20 | 0.0217392 |
| X21 | 0.0217392 |
| X22 | 0.0217392 |
| X23 | 0.0217392 |
| X24 | 0.0217392 |
| X25 | 0.0217392 |
| X26 | 0.0217392 |
| X27 | 0.0217392 |
| X28 | 0.0217392 |
| X29 | 0.0217392 |
| X30 | 0.0217392 |
| X31 | 0.0217392 |

| 底事件 | 结构重要度系数 $I_{\Phi(i)}$ |
|---|---|
| X32 | 0.0217392 |
| X33 | 0.0217392 |
| X34 | 0.0217392 |
| X35 | 0.0061353 |
| X36 | 0.0061353 |
| X37 | 0.0217392 |
| X38 | 0.0217392 |
| X39 | 0.0217392 |
| X40 | 0.0217392 |
| X41 | 0.0217392 |
| X42 | 0.0217392 |
| X43 | 0.0217392 |
| X44 | 0.0217392 |
| X45 | 0.0217392 |
| X46 | 0.0217392 |
| X47 | 0.0217392 |
| X48 | 0.0351208 |
| X49 | 0.0351208 |
| X50 | 0.0351208 |
| X51 | 0.0641063 |
| X52 | 0.0641063 |
| X53 | 0.0152816 |
| X54 | 0.0152816 |

从表 4 - 8 中可以看出,底事件 X51、X52 的结构重要度相等且最大,为 0.0641063。说明底事件"密封环磨损"和"密封环漏油"的发生对顶上事件"DTBJ 热电厂建设工程安装调试风险"影响最大;底事件 X48、X49、X50 的结构重要度值也相等,结构重要度较大,为 0.0351208,说明底事件"密封瓦温度过高"、"密封瓦烧毁"和"密封瓦漏油"在系统中所处的地位也比较重要,对"DTBJ 热电厂安装调试风险"影响也比较大。底事件 X35、X36 的结构重要度值相等且最小,为 0.0061353,说明底事件"负序电流引起的损坏"和"护环裂开"对"DTBJ 热电厂安装调试风险"影响最小。并且,可以发现这两个底事件之间是"与门"关系,即只有当"负序电流引起的损坏"和"护环裂开"同时发生时,才会导致顶上事件的发生,所以,这进一步减小了这两个底

事件对于顶上事件发生的影响。

通过统计结构重要度最大和较大的底事件,可以向上找到相应的中间事件。X51(密封环磨损)、X52(密封环漏油)在故障树中所处的位置,是中间事件 M27(密封环问题)以"或门"连接的底事件;X48(密封瓦温度过高)、X49(密封瓦烧毁)、X50(密封瓦漏油)所处的位置,是中间事件 M26(密封瓦问题)以"或门"连接的底事件;而中间事件 M27(密封环问题)和 M26(密封瓦问题)之间以"与门"连接。这说明在项目的安装调试过程中,对"密封环问题"和"密封瓦问题"要加强监控措施,对密封环和密封瓦的安装、调试、检测等工艺流程要严格按照相应规程进行,对存在的故障要及时排除,确保检测结果合格。

### 4.3.3　故障树的定量分析

故障树定量分析的主要任务就是根据底事件的发生概率,求解顶上事件的发生概率,以及底事件的概率重要度、关键重要度,为风险控制提供定量化依据。在进行故障树的定量分析时,应满足几个条件:

- 底事件之间相互独立;
- 底事件和顶上事件都只有两种状态:发生或不发生(正常或故障);
- 一般情况下,故障分布都假设为指数分布;
- 整个系统为单调关联系统。

**1. 底事件及顶上事件的发生概率**

底事件的发生概率包括系统的单元(部件或元件)故障概率及人的失误概率等,而在工程上计算时,往往用底事件发生的频率来代替其概率值。基于收集到的 DTBJ 热电厂一、二期建设中的 45 个案例,即"表 4-4　DTBJ 热电厂建设项目风险因素统计表",将案例中出现的所有"安装调试风险"分解对应到相应的底事件层次上,并进行统计汇总,以此来计算底事件发生的概率。计算方法如下:

$$p_i = \frac{n_i}{\sum_{i=1}^{54} n_i}$$

式中:$p_i$ 为第 $i$ 个底事件的发生概率;$n_i$ 为案例中第 $i$ 个底事件发生时引起 DTBJ 热电厂建设工程安装调试风险也发生的次数。由于该故障树由 54 个底事件构成,所以 $i$ 的取值从 1 至 54。上式即表示第 $i$ 个底事件发生的次数占所有事件发生总次数的比例。表 4-9 给出了在 DTBJ 热电厂建设工程中,发生安装调试风险的底事件出现次数统计结果,以及根据上述公式计算出的各底事件的发生概率。

表 4-9　发生安装调试风险的底事件出现次数及底事件发生概率统计表

| 工程编号 | 2 | 7 | 13 | 14 | 15 | 19 | 20 | 23 | 24 | 27 | 28 | 29 | 31 | 38 | 40 | 42 | 发生次数 | 发生概率 $p_i$ |
|---|---|---|---|---|---|---|---|---|---|---|---|---|---|---|---|---|---|---|
| X1 | 0 | 2 | 1 | 3 | 0 | 0 | 0 | 0 | 0 | 0 | 0 | 2 | 1 | 0 | 0 | 3 | 12 | 0.0214 |
| X2 | 0 | 1 | 1 | 2 | 0 | 0 | 2 | 0 | 0 | 0 | 0 | 3 | 0 | 0 | 2 | 2 | 13 | 0.0232 |
| X3 | 0 | 3 | 1 | 2 | 0 | 0 | 0 | 0 | 0 | 0 | 0 | 2 | 1 | 0 | 1 | 4 | 16 | 0.0286 |

| 工程编号 | 2 | 7 | 13 | 14 | 15 | 19 | 20 | 23 | 24 | 27 | 28 | 29 | 31 | 38 | 40 | 42 | 发生次数 | 发生概率 $p_i$ |
|---|---|---|---|---|---|---|---|---|---|---|---|---|---|---|---|---|---|---|
| X4 | 0 | 2 | 2 | 3 | 0 | 0 | 1 | 0 | 0 | 0 | 0 | 1 | 0 | 0 | 1 | 1 | 11 | 0.0196 |
| X5 | 0 | 1 | 1 | 0 | 0 | 0 | 0 | 0 | 0 | 0 | 0 | 0 | 0 | 0 | 1 | 1 | 4 | 0.0071 |
| X6 | 1 | 0 | 0 | 0 | 2 | 1 | 1 | 1 | 2 | 0 | 0 | 0 | 0 | 0 | 0 | 0 | 8 | 0.0143 |
| X7 | 0 | 0 | 0 | 0 | 2 | 0 | 1 | 1 | 4 | 0 | 3 | 0 | 0 | 0 | 0 | 0 | 11 | 0.0196 |
| X8 | 2 | 0 | 0 | 0 | 1 | 1 | 1 | 0 | 3 | 0 | 0 | 0 | 0 | 0 | 0 | 0 | 8 | 0.0143 |
| X9 | 1 | 0 | 0 | 0 | 2 | 2 | 2 | 1 | 2 | 0 | 0 | 0 | 0 | 0 | 0 | 0 | 10 | 0.0179 |
| X10 | 0 | 0 | 0 | 0 | 1 | 1 | 1 | 0 | 3 | 0 | 2 | 0 | 0 | 0 | 0 | 0 | 8 | 0.0143 |
| X11 | 0 | 3 | 4 | 2 | 0 | 0 | 1 | 0 | 0 | 0 | 1 | 1 | 0 | 0 | 2 | 1 | 15 | 0.0268 |
| X12 | 0 | 1 | 2 | 1 | 0 | 0 | 1 | 0 | 0 | 0 | 0 | 1 | 0 | 0 | 2 | 1 | 9 | 0.0161 |
| X13 | 0 | 2 | 3 | 1 | 0 | 0 | 2 | 0 | 0 | 2 | 2 | 1 | 0 | 0 | 1 | 2 | 16 | 0.0286 |
| X14 | 0 | 3 | 1 | 2 | 0 | 0 | 1 | 0 | 0 | 3 | 0 | 0 | 0 | 0 | 2 | 1 | 13 | 0.0232 |
| X15 | 0 | 1 | 3 | 0 | 0 | 0 | 0 | 0 | 0 | 2 | 0 | 1 | 0 | 0 | 0 | 1 | 8 | 0.0143 |
| X16 | 0 | 2 | 2 | 2 | 0 | 0 | 2 | 0 | 0 | 4 | 0 | 1 | 0 | 0 | 2 | 0 | 15 | 0.0268 |
| X17 | 0 | 2 | 3 | 0 | 0 | 0 | 1 | 0 | 0 | 2 | 0 | 0 | 0 | 0 | 1 | 1 | 10 | 0.0179 |
| X18 | 0 | 3 | 2 | 0 | 0 | 0 | 0 | 0 | 0 | 1 | 0 | 1 | 0 | 0 | 1 | 1 | 9 | 0.0161 |
| X19 | 0 | 0 | 1 | 0 | 1 | 2 | 1 | 2 | 0 | 2 | 2 | 0 | 0 | 0 | 0 | 0 | 11 | 0.0196 |
| X20 | 0 | 0 | 2 | 0 | 2 | 1 | 2 | 3 | 0 | 2 | 1 | 0 | 0 | 0 | 0 | 0 | 13 | 0.0232 |
| X21 | 0 | 0 | 2 | 0 | 1 | 1 | 1 | 2 | 0 | 1 | 0 | 0 | 0 | 0 | 0 | 0 | 8 | 0.0143 |
| X22 | 0 | 0 | 1 | 0 | 3 | 0 | 1 | 1 | 0 | 2 | 0 | 0 | 0 | 0 | 0 | 0 | 8 | 0.0143 |
| X23 | 4 | 0 | 3 | 0 | 2 | 1 | 4 | 1 | 0 | 0 | 0 | 0 | 2 | 0 | 0 | 0 | 17 | 0.0304 |
| X24 | 3 | 0 | 2 | 0 | 2 | 1 | 3 | 2 | 0 | 0 | 0 | 0 | 3 | 0 | 0 | 0 | 16 | 0.0286 |
| X25 | 0 | 0 | 1 | 0 | 1 | 2 | 2 | 2 | 0 | 0 | 0 | 0 | 0 | 0 | 0 | 0 | 8 | 0.0143 |
| X26 | 0 | 0 | 3 | 0 | 3 | 1 | 2 | 2 | 0 | 2 | 0 | 0 | 0 | 0 | 0 | 0 | 13 | 0.0232 |
| X27 | 0 | 0 | 1 | 0 | 2 | 3 | 1 | 1 | 0 | 1 | 0 | 0 | 0 | 0 | 0 | 0 | 9 | 0.0161 |
| X28 | 0 | 0 | 2 | 0 | 3 | 0 | 2 | 1 | 0 | 3 | 0 | 0 | 0 | 0 | 0 | 0 | 11 | 0.0196 |
| X29 | 0 | 0 | 2 | 0 | 2 | 1 | 1 | 3 | 0 | 2 | 0 | 0 | 0 | 0 | 0 | 0 | 11 | 0.0196 |
| X30 | 0 | 0 | 3 | 0 | 0 | 1 | 0 | 2 | 0 | 2 | 1 | 0 | 0 | 2 | 0 | 0 | 11 | 0.0196 |
| X31 | 3 | 0 | 1 | 0 | 1 | 1 | 3 | 4 | 0 | 0 | 0 | 0 | 0 | 3 | 0 | 0 | 16 | 0.0286 |
| X32 | 4 | 0 | 1 | 0 | 2 | 2 | 0 | 2 | 0 | 2 | 0 | 0 | 0 | 2 | 0 | 0 | 15 | 0.0268 |
| X33 | 0 | 0 | 2 | 0 | 1 | 1 | 1 | 2 | 0 | 2 | 0 | 0 | 0 | 2 | 0 | 0 | 11 | 0.0196 |
| X34 | 0 | 0 | 1 | 0 | 3 | 1 | 3 | 1 | 0 | 0 | 0 | 0 | 0 | 4 | 0 | 0 | 13 | 0.0232 |

| 工程编号 | 2 | 7 | 13 | 14 | 15 | 19 | 20 | 23 | 24 | 27 | 28 | 29 | 31 | 38 | 40 | 42 | 发生次数 | 发生概率 $p_i$ |
|---|---|---|---|---|---|---|---|---|---|---|---|---|---|---|---|---|---|---|
| X35 | 0 | 0 | 2 | 0 | 2 | 2 | 0 | 2 | 0 | 1 | 0 | 0 | 0 | 2 | 0 | 0 | 11 | 0.0196 |
| X36 | 0 | 0 | 1 | 0 | 1 | 1 | 2 | 2 | 0 | 2 | 0 | 0 | 0 | 3 | 0 | 0 | 12 | 0.0214 |
| X37 | 0 | 0 | 3 | 0 | 3 | 0 | 0 | 2 | 0 | 2 | 0 | 0 | 0 | 2 | 0 | 0 | 14 | 0.0250 |
| X38 | 0 | 0 | 1 | 0 | 1 | 2 | 1 | 1 | 0 | 1 | 0 | 0 | 0 | 0 | 0 | 0 | 7 | 0.0125 |
| X39 | 0 | 0 | 2 | 0 | 0 | 1 | 1 | 0 | 0 | 2 | 0 | 0 | 0 | 0 | 0 | 0 | 7 | 0.0125 |
| X40 | 0 | 0 | 1 | 0 | 1 | 1 | 2 | 0 | 0 | 0 | 0 | 0 | 0 | 0 | 0 | 0 | 9 | 0.0161 |
| X41 | 0 | 0 | 1 | 0 | 2 | 1 | 1 | 1 | 0 | 0 | 0 | 0 | 0 | 0 | 0 | 0 | 6 | 0.0107 |
| X42 | 2 | 0 | 1 | 0 | 2 | 2 | 2 | 1 | 0 | 0 | 0 | 0 | 0 | 0 | 0 | 0 | 10 | 0.0179 |
| X43 | 0 | 0 | 0 | 0 | 1 | 1 | 2 | 2 | 0 | 0 | 0 | 0 | 0 | 0 | 0 | 0 | 8 | 0.0143 |
| X44 | 4 | 0 | 0 | 0 | 2 | 2 | 1 | 1 | 0 | 0 | 0 | 0 | 2 | 0 | 0 | 0 | 12 | 0.0214 |
| X45 | 3 | 0 | 0 | 0 | 1 | 2 | 0 | 1 | 0 | 0 | 0 | 4 | 0 | 0 | 0 | 0 | 11 | 0.0196 |
| X46 | 0 | 0 | 0 | 0 | 1 | 1 | 1 | 2 | 0 | 1 | 1 | 0 | 3 | 0 | 0 | 0 | 9 | 0.0161 |
| X47 | 0 | 0 | 0 | 0 | 1 | 1 | 1 | 2 | 0 | 1 | 1 | 0 | 3 | 0 | 0 | 0 | 10 | 0.0179 |
| X48 | 2 | 0 | 0 | 0 | 3 | 1 | 1 | 1 | 0 | 0 | 0 | 0 | 0 | 0 | 0 | 0 | 8 | 0.0143 |
| X49 | 3 | 0 | 0 | 0 | 1 | 2 | 1 | 1 | 0 | 0 | 0 | 0 | 0 | 0 | 0 | 0 | 10 | 0.0179 |
| X50 | 2 | 0 | 0 | 0 | 1 | 2 | 1 | 1 | 0 | 0 | 0 | 0 | 0 | 0 | 0 | 0 | 7 | 0.0125 |
| X51 | 2 | 0 | 0 | 0 | 2 | 2 | 1 | 1 | 0 | 0 | 0 | 0 | 0 | 0 | 0 | 0 | 8 | 0.0143 |
| X52 | 3 | 0 | 0 | 0 | 1 | 1 | 1 | 1 | 0 | 0 | 0 | 0 | 0 | 0 | 0 | 0 | 7 | 0.0125 |
| X53 | 0 | 0 | 1 | 0 | 0 | 0 | 0 | 0 | 0 | 0 | 0 | 0 | 0 | 0 | 0 | 0 | 1 | 0.0018 |
| X54 | 0 | 2 | 1 | 1 | 0 | 0 | 0 | 0 | 0 | 0 | 0 | 1 | 0 | 0 | 1 | 0 | 6 | 0.0107 |
| 合计 | | | | | | | | | | | | | | | | | 560 | 1 |

　　从表中可以看出,在这 54 个底事件中,发生概率最大的是 $p_{X23}=0.0304$,最小的是 $p_{X53}=0.0018$,即发生概率最大的底事件是"导线断股",发生概率最小的底事件是"设计制造结构不合理"。由此可见,应该对"导线断股"这一底事件给予高度重视,应采取预防性措施,降低该底事件的发生概率。

　　顶上事件的发生概率采用"上行法"进行求解,在求解过程中,对于"与门"连接的事件,其发生概率按下式计算:

$$P(T) = \prod_{i=1}^{n} p_i$$

对于"或门"连接的事件,其发生概率按下式计算:

$$P(T) = 1 - \prod_{i=1}^{n} (1 - p_i)$$

根据表 4-9 得到的底事件发生概率 $p_i$，按照上述公式逐级向上计算，最终可得到顶事件"DTBJ 热电厂建设工程安装调试风险"的发生概率为 $P(T)=0.5694$。由计算结果可见，就目前的情况看，"DTBJ 热电厂建设工程安装调试风险"发生的概率较大，对整个项目建设会造成较大的负面影响，必须采取各种有力的措施降低顶上事件发生的概率。

**2. 底事件的概率重要度分析**

底事件的结构重要度分析只是按故障树的结构形式，分析各底事件发生对顶事件发生的影响程度。此外，还应考虑各底事件发生概率对顶事件发生概率的影响，即概率重要度分析。底事件 $i$ 的概率重要度 $I_g(i)$ 可按照下述公式计算：

$$I_g(i) = \frac{\partial P(T)}{\partial p_i}$$

根据前面所计算出的顶事件"DTBJ 热电厂建设工程安装调试风险"的发生概 $P(T)$，以及表 4-9 给出的各底事件发生概率 $p_i$，求解可得到各底事件的概率重要度 $I_g(i)$，结果见表 4-10。

表 4-10　底事件的概率重要度

| 底事件 | 概率重要度 $I_g(i)$ |
|:---:|:---:|
| X1 | 0.99683261 |
| X2 | 0.99683261 |
| X3 | 0.99683261 |
| X4 | 0.99683261 |
| X5 | 0.99683261 |
| X6 | 0.99683261 |
| X7 | 0.99683261 |
| X8 | 0.99683261 |
| X9 | 0.99683261 |
| X10 | 0.99683261 |
| X11 | 0.00020125 |
| X12 | 0.00033500 |
| X13 | 0.99683261 |
| X14 | 0.99683261 |
| X15 | 0.99683261 |
| X16 | 0.99683261 |
| X17 | 0.99683261 |
| X18 | 0.99683261 |
| X19 | 0.99683261 |
| X20 | 0.99683261 |
| X21 | 0.99683261 |
| X22 | 0.99683261 |

| 底事件 | 概率重要度 $I_g(i)$ |
| --- | --- |
| X23 | 0.99683261 |
| X24 | 0.99683261 |
| X25 | 0.99683261 |
| X26 | 0.99683261 |
| X27 | 0.99683261 |
| X28 | 0.99683261 |
| X29 | 0.99683261 |
| X30 | 0.99683261 |
| X31 | 0.99683261 |
| X32 | 0.99683261 |
| X33 | 0.99683261 |
| X34 | 0.99683261 |
| X35 | 0.02142857 |
| X36 | 0.01964285 |
| X37 | 0.99683261 |
| X38 | 0.99683261 |
| X39 | 0.99683261 |
| X40 | 0.99683261 |
| X41 | 0.99683261 |
| X42 | 0.99683261 |
| X43 | 0.99683261 |
| X44 | 0.99683261 |
| X45 | 0.99683261 |
| X46 | 0.99683261 |
| X47 | 0.99683261 |
| X48 | 0.02678571 |
| X49 | 0.02678571 |
| X50 | 0.02678571 |
| X51 | 0.04464285 |
| X52 | 0.04464285 |
| X53 | 0.00043048 |
| X54 | 0.00043048 |

由表可见,底事件的概率重要度 $I_g(i)$ 排序如下:X1＝X2＝X3＝X4＝X5＝X6＝X7＝X8＝X9＝X10＝X13＝X14＝X15＝X16＝X17＝X18＝X19＝X20＝X21＝X22＝X23＝X24＝X25＝X26＝X27＝X28＝X29＝X30＝X31＝X32＝X33＝X34＝X37＝X38＝X39＝X40＝X41＝X42＝X43＝X44＝X45＝X46＝X47＞X51＝X52＞X48＝X49＝X50＞X35＞X36＞X53＝X54＞X12＞X11。由底事件的概率重要度大小排序可以看出,底事件 X1(四管磨损)、X2(四管疲劳)、X3(四管过热)、X4(四管腐蚀)、X5(四管质量缺陷)、X6(压力过低或过高)、X7(纯度过低)、X8(温度过低或过高)、X9(湿度过高)、X10(氢气爆炸)、X13(轴承轴瓦运行温度过高)、X14(串轴现象发生)、X15(发电机鼠笼转子断条)、X16(电气开关和保护引发风机跳闸)、X17(热工保护和其他连锁引发风机跳闸)、X18(进口导叶执行机故障引发风机负荷摆动)、X19(短路事故)、X20(局部放电)、X21(堵塞漏水)、X22(接头事故)、X23(导线断股)、X24(断水)、X25(局部固有频率振动)、X26(片间绝缘损坏)、X27(局部压装变松)、X28(压装变松)、X29(电阻温度计损坏)、X30(匝间短路)、X31(转子绕组漏水)、X32(转子绕组接地)、X33(过热变形)、X34(部分水路堵塞)、X37(烧毁)、X38(发生故障)、X39(过负荷)、X40(失磁)、X41(断裂)、X42(温度高)、X43(震动大)、X44(冷却机漏水)、X45(结露)、X46(导线磨损)、X47(导线腐蚀)的概率重要度最大且相等,说明这些事件发生概率的变化对顶上事件发生概率的影响最大。因此,安装调试过程中应重点对这些事件加以控制,尽可能降低风险发生的可能性。其次,底事件 X51(密封环磨损)、X52(密封环漏油)的概率重要度也较大且相等,它们发生概率的变化,对顶上事件发生概率的影响也比较大,即对"密封环磨损"和密封环漏油"这两个底事件也要重点防范。相反,对于"与门"连接的底事件,底事件的发生概率越高,其概率重要度反而越低,如 X11(轴承发热)、X12(进出口导叶和叶轮磨损)和 M28(风机振动问题),X35(负序电流引起的损坏)和 X36(护环裂开),说明在改善系统可靠性方案的实施方面,应该将精力投入到发生概率最小的这几个底事件上。

**3. 底事件的关键重要度分析**

关键重要度表示某个底事件发生概率的变化率,所引起的顶事件发生概率的变化率,它能够从本质上反映各底事件在事故树中的重要程度。相比于底事件的概率重要度系数来说,关键重要度比概率重要度更具有实际意义。底事件 $i$ 的关键重要度 $I_g^c(i)$ 的计算公式如下:

$$I_g^c(i) = \lim_{\Delta p_i \to 0} \frac{\Delta p(T)/p(T)}{\Delta p_i/p_i} = \frac{p_i}{p(T)} \cdot \lim_{\Delta p_i \to 0} \frac{\Delta p(T)}{\Delta p_i} = \frac{p_i}{p(T)} \cdot I_g(i)$$

根据表 4-10 得到的各底事件的概率重要度 $I_g(i)$,顶事件"DTBJ 热电厂安装调试风险"发生概率 $P(T)=0.5694$,以及表 3-9 得到的底事件发生概率 $p_i$,计算得到底事件的关键重要度结果如表 4-11 所示。

表 4-11　底事件的关键重要度

| 底事件 | 关键重要度 $I_g^c(i)$ |
|---|---|
| X1 | 0.0374643757 |
| X2 | 0.0406155848 |
| X3 | 0.0500692123 |
| X4 | 0.0343131665 |

| 底事件 | 关键重要度 $I_g(i)$ |
|:---:|:---:|
| X5 | 0.0124297695 |
| X6 | 0.0250346062 |
| X7 | 0.0343131665 |
| X8 | 0.0250346062 |
| X9 | 0.0313370245 |
| X10 | 0.0250346062 |
| X11 | 0.0000094723 |
| X12 | 0.0000094723 |
| X13 | 0.0500692123 |
| X14 | 0.0406155848 |
| X15 | 0.0250346062 |
| X16 | 0.0469180032 |
| X17 | 0.0313370245 |
| X18 | 0.0281858153 |
| X19 | 0.0343131665 |
| X20 | 0.0406155848 |
| X21 | 0.0250346062 |
| X22 | 0.0250346062 |
| X23 | 0.0532204215 |
| X24 | 0.0500692123 |
| X25 | 0.0250346062 |
| X26 | 0.0406155848 |
| X27 | 0.0281858153 |
| X28 | 0.0343131665 |
| X29 | 0.0343131665 |
| X30 | 0.0343131665 |
| X31 | 0.0500692123 |
| X32 | 0.0469180032 |
| X33 | 0.0343131665 |
| X34 | 0.0406155848 |
| X35 | 0.0007366351 |
| X36 | 0.0007366351 |

| 底事件 | 关键重要度 $I_g(i)$ |
|---|---|
| X37 | 0.0437667940 |
| X38 | 0.0218833970 |
| X39 | 0.0218833970 |
| X40 | 0.0281858153 |
| X41 | 0.0187321878 |
| X42 | 0.0313370245 |
| X43 | 0.0250346062 |
| X44 | 0.0374643757 |
| X45 | 0.0343131665 |
| X46 | 0.0281858153 |
| X47 | 0.0313370245 |
| X48 | 0.0006730594 |
| X49 | 0.0008425009 |
| X50 | 0.0005883386 |
| X51 | 0.0011226027 |
| X52 | 0.0009812961 |
| X53 | 0.0000013640 |
| X54 | 0.0000081082 |

由表 4 - 11 可得底事件的关键重要度的排序如下：X23＞X3＝X13＝X24＝X31＞X16＝X32＞X37＞X2＝X14＝X20＝X26＝X34＞X1＝X44＞X4＝X7＝X19＝X28＝X29＝X30＝X33＝X45＞X9＝X17＝X42＝X47＞X18＝X27＝X40＝X46＞X6＝X8＝X10＝X15＝X21＝X22＝X25＝X43＞X38＝X39＞X41＞X5＞X51＞X52＞X49＞X35＝X36＞X48＞X50＞X11＝X12＞X54＞X53。通过底事件的关键重要度的排序可以看出，底事件 X23（导线断股）、X3（四管过热）、X13（轴承轴瓦运行温度过高）、X24（断水）、X31（转子绕组漏水）、X16（电气开关和保护引发风机跳闸）、X32（转子绕组接地）、X37（烧毁）等的关键重要度较大，说明这些底事件概率的变化，对顶上事件发生概率的影响很大。同时，也说明系统的改善效果对于这些底事件的改善比较敏感，即通过这些底事件改善系统比较容易实现。所以，降低这些底事件的发生概率会产生较好的效果，应该对这些底事件进行重点监控，采取措施来降低其发生的可能性。

在以"或门"连接的底事件中，底事件的概率越高，其关键重要度也越高。在该工程中，这些底事件包括 X23（导线断股）、X3（四管过热）、X13（轴承轴瓦运行温度过高）、X24（断水）、X31（转子绕组漏水）、X16（电气开关和保护引发风机跳闸）、X32（转子绕组接地）、X37（烧毁）、X2（四管疲劳）、X14（串轴现象发生）、X20（局部放电）、X26（片间绝缘损坏）、X34（部分水路堵塞）、X1（四管磨损）和 X44（冷却机漏水）。这些事实说明，在控制方案的实施上，应该将主要精力投入到这些最易发生的底事件上,以降低它的发生概率,改善系统的稳定性。另外,在应用关键重要度进行计算时,"与门"下的所有底事件的关键重要度是相同的,如 X11(轴承发热)和 X12(进出口导叶和叶轮磨损)、X35(负序电流引起的损坏)和 X36(护环裂开)关键重要度均相等,也就是说关键重要度对"与门"是无意义的,没有实际指导价值。

**4. 底事件重要度的综合排序**

在上述对"DTBJ 热电厂建设工程安装调试风险"故障树的分析过程中,分别研究了底事件的结构重要度、概率重要度和关键重要度,这些指标从不同的角度反映出各底事件在风险控制中的重要程度。下面将对这三个重要度指标进行综合分析,以综合评价各底事件在故障树中的重要程度。在此,采用对底事件的三个重要度顺序数取平均值的方法,对其进行综合。对每一种重要度,每个底事件都有一个序数,如果底事件的重要度值唯一,那么它的顺序数就是它的序数;如果两个以上的底事件有相同的重要度值,那么这几个底事件序数的平均值就是它们的顺序数。把三种重要度的顺序数取平均值,即可对底事件进行排序,最终得到底事件的重要度排序结果,见表 4-12。

**表 4-12　底事件的重要度排序表**

| 排列次序 | 底事件 | 平均值 | 排列次序 | 底事件 | 平均值 |
|---|---|---|---|---|---|
| 1 | X23 | 38.3 | 28 | X18 | 28.8 |
| 2 | X3 | 37.5 | 29 | X27 | 28.8 |
| 3 | X13 | 37.5 | 30 | X40 | 28.8 |
| 4 | X24 | 37.5 | 31 | X46 | 28.8 |
| 5 | X31 | 37.5 | 32 | X6 | 26.8 |
| 6 | X16 | 36.5 | 33 | X8 | 26.8 |
| 7 | X32 | 36.5 | 34 | X10 | 26.8 |
| 8 | X37 | 36 | 35 | X15 | 26.8 |
| 9 | X2 | 35 | 36 | X21 | 26.8 |
| 10 | X14 | 35 | 37 | X22 | 26.8 |
| 11 | X20 | 35 | 38 | X25 | 26.8 |
| 12 | X26 | 35 | 39 | X43 | 26.8 |
| 13 | X34 | 35 | 40 | X38 | 25.2 |
| 14 | X1 | 33.8 | 41 | X39 | 25.2 |
| 15 | X44 | 33.8 | 42 | X51 | 25 |
| 16 | X4 | 32.2 | 43 | X41 | 24.7 |
| 17 | X7 | 32.2 | 44 | X52 | 24.7 |
| 18 | X19 | 32.2 | 45 | X5 | 24.3 |
| 19 | X28 | 32.2 | 46 | X49 | 22.7 |
| 20 | X29 | 32.2 | 47 | X48 | 21.7 |

| 排列次序 | 底事件 | 平均值 | 排列次序 | 底事件 | 平均值 |
|---|---|---|---|---|---|
| 21 | X30 | 32.2 | 48 | X50 | 21.3 |
| 22 | X33 | 32.2 | 49 | X35 | 5 |
| 23 | X45 | 32.2 | 50 | X36 | 4.7 |
| 24 | X9 | 30.2 | 51 | X54 | 3.7 |
| 25 | X17 | 30.2 | 52 | X53 | 3.3 |
| 26 | X42 | 30.2 | 53 | X12 | 3 |
| 27 | X47 | 30.2 | 54 | X11 | 2.7 |

通过对底事件的重要度排序,可以发现,底事件 X23(导线断股)的重要度值最大,它对"DTBJ 热电厂建设工程安装调试风险"发生的影响最大,在施工中应重点对这个环节认真做好防范控制。其次,X3(四管过热)、X13(轴承轴瓦运行温度过高)、X24(断水)、X31(转子绕组漏水)、X16(电气开关和保护引发风机跳闸)、X32(转子绕组接地)、X37(集电环-电刷烧毁)的重要度也比较大,也要采取必要的措施来降低其发生的概率。

**5. 基于综合排序结果的敏感性分析**

敏感性分析来源于经济领域,用来研究项目中不确定因素的变化对经济效益产生的影响,是一种可行性分析的实用方法。敏感性分析目前已被应用于可靠性领域,用来研究各种因素对系统可靠性的影响。广义的敏感性分析指诸多的因素都会对项目决策产生影响,而这些因素常处于不确定状态,所以就需要测定并分析这些因素的变化对目标的重要性。从定性的角度来看,敏感性分析是指其他变量保持不变,变量 $X$ 改变一个相同的增量时,对因变量贡献大小的评价,也即是因变量影响程度的比较。

在该项目中,变量 $X$ 为底事件的发生概率,因变量为顶事件的发生概率 $P(T)$。根据表 4－9 的结果,分别选取排序靠前、中间和靠后的几个底事件 X23、X1、X47、X38、X11 作为变量 $X$,在保持其他变量不变的情况下,设定每个变量 $X$ 发生概率变化范围为 0～0.05,求取其变化时顶事件发生概率 $P(T)$ 的变化情况,观察其敏感性高低,验证综合排序结果的正确性。计算的结果如表 4－13 所示。

**表 4－13　底事件 $P(T)$ 值敏感性数值表**

| $X$ | 0 | 0.01 | 0.02 | 0.03 | 0.04 | 0.05 |
|---|---|---|---|---|---|---|
| X23 | 0.5559096 | 0.5603505 | 0.5647914 | 0.5692323 | 0.5736732 | 0.5781141 |
| X1 | 0.5599615 | 0.5643619 | 0.5687622 | 0.5731626 | 0.5775630 | 0.5819634 |
| X47 | 0.5615616 | 0.5659460 | 0.5703304 | 0.5747148 | 0.5790992 | 0.5834835 |
| X38 | 0.5639401 | 0.5683007 | 0.5726613 | 0.5770219 | 0.5813825 | 0.5857431 |
| X11 | 0.5693886 | 0.5693894 | 0.5693903 | 0.5693912 | 0.5693920 | 0.5693929 |

根据表 4-13 中的数据,可以绘制出相应的敏感性变化曲线,由此可以更为直观地描述底事件发生概率的变化对顶事件发生概率的影响程度。底事件的敏感性曲线见图 4-6。由图 4-6 可以看出,在底事件的重要度综合排序中,排名越靠前的底事件,其敏感性曲线斜率越大;排名越靠后的底事件,其敏感性曲线斜率越小。说明重要度值越大的底事件敏感性越高,其对顶事件的影响程度越大;重要度值越小的底事件敏感性越低,其对顶事件的影响程度越小。由此可见,底事件敏感性分析结果与底事件重要度综合排序结果一致,底事件重要度综合排序结果是正确可信的。

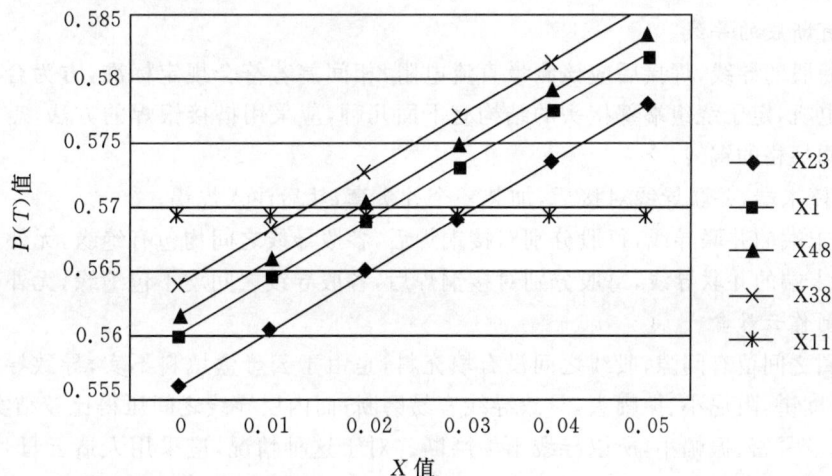

图 4-6 底事件敏感性曲线图

# 4.4 风险控制措施及实施效果

## 4.4.1 风险控制和应对措施

### 1. 底事件 X23 的控制措施制定

底事件 X23 是"导线断股"。在电场作用下的发电机定子绕组在运行时,与下层线棒相比,同槽同相的上层线棒所受电磁力是其三倍,槽部电磁场强度最大。线棒以发电机频率两倍的速率进行切向和径向振动。对于这个项目,发电机的定子绕组通常使用 360°换位。端部绕组仍然有额外的横向和径向漏磁场,它创建了一个额外的电势,其在导线内产生环流而引起额外的损耗和温度上升,特别是同槽同相上层线棒的端部,承受的温度最高。焊接、制造等缺陷出现时,运行中的发电机会在一些因素的影响下,如电磁力、机械振动、温度升高和其他因素,以及端部接头和云母盒焊接搭接焊缝不好、填充不实、漏焊等,就会出现导线断股的情况。针对上述情况,制定措施如下:

1)测量定子绕组的直流电阻

测量汽轮发电机定子绕组的直流电阻,是监督与检查定子绕组线棒是否存在断股、接头质量好坏的最为常用的有效措施之一。在测量试验中,导线断股表现为直阻变大。影响定子绕

组直流电阻的因素,主要有以下几点:

- 定子绕组端部接头的结构;
- 线棒并联导线的股数;
- 组成一相绕组的线棒数量;
- 一相内接头开焊,或并联导线断股的线棒数量。

根据定子绕组运行的实际情况,以及试验规程的要求,对发电机定子绕组的各相,或各分支的直流电阻值分别进行测量,比较其相间互差,并与初次测量值加以比较,相差应不大于最小值的 1.5%。

2)焊接有断股的导线

对于有断股的导线,焊接后应该测量直流电阻,相间差若符合规定标准,方为合格。本项目的汽轮发电机,定子绕组端部接头的结构有下面几种,应采用搭接银焊的方法,需要注意的是应使用相同规格的铜线。

- 在线棒末端,并联导线对接后,加装一个并头套,然后注入焊锡;
- 线棒末端的并联导线,每股分别对接铜焊后,各股导线之间均包有绝缘,无外套;
- 线棒末端的并联导线,每股分别对接铜焊后,各股导线之间均不包绝缘,无外套。

3)重新制作云母盒

外层线圈之间留有间隙,股线之间没有填充料,是由于云母盒填料不实,导致导线固定不好,从振动角度讲,阻尼小、振幅大,导致导线容易磨断;而内层导线之间压得比较结实,固定比较好,接触比较紧密、振幅小,所以导线不易磨断。对于这种情况,应采用人造云母片,盒内填充填料应采用两倍的"6101 环氧树脂"与一倍的"651 固化剂",混合后再与烘干的 200 目石英粉混合成"环氧泥",来重新制作云母盒。

**2. 底事件 X3 的控制措施制定**

底事件 X3 是"四管过热"。锅炉"四管"是指锅炉水冷壁、省煤器、过热器和再热器,它们包含了锅炉的所有受热面,"四管"外部承受着侵蚀、高温和磨损,内部充满各种高压化学成分的混合物,是集中传递能量的关键部位。"四管过热"是指四管在运行过程中受热面的温度超过金属的允许温度,此时,在内压力的作用下,产生的应力就有可能超过金属的允许应力。因此,在过热且高压的条件作用下,金属管道就会产生蠕变、塑性变形,最终导致"四管爆漏"。

造成"四管过热"的主要原因如下:在设计时,由于失误而使受热面布局不合理,导致出现冷却不足或流量偏差,从而导致管子过热;在锅炉运行时,燃烧控制不当,导致局部负荷过高,就会出现过负荷和超温现象,从而导致管子过热;在安装、检修、制造过程中没有将管内残余的焊渣、铁屑等残留物清理干净,或者焊接处有焊瘤,阻碍管内工质流动,造成管子过热;上游管道破损,导致冷却工质无法到达下游管道,会造成下游管道过热;管道内部出现氧化垢和其他沉淀物,传热效果大大降低,导致管子过热。

为了避免"四管过热"对热电厂设备运行带来危害,制定预防措施如下:

1)水冷壁防过热措施

水冷壁防过热的具体措施包括:

- 强化焊缝质量管理。做好制造质量方面的检验同时,电厂自身要强化安装工作。此外,还要做好焊口检验以及焊缝质量检验。
- 确保水冷壁膨胀均匀自由。检修方面,应采取一定的措施,比如,在水冷壁下端留出一定空间,并防止异物进入,避免由于膨胀不畅导致的应力损坏;运行方面,做好启炉期间的上水温度、速度和升温升压速度的控制。

• 防止高温腐蚀。第一,提高金属抗腐蚀能力;第二,降低受热面壁的温度,加强水冷壁吹灰;第三,防止局部负荷过高,确保前后墙对冲燃烧;第四,保持适当含氧量,避免高温缺氧现象的发生,合理送风;第五,改进燃烧工况,防止火焰冲刷偏斜。

2)过热器和再热器防过热措施

过热器和再热器防过热的具体措施包括:

• 防止过热。第一,确保适当的流速,启动过程中尽量排空受热管中的水分,控制水压升高的速度,检修时避免杂物落入管内,防止发生水塞;第二,防止结焦,及时清理受热面结渣和积灰;第三,严密监督管壁温度,及时调整燃烧工况;第四,从设计的角度出发,保证管材裕量充足;第五,减少热偏差,防止局部热负荷过高。

• 加强受热面检查工作。由专人定期对过热器进行蠕胀测量,为了利于测试值的比较,测试时每次都要在同一位置进行,发现异常时应与日常测量值进行比较,必要时应更换过热管。

• 正确使用减温水。正确使用减温水,表头显示减温水的流量最大为 30 吨/小时,并保证一、二级减温器后的气温不超过计算值。

• 运行人员应精心操作。运行人员应在操作时要防止燃烧中心不合适、热负荷过分集中等问题。

3)省煤器防过热措施

省煤器结构如图 4-7 所示。对于省煤器,防止过热的具体措施如下:

• 安装时应将防磨衬套加装在易磨损部位。

• 避免给水量的猛增猛减,保持给水温度和流量的稳定。

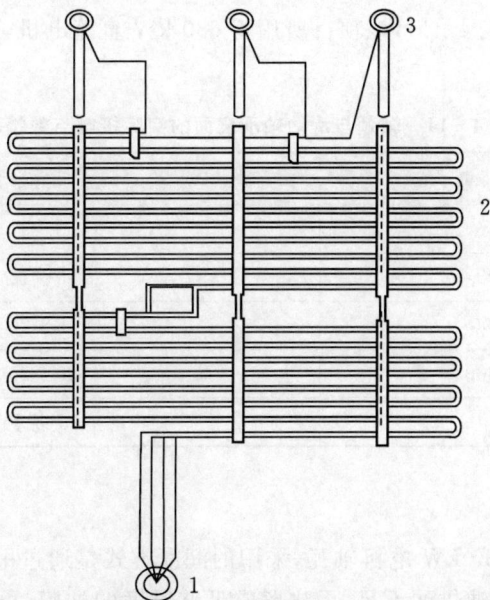

1—进口集箱;2—省煤器管组;3—出口集箱

图 4-7　省煤器结构

- 注意观察省煤器两侧烟温,出现偏差时应及时查明原因并消除。如果是由于省煤器管爆漏而引起的烟温偏差,应尽快做停炉处理。
- 避免超负荷运行而导致的省煤器过热,使锅炉保持在额定负荷下运行。

**3. 底事件 X13 的控制措施制定**

底事件 X13 是"轴承轴瓦运行温度过高"。本工程的引风机配用电机采用 4 台 630 kW 直流电机,电机两端轴承结构为滑动轴承,轴瓦宽为 210mm,轴颈 Φ170 mm,冷却方式为自然冷却。颈与轴瓦在滑动轴承的工作过程中会因接触产生摩擦,如果出现供油方式有误、润滑不良、轴间隙不足、轴瓦和轴承位置不对等问题,便会导致表面发热、磨损甚至"咬死",继而持续升温、轴承轴瓦烧损,对锅炉的正常使用造成危害。

对于"轴承轴瓦运行温度过高",可以采取的控制措施如下:首先调整滑动轴承的接触角;其次是严把轴瓦在刮研过程中的质量关,控制制造质量,确保达到要求的精度;第三是改进轴瓦的润滑结构,以有效降低滑动轴承在运行时的温度,提高使用寿命。

1)调整接触角

接触角是指轴颈与滑动轴承的接触面所对的圆心角,它不可以太大也不可以太小,太大会影响油膜的形成,从而没有好的液体润滑;太小会使滑动轴承的压强增大,会使滑动轴承产生较大的变形,使磨损加速,缩短使用寿命。所以,在不对滑动轴承受压条件产生影响的前提下,接触角越小越好。从摩擦力距的角度来分析,当接触角为 60°时,摩擦力矩最小。本工程所使用 630 kW 直流电机工作转速为 800 r/min,接触角为 60°。

2)确保轴瓦质量

可以用单位面积上的实际接触点数,来表示轴颈与滑动轴承表面的实际接触情况,实际接触点越细、越多、越均匀,则代表滑动轴承刮研得越好;反之,则代表滑动轴承刮研得越不好。生产运行中,应该根据滑动轴承的性能和工作条件来确定接触点,一般情况下,接触点越细、越多,刮研难度越大。根据表 4 - 14,该项目所用为 630 kW 直流电机,工作转速为 800 r/min,所选接触点为 15～20 个。

**表 4 - 14　轴颈与滑动轴承表面的实际接触点数情况**

| 滑动轴承转速(r/min) | 接触点(每 25 mm×25 mm 面积上的接触点数) |
| --- | --- |
| 100 以下 | 3～5 |
| 100～500 | 10～15 |
| 500～1000 | 15～20 |
| 1000～2000 | 20～25 |
| 2000 以上 | 25 以上 |

3)改进润滑结构

本工程原来使用的 630 kW 电机轴瓦,采用的润滑方式是通过甩油环进行润滑,即下供油方式。该方式易造成润滑油供油不足,无法形成足够厚度的油膜,可能导致电机的轴瓦烧毁,不适合该工程的实际生产运行。后改进了 4 台主电机 8 个轴承轴瓦的润滑方式,改为上供油方式。甩油环依然保留,电机两端的润滑采用并联方式,通过改进润滑管路,将润滑油通过观察孔直接喷在轴上。改进后的润滑油供油方式供油充足,有足够的油量形成油膜,保证了摩擦面时刻处于液体摩擦的状态,可以及时带走轴承运行时产生的热量。当发生诸如故障或断电等意外状况时,可以保障甩油环依然持续向轴瓦供油。改进前、后轴瓦结构图,分别见图 4-8 和图 4-9。

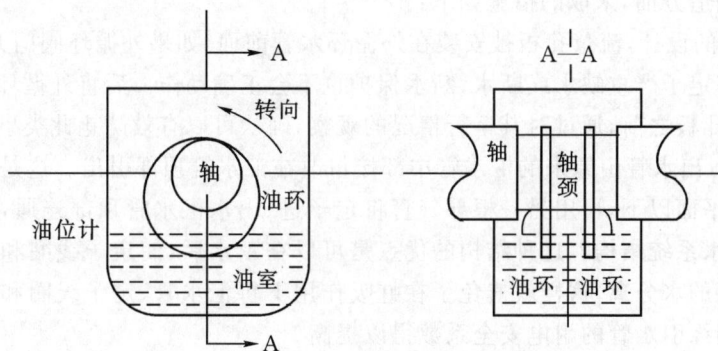

图 4-8　改进前的轴瓦结构

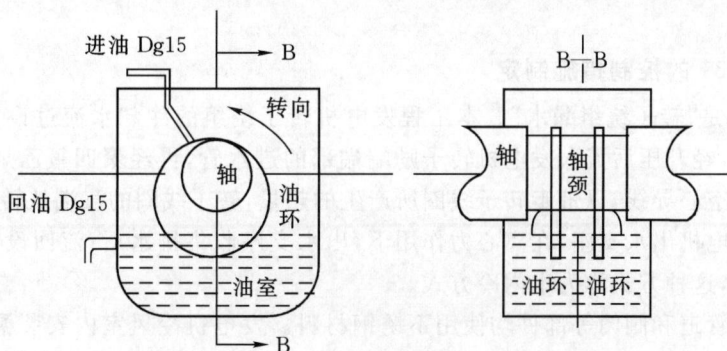

图 4-9　改进后的轴瓦结构

#### 4. 底事件 X24 的控制措施制定

底事件 X24 是"断水"。汽轮发电机的定子绕组一般都采用水内冷技术,保证机组安全稳定运行的重要条件就是冷却水路畅通,保证有足够的冷却水流量。机组正常运行时,线棒内部的冷却水使其维持在一个合理的温度范围内。但是,如果出现由于各种情况造成的断水,诸如由于冷却水路堵塞等,那么铜损所产生的热量就无法被带走,以至于造成线棒温度的急剧上升。这种情况下,如果不采取必要的措施,温度持续保持在较高水平上,就会严重缩短线棒的绝缘使用寿命,更甚者会烧毁发电机。此外,冷却水中断运行时,在电场的作用下,电机线棒内纯水的温度会迅速升高,导致电导率急剧上升,冷却水水质变坏,时间过长时,发电机就会发生水支路堵塞或漏水现象,从而引起事故。

针对以上情况,可在运行管理方面和设计制造方面出发,制定防范控制措施。首先,在设备运行过程中,有的运行人员在巡查设备的过程中,对发电机出口水温非正常升高没有警觉;有的运行人员对系统不了解、不熟悉,在设备已有标识的情况下依然误操作;有的运行人员不能熟练使用自动温度巡测仪,对其功能和使用方法不熟悉,应投的没有投,对明显的流量不足或断水的事故前兆未引起重视,不向上级报告,也不查找原因。因此,在运行管理方面,应该采取有力措施,加强教育和培训,从各方面提高运行人员的技术水平,提升责任感,以防范此类事故的发生。

其次,设计制造方面,采取的措施如下:

- 按照原来的设计,流量孔板被安装在外循环水管前面,如果外循环阀门开启,或是未完全关死,那么即使定子严重缺水或断水,断水保护也不会正确动作。后将外循环水管改接在定子进水母管定量孔板之前,通过对其运行情况的观察,确认可以有效防止此类事故的发生。

- 将定子进、出水管由原来的汇水管中部接口改在汇水管顶部引出。这是一种将出水管下端插入水箱水平面以下,再用另一根导气管将定子进、出水汇水管顶部连通,并与水箱上部空间连通的一种水系统结构。这种结构的优点是可以在断水后,使定子线圈和引水管内的水立即与进、出水管的水分离,这样就避免了在虹吸作用下将汇水管、定子线圈和绝缘引水管中的积水抽出,使绝缘引水管的耐电安全系数得以提高。

- 加大极相大接头的截面积,使其与定子线棒的电流密度相等。由于发电机励侧端部线圈极相组接头截面的电流密度大于定子线棒的电流密度,也大于水冷机组最大设计电流密度,一旦出现断水或流量不足的情况,大接头处发热最为严重,所以,应当采取加大极相大接头的截面积的措施。

### 5. 底事件 X31 的控制措施制定

底事件 X31 是"转子绕组漏水"。本工程发电机转子绕组的冷却水流过设置在汽机房零米层的冷却水泵,经升压后流入发电机转子励端端部的进水管,再经聚四氟乙烯绝缘引水管,流入绕组线棒的空心导线,以带走转子线圈所产生的热量,转子线圈的汽端从转子上的整圈轴向出水孔甩至发电机出水支座,在离心力作用下,出水支座收集排水后,流回设置在汽机房零米层的冷却水箱,这种方式称为水内冷方式。

转子冷却水管道和阀门等部件均使用不锈钢材料。发电机冷风室内安装漏水监测仪,用于监测发电机转子绕组漏水事故。转子绕组不仅要承受水压,还要承受高速度带来的离心力作用。转子绕组漏水在生产运行中是发生频率最高的故障,也是机组最严重的事故之一。该事故轻则导致停机停炉,重则导致主机损坏、绕组烧毁、大轴损坏。如果在安装和检修过程中预先发现引发漏水的隐患,就能防范事故的发生,通常采取的措施如下。

首先,在安装机组之前,要对转子绕组进行水压试验,试验压力为 8.0 MPa,持续时间必须大于 9 小时,期间应仔细检查有无漏水点,并要确保 9 小时内没有掉压现象。在机组生产运行过程中,要严密监控发电机漏水监测系统,确保系统正常运行。但是该监测系统只能判断有无漏水情况出现,却常常无法确定具体漏水位置,因此在接到漏水报警后,应立即前往查看发电机运行情况。此外,发电机转子绕组内部漏水时,转子水路改变,破坏了转子的质量平衡,导致转子振动发生突变,这也是判断转子绕组是否漏水的一个重要参考依据。

其次,现有的发电机转子出水支座,多利用铜制迷宫式梳齿密封环和环氧树脂板制成的密封环紧贴转子形成密封,如图 4-10 所示,虽然采用了双层密封环以提高其耐磨性,但是因为其厚度小,一般都在半年或一年后全部磨损,而必须进行停机检修更换,因此,应将其安装成浮动水挡式。水挡采用金属石墨等材质,耐磨性较高,所以,其与转子之间的径向间隙可以做得很小,就可以从根本上避免此处的漏水事故发生。此外,水挡间隙是由弹簧控制的,非常近似于非接触式密封,这样会使磨损变得很轻微,从而可以较长时间使用。

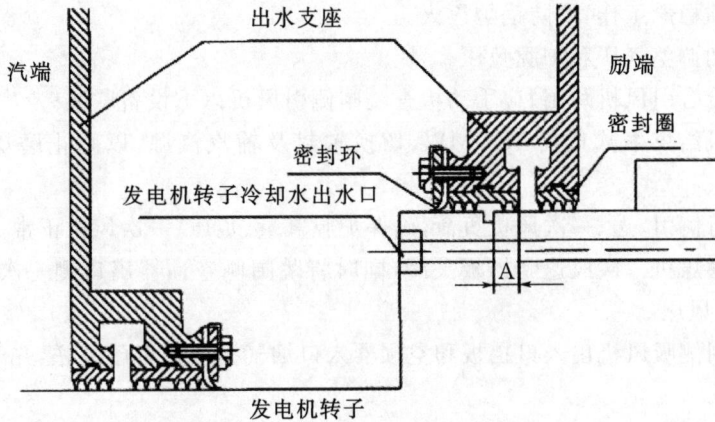

图 4 - 10　转子出水支座密封结构示意图

此外,一般在设计上都将发电机转子进水管与转子的连接设计成刚性连接,这样就会使管道上产生的振动直接传递到转子上,增加发电机转子的振动,导致发电机转子绕组进水密封处长时间处于高频振动,其间隙产生变化,发生泄漏。因此,应改为将进水管段设计成柔性联接,比如,采用金属软管来替代不锈钢管,使管道振动的传递被切断,从而杜绝因振动传递而造成的发电机转子绕组漏水事故。

**6. 底事件 X16 的控制措施制定**

底事件 X16 是"电气开关和保护引发风机跳闸"。引风机是火电厂重要的辅助设备之一,其作用是将锅炉在燃烧时产生的高温烟气排出,保持炉膛压力,形成流动烟气,以及完成烟气和空气之间的热交换,以此调整锅炉炉膛负压稳定。引风机结构如图 4 - 11 所示。

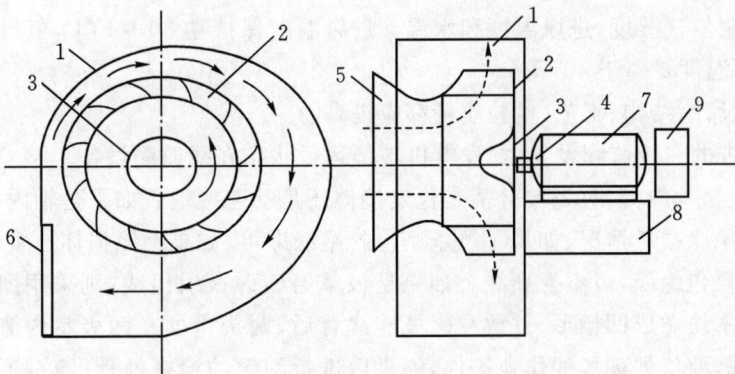

1—机壳;2—叶轮;3—轮毂;4—机轴;

5—吸气口;6—排气口;7—轴承座;8—机座;

9—皮带轮或联轴器

图 4 - 11　引风机结构图

引发风机跳闸的原因有吸风机热工保护动作、电源故障或误碰事故按扭、电动机故障引发电气保护动作等。针对这些事故的原因,制定的控制措施如下:

- 做好投油稳燃工作,严防锅炉灭火。
- 改为手动调整气压和炉膛负压。
- 不允许抢合引风机跳闸,应手动检查跳闸侧引风机以下设备联跳。
- 将磨煤机给煤率减负荷 150 MW,切换轴封及辅汽汽源,以防止磨煤机满煤或全部跳闸。
- 增加运行侧引、送、一次风机负荷,确保炉膛氧量、负压、一次风压正常。
- 将跳闸磨煤机一次风速断档板关闭,同时将跳闸侧空预器出口侧一次风挡板关闭,以维持较高的一次风压。
- 确认跳闸侧吸风机出入口挡板和空预器入口烟气挡板是否已关联,并开启送风机出口二次风联络挡板。
- 做好引风机启动前的各项安全检查工作。

### 7. 底事件 X32 的控制措施制定

底事件 X32 是"转子绕组接地"。转子绕组接地是严重影响发电机组安全运行的故障隐患,是发电机最常见的故障之一。其特点是,当励磁回路发生一点接地故障时,对发电机暂时不会造成较大危害,可是一旦再发生第二点接地故障,就会使发电机转子无功出力降低,电流突然增大,以致产生剧烈振动,严重时会威胁发电机组的安全运行。"转子绕组接地"的具体控制措施如下:

- 防止油污和金属异物进入。在安装护环前,要检查对端部线圈并进行清扫;在运输安装转子前,要将中心环进风口密封。
- 避免遗留物。在进行检修作业时,要对可能残存的异物或工艺隐患进行仔细检查。
- 防止发电机进油。要保持油压和氢压在额定的范围内,要按规定调整密封瓦以及油间隙。
- 严格控制氢气湿度、进风温度和水温。进风温度保持在 30～40℃,氢气相对湿度要低于 15%,内冷水温度要高于 40℃。
- 转子的设计、结构、工艺、检验质量都应提高。
- 安装先进的在线监测设备,如发电机转子运行状态在线监测设备。

若已经发生接地故障,首先要分清是稳定接地还是动态接地。如果是轴内引线接地,可以拔出引线,检查绝缘损坏情况,如果不严重则包扎绝缘即可;如果绝缘损坏严重,就削去引线绝缘,将其擦净后再包绝缘,可不换新线。如果是极掌磨破磁极引出线,则采用图 4-12 所示的方法处理:将胶木块做成凹槽形,并放在磁极连线背后,两头紧插在两极掌内侧。若转子绕组接地故障已出现,要依据现场的作业条件,停机后进行细致的检查处理,绝对不能退出保护运行,以免事故进一步恶化。此外,还要提高转子的工艺质量,避免接地隐患。

### 8. 底事件 X37 的控制措施制定

底事件 X37 是"集电环-电刷烧毁"。集电环-电刷装置中的集电环和电刷组成滑动的接触导体,向转子绕组提供励磁电流,在励磁系统中担负着繁重的任务。集电环-电刷的结构如图 4-13 所示,电刷排列较为紧密,由于发电机电刷采用负压冷却,而发电机运行过程中电刷

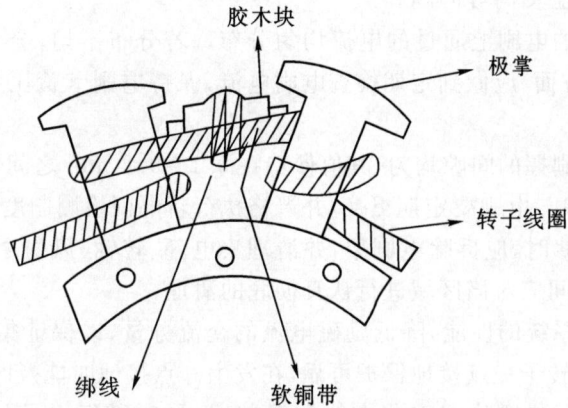

图 4 - 12　磁极引出线被极掌磨破的处理方法示意图

磨损产生的碳粉、外部灰尘等,易进入电刷与刷握之间,致使部分电刷载流量突然增大而造成集电环-电刷烧毁事故。除此以外,导致集电环-电刷烧毁事故发生的原因一般还有以下几种:电刷接触面电阻变化、气垫作用影响、电刷接触面电阻值大小不一致、电刷截面不足、弹簧压力大小不合适、电刷数量不足等。由此可见,减少发电机非正常停运的重要措施之一,就是确保集电环-电刷装置的正常运行。

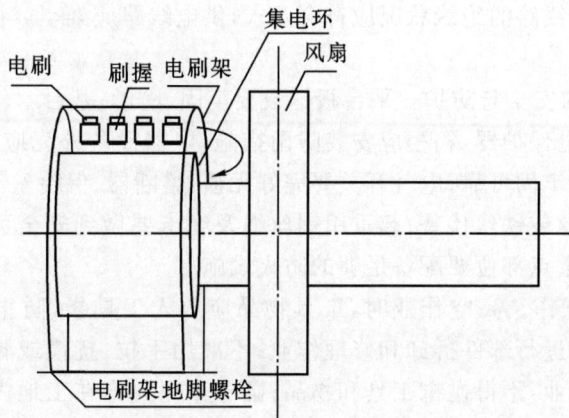

图 4 - 13　集电环-电刷结构图

为了防止集电环-电刷装置烧损事故的发生,一方面,应提高设备的质量,如改善其结构或采用性能好的电刷和刷握,强化运行监视手段等;另一方面,应加强设备的运行维护管理,做好测试、检查专用的仪器仪表校验工作,解决在线监测问题。具体措施如下:

• 应保证集电环-电刷之间滑动接触平稳,保持静止的电刷与高速旋转的集电环接触的稳定性。轴系振动和集电环径向跳动不能超过允许值。应定期吹扫集电环上的碳粉和背面的灰尘,保证其表面清洁无垢。

• 保证电刷与滑环的接触角在 90°～93°之间,保证其在发电机转子旋转方向上略向后倾。因为若前倾,电刷就会由于碰踢产生振动,在电刷不稳定的情况下会增大摩擦,从而造成电流分配不均匀、滑环温度高等问题。

- 保证并联运行的电刷上通过的电流均匀分布。若分布不均,会导致电刷温度过高,易造成电刷打火。在此方面,应做到定期检查电刷电流,保持电刷卡簧压力正常,确保电刷上通过的电流分布均匀。
- 应保证电刷与刷握的间隙均匀,其值保持在 0.1～0.2 mm 之间,这样可以避免因间隙过小而发生的卡涩现象。电刷要定期更换,并严格执行新电刷检测制度,淘汰不合格的电刷。
- 在发电机组检修时,应拆除电刷架,并清理集电环、转轴、风扇之间的区域。若条件允许,在机组停机备用期间应对该区域进行认真彻底的清理。
- 改善励磁整流系统的性能,降低励磁电流的交流分量,以保证集电环-电刷对地绝缘。此外,还应确保发电机转子一点接地保护可靠,在发生一点接地时能及时报警。
- 在集电环-电刷装置位置安装在线测温装置,同时运行人员加强巡视,当温度高于 120℃时发出警报,维护人员接到警报后应检查温度升高原因并及时处理。

### 9. 其他风险控制措施

#### 1) 技术风险

技术风险包括安装调试技术风险和土建施工技术风险。对于这类风险主要的控制措施如下。

- 认真做好工地的各项布置。施工方进入工地前应踏勘施工现场,搞清现场地下管道、高压线及通讯电缆等构筑物的位置结构;工地现场应具备"三通一平"的施工条件,应有污水池、排污坑等设施;电气线路的绝缘状况应符合要求,供电线路应架空或挖沟埋设;要提供足够的照明以保证夜间生产。
- 加强施工设备的安全与防护。平台板铺设要牢固、防滑;基台木轨道铺设长度要合适、稳固;配电箱应安装漏电保护器,箱柜应安装防雨措施,电器设备外壳应装设保护接地;栏杆、塔梯和工作台的安装应牢固可靠;电气开关要完好无损,熔断器、保险丝等按规定使用,不能超过额定标准,不能以铜丝或铁丝代替;起重用钢丝绳及绳卡要做到安全可靠;工地内的危险点应配备安全防护设施;重点部位要配备足够的防火设施。
- 严格施工规范操作。高空作业时,工具物品应放入工具袋,防止物品落下;机器运转时,不得进行擦洗,不得进行部件拆卸和修理作业;不准用手拉、抚摸或脚蹬运行中的钢丝绳;塔上和塔下不得同时作业,不得抛掷工具和物品;翻斗车只允许在工地内使用,不得在公路上行驶;在焊接钢筋笼时,要严格执行安全操作规程。

#### 2) 安全风险

安全风险主要指人身伤害风险和设备损坏风险,主要从以下几方面进行控制:对于正在运行的设备,不得进行拆卸和清扫,防止触电、烫伤、机械伤害、起重伤害等人身伤害;在安全罩、靠背轮、管道、栏杆、输煤皮带上或运行中的轴承上等危险部位,禁止人员站立或行走;在皮带运行中,不准用任何工具清理滚筒粘煤和清理落煤;必须执行起重机械"十不吊";进行人工打焦、吹灰时要穿戴好劳动保护用具;起重作业时应正确使用各种起吊工具,严禁超规范使用起吊设备,起吊时只允许一个工作负责人进行指挥工作,起吊时各工种配合步调要一致;各管道疏水出口应装设保护遮盖装置,防止放水时烫伤人;电气设备的金属外壳应装设良好的接地装置,临时使用的手动电气工具或检验电源均应加装漏电保护设施。

要防止在安装和调试过程中出现设备损坏。对于汽轮发电机组,要确保基础设备安装的合格;安装时气缸内部不能有活动部件留下;要做好汽轮机轴承中心标高,轴系连接要平直、同心;滑销系统间隙调整要在设计范围内。对于锅炉,要留有足够的设备吊装孔、管道预留孔、支吊架和基础预埋件等;放置锅炉时要按规定的标准,露出底座要确保锅筒与集箱的位置偏差在 3 mm 以内;要认真填充底部缝隙,以避免锅炉底部出现漏风问题;要仔细清理受热面管内的杂物。

3)工期风险

工期风险主要指工期安排风险和施工因素风险,制定的控制措施如下:

- 要均衡配置各生产要素;
- 做好冬雨季施工的保障措施;
- 每一道工序的衔接应合理;
- 避免颠倒工序,要事先确定好施工顺序;
- 尽量减少交叉施工,合理安排各专业施工时间;
- 要制订周密、优选的施工方案,尤其是重点、难点工程环节。

4)环境风险

环境风险包括政策环境风险和自然环境风险,应从以下几方面加以控制:

- 认真观察、分析和研究工程建设中将要面临的政策风险,提高对政策风险的预见性认识,掌握规避政策风险的主动权。
- 事先预测本项目相应政策的风险度,并充分估计可能出现的损失,认真分析、及时发现潜在的政策风险并尽力避免。
- 在风险预测的基础上,合理安排工程施工计划,提出最佳方案,正确作出应对政策风险的决策,采取相应预防措施,将风险影响降至最低。
- 若本项目的确会给周边环境带来负面影响,应提前妥善处理,避免激化矛盾。
- 地质、水文、气候等方面因素的影响大多可以预测,可以事先采取措施,避免对工程实施产生不利影响。要贯彻预防为主的方针,并狠抓落实。
- 应充分考虑自然环境因素,对于某些对气候比较敏感的施工环节,确保在具备作业条件的前提下进行施工。

5)协调风险

协调风险包括现场组织风险和材料供应风险,其应对措施如下:

- 定期召开各专业碰头会,各自提出合理意见和建议,对于工程建设中需要协调解决的问题,共同商讨拟定最佳解决方案。
- 工程开展过程中如果出现任何变更,均应及时通知各专业的设计、施工和监理人员,以便及时调整,避免工期延误。
- 提前进行专业分析,给各专业留有必要的施工时间,以保证工程质量。
- 做好技术交底,明确各专业的施工配合顺序,确保施工进度。
- 明确不同类别原材料的采购周期,并建立多级供应商体系,要求供应商保障原材料供应。
- 和供应商及时沟通,若材料采购存在困难,应及时讨论替代方案。
- 将不合格设备情况在第一时间内传递给供应商,在最短时间拿出整改方案及供货计划,必要时另选择有一定技术实力的合格供应商供货。

### 4.4.2 风险控制措施的实施效果

在工程施工期间,上述风险控制措施被付诸到工程的实施中,有效地防止了风险事故的发生。在 DTBJ 热电厂建设工程完工后,对这些风险应对措施的实施效果进行了评价。由于提前针对风险因素制定了相应的措施,对于导致底事件发生的因素给予了及时的纠正和消除,所以并未出现较大的风险事故。DTBJ 热电厂建设项目底事件发生次数统计结果见表 4-15,本项目底事件发生总次数与历史上已经实施的 45 个案例的比较见表 4-16。

表 4-15　DTBJ 热电厂建设工程底事件出现次数统计表

| 底事件 | X1 | X2 | X3 | X4 | X5 | X6 | X7 | X8 | X9 | X10 | X11 | X12 | X13 | X14 |
|---|---|---|---|---|---|---|---|---|---|---|---|---|---|---|
| 发生次数 | 0 | 0 | 0 | 1 | 0 | 0 | 0 | 0 | 0 | 0 | 0 | 0 | 0 | 0 |
| 底事件 | X15 | X16 | X17 | X18 | X19 | X20 | X21 | X22 | X23 | X24 | X25 | X26 | X27 | X28 |
| 发生次数 | 0 | 0 | 0 | 0 | 0 | 0 | 0 | 0 | 0 | 0 | 0 | 0 | 0 | 1 |
| 底事件 | X29 | X30 | X31 | X32 | X33 | X34 | X35 | X36 | X37 | X38 | X39 | X40 | X41 | X42 |
| 发生次数 | 0 | 1 | 0 | 0 | 0 | 0 | 0 | 0 | 0 | 0 | 0 | 0 | 0 | 0 |
| 底事件 | X43 | X44 | X45 | X46 | X47 | X48 | X49 | X50 | X51 | X52 | X53 | X54 | | |
| 发生次数 | 0 | 0 | 1 | 0 | 0 | 0 | 0 | 0 | 0 | 0 | 0 | 0 | | |

表 4-16　DTBJ 热电厂建设项目底事件出现总次数对比表

| 工程编号 | 发生次数 | 工程编号 | 发生次数 |
|---|---|---|---|
| 2 | 39 | 27 | 51 |
| 7 | 28 | 28 | 15 |
| 13 | 71 | 29 | 15 |
| 14 | 19 | 31 | 18 |
| 15 | 63 | 38 | 20 |
| 19 | 47 | 40 | 17 |
| 20 | 67 | 42 | 19 |
| 23 | 57 | 本工程 | 4 |
| 24 | 14 | | |

从表 4-15 中的数据可以看出,DTBJ 热电厂建设工程在实施过程中,发生的风险事件仅有 4 次,分别是底事件 X4(四管腐蚀)、X28(压装变松)、X30(匝间短路)和 X45(结露)。从表 4-16 还可以看出,历史上已经实施的工程风险事件共发生 560 次,其中最多的发生 71 次,最少的发生 14 次,平均发生 35 次,风险事件发生次数主要集中在 15~30 次之间。而在本工程施工阶段,由于针对底事件提前制定了具体的控制措施,并在实际中进行了切实的落实,底事件由以往工程项目平均水平的 35 次,下降到本工程的 4 次,下降了 88.6%。由此可见,本工程所制定的风险应对措施,对于降低风险事故发生的效果是非常明显。

此外,对于工程的其他风险,如土建施工技术风险、安全风险、工期风险、环境风险、协调风险等,由于也制定了相应的风险控制措施。所以,在该工程的建设过程中,并未发生重大的工程施工问题,也没有发生人员伤害等事故。可见,对工程项目开展风险管理,非常有效地预防和消减了风险事故,取得了良好的实际效果。

## 问题思考

1. 归纳 DTBJ 热电厂建设工程的概况要点,包括厂址选择、管理体系、施工内容和技术特点。

2. 该工程的风险是如何分类的? 案例统计分析对于风险识别有何作用?

3. 工程安装调试风险故障树的内在本质是什么? 故障树的定性分析有何实际意义?

4. 故障树的定量分析包括哪些内容? 这些内容之间有何关系? 分析结果说明了什么?

5. 该工程的风险控制措施有哪些? 其实施的效果如何?

# 第5章 LC大厦建设工程现金流控制与优化

## 5.1 LC大厦建设工程概况

### 1. 基本情况

LC大厦建设工程位于高新四路交科技路东北角,总建筑面积66303 m²,为框-剪结构,地下1层为停车库及设备用房,地上26层为写字楼,建筑总高108.5 m,抗震等级为一级,抗震设防烈度为8度,耐火等级为一级。LC大厦建设工程的开发商为陕西XDHT实业有限公司,总承包商为ZTJS建设集团有限公司,勘察方为JX工业勘察设计研究院,设计方为中国建筑XB设计院,监理单位为陕西JK监理公司,由西安高新区建设工程质量安全监督站监督实施。该工程的合同造价为9100万元,施工合同约定支付方式为里程碑支付,即到某些关键活动结束时,开发商对承包商进行计量支付,支付款为该阶段所完成的活动挣值的90%,剩余的10%会在LC大厦工程验收完工之后支付5%,另外5%在质保期三年满后再行支付。合同规定如未能按目标工期完成LC大厦项目,ZTJS建设集团公司将会受到每天1万元的惩罚。ZTJS建设集团公司承建LC大厦项目的预期收益率为14%,约合1274万元。公司在建设LC大厦工程的过程中,以5.94%的贷款利率从银行贷出部分现金,作为建设LC大厦项目的流动资金,以保障该工程的顺利实施。

### 2. 目标要求

按项目合同规定,工程的允许工期为22个月(660天)。即在保证工程质量的前提下,承包商可在660个日历天内完成施工任务;但工程的目标工期为20个月(600天),即如果工程的完工时间在目标工期和允许工期之间,则会受到每天1万元的惩罚。工程的计划开工时间为2008年1月1日,允许的竣工时间为2009年10月21日,目标竣工时间为2009年8月22日。施工过程中的关键时间节点计划如下:基础工程从2008年1月1日开始,争取到2月份进展到±0.000;主体工程计划7个多月时间,从2008年3月1日开始,到2008年10月5日前完成主体封顶;装饰装修工程计划10个月时间,即从2008年10月6日开始,到2009年8月22日竣工交付使用;安装工程贯穿工程建设的始终,即从2008年2月1日开始,到2009年8月22日竣工。

工程的质量目标为争创陕西省优质工程"长安杯"。针对本工程的规模、特点,从抓施工现场管理入手,组织强有力的施工班子,从进场直至竣工的整个施工过程中,认真执行公司的ISO《综合管理体系程序文件》和《质量保证手册》系列标准,严格按照施工图纸、国家建筑设计、施工验收规范和质量评定标准进行施工,对工程质量实行两级制的管理程序,认真贯彻执行建设部推广应用的十项新技术,保证单位工程合格率100%、优良品率92%。

工程的成本目标为总成本降低5%。工程的安全目标为贯彻GB/T28001标准,杜绝重大伤亡事故,轻伤事故控制在 2‰ 以下,重伤事故控制在 0.1‰ 以下。消防目标为严格控制火源点,无重大火灾事故。环境保护目标为施工期间严格控制噪声,符合国家规定的限值,垃圾分类、不遗洒。此外,建筑工地进行文明施工,创出自己的品牌工程,从现场办公室、职工生活、材料堆放、机具设备布置、大门围墙、临时用电用水、施工现场的规划布置等方面入手,着眼于高标准、严要求,同时认真贯彻执行公司已推广应用的企业识别视觉形象设计系统,并进一步提高特色及创新意识。工地为职工的工作生活提供较好的环境,促进安全生产、文明施工,并作为施工期间一项十分重要的工作由专人来抓,把工作落到实处,做到不扰民,保证周边单位正常的生产生活秩序,做到不损坏绿化,维护周边环境卫生,确保工程的施工达到省级文明工地标准。

**3. 工程的特点及难点**

工程的特点是施工面积较大,而可以利用的施工场地却比较狭小,给材料制作和物料周转堆放带来很大的困难。另外,在高层结构测量方面,该工程地下一层 −8.05 m,地上最高标高 +108.50 m,标高、轴线及整体结构物的垂直度控制是本工程的重中之重。工程的施工难点主要在以下三个方面:

- 本工程 23~25 层有跨度 16 m、宽度 2.4 m 的钢筋混凝土空中走廊,由于高度过高(为 83.27 m),属于高架支模,给模板支设和安全施工带来很大难度。
- 使用 C55 高强混凝土,对于梁和楼板上的裂缝进行控制有一定难度。
- 旋转楼梯的设计,给施工特别是模板支设带来许多不便。如果支模方法不当,不仅构件产生的误差不能满足技术规范的要求,而且也满足不了设计造型等的要求。

# 5.2　资源使用、费用与支付安排

## 5.2.1　资源使用情况

LC 大厦建设工程施工过程中主要使用如下四类资源:设备、原材料、资金和人力资源。相比与其他三类资源来说,人力资源是制约工程施工的瓶颈资源,因而也是工程进度计划中需要重点考虑和解决的关键问题。现对各类资源具体分析如下。

**1. 设备方面**

为了有效地按期完成合同范围内的工程任务,科学有效地组织施工,在 LC 大厦建设工程实施过程中,采用以下大型设备和模板脚手架进行施工:

- 大型设备:50m 臂长塔吊两台,2t 两箱施工电梯两台,24m 臂长布料机一台。
- 模板:柱、核芯筒剪力墙均采用钢模板,五层以上梁外侧采用钢模板,梁板及其他构件均采用竹胶板模板。
- 外架:四层以下采用双排落地架,四层以上采用工字钢悬挑架,每四层悬挑一次,两部挑架交替上升,悬挑架用密目网进行全封闭,内侧用竹签板围栏。

其中塔吊、施工电梯、布料机在 LC 大厦建设工程的开工初期就调试安装完成,一直运行至整个项目结束,租金为每天 2000 元。在整个项目实施过程中,塔吊和施工电梯两种设备的使用次数较为频繁,但每次使用的时间都较短,不超过 30 分钟,很少发生设备使用的冲突现象。有时即使偶尔出现冲突,也可以通过现场指挥人员的临时协调,快速解决,不会对项目活动的正常施工产生影响。对于布料机,只有在工人做好一切准备活动后,才会用到此种设备,其用途较为单一,不会发生任何使用上的冲突。模板和外架是公司一次性从相应的租赁公司租来的,在 LC 大厦项目实施过程中,模板和外架能够重复使用,当下层建筑完成之后,会拆卸下来供上层建筑使用,这样随着 LC 大厦建设工程的进展循环使用,也不会在大厦项目实施过程中发生资源冲突。

**2. 原材料方面**

承包商在开展各项施工活动的时候,会提前向材料供应商下订单,而供应商会在需要的时候将材料及时送到施工现场。在 LC 大厦建设工程的施工过程中,按照这种方法进行材料采购和供应,发生材料短缺的情形仅出现过两次,而且还是由于特殊天气情况延误了材料的运送所造成的。可见,如果合理地安排订货周期,就不会发生材料短缺的情况。当每项活动完成之后,公司会将材料的价款支付给供应商,由此产生现金流出。

**3. 资金方面**

承包商与业主在 LC 大厦建设工程的合同中商定,在施工过程中,当公司完成某些特定活动之后,业主会支付对应活动挣值的 90%,剩余的 10% 会在 LC 大厦项目交工验收之后分两次支付。在业主支付资金之前,ZTJS 建设集团公司进入施工现场后,需要提前垫付工人的基本生活费、进场的材料费、周转材料的租赁费、大型机械设备的运输和安装费、公司驻工地办公室的临建费、临水临电管道线路铺设费、小型机械的购置费等等,这些费用通常会占到工程造价的 5% 左右,即 ZTJS 建设集团公司开工前需垫付 500 万元用来启动该项目。在施工的过程中,每个重要活动完成前,施工单位仍要垫付工人的基本生活费、进场的材料费、周转材料的租赁费、大型机械设备的租赁费等,因而大约需要 300～400 万元的周转资金。这些资金的垫付,既是衡量一个施工企业承揽工程的能力,又是制约施工企业盈利的关键因素之一。为了能够保证 LC 大厦建设工程能够成为公司的一个标杆项目,承包商在资金方面会完全满足项目的需要,因此,在 LC 大厦实施过程中,资金方面也不会发生瓶颈问题。

**4. 人力资源方面**

LC 大厦建设工程属于常规的土建项目,除了配备足够的管理人员和技术人员外,还需要大量的劳动工人,工人的工种主要包括木工、钢筋工、砼工、架子工、防水工、电焊工、普工、水工、电工、机械工、瓦工、抹灰工、通风工、油漆涂料工及其他一些杂工。在 LC 大厦建设工程实施过程中的 20 个月期间,公司在每个时期拥有的参加 LC 大厦施工的员工数量如表 5-1 所示。但由于项目的工期较长,从 2008 年 1 月初到 2009 年 8 月中,长达 20 个月,期间共包含两个春节、两个夏收农忙。在春节期间,由于劳动工人需要返乡过春节,会导致春节期间建筑工

表 5-1  LC 大厦建设工程实施中各期所拥有的员工数量

| 施工内容 | 时间 | 拥有员工数量(人) |
|---|---|---|
| 基础 | 2008.01.01—2008.02.29 | 250 |
| 主体 | 2008.03.01—2008.10.05 | 230 |
| 装修 | 2008.10.06—2009.08.18 | 230 |
| 安装 | 2008.02.01—2009.06.01 | 230 |
| 其他时间 |  | 280 |

人的严重短缺,这种人员短缺的情况最少要持续 22 天左右;在夏收季节,由于劳动工人大都是来自乡村的农民,周边乡镇的工人都会请假回家收麦子,也会导致一线工人的严重短缺,这个情况至少需要持续 40 多天。

一线劳动工人作为建筑项目中的主要操作者,是项目实施过程中的一种重要资源。劳动工人的短缺将直接导致项目的某些活动工期延长,或者延后开工,这些都会对项目的进度产生直接的影响,进而对 ZTJS 建设集团公司在 LC 大厦建设工程上的收益带来不利影响。此外,当发生劳动工人短缺时,承包商为了保证项目的正常进行,有时不得不以较高的价格(120 元/人天)雇用临时工,补齐所缺少的人员,这样就会对增加工程的施工成本,降低公司在该项目上的收益。因此,在 LC 大厦建设工程的施工过程中,特别是在人员短缺的时段中,必须合理地安排活动的进度计划,以使得人力资源能够得到最为有效的使用,确保该工程能够以合理的成本如期完成。

### 5.2.2 费用与支付安排

**1. 费用情况**

LC 大厦建设工程的实施过程主要包含有土建、装修、安装、装饰四个环节,其中土建和安装两个环节是由 ZTJS 建设集团公司负责完成的,而装修和装饰则由甲方分别分包给相应的专业公司,分包公司需要向 ZTJS 建设集团公司负责,并服从 ZTJS 建设集团公司的统一管理。ZTJS 建设集团公司在具体实施 LC 大厦建设工程的时候,材料费用以及每个活动所需工人的工资会在每个活动开始时支付 40% 做周转金和生活费,活动结束之后支付尾款给材料供应商和工人。而机械费以及其他直接费用则是按照自然月进行支付的。其他直接费主要包括工程水电费、临时设施费、办公费、差旅费、低值易耗品摊销、业务招待费、税金等,根据活动的持续时间、材料耗费情况、所需工人数量,分别分摊到各个活动上,这样所有活动的总花费即为整个 LC 大厦建设工程的总造价。

工程包含有 38 个主要活动,各活动的名称、工期、所需工人数量以及消耗费用见表 5-2。其中,工期表示在人员充足情况下,完成该活动所需要的时间;所需员工数表示活动正常执行时,所需要的员工数量;消耗费用是指 ZTJS 建设集团公司为了完成该活动,需要花费的费用支出,包括员工工资、原材料价款、设备费用分摊、管理费用分摊等。现金流为 0 表示完成该活动时,不需要付出任何费用,"间隔 1"、"间隔 2"和"间隔 3"是在 LC 大厦建设工程实施过程中,为了保证工程施工质量,某些特定活动完工之后需要通风晾晒一段时间,下一活动才可以开工,所以,这三个活动只消耗时间,不产生费用。

表 5-2 LC 大厦建设工程活动名称、工期、所需员工数量及费用消耗

| 序号 | 活动名称 | 工期(天) | 所需员工数(人) | 费用消耗(元) |
|---|---|---|---|---|
| 1 | 基础筏板、地下一层 | 60 | 250 | 6600000 |
| 2 | 安装工程 | 480 | 42 | 8694000 |
| 3 | 1—4 层主体结构 | 71 | 158 | 9972724.76 |
| 4 | 5 层以下砌体 | 28 | 65 | 770688.51 |
| 5 | 5—9 层主体结构 | 30 | 158 | 9972724.76 |

| 序号 | 活动名称 | 工期（天） | 所需员工数（人） | 费用消耗（元） |
|---|---|---|---|---|
| 6 | 6－10 层砌体 | 28 | 65 | 810688.51 |
| 7 | 10－14 层主体结构 | 30 | 158 | 9972724.70 |
| 8 | 11－15 层砌体 | 28 | 65 | 810688.51 |
| 9 | 15－19 层主体结构 | 30 | 158 | 9972724.70 |
| 10 | 灰土回填 | 86 | 100 | 634160 |
| 11 | 20－26 层主体结构 | 45 | 158 | 9961814.58 |
| 12 | 16－20 层砌体 | 28 | 65 | 810688.51 |
| 13 | 21－26 层砌体 | 35 | 65 | 972826.21 |
| 14 | 玻璃幕墙 | 142 | 80 | 7880203 |
| 15 | 屋面工程 | 57 | 100 | 6537250 |
| 16 | 5 层以下门窗 | 28 | 32 | 357991.77 |
| 17 | 6－10 层门窗 | 28 | 32 | 331659.81 |
| 18 | 11－15 层门窗 | 28 | 32 | 331659.81 |
| 19 | 16－20 层门窗 | 28 | 32 | 331659.81 |
| 20 | 21－26 层门窗 | 35 | 32 | 357991.77 |
| 21 | 间隔 1 | 9 | 0 | 0 |
| 22 | 5 层以下抹灰 | 28 | 42 | 220306.93 |
| 23 | 间隔 2 | 9 | 0 | 0 |
| 24 | 6－10 层抹灰 | 28 | 42 | 137691.83 |
| 25 | 5 层以下地面 | 28 | 40 | 290418.44 |
| 26 | 间隔 3 | 9 | 0 | 0 |
| 27 | 11－15 层抹灰 | 28 | 42 | 137691.83 |
| 28 | 6－10 层地面 | 28 | 40 | 242015.37 |
| 29 | 5 层以下油漆涂料 | 28 | 32 | 164812.2 |
| 30 | 16－20 层抹灰 | 28 | 42 | 137691.83 |
| 31 | 21－26 层抹灰 | 35 | 42 | 220306.93 |
| 32 | 11－15 层地面 | 28 | 40 | 242015.37 |
| 33 | 16－20 层地面 | 28 | 40 | 242015.37 |
| 34 | 6－15 层油漆涂料 | 28 | 32 | 329624.4 |
| 35 | 21－26 层地面 | 35 | 40 | 290418.44 |
| 36 | 16－26 层油漆涂料 | 28 | 32 | 362586.5 |
| 37 | 室外工程 | 57 | 100 | 2005679 |
| 38 | 交工验收 | 0 | 0 | 0 |

**2. 支付安排**

在 LC 大厦建设工程合同中，承包商和业主约定，将某些特定的活动设置为支付点。当工程进展到这些活动时，由业主向承包商支付已完成活动的 90% 价款。这种支付安排方式导致了如下两方面的结果：一方面，在工程施工前期，业主的支付价款无法保证承包商拥有足够的周转资金，向材料供应商和工人分别支付材料价款和工资；另一方面，业主将剩余的 10% 价款在 LC 大厦建设工程竣工验收合格之后再行支付，对承包商能够产生一定的激励作用，保证其在后续的活动中能够继续履行合同中约定的责任和义务。需要特别指出的是，由于活动 2 "安装工程" 的工期长达 480 天，涉及资金达到 8694000 元，如果只在该活动结束后，业主才向承包商支付的话，那么 ZTJS 建设集团公司的垫资数量会过大，从而严重影响公司的资金周转，进而危及 LC 大厦建设工程的正常实施；此外，活动 3 "1—4 层主体结构" 因为层高较高，而且带裙房的非标准层，工程量较标准层大很多，工期亦较长，等到活动完成时再行支付对承包商极为不利。鉴于上述情况，承包商和业主商定，对于活动 2 和活动 3，不必等到其完成时才进行支付，而是随着特定的支付点按其完成的比例一起支付。LC 大厦建设工程的支付点活动，在支付点上需要支付的活动及支付量如表 5-3 所示。表中，"支付点活动" 是指业主会在该活动完成时对承包商进行支付，"需要支付的活动" 是指当相应的支付发生时，业主会支付这些活动挣值的 90% 的合同价款，"支付量" 是指业主对 ZTJS 建设集团公司所支付的价款金额。

表 5-3　LC 大厦建设工程实施过程的支付安排相关数据

| 序号 | 支付点活动 | 需要支付的活动 | 支付量（元） |
|---|---|---|---|
| 3 | 1—4 层主体结构 | 1 | 5860000 |
| 5 | 5—9 层主体结构 | 2,3 | 10540372.28 |
| 7 | 10—14 层主体结构 | 2,5 | 10540372 |
| 9 | 15—19 层主体结构 | 2,4,6 | 2988159 |
| 11 | 20—26 层主体结构 | 2,7,8 | 11269992 |
| 13 | 21—26 层砌体 | 10,11,12,13 | 11141540 |
| 18 | 11—15 层门窗 | 15,16,17 | 6504211 |
| 25 | 5 层以下地面 | 18,19,20,22,24 | 1241379 |
| 31 | 21—26 层抹灰 | 25,27,28,29,30 | 875366.7 |
| 33 | 16—20 层地面 | 31,32 | 416090.1 |
| 36 | 16—26 层油漆涂料 | 33,34 | 514475.8 |
| 38 | 交工验收 | 2,14,35,36,37 | 11049918 |

公司与业主在合同中约定，在 LC 大厦交工验收时，业主共需向 ZTJS 建设集团公司支付合同 95% 的价款，共约 8645 万元。在 LC 大厦交付使用后的三年时间为质保期，在此期间如果 LC 大厦发生任何质量问题，由 ZTJS 建设集团公司提供维修，保证 LC 大厦的使用质量。在质保期结束后，由业主向 ZTJS 建设集团公司支付剩余的 5% 合同价款，至此，整个项目彻底

完成。

**3. 进度计划**

在具体的施工安排方面,项目负责人在安排进度计划的时候,根据关键路径法 CPM(critical path method)找到 LC 大厦项目实施中的关键活动,并确定出所有活动的最早开工时间。在具体施工时,所有活动都是根据紧前原则安排,即尽可能早地开工。这样做的好处是可以保证项目尽可能早地完工,可以减少大型设备的租赁费,钢管、扣件等周转材料的租赁费和管理人员的日常办公开支。其不利之处在于,由于在执行活动过程中,有的活动是需要承包商向材料供应商支付材料价款、为工人支付工资,因而会发生负的现金流。如果所有的活动都尽可能早地开始,那么,这些负现金流的发生时间也必然随之提前,从而对承包商的项目净现值产生负面影响,并降低 ZTJS 建设集团公司的收益。此外,活动进度尽可能早地安排,也会增加周转性材料的一次性投入。比如,工字钢悬挑架从四层一直搭设到二十六层,共悬挑六次二十二层,产生巨大的工字钢、密目网、脚手板的购置费,以及钢管、扣件的租赁费。相反,如果放缓活动的进度安排,则完全可以只搭设两挑八层,从四层翻到二十六层,这样只需要两次悬挑架的材料,与前一种方法相比,可以节省材料购置和租赁费用 2/3。由于 LC 大厦建设工程的规模较大,活动数目众多且彼此之间的逻辑关系错综复杂,仅凭借项目经理的主观经验和判断,很难科学地确定哪些负现金流活动应该推迟,以及可以推迟多长时间,所以,需要借助一种科学有效的分析方法,帮助项目经理找到这些可以推迟的活动以及应该推迟多久,从而有效地提高 ZTJS 建设集团公司的项目收益。

# 5.3　LC 大厦建设工程现金流控制优化模型的建立与求解

## 5.3.1　LC 大厦建设工程相关数据提炼

在 LC 大厦建设工程实施过程中,业主会在约定的活动(即支付点)完工之后,对承包商 ZTJS 建设集团公司进行支付,支付量等于已完成活动挣值之和的 90%,由此产生正的现金流。而 ZTJS 建设集团公司是在每个活动完工之后,对原材料供应商、员工等支付该活动所发生的费用,从而产生负的现金流。可以看出,正的现金流和负的现金流都在给定活动的结束时刻发生,时间点相同,为了便于计算,将二者合二为一,统一记为活动结束时所发生的现金流。

具体每个活动的现金流以及支付所包含的活动如表 5-4 所示。表中的"支付点"表示对应活动是否为支付点;如果是支付点,则"需要支付的活动"一栏显示在此支付点上需要支付的活动。注意,第 2 个活动"安装工程"不为支付点,且其现金流为 0。这主要是因为"安装工程"的持续时间过长,不能在该活动结束时再进行支付(如果在该活动结束时再进行支付,则公司需垫资 860 多万,会严重影响公司的现金流周转),而是在其他特定的支付点对其支付,以保证承包商现金流能够正常周转。

LC 大厦项目网络图如图 5-4。采用 AoN(Activity-on-Node)的方式表示活动之间的逻辑关系,图中节点的数字标号对应表 5-1 中每个活动的序号,有箭线连接的两个活动表示箭线头端的活动只有在箭线尾端的活动完成之后才可以开工。

表 5 - 4　LC 大厦建设工程各活动现金流、支付情况、需用和可用的员工数

| 序号 | 活动名称 | 现金流（元） | 是否为支付点 | 需要支付的活动 | 所需员工数（人） | 可用员工数（人） |
|---|---|---|---|---|---|---|
| 1 | 基础筏板、地下一层 | −6600000 | | | 250 | 280 |
| 2 | 安装工程 | −8694000 | | | 42 | 48 |
| 3 | 1−4 层主体结构 | 5860000 | 是 | 1 | 158 | 170 |
| 4 | 5 层以下砌体 | −770688.51 | | | 65 | 75 |
| 5 | 5−9 层主体结构 | 10540372.28 | 是 | 2,3 | 158 | 170 |
| 6 | 6−10 层砌体 | −810688.51 | | | 65 | 75 |
| 7 | 10−14 层主体结构 | 10540372 | 是 | 2,5 | 158 | 170 |
| 8 | 11−15 层砌体 | −810688.51 | | | 65 | 75 |
| 9 | 15−19 层主体结构 | 2988159 | 是 | 2,4,6 | 158 | 170 |
| 10 | 灰土回填 | −634160 | | | 100 | 120 |
| 11 | 20−26 层主体结构 | 11269992 | 是 | 2,7,8 | 158 | 170 |
| 12 | 16−20 层砌体 | −810688.51 | | | 65 | 75 |
| 13 | 21−26 层砌体 | 11141540 | 是 | 10,11,12,13 | 65 | 75 |
| 14 | 玻璃幕墙 | −7880203 | | | 80 | 90 |
| 15 | 屋面工程 | −6537250 | | | 100 | 120 |
| 16 | 5 层以下门窗 | −357991.77 | | | 32 | 40 |
| 17 | 6−10 层门窗 | −331659.81 | | | 32 | 40 |
| 18 | 11−15 层门窗 | 6504211 | 是 | 15,16,17 | 32 | 40 |
| 19 | 16−20 层门窗 | −331659.81 | | | 32 | 40 |
| 20 | 21−26 层门窗 | −357991.77 | | | 32 | 40 |
| 21 | 间隔 1 | 0 | | | 0 | 0 |
| 22 | 5 层以下抹灰 | −220306.93 | | | 42 | 50 |
| 23 | 间隔 2 | 0 | | | 0 | 0 |
| 24 | 6−10 层抹灰 | −137691.83 | | | 42 | 50 |
| 25 | 5 层以下地面 | 1241379 | 是 | 18,19,20,22,24 | 40 | 48 |
| 26 | 间隔 3 | 0 | | | 0 | 0 |
| 27 | 11−15 层抹灰 | −137691.83 | | | 42 | 50 |
| 28 | 6−10 层地面 | −242015.37 | | | 40 | 48 |
| 29 | 5 层以下油漆涂料 | −164812.2 | | | 32 | 40 |
| 30 | 16−20 层抹灰 | −137691.83 | | | 42 | 50 |
| 31 | 21−26 层抹灰 | 875366.7 | 是 | 25,27,28,29,30 | 42 | 50 |
| 32 | 11−15 层地面 | −242015.37 | | | 40 | 48 |

| 序号 | 活动名称 | 现金流（元） | 是否为支付点 | 需要支付的活动 | 所需员工数（人） | 可用员工数（人） |
|---|---|---|---|---|---|---|
| 33 | 16－20 层地面 | 416090.1 | 是 | 31,32 | 40 | 48 |
| 34 | 6－15 层油漆涂料 | －329624.4 | | | 32 | 40 |
| 35 | 21－26 层地面 | －290418.44 | | | 40 | 48 |
| 36 | 16－26 层油漆涂料 | 514475.8 | 是 | 33,34 | 32 | 40 |
| 37 | 室外工程 | －2005679 | | | 100 | 120 |
| 38 | 交工验收 | 11049918 | 是 | 2,14,35,36,37 | 0 | 0 |

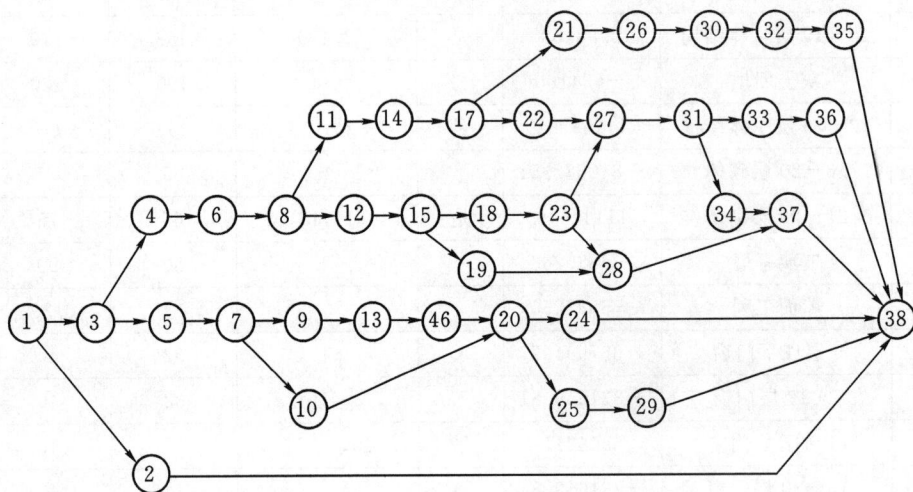

图 5 - 1  LC 大厦建设工程单代号网络图

## 5.3.2  优化模型的建立

### 1. 问题界定

针对 LC 大厦建设工程在实施过程中所存在的问题，通过查阅相关文献，将该公司在实施 LC 大厦建设工程时所遇到的问题界定为，在人力资源约束下，从承包商的视角出发，通过项目进度计划的合理安排对现金流的控制进行优化，以使得项目的净现值能够最大化，从而确保 ZTJS 建设集团公司的项目收益。针对这一问题，在满足项目进度和质量要求的前提下，通过建立现金流控制优化模型予以解决。在建立优化模型之前，根据 LC 大厦建设工程的实际情况，首先提炼以下五条基本假设条件：

• 假设条件 1：工序间的衔接关系是"结束-开始"型的，即每个活动都必须在其所有的紧前活动结束之后才能开始。从 LC 大厦建设工程的实际情况来看，基本上所有的工序间的关系都是"结束-开始"型的，只有在前面的工序结束后，后面的工序才能开始。所以，这条假设是符合整个工程实际情况的。

- 假设条件 2:在安排各活动的开始时间时,只考虑人力资源的限制,不考虑资源种类之间的差异,即认为所有的人力资源都是一样的。这是因为对于 LC 大厦建设工程来说,只有人力资源比较紧张,特别是在春节、麦收等特殊时期,而其他资源相对较为充裕。同时,对于 LC 大厦建设工程来说,除个别工种之外,绝大多数人力资源具有承担多种工作的能力,可以在不同工种之间调配使用。

- 假设条件 3:活动之间的逻辑关系,各活动的工期、资源需求、费用均是确定不变的。LC 大厦建设工程的建设环境变化性较低,所以,可以认为项目的网络及相关参数是确定型的。

- 假设条件 4:整个工程必须在合同所规定的交付日期之前完成。这是业主方陕西 XDHT 实业有限公司对承包商的硬性要求,无论承包商 ZTJS 建设集团公司如何对现金流控制进行优化,都必须遵守这一限制。

- 假设条件 5:承包商 ZTJS 建设集团公司对现金流控制进行优化的目标是其项目收益最大化,而项目的收益是用净现值进行衡量的。

LC 大厦建设工程现金流控制优化模型,是建立在上述假设条件的基础上的。此外,为了方便优化模型的表述和求解,将 LC 大厦建设工程的时间计算方式进行如下调整:将 2008 年 1 月 1 日的开始时刻记为时刻 0,随着工程实施的向前推进,时刻以天为单位逐渐增加,这样,到合同允许的 2009 年 10 月 21 日的结束时刻,正好为时刻 660。模型构建所用到的符号定义如下:

- $N$:表示 LC 大厦建设工程所包含的活动总数,$N=38$。

- $i$:表示 LC 大厦建设工程的活动序号,$i$ 取值介于 1 到 $N$ 之间。

- $t_i$:表示活动 $i$ 完成时间的整数变量,范围介于 0 到 660 之间。

- $t_N$:表示活动 $N$ 的完成时间,也就是整个 LC 大厦建设工程最后一个活动的完成时间,即为整个工程的完成时间。

- $DD$:合同中规定的 LC 大厦建设工程的完成时间,其值为 660。

- $q_i$:表示当活动 $i$ 完成时所发生的现金流,包括工人工资费、材料费、设备费等;如果是支付点,还包括业主的支付,所以,其值可为正,也可为负,还可为零。

- $d_i$:表示 LC 大厦建设工程实施过程中,活动 $i$ 的持续时间,亦即为活动 $i$ 的工期,取值为大于零的整数。

- $\alpha$:在工程执行过程中,资金的每天折现率。2008 年到 2009 年建设银行的年贷款率为 5.94%,每年按照 365 天计算,得出其对应的值为 0.0001464 元/天。

- $r_i$:每个时期活动 $i$ 所需要的劳动人员数量。

- $R_u$:LC 大厦建设工程执行过程中,在时刻 $u$ 承包商所拥有的可用工人的数量。

- $S_u$:LC 大厦建设工程执行过程中,在时刻 $u$ 正在进行的活动的集合。

- $H$:LC 大厦建设工程中活动之间的逻辑关系集合,$H=\{(i,j)\,|\,j$ 为活动 $i$ 的紧后活动$\}$。

- $NPV$:在实施 LC 大厦建设工程中,ZTJS 建设集团公司所发生的正负现金流折现到工程开始时刻的净现值。

**2.优化模型**

1)目标函数的建立

根据前面对问题的界定,LC 大厦建设工程实施过程中现金流控制的优化目标,是承包商项目收益的最大化。所以，优化模型的目标函数是最大化 ZTJS 建设集团公司发生在该项目上的现金流的净现值，表示如下：

$$\text{Max } NPV = \sum_{i=1}^{N} q_i e^{-\alpha t_i}$$

在上述目标函数中，通过将所有活动，即活动 1 到 $N=38$ 的现金流 $q_i$，按照折现率 $\alpha$ 折现到时刻 0，便可以得到承包商 ZTJS 建设集团公司在该项目上的净现值。由于正负现金流都发生在活动的完成时刻，因此，通过调整活动的完成时间 $t_i$，便可以实现现金流的优化控制，取得承包商项目净现值 $NPV$ 的最大化。

2) 约束条件的确定

根据 LC 大厦建设工程的实际情况，可以确定优化模型的约束条件包括以下几组：

• 工程开工时间约束。该约束要求在计算的过程中，将工程的开始时间 2008 年 1 月 1 日的开始时刻定义为 0 时刻，表示为：

$$t_0 = 0$$

注意，活动 0 是为了计算方便，额外添加到工程中的虚开始活动。

• 人力资源约束。由于 ZTJS 建设集团公司在实施 LC 大厦建设工程的过程中，每个时期的人员可用量是一定的，因此，每个时期所有正在执行的活动对人员的需求量，不可以超过当期人员的可用量，从而确保不发生资源冲突，使得项目进度为一个资源可行的进度安排。资源约束表示为：

$$\sum_{i \in S_u} r_i \leqslant R_u \qquad u = 0, 1, \cdots, DD$$

• 活动的优先关系约束。承包商在实施 LC 大厦建设工程时，活动的实施次序必须遵从优先关系的限制，亦即每个紧前活动的开工时间加上它的工期，必须小于其紧后活动的开工时间。比如，主体结构施工到五层以上，开始使用悬挑架时才可以实施 ±0.00 以下的室外回填土工程。活动的优先关系约束表示如下：

$$t_j - t_i \geqslant d_j \qquad (i, j) \in H$$

• 项目工期约束。按照项目合同的约定，LC 大厦建设工程最晚必须在 2009 年 10 月 21 日之前完工。将工程的开始时间 2008 年 1 月 1 日的开始时刻定义为 0 时刻，则其完成时间 2009 年 10 月 21 日的完成时刻即为 660，所以，$DD = 660$。具体地，项目工期约束可以表示为：

$$t_N \leqslant DD$$

其中，$N$ 为项目的最后一个活动，即活动 38。

### 5.3.3 优化模型的求解

#### 1. 求解思路

由于存在人力资源约束，所以，LC 大厦建设工程现金流控制优化模型为一 NP - hard 问题，直接求解难度较大。因此，本文首先松弛掉人力资源约束，将人力资源约束下 LC 大厦建设工程现金流控制优化模型，转化为无人力资源约束约束的优化模型，进行求解之后，再考虑人力资源约束，最终求得人力资源约束下现金流控制优化模型的最优解。具体思路如图 5 - 2 所示。采用 C++ 语言编写算法程序，在 Windows XP 系统中运行。

从图 5 - 2 可以看出，该算法以分枝定界算法为主体，内嵌递归算法，从而达到求解模型的

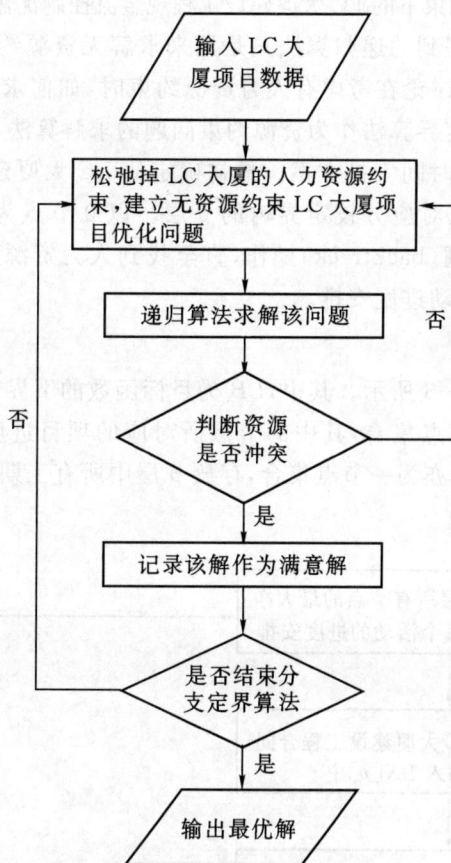

图 5-2　人力资源约束下的 LC 大厦建设工程进度优化模型求解思路

目的。具体步骤为：

• 输入 LC 大厦建设工程的相关数据，如项目活动优先关系、活动持续时间、活动所需人员数量、公司每个时期的人员可用数量。

• 松弛掉人力资源约束，将人力资源约束下的 LC 大厦建设工程现金流控制优化模型，转化为没有人力资源约束的 LC 大厦建设工程现金流控制优化模型。之后，利用递归搜索算法求解该无人力资源约束的优化模型，从而得到每个活动的最佳开工时间，以保证承包商 ZTJS 建设集团公司现金流净现值的最大化。

• 针对松弛掉人力资源约束的问题，重新考虑人力资源约束。即判断按照每个活动的最佳开工时间执行 LC 大厦建设工程时，是否会发生人力资源冲突。如果存在资源冲突，就由分枝定界算法进行计算，确定添加一个额外的优先关系约束以确保资源冲突问题得到解决，然后再求解添加额外优先关系约束后的 LC 大厦建设工程现金流控制优化问题；如果没有发生冲突，就将该解记录下来，作为满意解。

• 判断是否结束分枝定界算法，判断条件是回溯过程完成，或者生成节点数达到 8000 个。如果不结束的话，就继续进行回溯操作；如果结束的话，就在所有的满意解中找到项目净现值最大的解，即为最优解。

- 最后,输出人力资源约束下的 LC 大厦建设工程现金流控制优化问题的最优解,计算结束。

需要指出的是,上文中提到的递归算法只是用来求解无资源约束的 LC 大厦建设工程的现金流控制优化问题。下面讨论在考虑有人力资源约束时,如何求解该工程的现金流控制优化问题。此处,也采用分枝定界算法作为资源约束问题的求解算法,分枝定界树中的每个节点均对应一种具体的活动完成时间安排方案。最初确定的 LC 大厦建设工程活动进度关系,对应根节点(即 0 节点),0 节点对应分枝定界树的 0 层。以 0 节点为初始节点,按照一定的规则,进行分支(branch)和回溯(backtrack)操作,直至找到人力资源不发生冲突时的所有活动进度安排中净现值最大的活动进度安排。

### 2. 分支操作

分支操作的流程如图 5-3 所示。其中,$LB$ 为目标函数的下界;$p$ 分支层序号;$\varepsilon$ 为事先设定的操作精度;$NB$ 为一个节点集合,其中的节点所对应的项目进度安排的工期小于 $DD$,且净现值高于下界 $LB$;$BX[p]$ 亦为一节点集合,存放 $p$ 层中所有工期小于 $DD$,且净现值高于下界 $LB$ 的节点序号。

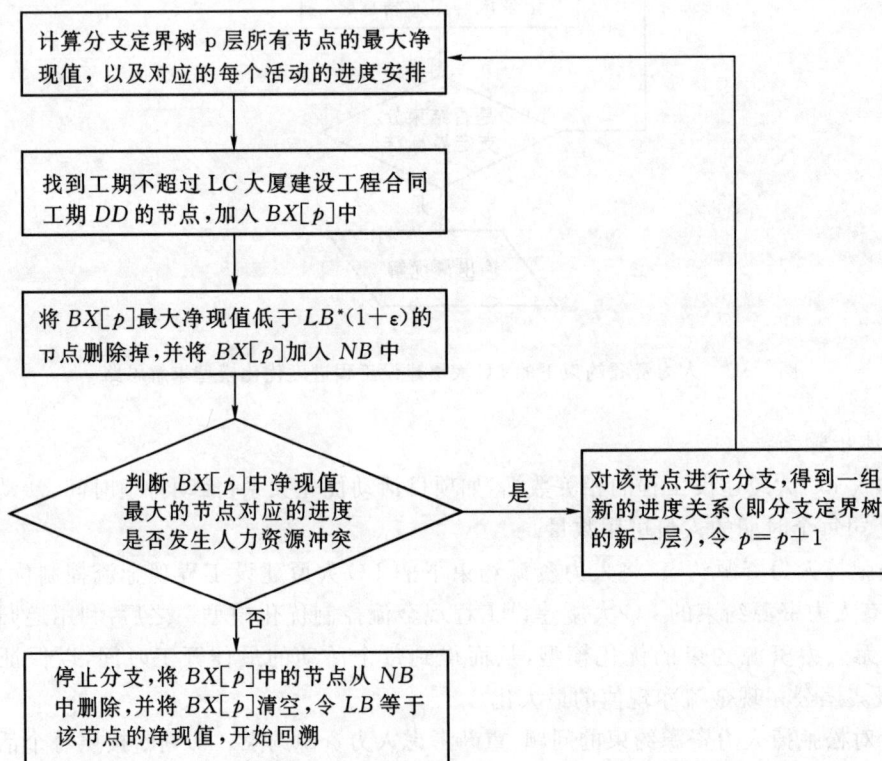

图 5-3 分枝定界算法的分支操作

在分支操作过程中,当发现 $p$ 层中工期小于 $DD$ 且净现值最大的节点所对应的进度安排发生人力资源冲突时,采用深度优先的原则,对其进行分支以解决人力资源冲突问题。在判断是否存在人力资源冲突的过程中,记住人力资源冲突的发生时刻所有正在进行的活动,将其记入到集合 $C^k$ 中。然后,为 $C^k$ 中的活动两两之间添加额外的优先关系约束,每种所添加的优先关系约束就作为节点 $k$ 的子节点加入到分枝定界树中,并令 $p=p+1$。这些新添加的节点就作为分枝定界树的第 $p$ 层,进行下一次的分支操作。

**3. 回溯操作**

回溯操作的流程图如图 5-4 所示。从图 5-4 可以看出,分枝定界算法的两个操作,并不是完全独立的,当分支操作找到一个可行解之后,就将该节点的最优净现值赋值给下界,进行回溯操作;而进行回溯操作的时候,如果找到最优净现值低于下界的节点之后,就重新进行分支操作。当分支找到可行解之后,再进行回溯,这样反复操作,直至回溯到 0 层根节点处为止,最后输出找到的最优解。

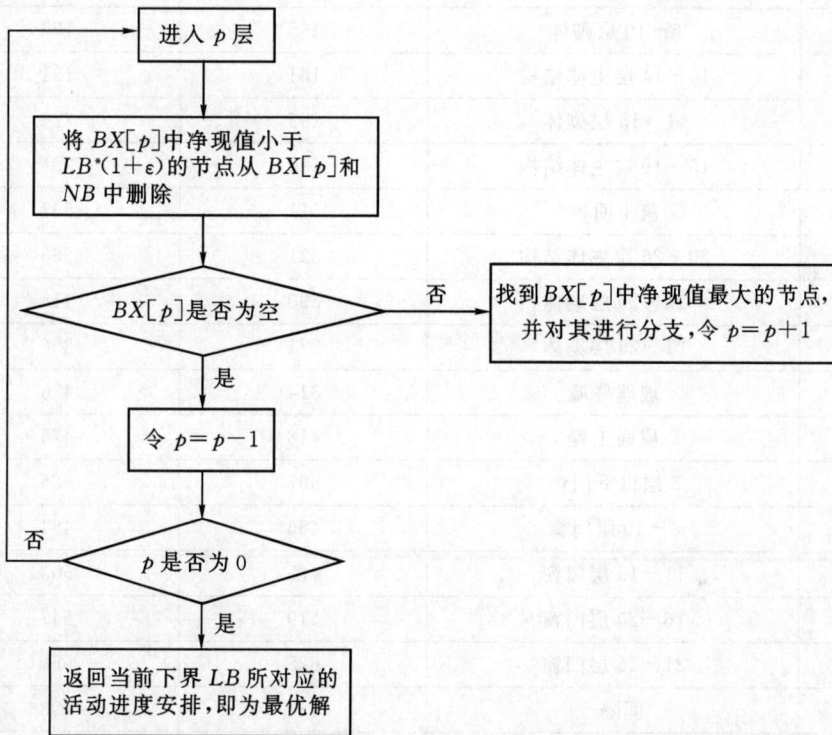

图 5-4　分枝定界算法的回溯操作

## 5.4　计算结果与实际情形的对比分析

### 5.4.1　计算结果与实际情形的对比

采用前文提出的分枝定界算法计算人力资源约束下的 LC 大厦建设工程现金流控制优化模型,得到的结果如表 5-5 所示。从表 5-5 中可见,在最优的活动开工时间安排下,承包商 ZTJS 建设集团公司现金流的净现值为 12851434.8 元,工程的完工时间为 660 天,即在 2009 年 10 月 21 日完成。在现实中,工程实际上是按照各活动的最早开始时间安排,由此得到的结果如表 5-6 所示。在实际的活动开工时间安排下,承包商 ZTJS 建设集团公司现金流的净现值为 11523315 元,工程的完工时间为 640 天。

表 5-5  LC 大厦建设工程最优活动进度安排

| 序号 | 活动名称 | 最佳开工时间 | 最佳完工时间 |
|---|---|---|---|
| 1 | 基础筏板、地下一层 | 0 | 60 |
| 2 | 安装工程 | 180 | 660 |
| 3 | 1-4 层主体结构 | 60 | 131 |
| 4 | 5 层以下砌体 | 137 | 165 |
| 5 | 5-9 层主体结构 | 131 | 161 |
| 6 | 6-10 层砌体 | 165 | 193 |
| 7 | 10-14 层主体结构 | 161 | 191 |
| 8 | 11-15 层砌体 | 193 | 221 |
| 9 | 15-19 层主体结构 | 191 | 221 |
| 10 | 灰土回填 | 511 | 597 |
| 11 | 20-26 层主体结构 | 221 | 266 |
| 12 | 16-20 层砌体 | 390 | 418 |
| 13 | 21-26 层砌体 | 221 | 256 |
| 14 | 玻璃幕墙 | 314 | 456 |
| 15 | 屋面工程 | 418 | 475 |
| 16 | 5 层以下门窗 | 597 | 625 |
| 17 | 6-10 层门窗 | 456 | 484 |
| 18 | 11-15 层门窗 | 475 | 503 |
| 19 | 16-20 层门窗 | 519 | 547 |
| 20 | 21-26 层门窗 | 625 | 660 |
| 21 | 间隔 1 | 484 | 493 |
| 22 | 5 层以下抹灰 | 484 | 512 |
| 23 | 间隔 2 | 503 | 512 |
| 24 | 6-10 层抹灰 | 547 | 575 |
| 25 | 5 层以下地面 | 60 | 88 |
| 26 | 间隔 3 | 493 | 502 |
| 27 | 11-15 层抹灰 | 512 | 540 |
| 28 | 6-10 层地面 | 575 | 603 |
| 29 | 5 层以下油漆涂料 | 632 | 660 |
| 30 | 16-20 层抹灰 | 547 | 5 |
| 31 | 21-26 层抹灰 | 540 | 75 |
| 32 | 11-15 层地面 | 597 | 575 |

| 序号 | 活动名称 | 最佳开工时间 | 最佳完工时间 |
|---|---|---|---|
| 33 | 16－20 层地面 | 575 | 625 |
| 34 | 6－15 层油漆涂料 | 575 | 603 |
| 35 | 21－26 层地面 | 625 | 603 |
| 36 | 16－26 层油漆涂料 | 603 | 660 |
| 37 | 室外工程 | 603 | 631 |
| 38 | 交工验收 | 660 | 660 |

**表 5 - 6　LC 大厦建设工程实际活动进度安排**

| 序号 | 活动名称 | 最早开工时间 | 最早完工时间 |
|---|---|---|---|
| 1 | 基础筏板、地下一层 | 0 | 60 |
| 2 | 安装工程 | 60 | 540 |
| 3 | 1－4 层主体结构 | 60 | 131 |
| 4 | 5 层以下砌体 | 131 | 159 |
| 5 | 5－9 层主体结构 | 131 | 161 |
| 6 | 6－10 层砌体 | 159 | 187 |
| 7 | 10－14 层主体结构 | 161 | 191 |
| 8 | 11－15 层砌体 | 187 | 215 |
| 9 | 15－19 层主体结构 | 191 | 221 |
| 10 | 灰土回填 | 191 | 277 |
| 11 | 20－26 层主体结构 | 221 | 266 |
| 12 | 16－20 层砌体 | 215 | 243 |
| 13 | 21－26 层砌体 | 221 | 256 |
| 14 | 玻璃幕墙 | 266 | 408 |
| 15 | 屋面工程 | 243 | 300 |
| 16 | 5 层以下门窗 | 256 | 284 |
| 17 | 6－10 层门窗 | 408 | 436 |
| 18 | 11－15 层门窗 | 300 | 328 |
| 19 | 16－20 层门窗 | 300 | 328 |
| 20 | 21－26 层门窗 | 284 | 319 |
| 21 | 间隔 1 | 436 | 445 |
| 22 | 5 层以下抹灰 | 436 | 464 |

| 序号 | 活动名称 | 最早开工时间 | 最早完工时间 |
|---|---|---|---|
| 23 | 间隔 2 | 328 | 337 |
| 24 | 6—10 层抹灰 | 328 | 356 |
| 25 | 5 层以下地面 | 60 | 88 |
| 26 | 间隔 3 | 445 | 454 |
| 27 | 11—15 层抹灰 | 464 | 492 |
| 28 | 6—10 层地面 | 356 | 384 |
| 29 | 5 层以下油漆涂料 | 88 | 116 |
| 30 | 16—20 层抹灰 | 454 | 4 |
| 31 | 21—26 层抹灰 | 4 | 82 |
| 32 | 11—15 层地面 | 92 | 527 |
| 33 | 16—20 层地面 | 482 | 510 |
| 34 | 6—15 层油漆涂料 | 527 | 555 |
| 35 | 21—26 层地面 | 555 | 583 |
| 36 | 16—26 层油漆涂料 | 510 | 545 |
| 37 | 室外工程 | 555 | 583 |
| 38 | 交工验收 | 583 | 640 |

　　将理论上计算出的最优进度安排与实际进度安排进行对比,可以形成表 5 - 7。从 5 - 7 的结果可以看出,通过理论计算得到的活动开工时间安排中,有 28 个活动的开工时间有所推迟,最长的推迟时间达到 544 天。该结果与实际中推迟活动开工,以使费用较晚发生的思路是一致的。对比两种进度安排方案,尽管理论最优方案中的工程完成时间比实际方案晚了 20 天,但承包商现金流得到了有效的优化,从而使得其净现值从 1152.33 万元提升到 1285.14 万元,提升金额 132.81 万元,提升幅度为 11.53%。

表 5 - 7　实际活动进度与最优活动进度下的结果对比

| 序号 | 活动名称 | 最早开工时间 | 最佳开工时间 | 推迟开工时间 |
|---|---|---|---|---|
| 1 | 基础筏板、地下一层 | 0 | 0 | 0 |
| 2 | 安装工程 | 60 | 180 | 120 |
| 3 | 1—4 层主体结构 | 60 | 60 | 0 |
| 4 | 5 层以下砌体 | 131 | 137 | 6 |
| 5 | 5—9 层主体结构 | 131 | 131 | 0 |
| 6 | 6—10 层砌体 | 159 | 165 | 6 |
| 7 | 10—14 层主体结构 | 161 | 161 | 0 |

| 序号 | 活动名称 | 最早开工时间 | 最佳开工时间 | 推迟开工时间 |
|---|---|---|---|---|
| 8 | 11－15 层砌体 | 187 | 193 | 6 |
| 9 | 15－19 层主体结构 | 191 | 191 | 0 |
| 10 | 灰土回填 | 191 | 511 | 320 |
| 11 | 20－26 层主体结构 | 221 | 221 | 0 |
| 12 | 16－20 层砌体 | 215 | 390 | 175 |
| 13 | 21－26 层砌体 | 221 | 221 | 0 |
| 14 | 玻璃幕墙 | 266 | 314 | 48 |
| 15 | 屋面工程 | 243 | 418 | 175 |
| 16 | 5 层以下门窗 | 256 | 597 | 341 |
| 17 | 6－10 层门窗 | 408 | 456 | 48 |
| 18 | 11－15 层门窗 | 300 | 475 | 175 |
| 19 | 16－20 层门窗 | 300 | 519 | 219 |
| 20 | 21－26 层门窗 | 284 | 625 | 341 |
| 21 | 间隔 1 | 436 | 484 | 48 |
| 22 | 5 层以下抹灰 | 436 | 484 | 48 |
| 23 | 间隔 2 | 328 | 503 | 175 |
| 24 | 6－10 层抹灰 | 328 | 547 | 219 |
| 25 | 5 层以下地面 | 60 | 60 | 0 |
| 26 | 间隔 3 | 445 | 493 | 48 |
| 27 | 11－15 层抹灰 | 464 | 512 | 48 |
| 28 | 6－10 层地面 | 356 | 575 | 219 |
| 29 | 5 层以下油漆涂料 | 88 | 632 | 544 |
| 30 | 16－20 层抹灰 | 454 | 547 | 93 |
| 31 | 21－26 层抹灰 | 460 | 540 | 80 |
| 32 | 11－15 层地面 | 92 | 597 | 505 |
| 33 | 16－20 层地面 | 482 | 575 | 93 |
| 34 | 6－15 层油漆涂料 | 527 | 575 | 48 |
| 35 | 21－26 层地面 | 555 | 625 | 70 |
| 36 | 16－26 层油漆涂料 | 510 | 603 | 93 |
| 37 | 室外工程 | 555 | 603 | 48 |
| 38 | 交工验收 | 583 | 660 | 77 |

而在计算得到的最优方案中,由于要在活动之间添加额外的优先关系约束,以解决资源冲突问题,这必然会导致整个 LC 大厦建设工程的完成时间向后延迟。从表 5-7 的计算结果也可以看出这一点,人力资源不发生冲突且净现值最大时的工程完成时间为 660 天,比合同约定的目标工期 600 天超出了 60 天,按照合同约定应扣除每天 1 万元,总计承包商需承担 60 万元的罚金;租用的塔吊、布料机、模板等都是按天计算,每多使用一天增加设备租赁费用 1000 元,即 6 万元;另外,计算得到的最优方案不需花费 74.4 万元来雇佣临时工人,考虑到现金流的折现因素,节余的费用和该项目超期 60 天的总支出基本相抵。该项目的净现值仍为 1285.14 万元,提升金额 132.81 万元,提升幅度依然为 11.53%。说明按照这种方法来安排 LC 大厦建设工程的活动进度,是可以有效提高公司的收益,并解决人员短缺的问题。假如合同签署的目标工期为 660 天,该项目收益还可再提升 5.73%。

从具体的活动进度安排来看,两种进度方案都是同一时间开始施工的,即从第 0 时刻开始,第 60 时刻完成施工准备活动。但是,在理论最优进度安排中,由于考虑正负现金流对项目净现值的不同影响,对各活动的开工时间进行了合理的优化,即将负现金流活动的开始时间延迟到它们的最晚开工时间。所以,与实际活动进度安排相比,理论最优活动进度安排下的承包商收益得到了有效的提升。

### 5.4.2 影响因素分析

#### 1. 工程工期

现假设承包商可以推迟 LC 大厦建设工程的完工时间,即 ZTJS 建设集团公司可以适当增大工程工期 $DD$,那么,通过分析 $NPV$ 对 $DD$ 的敏感性,即可得到工程工期对项目收益的影响结果。逐渐增大 $DD$,然后求解优化模型,得到对应工期下的净现值,具体如表 5-8 所示。由表中的结果可以看出,当 LC 大厦建设工程工期缩短时,项目工期的约束变紧,算法生成的节点数增多,耗费的时间变长,承包商的净现值变小。相反,当 LC 大厦建设工程工期延长时,项目工期的约束变松,算法生成的节点数减少,耗费的时间变短,承包商的净现值增加。例如,当 LC 大厦建设工程的工期延长到 680 天时,生成的节点数只有 60 个,算法在 36 秒的时间求得最优解,承包商的净现值增加到 13183544 元。

**表 5-8　不同工期下承包商现金流的净现值**

| 工期(天) | 583 | 600 | 620 | 640 | 660 | 680 |
|---|---|---|---|---|---|---|
| 净现值(元) | 11523315 | 11735365 | 12187415 | 12409424 | 12851434 | 13183544 |
| 变化率 | 0% | 1.84% | 5.76% | 7.69% | 11.52% | 14.41% |

通过计算可知,当允许工期缩短为 600 天时,在现有的人员配置下,该工程便无法如期完成。当工程工期由 620 天逐渐增加到 680 天时,从表 5-8 可以看出,随着项目工期的增加,承包商的净现值也逐步由 12187415 元增加至 13183544 元。出现这种情况的原因主要是,当项目的工期较长时,承包商便可以将那些需要发生现金支出的活动尽可能地推迟开工,以达到提高自身项目收益的目的。另外,需要说明的是,在算法的计算过程中,为了解决资源冲突,需要

添加一些额外的优先关系约束。图5-5和图5-6分别给出了工程工期为583天和660天时,额外添加活动优先关系的结果。随着额外添加优先关系的增加,工程的工期便会逐渐增大,此时。如果放松工程的工期约束,承包商现金流的净现值便会逐渐增大,即ZTJS建设集团公司的项目收益逐渐增大。

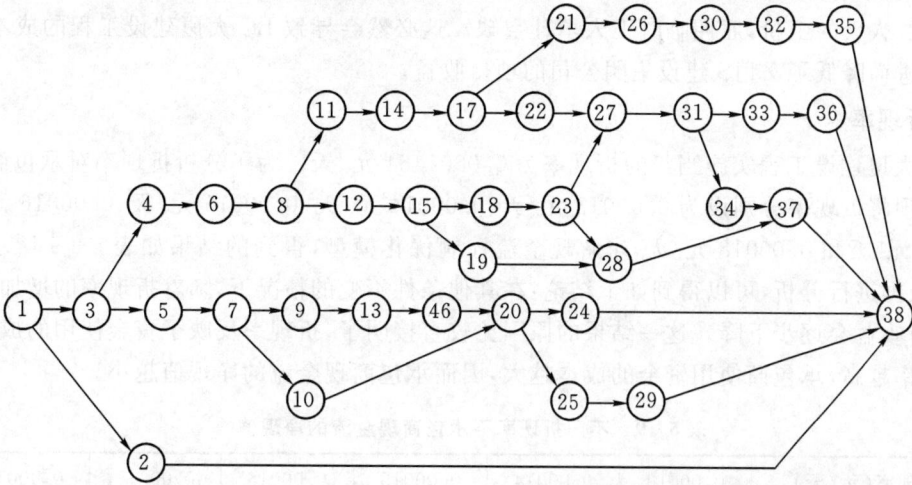

图5-5　工程工期为583天时的活动优先关系

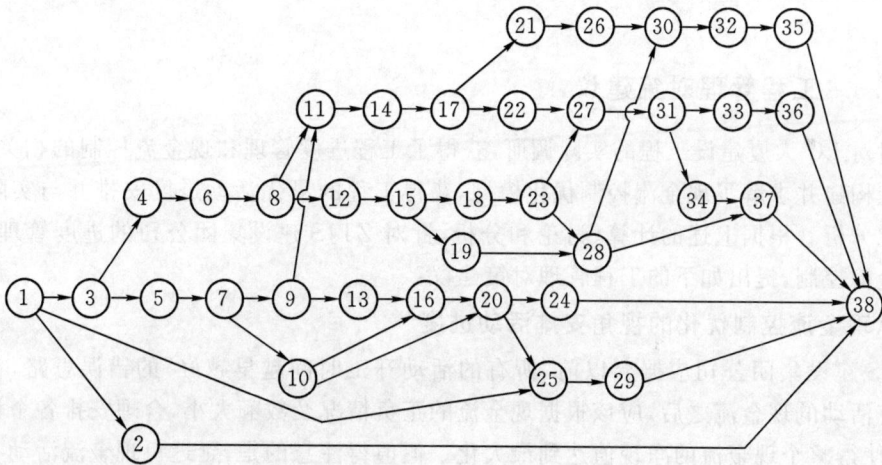

图5-6　工程工期为660天时的活动优先关系

### 2. 人力资源约束的松紧程度

ZTJS建设集团公司在实施LC大厦建设工程的过程中,所有的活动都按照最早时间开工,其整个工程工期需要583天,与合同的规定目标工期600天还要提前17天。如果减少工程的人力资源,即人力资源约束变紧,那么,必然会有更多的活动延后开工及完成。通过计算,发现当春节和农忙时节的员工数量由300人降至288人时,最优解对应的项目工期为616天,项目的净现值为11085429元,比员工数量为300人时的最优净现值11523315元降低了

3.8%;当这两个时期的员工数量降至 274 人时,由于资源约束过紧,项目的工期将会达到 639 天,大大超过合同规定的目标工期 600 天。可以看出,当人力资源约束变紧时,LC 大厦建设工程的工期会有所延长,并且项目的净现值也会有所下降。也就是说,当人力资源约束变紧时,工程工期延长和承包商净现值下降会同步发生。此外,在春节和农忙两个时节发生人力资源短缺的情况下,为了保证整个 LC 大厦建设工程的进度,承包商就必须从市场上以高于市场价的 120 元/人天的工价,雇佣临时工人填补空缺。这必然会导致 LC 大厦建设工程的成本进一步增加,进而降低了 ZTJS 建设集团公司的项目收益。

**3. 折现率**

LC 大厦建设工程实施当年的折现率为 0.0001464 元/天。为了分析折现率对承包商收益的影响,现将折现率分别设为 0.00013 元/天、0.00014 元/天、0.00015 元/天、0.00016 元/天、0.00017 元/天和 0.00018 元/天,求解现金流控制优化模型,得到的结果如表 5－9 所示。对表中的数据进行分析,可以得到如下结论:在其他条件不变的情况下,随着折现率的增加,承包商的项目收益会逐步下降。这一结果的原因比较直接明了,折现率反映了资金使用的成本,所以,折现率越高,承包商使用资金的成本越大,因而承包商现金流的净现值越小。

表 5－9　不同折现率下承包商现金流的净现值

| 折现率(元/天) | 0.00013 | 0.00014 | 0.00015 | 0.00016 | 0.00017 | 0.00018 |
|---|---|---|---|---|---|---|
| 净现值(元) | 13183544 | 12851434 | 12409424 | 12187415 | 11735365 | 11523315 |
| 变化率 | 0% | －2.52% | －5.87% | －7.56% | －11.00% | －12.59% |

### 5.4.3　工程管理对策建议

通过对 LC 大厦建设工程的实际调研,获得了工程进度管理和现金流控制的相关数据,在此基础上构建并求解了现金流控制优化模型,获得工程的最优活动进度安排并与实际情况进行了对比分析。根据上述的计算、讨论和分析,针对 ZTJS 建设集团公司的进度管理、支付安排及现金流控制,提出如下的工程管理对策建议:

**1. 从现金流控制优化的视角安排活动进度**

ZTJS 建设集团公司应摒弃以前"所有的活动开工时间越早越好"的错误思路,在计算并确定所有活动的现金流之后,应该根据现金流的正负情况及数额大小,合理安排各个活动的开工时间,使得整个现金流的净现值达到最大化。但值得注意的是,延迟负现金流活动有可能导致工程完工时间的滞后。为了避免这种情况的出现,承包商应缩短事先预留的备用时间,并对关键路径上的活动进行重点控制,保证其可以按时完成,从而确保工程能够如期完成。而对于不影响工程完工时间的非关键活动,应从现金流控制优化的视角安排活动的开工时间。通过上述措施,既可以保证工程如期完工,维护 ZTJS 建设集团公司质量好、进度快的企业形象,又可以实现工程收益的最大化,提高公司的经济效益。

**2. 力争将工程参数调整至合理的范围内**

通过对影响承包商净现值的参数进行分析,可以看出,折现率、工程工期、资源可用量等都会对承包商的净现值产生影响。折现率与承包商的净现值呈负相关关系,工程工期与承包商的净现值呈正相关关系,资源的可用量过少或者过多都会降低承包商的净现值。因此,ZTJS建设集团公司在与业主方进行合同谈判的过程中,应当尽可能地争取较长的工程工期,力争将工程的目标工期延长至 660 天;将折现率维持在一个较低的水平上,如在 LC 大厦建设工程中,就可以将折现率定位在 0.00014 元/天,甚至更低;另外,在工程的实施过程中,应当配置适当的资源数量,从而保证承包商的净现值最大化。

**3. 尽可能向业主争取并落实有利的支付安排**

在 LC 大厦建设工程的实施过程中,可以通过和业主的充分沟通,将施工合同中里程碑式的支付方式细化,约定将占用资金较大和工期较长的活动结束后支付,改变为按月或按旬支付,或要求业主支付一定数额的施工单位进场费,避免承包商垫资而出现较大的负现金流。总之,ZTJS 建设集团公司应该争取较早地获得业主的支付款,这样就可以减少自身的融资量,从而降低工程的融资成本,提高工程的净现值。

# 问题思考

1. LC 大厦建设工程的目标要求有哪些? 其资源使用和现金流控制有何特点?

2. 解释现金流控制优化模型的目标要求、约束条件和决策变量,5 个假设条件有何作用?

3. 说明优化模型的求解思路,以及分支操作和回溯操作各自所承担的任务。

4. 与实际情况相比,最优活动进度安排有何优势和不足? 这些优势和不足是怎样产生的?

5. 影响现金流控制优化的主要因素有哪些? 针对该工程管理的对策建议是如何凝练出来的?

# 第6章 XW公司设备开发多项目 资源配置优化

## 6.1 XW公司组织结构及管理现状

XW公司是一家中日合资企业,主要从事摩托车专用检测设备仪器的研制和开发。公司产品主要分为四大系列,分别是ACD系列整车底盘测功机、MST系列整车检验台、MCD系列发动机测功机和车辆零部件检验台。XW公司所在的集团公司每年会下派相当数量的任务额度,由于任务额度较大,导致项目经常出现扎堆的现象,使得XW公司经常为完成这些额度而疲于奔命。另外,由于车辆检测设备多为定制产品,每个订单客户的要求不尽相同,就会出现同类型产品会有多种规格同时生产,这也增加了项目管理的难度。同时,由于XW公司的人员不足,经常会陷入某些产品研制和项目开发无人可派的窘境。

### 6.1.1 XW公司的组织结构

XW公司包括5个部门,分别是销售部、总务部、开发质量部、生产采购部和财务部。各部门根据本部门的职责进行工作,在项目实施过程中由项目经理指派和协调相关工作。各项目的项目经理名义上都是主管开发和生产的副总,但是由于项目很多,而项目经理的时间和精力有限,所以在多数情况下,项目经理往往只进行总体的协调和决策工作,并不对项目实施过程中的具体工作进行管理。XW公司的组织结构具体示意如图6-1。

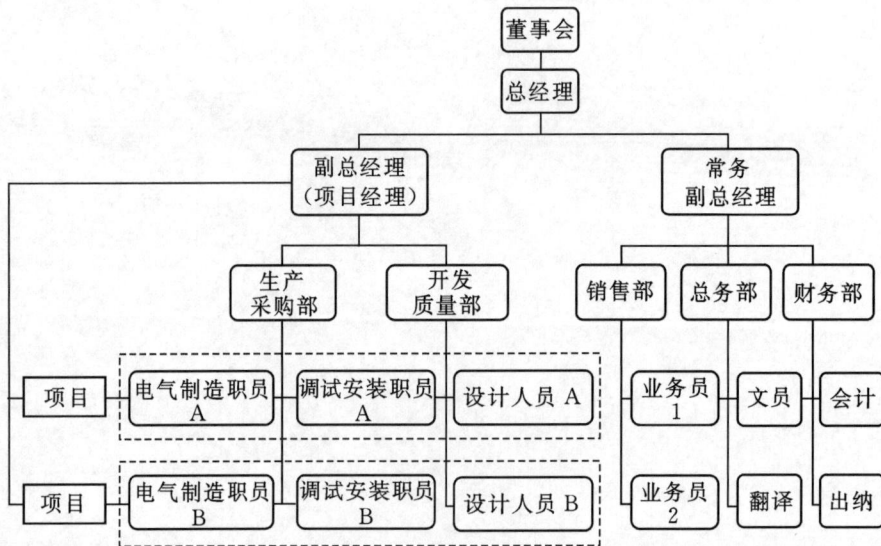

图6-1 XW公司组织结构

　　XW 公司现有员工 30 人。根据公司的组织结构图,生产采购部共有 7 名普通员工,其中电气制造职员 4 名,调试安装职员 3 名;开发质量部共有 6 名普通员工,全部为设计人员。各部门的岗位设置及其工作内容都有比较清晰的界定,各员工的岗位不同,从事的工作也不同。而且,相同的岗位对于不同的产品也有不同的工作规范,所以,对某项目任务一般只有不多于 3 名员工可以胜任,再加上很多时候都有多个项目在同时执行,因而经常会出现人力资源不足的问题。

　　由 XW 公司的组织结构可以看出,公司的项目管理形式为职能制项目组织形式,项目的协调工作由各职能部门的相关负责人承担,在人员的使用上具有较大的灵活性,技术专家可以同时被不同的项目使用,职能部门内部的专业人员易于沟通交流,而且各职能部门可以作为项目技术持续性的基础。但是,需要指出的是,职能制的组织结构跨部门交流比较困难,超出职能部门利益以外的问题容易被忽视,而且没有人为项目负全部责任。这些缺点也正是 XW 公司目前在项目管理中存在的突出问题,但是由于人员数量的局限,对于 XW 公司来说,职能制项目组织形式是目前公司不得不采取的组织结构形式。

## 6.1.2　XW 公司的项目管理现状

　　项目实施过程中用到的资源一般分为实物资源和人力资源。实物资源是通过采购获得,需要什么样的实物资源由产品设计决定,需要遵循在满足使用功能的前提下性价比最优的原则。人力资源是根据 XW 公司现有的组织结构,由可以分配给项目的人员多少决定。一般情况下每人每天工作 8 个工时,国家规定的周六周日不工作。所以,项目的计划和资源分配方案,需要按照现有的人力资源状况,结合日历安排最终确定。

　　根据公司近期的合同签订情况,有 3 个客户订购了 MST 系列试验台,这些试验台总体机械结构和电气控制系统架构基本相同,但在技术要求和功能细节存在一些差异。也就是说,3 个合同都是在定型产品上的改进项目,且改动比较有限,因此,它们在项目的计划和资源使用上没有很大差别。通过对于已经完成的类似项目进行总结后发现,由于 XW 公司能够用于完成项目任务的资源有限,因资源不足所造成的工期延误的现象普遍存在。客户对于这种情况也有一定的了解,如果延误不是非常严重也不会过分追究。但是,在这 3 个项目合同中,客户明确提出要对项目里程碑的节点完成情况进行考核,如果没有完成预定计划就会对公司进行索赔,这会造成项目成本上升,进而导致项目利润减少,同时会危害到公司的声誉。

　　此外,对于这 3 个项目合同的执行进行具体分析,还发现它们在实施过程中存在如下要点需要注意:

　　• 根据项目的特点和实际工作情况的经验,在各任务实施过程中,如果出现工作人员的更换情况,可以忽略工作人员的交接时间。

　　• 由于产品软件的设计变动不大,仅存在细节上的差异,所以在设计阶段只提出软件更改要求,在进行联机调试时才真正进行软件的修改工作。

　　• 在项目的实施过程中,不对各任务的内部控制流程和人员安排进行监控,也不存在加班和赶工的情况。

　　• 由于机械加工是外包的,在加工水平不足的情况下可以增加机械加工厂数量,所以认为机械加工的资源数量是不受限制的。

- 各项目使用的电气零部件基本上都是通用产品,均可以采购到现货或备有充足的库存,所以可以忽略电气部件的采购时间。

- 某项目需要增加人员时,由于新增人员也对该项目比较熟悉,因此认为新增加的员工可以直接进入项目,不需要适应期。

- 客户严格按照合同的技术要求进行最终产品安装后的考核,不存在技术要求变更的情况,可以认为产品安装完成时间即为项目完成时间。

- 如果在项目计划中有国家法定休假,则项目计划顺延,客户不对顺延部分进行罚款。为了便于计算,将国家法定休假日期排除在外。

# 6.2  多项目的资源分配及调度计划

## 6.2.1  项目的基本数据

为便于表述,将 XW 公司准备实施的 3 个 MST 系列试验台订购合同分别称为项目 A、项目 B 和项目 C,下面对这三个项目的具体情况进行说明。

**1. 项目 A**

项目 A 于 2010 年 3 月 21 日签订合同,合同包含 1 套全新车辆出厂检测产品,客户要求合同产品于 2010 年 7 月 20 日前安装完毕并交付客户使用。该客户与 XW 公司具有良好的合作关系,在项目 A 的合同签订之前,双方已对于该类型的产品进行了多次合作,客户对之前的合作非常满意。在此次订购合同中,客户根据该类型产品的使用情况提出了一些新的改进要求,包括机械结构维护、检测功能升级等。因此,项目 A 在设计阶段就需要将这些要求考虑在内,这会使得设计任务的工期加长。

合同还规定,双方签字生效 10 日后,也就是 3 月 31 日,客户支付合同总额的 30% 作为订金。XW 公司必须在 4 月 20 日前提供客户需要的设备安装配套图纸,以便客户进行前期施工准备,因图纸提供滞后造成的损失全部由 XW 公司承担。客户将于 5 月 21 日前在 XW 公司对设备电气部分进行检查,检查通过后客户支付合同总额的 20%。客户将于 6 月 17 日在 XW 公司对设备进行预验收,预验收通过后客户支付合同总额的 20%。产品必须在 7 月 13 日前安装完毕,届时客户支付合同总额的 25%。在所有客户付款的时间节点上,如果存在工期延误的现象,客户将按照 2100 元/天的标准扣除罚款。余下的合同总额的 5% 作为质量保证金,客户于产品交付使用后 1 年内支付。项目 A 的时间节点要求如表 6-1 所示。

表 6-1  项目 A 时间节点要求

| 序号 | 任务 | 工期(工作日) | 开始日期 | 结束日期 |
| --- | --- | --- | --- | --- |
| 0 | 项目 A | 82 | 2010.3.22 | 2010.7.13 |
| 1 | 确定实施方案 | 2 | 2010.3.22 | 2010.3.23 |
| 2 | 设计 | 18 | 2010.3.24 | 2010.4.16 |

| 序号 | 任务 | 工期（工作日） | 开始日期 | 结束日期 |
|---|---|---|---|---|
| 3 | 机械加工 | 30 | 2010.4.19 | 2010.5.28 |
| 4 | 电气加工 | 25 | 2010.4.19 | 2010.5.21 |
| 5 | 系统组装 | 4 | 2010.5.31 | 2010.6.3 |
| 6 | 联机调试 | 10 | 2010.6.4 | 2010.6.17 |
| 7 | 产品安装 | 18 | 2010.6.18 | 2010.7.13 |

**2. 项目 B**

项目 B 于 2010 年 3 月 28 日签订,合同包含 1 套全新车辆出厂检测产品,在接收到客户的预付款时开始执行。客户在 4 月 1 日支付了合同总额 30％的预付款,合同正式生效。合同规定 2010 年 5 月 30 日前将产品安装完毕并交付客户使用。项目 B 的产品为 XW 公司的老产品,设计资料和加工工艺已经非常成熟,绝大多数都可以借用,因而减少了相当多的设计工作。

合同还规定,XW 公司必须在 4 月 5 日前提供客户需要的设备安装配套图纸,以便客户进行前期施工。客户将于 4 月 15 日在 XW 公司对设备电气部分进行检查,检查通过后客户支付合同总额的 10％。客户将于 5 月 18 日在 XW 公司对设备进行预验收,预验收通过后客户支付合同总额的 10％。产品必须在 5 月 28 日前安装完毕,届时客户支付合同总额的 30％。在所有客户付款的时间节点上,如果存在工期延误的现象,客户将根据 900 元/天的标准扣除罚款。余下的合同总额的 20％作为质量保证金,客户于产品交付使用后 1 年内支付。项目 B 的时间节点要求如表 6 - 2 所示。

**表 6 - 2　项目 B 时间节点要求**

| 序号 | 任务 | 工期（工作日） | 开始日期 | 结束日期 |
|---|---|---|---|---|
| 0 | 项目 B | 42 | 2010.4.1 | 2010.5.28 |
| 1 | 确定实施方案 | 1 | 2010.4.1 | 2010.4.1 |
| 2 | 设计 | 2 | 2010.4.2 | 2010.4.5 |
| 3 | 机械加工 | 25 | 2010.4.6 | 2010.5.10 |
| 4 | 电气加工 | 8 | 2010.4.6 | 2010.4.15 |
| 5 | 系统组装 | 2 | 2010.5.11 | 2010.5.12 |
| 6 | 联机调试 | 4 | 2010.5.13 | 2010.5.18 |
| 7 | 产品安装 | 8 | 2010.5.19 | 2010.5.28 |

**3. 项目 C**

项目 C 于 2010 年 4 月 20 日签订,合同包含 5 套对客户原车辆出厂检测产品的改造,在接收到客户的预付款时开始执行。客户在 4 月 26 日支付了合同总额 30％的预付款,合同正式生效。合同规定 2010 年 10 月 1 日前将产品安装完毕并交付客户使用。客户的原设备已经使用很长时间,系统老化比较严重,机械部分可以全部使用,但是必须进行翻新;电气部分全部更换以满足功能更多的控制方式。另外,根据客户的要求,在原设备机械部分基础上增加检测工位,以满足更快的检测节拍,所以还需要重新设计并加工这些机械部件。由于产品最终实现的功能和项目 A 基本类似,因此,部分设计可以参考和借用项目 A 的技术资料,这样可以缩短设计任务的工期。但是由于需要 5 套这样的产品,在电气部分的加工周期、联机调试时间和现场安装时间均会多出很多。

合同还规定,XW 公司必须在 5 月 13 日前提供客户需要的设备安装配套图纸,以便客户进行前期施工,因图纸提供滞后造成的损失全部由 XW 公司承担。客户于 6 月 24 日前在 XW 公司对设备电气部分进行检查,检查通过后客户支付合同总额的 10%。客户将于 8 月 11 日前在 XW 公司对设备进行预验收,预验收通过后客户支付合同总额的 20%。产品必须在 9 月 15 日前安装完毕,届时客户支付合同总额的 35%。在所有客户付款的时间节点上,如果存在工期延误的现象,客户将根据 1500 元/天的标准扣除罚款。余下的合同总额的 5% 作为质量保证金,客户于产品交付使用后 1 年内支付。项目 C 的时间节点要求如表 6-3 所示。

表 6-3 项目 C 时间节点要求

| 序号 | 任务 | 工期(工作日) | 开始日期 | 结束日期 |
| --- | --- | --- | --- | --- |
| 0 | 项目 C | 103 | 2010.4.26 | 2010.9.15 |
| 1 | 确定实施方案 | 2 | 2010.4.26 | 2010.4.27 |
| 2 | 设计 | 12 | 2010.4.28 | 2010.5.13 |
| 3 | 机械加工 | 42 | 2010.5.14 | 2010.7.12 |
| 4 | 电气加工 | 30 | 2010.5.14 | 2010.6.24 |
| 5 | 系统组装 | 6 | 2010.7.13 | 2010.7.20 |
| 6 | 联机调试 | 16 | 2010.7.21 | 2010.8.11 |
| 7 | 产品安装 | 25 | 2010.8.12 | 2010.9.15 |

### 6.2.2 多项目进度计划控制

根据 XW 公司项目的特点,同类产品的制造模式基本一致,也就决定了项目 A、B、C 的实施流程基本一致。这三个项目的实施流程具体说明如下。

**1. 确定实施方案**

合同签订后,客户会将预付款在合同开始执行后支付给 XW 公司。此时,项目经理组织各部门对项目技术要求进行说明,对项目进行工作结构分解,确定项目实施方案,指定项目技术负责人和项目产品安装负责人,并根据当前人员情况安排设计和生产计划。项目技术负责人由开发部负责相关产品的设计人员担任,具体负责项目的电气系统设计,提出机械加工要求和软件控制要求。项目产品安装负责人由生产部负责相关产品的人员担任,具体负责产品组装后的联机调试和产品安装。

**2. 设计**

实施方案确定后进入设计阶段,项目技术负责人对合同的技术要求逐一进行分解,在必要时还需要和客户沟通部分实施的细节要求。在了解了所有要求后进入详细电气设计阶段,该阶段根据项目的不同要求,可能存在较大的差异。比如,某些项目虽然功能类似,但是由于客户的要求不同,设计上会发生变化。此外,为了降低成本还需要在总体使用功能保持不变的前提下,对某些设计进行局部变更,这样都会导致设计工作量的增大,项目 C 即为这种情况。另一种情况是产品功能一致,设计基本不需要变更。所以,所有的技术资料都可以借用已完成的设计资料,这种情况的设计工作量就较小,项目 B 即属于这种情况。在设计阶段,设计人员除了对电气系统进行设计外,还需要提出详细的机械加工要求。外包的机械加工厂根据这些要求进行详细设计,并把设计结果反馈给项目技术负责人和项目经理审核,审核通过后进行机械加工。这样的处理流程在每次机械加工时基本一致,不需要 XW 公司付出额外的精力,能够节省管理成本。但是,缺点是对机械加工厂的完成工期控制相对困难。

### 3. 机械加工和电气加工

设计完成后进入机械加工和电气加工阶段。这两个阶段是并行的,目的是为了节省时间,使项目总工期能够最短。机械加工过程前面已说明过,电气加工则由 XW 公司生产部指定专人根据设计图纸完成。

### 4. 系统组装

系统组装阶段在机械部分和电气部分制作完成后开始,需要的人员与电气加工人员一致。系统组装是将机械部分和电气部分联机,将两个独立的部分组合在一起,使其成为互相协作的一个整体。

### 5. 联机调试

当系统组装完成后,首先由软件人员根据设计人员在设计阶段提出的软件修改要求进行产品控制软件的修改和更新;然后与项目产品安装负责人一起进行联机调试,保证产品所有功能满足合同的技术要求。在这里需要说明的是,通常负责此类产品安装的人员对设备调试已经相当熟悉,具体的调试方法不需要和相关设计人员进行协商,在调试过程中出现问题和疑问时才会找设计人员沟通。所以,此任务按照先进行软件更新再进行调试的流程进行,仅在资源使用上存在分配问题需要考虑。

### 6. 产品安装

待客户对产品进行确认后,由项目产品安装负责人到客户现场进行产品安装、调试,以及对客户的人员进行培训,与客户一起完成设备验收工作。

由于各项目类似,所以关键路径也基本是一样的:确定实施方案→设计→机械加工/电气加工→系统组装→联机调试→产品安装。按照以往的经验,造成项目拖延的原因多是由于电气加工没有按照计划完成,导致系统组装以及后续任务滞后,进而无法完成后续的里程碑任务。通过对各项目情况进行归纳,根据各项任务的工期数据并结合它们之间的逻辑关系,绘制了多项目的施工进度计划甘特图,如图 6 - 2 所示。

在图 6 - 2 中,按照各项目开始的时间顺序,将各任务依次列出,并根据它们的工期绘制进度横线。通过对图 6 - 2 进行分析可以发现,尽管各项目的工期都不是很长,但是部分任务之间存在着时间重叠的现象,这就要求使用同类资源的任务间必须进行合理的协调,这样才能确保各项目可以按照计划顺利实施。

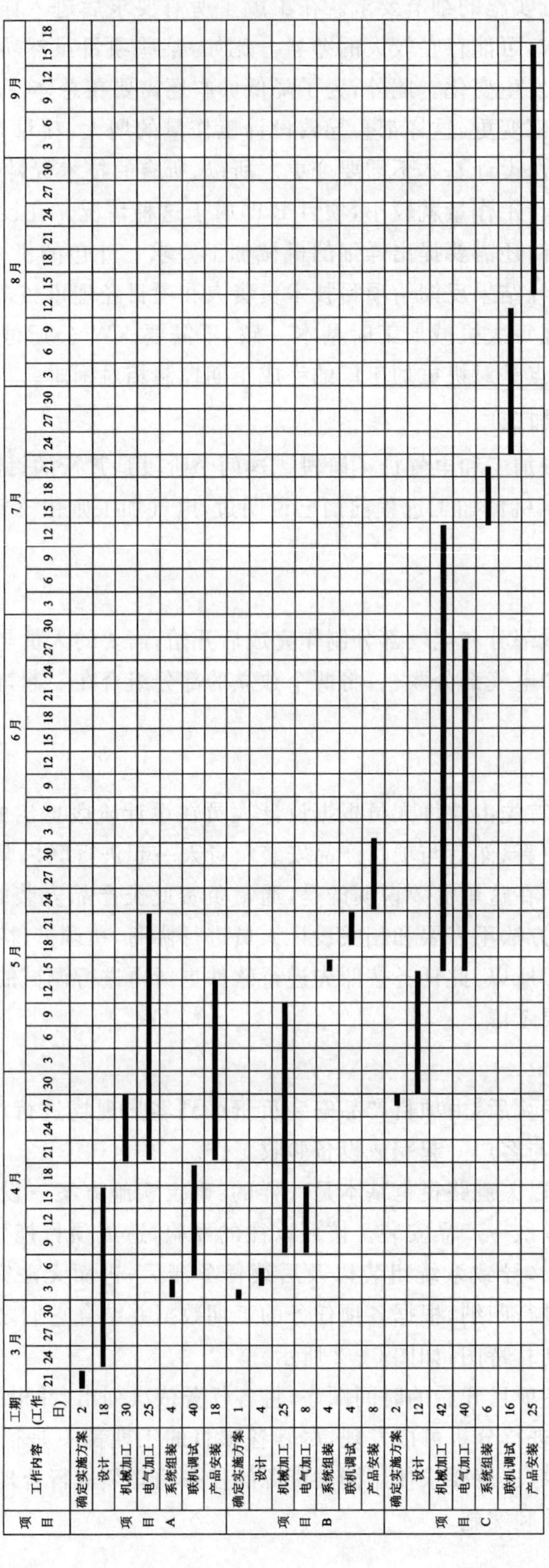

| 项 目 | 工作内容 | 工期(工作日) | 3月 | | | 4月 | | | | | | 5月 | | | | | | 6月 | | | | | | 7月 | | | | | | 8月 | | | | 9月 | | |
|---|---|---|---|---|---|---|---|---|---|---|---|---|---|---|---|---|---|---|---|---|---|---|---|---|---|---|---|---|---|---|---|---|---|---|---|---|---|
| | | | 21 | 24 | 27 | 30 | 3 | 6 | 9 | 12 | 15 | 18 | 21 | 24 | 27 | 30 | 3 | 6 | 9 | 12 | 15 | 18 | 21 | 24 | 27 | 30 | 3 | 6 | 9 | 12 | 15 | 18 | 21 | 24 | 27 | 30 | 3 | 6 | 9 | 12 | 15 | 18 | 21 | 24 | 30 | 3 | 6 | 9 | 12 | 15 | 18 |
| 项目A | 确定实施方案 | 2 | | | | | | | | | | | | | | | | | | | | | | | | | | | | | | | | | | | | | | |
| | 设计 | 18 | | | | | | | | | | | | | | | | | | | | | | | | | | | | | | | | | | | | | | |
| | 机械加工 | 30 | | | | | | | | | | | | | | | | | | | | | | | | | | | | | | | | | | | | | | |
| | 电气加工 | 25 | | | | | | | | | | | | | | | | | | | | | | | | | | | | | | | | | | | | | | |
| | 系统组装 | 4 | | | | | | | | | | | | | | | | | | | | | | | | | | | | | | | | | | | | | | |
| | 联机调试 | 40 | | | | | | | | | | | | | | | | | | | | | | | | | | | | | | | | | | | | | | |
| | 产品安装 | 18 | | | | | | | | | | | | | | | | | | | | | | | | | | | | | | | | | | | | | | |
| 项目B | 确定实施方案 | 1 | | | | | | | | | | | | | | | | | | | | | | | | | | | | | | | | | | | | | | |
| | 设计 | 4 | | | | | | | | | | | | | | | | | | | | | | | | | | | | | | | | | | | | | | |
| | 机械加工 | 25 | | | | | | | | | | | | | | | | | | | | | | | | | | | | | | | | | | | | | | |
| | 电气加工 | 8 | | | | | | | | | | | | | | | | | | | | | | | | | | | | | | | | | | | | | | |
| | 系统组装 | 4 | | | | | | | | | | | | | | | | | | | | | | | | | | | | | | | | | | | | | | |
| | 联机调试 | 4 | | | | | | | | | | | | | | | | | | | | | | | | | | | | | | | | | | | | | | |
| | 产品安装 | 8 | | | | | | | | | | | | | | | | | | | | | | | | | | | | | | | | | | | | | | |
| 项目C | 确定实施方案 | 2 | | | | | | | | | | | | | | | | | | | | | | | | | | | | | | | | | | | | | | |
| | 设计 | 12 | | | | | | | | | | | | | | | | | | | | | | | | | | | | | | | | | | | | | | |
| | 机械加工 | 42 | | | | | | | | | | | | | | | | | | | | | | | | | | | | | | | | | | | | | | |
| | 电气加工 | 40 | | | | | | | | | | | | | | | | | | | | | | | | | | | | | | | | | | | | | | |
| | 系统组装 | 6 | | | | | | | | | | | | | | | | | | | | | | | | | | | | | | | | | | | | | | |
| | 联机调试 | 16 | | | | | | | | | | | | | | | | | | | | | | | | | | | | | | | | | | | | | | |
| | 产品安装 | 25 | | | | | | | | | | | | | | | | | | | | | | | | | | | | | | | | | | | | | | |

图 6-2 多项目实施进度计划甘特图

### 6.2.3　多项目资源配置情况

**1. 里程碑控制**

从上述分析可以看出,三个项目中都存在4个里程碑任务,分别为确定实施方案、电气加工、联机调试和产品安装。项目实施方案确定后,向客户提供产品与客户相关的接口及安装准备要求,以便客户能够进行前期准备,使产品在安装时相关设施准备到位,进而缩短项目工期。一般来说,这些里程碑节点都会严格按照计划完成。电气加工完成后,客户到XW公司对加工完成的设备电气部分进行元器件核对,检查电气组装是否符合国家标准要求,目的是为了保证产品电气配件达到合同要求。在这个阶段完成后客户支付阶段合同款,但是如果该阶段存在延迟,客户会对每个延期的工作日进行惩罚。需要特别说明的是,客户到XW公司进行检查的时间,是根据项目计划中电气加工的完成时间安排的。如果出现延迟,此阶段的付款时间也会相应延迟,使公司流动资金不能正常回收,所以XW公司管理层要求尽量按照项目计划执行。

在产品联机调试完成后,客户到XW公司进行预验收,目的是为了保证产品功能符合合同的技术要求。在这个阶段完成后客户会支付阶段合同款,但是如果该阶段存在延迟,客户会对每个延期的工作日进行惩罚。产品最终安装完毕后,客户进行验收。在这个阶段完成后,客户会对除了质量保证金之外的合同剩余款项进行支付,同样如果项目在合同约定的时间没有完成,客户也会对每个延期的工作日进行惩罚。客户对里程碑任务的考核比较严格,同时处罚也较高,为了保证项目利润的最大化,必须对里程碑任务进行严格监控,达到降低成本、提高利润的目的。

**2. 多项目资源配置**

根据已经确定的多项目进度计划,将各种资源按照相应任务的需求量进行分配,如果出现同一时间发生资源冲突的情况,优先满足开始时间较早的任务需求。对于XW公司来说,如果各项目能够按照计划顺利实施,那么资源基本可以满足项目的要求。但是,在项目的实施过程中,由于不确定的因素很多,使得项目在执行过程中经常会出现计划的变更,这将不可避免地造成资源配置的调整和不足,进而导致项目延期。

当上述项目进行到5月4日时,由于上级单位的指派,电气安装的1个员工与其他部门的1个员工换岗,新来的员工每个工作日投入到项目上的工作工时仅为原来的一半,导致电气安装的资源量减少,无法满足正常任务的需要,从而造成项目延期。根据对资源减少所造成影响的预期,将项目计划安排更改如表6-4所示。

表6-4　多项目计划安排的调整结果

| 序号 | 任务 | 工期(工作日) | 开始日期 | 结束日期 |
|------|------|----------|----------|----------|
| 0 | 项目A | 82 | 2010.3.22 | 2010.7.13 |
| 1 | 确定实施方案 | 2 | 2010.3.22 | 2010.3.23 |
| 2 | 设计 | 18 | 2010.3.24 | 2010.4.16 |
| 3 | 机械加工 | 30 | 2010.4.19 | 2010.5.28 |
| 4 | 电气加工 | 25 | 2010.4.19 | 2010.5.21 |

| 序号 | 任务 | 工期（工作日） | 开始日期 | 结束日期 |
|---|---|---|---|---|
| 5 | 系统组装 | 4 | 2010.5.31 | 2010.6.3 |
| 6 | 联机调试 | 10 | 2010.6.4 | 2010.6.17 |
| 7 | 产品安装 | 18 | 2010.6.18 | 2010.7.13 |
| 0 | 项目 B | 42 | 2010.4.1 | 2010.5.28 |
| 1 | 确定实施方案 | 1 | 2010.4.1 | 2010.4.1 |
| 2 | 设计 | 4 | 2010.4.2 | 2010.4.7 |
| 3 | 机械加工 | 25 | 2010.4.8 | 2010.5.10 |
| 4 | 电气加工 | 8 | 2010.4.8 | 2010.4.17 |
| 5 | 系统组装 | 4 | 2010.5.11 | 2010.5.14 |
| 6 | 联机调试 | 4 | 2010.5.15 | 2010.5.20 |
| 7 | 产品安装 | 8 | 2010.5.21 | 2010.5.30 |
| 0 | 项目 C | 103 | 2010.4.26 | 2010.9.15 |
| 1 | 确定实施方案 | 2 | 2010.4.26 | 2010.4.27 |
| 2 | 设计 | 12 | 2010.4.28 | 2010.5.13 |
| 3 | 机械加工 | 42 | 2010.5.14 | 2010.7.12 |
| 4 | 电气加工 | 40 | 2010.5.14 | 2010.7.3 |
| 5 | 系统组装 | 6 | 2010.7.13 | 2010.7.20 |
| 6 | 联机调试 | 16 | 2010.7.21 | 2010.8.11 |
| 7 | 产品安装 | 25 | 2010.8.12 | 2010.9.15 |

从表 6-4 所给出的调整后的项目计划安排可以看出如下情况：

• 项目 A 没有延迟。

• 项目 B 的设计和系统组装任务分别延期了 2 个工作日，但由于机械加工时间较长，设计任务延迟的 2 个工作日没有影响到项目的最终完成时间。然而，设计任务延迟却导致了客户的惩罚。系统组装任务的延期导致了项目整体延迟了 2 个工作日。

• 项目 C 的电气加工任务延迟 10 个工作日，同样由于机械加工时间较长，延迟的 2 个工作日没有影响到项目的最终完成时间。但是，该里程碑任务延期却导致了客户的惩罚。

上述情况表明，调整后的多项目计划并没有对资源的分配进行调整，也没有采取其他措施进行补救，只是单纯地将资源不足造成的延期工作日，放在了靠后实施的项目上，这需要通过和客户的沟通协调延长工期，以降低资源不足所造成的不利影响。

## 6.3 多项目资源配置优化模型的构建

### 6.3.1 项目数据提炼

**1. 多项目的任务流程**

为了方便表述,用图 6-3 所给出的图形来表示项目任务及其相关参数。图 6-3 中:

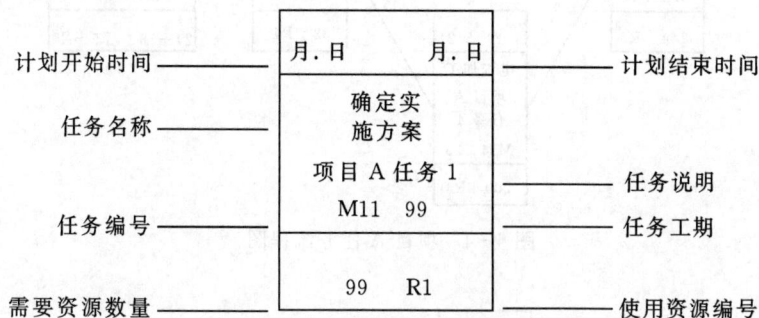

图 6-3 项目任务图解

- 计划开始时间:表示该任务按照项目计划开始执行的时间,使用"月.日"的格式表示。
- 计划结束时间:表示该任务按照项目计划完成的时间,使用"月.日"的格式表示。
- 任务名称:表示该任务的名称。
- 任务说明:表示该任务在项目中的编号。
- 任务编号:表示根据任务说明,为了简便的表达任务而设定的编号;M 后第一个数字为项目号,项目 A 为 1,项目 B 为 2,项目 C 为 3;M 后第二个数字为相应项目中的任务编号,按照任务流程,分别为 1~7。
- 任务工期:表示该任务按照计划所需的工作时间,单位为工作日。
- 需要资源数量:表示完成该任务需要使用的资源数量,单位为工时。
- 使用资源编号:表示完成该任务需要使用的资源种类。R1 代表项目经理;R2 代表设计人员,由于项目的特殊性,设计人员的工作包括对电气系统的设计、机械加工要求和软件控制要求等;R3 代表外包机械加工厂;R4 代表公司生产部电气组装人员;R5 代表公司软件设计人员;R6 代表公司生产部产品安装人员。

利用图 6-3 的任务图解,基于上述对 XW 公司多项目的管理现状和资源使用情况的调研分析,可以得到项目 A、B、C 的任务流程分别如图 6-4、图 6-5 和图 6-6 所示。

**2. 资源需求状况**

以上对各项目的任务数据和流程进行了描述,从而清楚地反映出三个项目的实施情况。但是,项目在实施过程中还要投入各种资源,因此,还要对与资源需求相关的数据进行提炼和分析。表 6-5 给出了三个项目的单位资源成本,各项目单位资源成本包括每工作日的单位资源成本、每个假期的单位资源成本、工作日的里程碑罚款。每个项目的上述成本各不相同,按照员工的工作成本和项目合同总额的百分比计算获得。

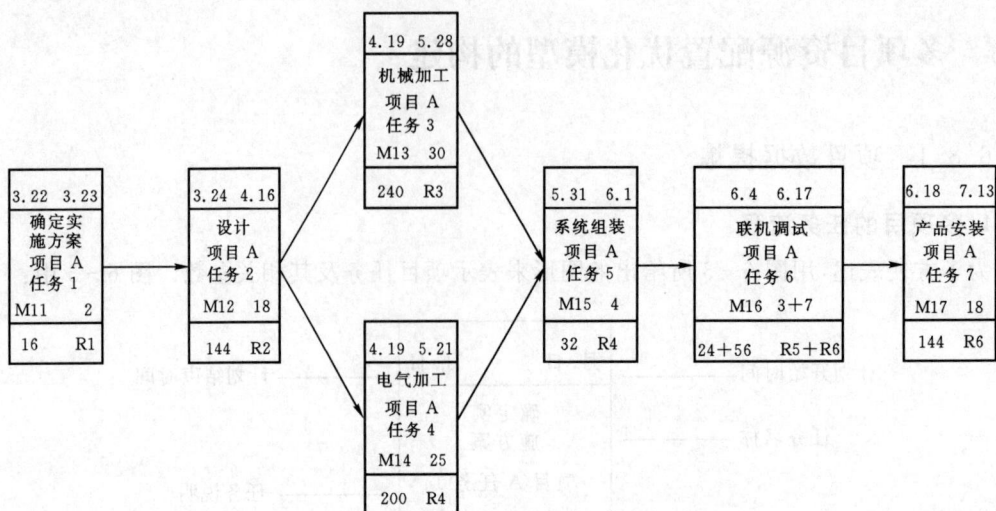

图 6-4 项目 A 任务流程图

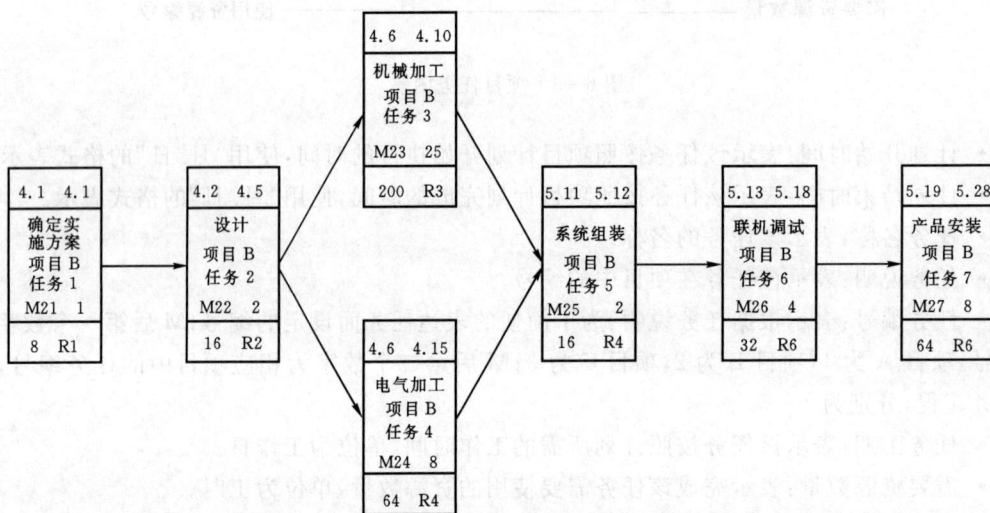

| | 3.22 3.23<br>确定实施方案<br>项目A<br>任务1<br>M11　2<br>16　R1 | 3.24 4.16<br>设计<br>项目A<br>任务2<br>M12　18<br>144　R2 | 4.19 5.28<br>机械加工<br>项目A<br>任务3<br>M13　30<br>240　R3<br><br>4.19 5.21<br>电气加工<br>项目A<br>任务4<br>M14　25<br>200　R4 | 5.31 6.1<br>系统组装<br>项目A<br>任务5<br>M15　4<br>32　R4 | 6.4 6.17<br>联机调试<br>项目A<br>任务6<br>M16　3+7<br>24+56　R5+R6 | 6.18 7.13<br>产品安装<br>项目A<br>任务7<br>M17　18<br>144　R6 |

图 6-4　项目 A 任务流程图

| | 4.1 4.1<br>确定实施方案<br>项目B<br>任务1<br>M21　1<br>8　R1 | 4.2 4.5<br>设计<br>项目B<br>任务2<br>M22　2<br>16　R2 | 4.6 4.10<br>机械加工<br>项目B<br>任务3<br>M23　25<br>200　R3<br><br>4.6 4.15<br>电气加工<br>项目B<br>任务4<br>M24　8<br>64　R4 | 5.11 5.12<br>系统组装<br>项目B<br>任务5<br>M25　2<br>16　R4 | 5.13 5.18<br>联机调试<br>项目B<br>任务6<br>M26　4<br>32　R6 | 5.19 5.28<br>产品安装<br>项目B<br>任务7<br>M27　8<br>64　R6 |

图 6-5　项目 B 任务流程图

表 6-5　项目单位资源成本

| 项目 | 项目 A | 项目 B | 项目 C |
| --- | --- | --- | --- |
| 工作日单位资源成本(元/工作日) | 320 | 200 | 280 |
| 假期的单位资源成本(元/假期日) | 640 | 400 | 560 |
| 里程碑罚款(元/工作日) | 2100 | 900 | 1500 |

　　分配给各项目组的成员都是专职负责此类产品的人员,这些人力资源能够提供的工时按

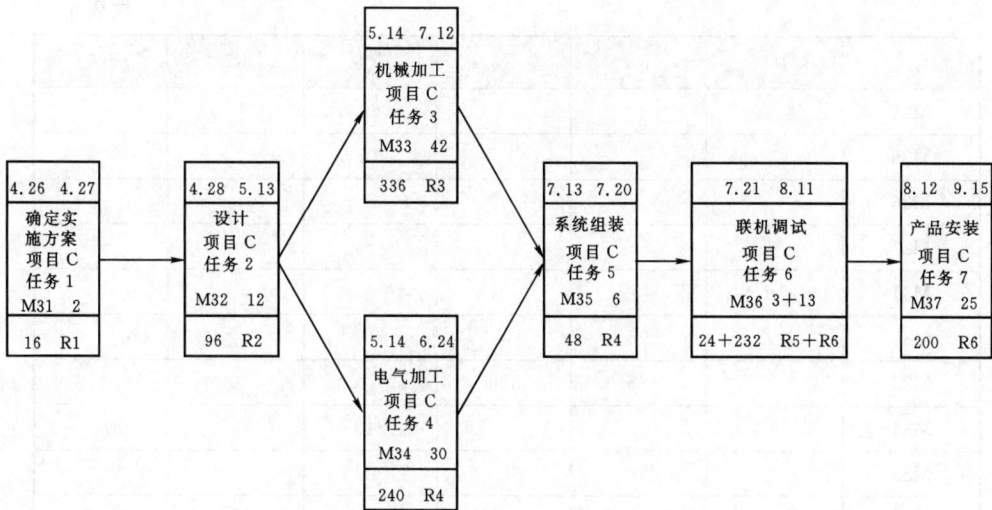

图 6-6　项目 C 任务流程图

照员工的日常工时确定,即每人每工作日 8 工时,如表 6-6 所示。各项目任务对资源的需求量见表 6-7,表 6-7 中横向表示资源编号,纵向表示项目任务编号,表 6-7 中数据表示资源需求量,单位为工时,其数值根据任务的工期和相应资源每工作日的数量计算得到。各项目任务工期见表 6-8,其中工期的单位为工作日,表 6-8 中数据是将各项目计划按照任务分解,总结归纳各任务的工作时间,任务执行的工作日天数即为该项目任务的工期。

表 6-6　项目资源情况表

| 资源编号 | R1 | R2 | R3 | R4 | R5 | R6 |
|---|---|---|---|---|---|---|
| 资源数量 | 8 | 8 | $+\infty$ | 16 | 8 | 16 |

表 6-7　项目任务资源需求量

| | R1 | R2 | R3 | R4 | R5 | R6 |
|---|---|---|---|---|---|---|
| M11 | 16 | | | | | |
| M12 | | 144 | | | | |
| M13 | | | 240 | | | |
| M14 | | | | 200 | | |
| M15 | | | | 32 | | |
| M16 | | | | | 80 | 80 |
| M17 | | | | | | 144 |
| M21 | 8 | | | | | |
| M22 | | 16 | | | | |
| M23 | | | 200 | | | |

|  | R1 | R2 | R3 | R4 | R5 | R6 |
|---|---|---|---|---|---|---|
| M24 |  |  |  | 64 |  |  |
| M25 |  |  |  | 16 |  |  |
| M26 |  |  |  |  |  | 32 |
| M27 |  |  |  |  |  | 64 |
| M31 | 16 |  |  |  |  |  |
| M32 |  | 96 |  |  |  |  |
| M33 |  |  | 336 |  |  |  |
| M34 |  |  |  | 240 |  |  |
| M35 |  |  |  | 48 |  |  |
| M36 |  |  |  |  | 128 | 128 |
| M37 |  |  |  |  |  | 200 |

表 6－8 项目任务工期

| 任务编号 | M11 | M12 | M13 | M14 | M15 | M16 | M17 |
|---|---|---|---|---|---|---|---|
| 工期 | 2 | 18 | 30 | 25 | 4 | 10 | 18 |
| 任务编号 | M21 | M22 | M23 | M24 | M25 | M26 | M27 |
| 工期 | 1 | 2 | 25 | 8 | 2 | 4 | 8 |
| 任务编号 | M31 | M32 | M33 | M34 | M35 | M36 | M37 |
| 工期 | 2 | 12 | 42 | 30 | 6 | 16 | 25 |

### 6.3.2 优化模型构建

根据对以上三个项目的说明和数据分析,结合 XW 公司多项目管理的特点,构建多项目资源配置优化模型如下。

#### 1. 符号定义

为方便表述,将优化模型中所用到的符号定义如下:

- $i$:项目编号。
- $j$:任务编号。
- $m$:里程碑任务编号。
- $M_i$:项目 $i$ 的里程碑任务集合。
- $r_{ij}$:项目 $i$ 中任务 $j$ 延迟的单位费用。
- $y_{ij}$:项目 $i$ 中任务 $j$ 的延迟时间。
- $F_{im}$:项目 $i$ 中里程碑任务 $m$ 的延期罚款。
- $E$:各项目延迟引起的延迟费用总额。

- $k$：资源编号。
- $t$：时刻序号。
- $S_{ijk}$：项目 $i$ 的任务 $j$ 对第 $k$ 种资源的需求量。
- $R_k$：整个项目实施过程中，第 $k$ 种资源可以使用的最大量。
- $I_t$：在时刻 $t$ 处在执行状态的所有任务的集合。
- $n$：任务 $j$ 的紧前任务编号。
- $\varphi_{ij}$：项目 $i$ 中任务 $j$ 的所有紧前任务的集合。
- $x_{ij}$：项目 $i$ 中任务 $j$ 的开始时间。
- $x_{in}$：项目 $i$ 中任务 $n$ 的开始时间。
- $T_{in}$：项目 $i$ 中任务 $n$ 所需的工作时间。
- $T_{ij}$：项目 $i$ 中任务 $j$ 的工期。
- $EFT_{ij}$：项目 $i$ 的任务 $j$ 的预期结束时间。

为方便数学模型的表述，以下将项目 A、B、C 依次定义为项目 1、2、3。

**2. 目标函数**

多项目管理的目标是使组织运行效率达到最优，可以用多种方法表示，比如一段时间内项目产生的总利润最大，或者由各项目延迟引起惩罚总额的最小化等等。结合前面对问题的界定和 XW 公司项目的实际管理需要，把目标定为各项目的延迟费用之和最少，这样便于对公司有限的人力资源进行合理的调配。以各项目延迟引起费用总额的最小化为目标，把 XW 公司多项目资源配置优化模型的目标要求定义如下：

$$\text{Min } E = \sum_{i=1}^{3} \sum_{j=1}^{7} (r_{ij} y_{ij}) + \sum_{i=1}^{3} \sum_{m \in M_i} F_{im}$$

上式右边的第一项为三个项目中所有任务的延迟费用，第二项为三个项目中所有里程碑任务的延期罚款，两项之和即为三个项目延迟所引起的延迟总费用。

需要说明的是，延迟不满一天的按一天处理。例如，某任务在某个工作日结束时还需要 1 个工时就可以完成，这 1 个工时也必须按照延迟 1 天来处理。例如，对于项目 $A$，单位资源成本为 320 元/工作日，假定任务延迟了 3 个工作日才完成，则项目 $A$ 的延迟费用即为 $320 \times 3 = 960$（元）。将三个项目的相关参数代入到上述目标要求中，即可得到 XW 公司的三个项目资源配置优化模型的目标要求表述如下：

$$\text{Min } E = (r_{11} y_{11} + r_{12} y_{12} + r_{13} y_{13} + r_{14} y_{14} + r_{15} y_{15} + r_{16} y_{16} + r_{17} y_{17} + r_{21} y_{21} + r_{22} y_{22} + r_{23} y_{23}$$
$$+ r_{24} y_{24} + r_{25} y_{25} + r_{26} y_{26} + r_{27} y_{27} + r_{21} y_{21} + r_{22} y_{22} + r_{23} y_{23} + r_{24} y_{24} + r_{25} y_{25} + r_{26} y_{26}$$
$$+ r_{27} y_{27}) + (F_{11} + F_{14} + F_{16} + F_{17} + F_{21} + F_{24} + F_{26} + F_{27} + F_{31} + F_{34} + F_{36} + F_{37})$$

**3. 约束条件**

对 XW 公司三个项目的资源配置进行优化，需要满足一些约束条件的限制，这些约束条件包括如下几个方面。

1）项目任务的资源约束

XW 公司实施项目可以使用的资源是有限的，项目进行任务分解后，与各任务对应的资源也是有限的。而且每类任务都是由专人负责，不同的人员不能相互替代。也就是说，为了保证工作效率，各项任务必须由专门指定的人员完成。根据 XW 公司多项目管理的现实情形，将

优化模型的资源约束表示如下:

$$\sum_i \sum_j \sum_k S_{ijk} \leqslant R_k \qquad j \in I_t, \forall t$$

上述资源约束中,在任何时刻 $t$,对任意一种资源 $k$,三个项目中正在执行的所有任务,对某种资源的使用量不能超过其拥有的可用量。

举例说明,XW 公司总共可以提供给这三个项目电气安装任务的资源 R4 为 16 工时/天,在某个工作日,项目 A 需要该资源 10 工时,项目 B 需要该资源 4 工时,项目 C 需要该资源 4 工时,三个项目一共需要 18 工时,这就超出了公司能够提供的资源总量。在这种情况下,有的项目就不能按计划完成,必须向后推延。将 XW 公司三个项目的资源需求和资源供给相关数据代入到上述资源约束中,可以得到具体的资源约束表示如下:

$$S_{111} + S_{211} + S_{311} \leqslant R_1 = 16; \qquad S_{111} + S_{211} + S_{311} \leqslant R_1 = 16;$$
$$S_{122} + S_{222} + S_{322} \leqslant R_2 = 8; \qquad S_{133} + S_{233} + S_{333} \leqslant R_3 = \infty;$$
$$S_{144} + S_{154} + S_{244} + S_{254} + S_{344} + S_{354} \leqslant R_4 = 16;$$
$$S_{165} + S_{365} \leqslant R_5 = 8; \qquad S_{166} + S_{176} + S_{266} + S_{276} + S_{366} + S_{376} \leqslant R_6 = 16.$$

2)项目任务的逻辑约束

在项目中,某项任务必然和其他任务存在着联系,而任务之间也存在必须遵循的先后次序关系,这种关系称作逻辑关系。对于 XW 公司的上述三个项目,某一个任务都是其他任务的紧前任务(或相对紧前任务)或紧后任务(或相对紧后任务),因此,需要建立项目任务的逻辑关系约束。这种逻辑关系约束表示如下:

$$x_{ij} - x_{in} \geqslant T_{in} \qquad n \in \varphi_{ij}, \forall i$$

例如,开始执行任务 M35 的前提是任务 M33 和 M34 已经全部完成,如果其中任何一个任务没有完成,M35 就不能开始。相应的,如果 M35 没有结束,M36 就不能开始。将 XW 公司的三个项目的逻辑关系数据代入上述约束条件,即可得到具体的逻辑关系约束表示如下:

对于项目 A,

$$x_{12} - x_{11} \geqslant 2; \quad x_{13} - x_{12} \geqslant 18; \quad x_{14} - x_{13} \geqslant 30; \quad x_{15} - x_{14} \geqslant 25;$$
$$x_{16} - x_{15} \geqslant 4; \quad x_{17} - x_{16} \geqslant 10; \quad 项目 1 完成时间 - x_{17} \geqslant 18。$$

对于项目 B,

$$x_{22} - x_{21} \geqslant 1; \quad x_{23} - x_{22} \geqslant 2; \quad x_{24} - x_{23} \geqslant 25; \quad x_{25} - x_{24} \geqslant 8;$$
$$x_{26} - x_{25} \geqslant 2; \quad x_{27} - x_{26} \geqslant 4; \quad 项目 2 完成时间 - x_{27} \geqslant 8。$$

对于项目 C,

$$x_{32} - x_{31} \geqslant 2; \quad x_{33} - x_{32} \geqslant 12; \quad x_{34} - x_{33} \geqslant 42; \quad x_{35} - x_{34} \geqslant 30;$$
$$x_{36} - x_{35} \geqslant 6; \quad x_{37} - x_{36} \geqslant 16; \quad 项目 3 完成时间 - x_{37} \geqslant 25。$$

3)项目任务的工期约束

除了逻辑约束外,各任务都需要时间才能完成。当该任务的开始执行时间确定后,就可以根据任务开始执行时间和工期推算出任务的完成时间。结合之前建立的目标函数,核心的问题是要确定该任务是否延迟开始或延迟结束。通过考察该任务的紧前任务,即可得到其延迟时间。相应地,可以计算获得延迟时间所对应的延迟费用。根据上述分析,具体的工期约束可以表述如下:

$$y_{ij} = x_{ij} + T_{ij} - EFT_{ij} \qquad j \in M_i$$

上述约束条件表示某任务开始后,就必须在预定的结束时间内完成该任务。如果该任务在计划完成时间前结束,该项目能够节约资源成本;如果该任务的实际完成时间超出了计划完成时间,该项目就要付出延迟费用。例如,任务 M35 在 7 月 13 日开始实施,计划 7 月 20 日完成。如果任务实施到 7 月 19 日时就已经完成,公司就可以把任务 M35 在 7 月 20 日的资源用到其他任务和项目上,就会节约 1 天的资源成本。如果任务实施到 7 月 22 日才完成,就代表项目就要延迟 2 天才能完成,就会发生 2 天的延迟费用。

将 XW 公司三个项目的相关数据代入到上述工期约束中,可以得到该约束条件的具体表达式如下:

对于项目 A,

$$y_{11}=0+T_{11}-2;\qquad y_{12}=x_{12}+T_{12}-20;\qquad y_{13}=x_{13}+T_{13}-50;$$

$$y_{14}=x_{14}+T_{14}-75;\quad y_{15}=x_{15}+T_{15}-79;\quad y_{16}=x_{16}+T_{16}-89;$$

$$y_{17}=x_{17}+T_{17}-107。$$

对于项目 B,

$$y_{21}=x_{21}+T_{21}-1;\qquad y_{22}=x_{22}+T_{22}-3;\qquad y_{23}=x_{23}+T_{23}-28;$$

$$y_{24}=x_{24}+T_{24}-36;\quad y_{25}=x_{25}+T_{25}-38;\quad y_{26}=x_{26}+T_{26}-42;$$

$$y_{27}=x_{27}+T_{27}-50。$$

对于项目 C,

$$y_{31}=x_{31}+T_{31}-2;\qquad y_{32}=x_{32}+T_{32}-14;\qquad y_{33}=x_{33}+T_{33}-56;$$

$$y_{34}=x_{34}+T_{34}-86;\quad y_{35}=x_{35}+T_{35}-92;\quad y_{36}=x_{36}+T_{36}-108;$$

$$y_{37}=x_{37}+T_{37}-133。$$

## 6.4　优化模型的求解

针对上述建立的 XW 公司三项目资源配置优化模型,借助 Excel 数据表格对模型进行求解,具体说明如下。

### 6.4.1　Excel 数据表结构

针对优化模型的求解,首先使用 Excel 建立项目各参数数据表结构,如图 6-7 所示。从图 6-7 中可以看到,在 Excel 计算模型中建立了 15 个工作表,其中用于各工作表间目录调用的分表 3 个,项目进度计划设置分表 3 个,项目相关数据分表 4 个,各资源分配分表 5 个。此外,在各分表中设置了按钮用于分表的层次调用。下面对各分表进行说明。

**1. 项目数据查询及设置表**

建立了项目 A 进度计划、项目 B 进度计划、项目 C 进度计划、项目相关数据和各资源分配分析的按钮链接,通过这几个按钮可以直接访问到需要设定和查询的相关信息。

**2. 项目相关数据表**

建立了各项目单位资源成本、各资源能提供的工时、各项目任务对资源的需求量和各项目任务工期的按钮链接,通过这几个按钮可以直接访问到需要设定和查询的信息。同时还设定了返回按钮,可以直接回到项目数据查询及设置表。

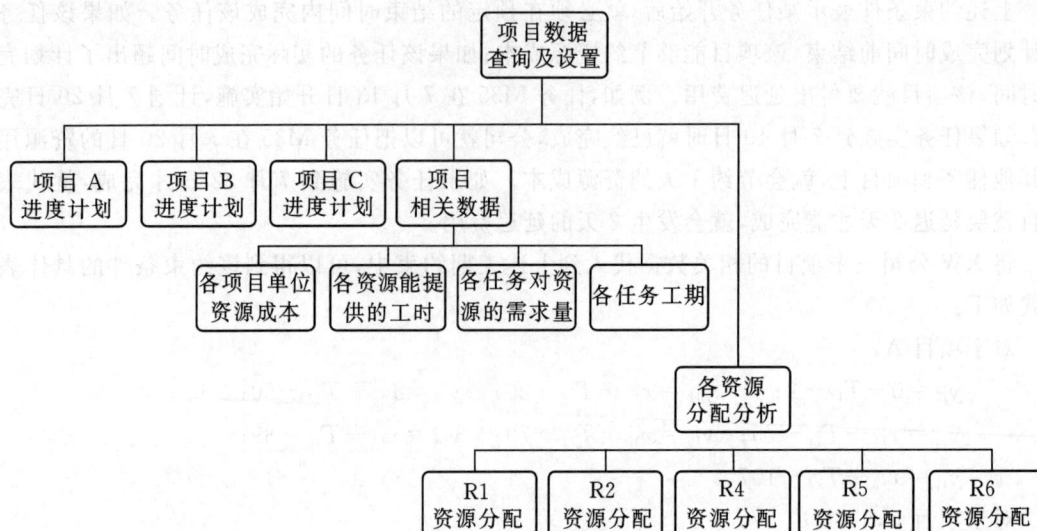

图 6-7　Excel 数据表结构

### 3. 各资源分配分析表

建立了 R1、R2、R3、R4、R5、R6 资源分配的按钮链接,通过这几个按钮可以直接查询到各资源分配的情况,以及各任务对相应资源的使用情况、超时及延期成本。同时,还设定了返回按钮,可以直接回到项目数据查询及设置表。

### 4. 项目 A、B、C 进度计划表

将各个项目的网络图以"时间—工时"的表格形式建立,这样可以方便地对每个工作日和休息日的工时进行设定。同时,设定的工时也实时地被各资源分配数据表调用,进行超时和成本的计算。在每个进度计划表均设定了返回按钮,可以直接回到项目数据查询及设置表。

需要说明的是,在建立 Excel 数据表的过程中,设置了计算过程中需要用到的中间变量,同时,在相关的计算表中使用嵌套方式逐步列出各任务使用资源的序列,并判断在相同资源使用情况下是否会超出资源总量,以方便各数据间的调用计算与警告提示。中间变量明细的设置见表 6-9。根据表中所设定的中间变量,在对各资源每个工作日和假期进行分配后,数据表会计算出各资源相应的成本增加总量。最后,再根据计算结果对资源分配方案进行调整。

表 6-9　Excel 数据表中间变量明细表(对应各独立资源分配表)

| 名称 | 含义 | 计算方法 |
|---|---|---|
| 工时超时 | 当日实际工作时间大于当日需求时间 | 实际工作时间—需求时间 |
| 工时不足 | 当日实际工作时间小于当日需求时间 | 需求时间—实际工作时间 |
| 超期 | 当日超时或不足的工时需要补偿的天数,小于等于 8 小时就算 1 天 | (超时或不足的工时÷8)取整+1 |
| 工作日约束 | 每工作日的资源约束对应的工作日延期天数 | 所有资源冲突工作日延期天数的和 |

| 名称 | 含义 | 计算方法 |
|---|---|---|
| 警告提示 | 当日提供工时充足或短缺 | 根据工作日约束判断,如果等于 0 则提示充足,否则提示短缺 |
| 工时不足量 | 所有工时不足的和,用于赶工法计算工期 | 所有工时不足的和 |
| 工作日超期 | 所有工作日超期的和 | 所有工作日超期的和 |
| 假期超期 | 所有假期超期的和 | 所有假期超期的和 |
| 工作日超期成本 | 工作日超期对应增加的成本 | 工作日超期×相应项目工作日单位资源成本 |
| 假期超期成本 | 假期超期对应增加的成本 | 工作日超期×相应项目假期单位资源成本 |
| 工作日总超期 | 该资源所有工作日超期总量 | 所有工作日超期的和 |
| 假期总超期 | 该资源所有假期超期总量 | 所有假期超期的和 |
| 工作日总超期成本 | 该资源所有工作日超期成本总额 | 所有工作日超期成本的和 |
| 假期总超期成本 | 该资源所有假期超期成本总额 | 所有假期超期成本的和 |
| 客户处罚成本 | 客户对里程碑任务的罚款总额 | 工作日总超期成本×相应项目里程碑单位罚款 |
| 成本增加总量 | 该资源分配造成的成本增加总额 | 工作日总超期成本＋假期总超期成本＋客户惩罚成本 |

## 6.4.2　模型求解流程

根据建立的 Excel 数据表和项目实施过程中资源配置的一般过程,确定项目资源分配的求解流程如图 6-8 所示。在进行模型求解时,根据流程图中的步骤进行求解。

首先依次打开项目数据设置表和需要设置的项目计划表,在需要设定的日期下输入该日期的资源使用量。然后,使用表中的跳转按钮转到需要计算的资源分配表。在资源分配表中设定了如表 6-9 的计算变量,如果在某日期出现多个项目使用同一个资源的情况,即发生了资源冲突,则需要返回项目计划表调整资源冲突日期的资源需求量。如果在调整后还是存在资源冲突的情况,且该日期能提供的资源数量小于需求数量,表中会提示"当日提供工时不足",并计算出任务超时量、超期量和该资源的工作日约束。如果不存在以上情况,就表示对该资源的本次计算分析不存在延迟费用。如果上述资源配置无法调整到满足各项目使用的状态,数据表就会计算出各任务工作日的超期天数、超期成本,以及工作日超期总成本、客户惩罚成本和该资源成本增加总量。全部资源成本增加总量的和如果超过了多项目资源分配的目标,就需要采取措施降低成本。一般说来,不仅需要采取使延迟总费用最小的措施,而且还需要进一步对各资源分配情况进行分析。

```
        打开项目数据查询及设置表(1)
                    │
                    ▼
      打开需要设置的项目进度计划表(2)
                    │
                    ▼
        填入需要设置的日期的资源使用量(3)
                    │
                    ▼
         转到该日期对应的资源分配表(4)
                    │
                    ▼
      ◇ 当日资源冲突(5) ◇ ──Y──► 分别调整冲突日期的资源分配(6)
                    │ N              │
                    │◄───────────────┘
         ┌──────────┴────────────────┐
         ▼                            ▼
  ◇ 当日工时不足(7) ◇ ──N──► ◇ 当日工时超时(8) ◇ ──N──►
         │ Y                        │ Y
         ▼                          │
  提示当日工时警告(9)                │
         │                          │
         ▼                          ▼
   调整资源配置(10)          无延迟费用(22)
         │
         ▼
  ◇ 调整到资源充足(11) ◇ ──Y──►
         │ N
         ▼
  计算任务工作日超期天数(12)
         │
         ▼
  计算任务工作日超期成本(13)              ◇ 里程碑(18) ◇ ──N──►
         │ Y                               │ Y
         ▼                                 ▼
  ◇ 假期赶工(14) ◇ ──N──►          ◇ 里程碑罚款(19) ◇ ──N──►
         │                               │ Y
         ▼                               ▼
  假期资源分配(15)                 计算里程碑罚款(20)
         │                               │
         ▼                               ▼
  计算假期超期天数(16)              计算延迟总费用(21)
         │
         ▼
  计算假期超期成本(17)
```

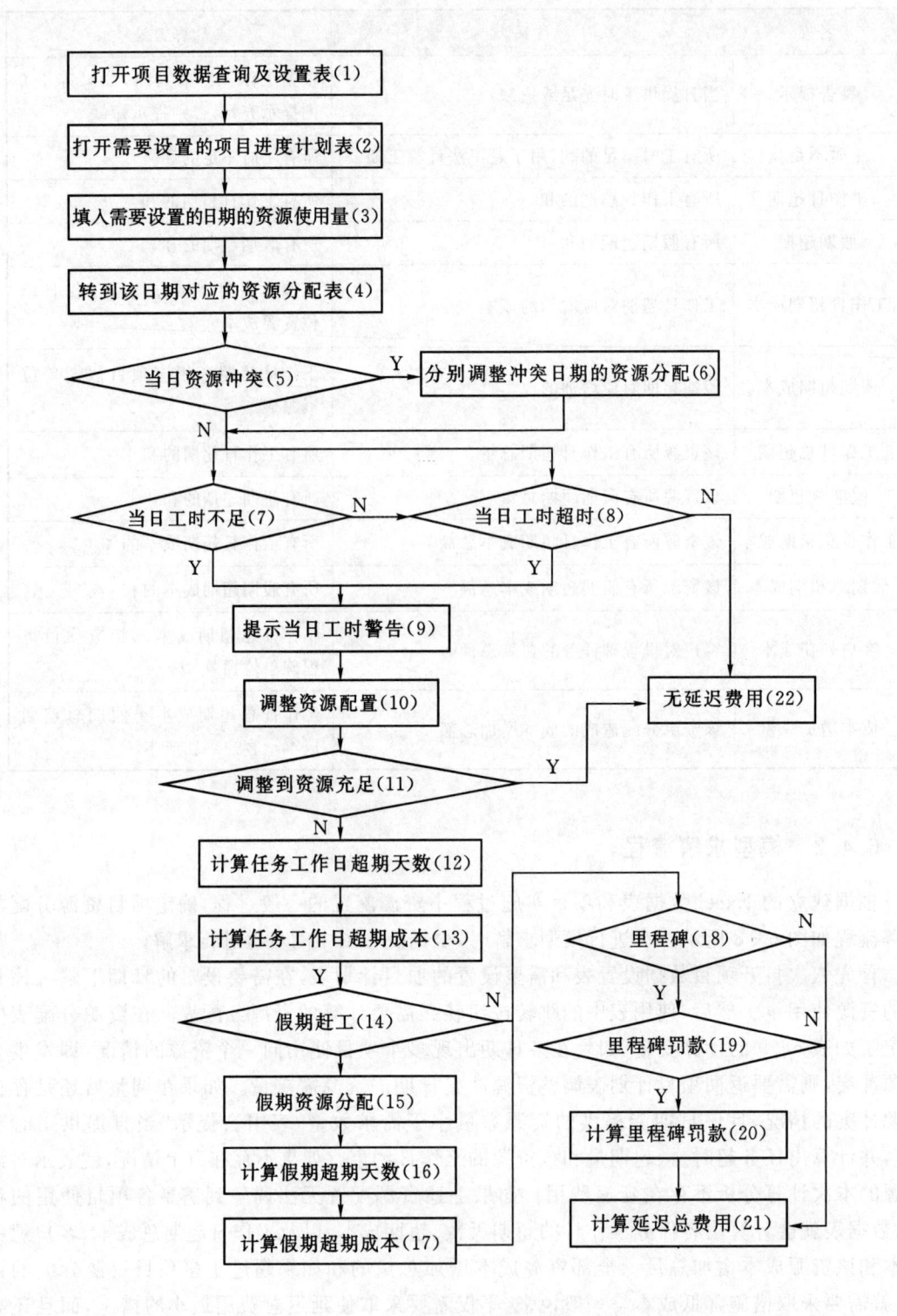

图 6-8 模型求解流程图

下面就赶工问题进行说明。根据 XW 公司的实际情况,赶工是在假期进行的,假期的工作方式和一般工作日相同。首先在各资源分配表中可以看到资源调整前的工时不足量,假期的资源调整必须以这个量为依据进行。返回与该日期相关的项目计划表,在该日期前后找到可以赶工的周六和周日,填入资源使用量。需要注意的是,填入资源使用量的总和要等于相应资源的工时不足量。回到资源分配表,可以看到数据表已经将该资源假期超期天数和超期成本计算完毕,并计算出了该资源成本增加总量。全部资源成本增加总量的和就是使用赶工法后的延迟总费用。一般说来,赶工后的延迟总费用小于不使用赶工法的延迟总费用,且不会产生客户惩罚成本。这样就得到了在相应延迟总费用情况下的多项目资源配置计划。当然,也可能会出现同等额度水平的项目延迟费用对应多种不同的资源配置方案,而其中的某些资源配置方案也许不能满足实际的分配要求和项目逻辑约束,所以,还必须对得到的结果进行进一步的筛选。

### 6.4.3　具体求解步骤实施

在对项目的数据进行提炼时,已经把用于模型计算所需的项目参数进行了归纳,并建立了相关的数据表。在对每天的资源使用数量进行设置时,需要考虑当天的人员使用情况,检查是否存在请假或其他无法按时按量工作的问题。一旦出现无法保证当天完成 8 个工时的工作量,就必须对人员进行调整,从而达到完成当日工作的目标。

在输入项目数据时,首先在相应项目的计划表中找到需要设置的任务日期,在日期下填入当天可以投入的工时资源数量。以此类推,在需要分配资源的日期下全部填上计划的资源数量,至此项目的资源分配计划就全部输入到了模型的 Excel 计算表中。

模型求解的重点是对项目任务需要的各种资源进行计算和分配,以达到延迟费用总额最小的目标,下面分别对各项目的资源配置情况进行分析。

**1. 项目原始资源配置分析**

首先,根据项目 A 的网络计划和任务流程,结合项目 A 进度计划表对任务实施中每个工作日的工时进行设定。在 Excel 表中,将资源分配产生冲突的日期用加粗字体表示,由于项目 A 为最先开始的项目,所以所有可能存在冲突的资源分配暂时全部按照项目 A 的需求进行分配。即各任务每工作日的工时都保证为 8,以满足项目 A 计划的完成,不存在项目延期完成的情况,得到 $E_1 = 0$。

其次,采用同样的思路和方法,根据项目 B 的网络计划和任务流程,结合项目 B 进度计划表对任务实施中每个工作日的工时进行设定。同样,在 Excel 表中,将资源分配产生冲突的日期用加粗字体表示。为了计算全部按照项目 B 的需求分配时总进度的延时,将所有可能存在冲突的资源分配暂时也全部按照项目 B 的需求分配,即各任务每工作日的工时都保证为 8,以满足项目 B 计划的完成。与对项目 A 的分析类似,当所有资源都全部按照项目 A 和项目 B 的需求分配时,由 R2 资源分配表和 R4 资源分配表可以发现这两个项目在工作日存在资源冲突的情况,具体见表 6-10。4 月 2 日和 4 月 5 日对 R2 资源的需求已经超出了能够提供的总数量,将至少有一个项目延期。通过计算得到如下两种解决延期的方案:

表 6－10　项目 A、B 资源需求分配冲突

| | 4.2 | | 4.5 | | 5.11 | | 5.12 | |
|---|---|---|---|---|---|---|---|---|
| | M12 | M22 | M12 | M22 | M14 | M25 | M14 | M25 |
| R2 资源需求量 | 8 | 8 | 8 | 8 | | | | |
| R2 资源需求总量 | 16 | | 16 | | | | | |
| R2 资源提供量 | 8 | | 8 | | | | | |
| R4 资源需求量 | | | | | 8 | 8 | 8 | 8 |
| R4 资源需求总量 | | | | | 16 | | 16 | |
| R4 资源提供量 | | | | | 16 | | 16 | |

- M12 延期执行，$E_{12}=2\times320=640$（元）。M12 延期导致里程碑任务 M14 延期 2 个工作日，造成的成本增加为 $E_{14}=2\times2100=4200$（元）。所以，项目 A 的延迟费用总额为 $E_1=E_{12}+E_{14}=640+4200=4840$（元）。

- M22 延期执行，$E_{22}=2\times200=400$（元）。为了使项目延迟总费用最低，暂时规定将 M12 执行完毕后再执行任务 M22。由于 M22 延期会导致里程碑任务 M14 延期 2 个工作日，造成的成本增加为 $E_{24}=2\times900=1800$（元）。所以，项目 B 的延迟费用总额 $E_2=E_{22}+E_{24}=400+1800=2200$（元）。

通过比较，M22 延期执行造成的延迟成本较小。经过对项目 A 和 B 的计划进行分析，可以得到 M22 延期 2 个工作日不会导致 M24 以及后续任务延期，也就是说，不会造成里程碑任务延期而导致客户罚款，所以项目 B 的延迟成本 $E_2=E_{22}=400$（元）。通过以上分析，决定采用 M22 延期执行的方式来解决资源冲突。

最后，再对项目 C 进行处理。为了计算全部按照项目 C 的需求分配时总进度的延时，将所有可能存在的资源暂时全部按照项目 C 的需求进行分配，即各任务每工作日的工时都保证为 8，以满足项目 C 计划的完成。当所有资源都全部按照项目 A、项目 B 和项目 C 的需求分配时，由 R4 资源分配表可以得到各项目在工作日存在资源冲突的情况，见表 6－11。由于不存在项目延期完成的情况，$E_3=0$。结合各项目的分析计算，$Min\ E=E_1+E_2+E_3=0+400+0=400$（元），即三个项目延迟引起的费用总额为 400 元。

**2. R4 资源不足分析**

以上是对项目 A、B、C 在预定资源数量和计划下进行的分析。但是，以往的历史经验表明，项目在实施过程中存在着诸多的不确定因素，这些不确定因素不可避免地会导致资源计划的变更，进而引起任务资源不足并导致项目延期。项目进行到 5 月 4 日时，由于上级单位的指派，R4 资源的 1 个人员与其他部门的 1 个人员换岗，导致 R4 资源每工作日能提供的工时由 16 减小到 12，无法满足正常任务的需要，造成项目延期。根据所发生的 R4 资源冲突状况，可以发现，5 月 4 日以后对 R4 资源的使用在任务 M14 和 M34、M14 和 M25、M15 和 M34 之间存在冲突，如表 6－12 所示。下面对这些冲突所产生的成本进行计算和分析。

表 6－11　项目 A、B、C 的 R4 资源需求分配冲突

| | 5.14 | | 5.17 | | 5.18 | | 5.19 | | 5.20 | | 5.21 | |
|---|---|---|---|---|---|---|---|---|---|---|---|---|
| | M14 | M34 | M14 | M34 | M14 | M34 | M14 | M34 | M14 | M34 | M14 | M34 |
| R4 资源需求量 | 8 | 8 | 8 | 8 | 8 | 8 | 8 | 8 | 8 | 8 | 8 | 8 |
| R4 资源需求总量 | 16 | | 16 | | 16 | | 16 | | 16 | | 16 | |
| R4 资源提供量 | 16 | | 16 | | 16 | | 16 | | 16 | | 16 | |
| | 5.11 | | 5.12 | | 5.31 | | 6.1 | | 6.2 | | 6.3 | |
| | M14 | M25 | M14 | M25 | M15 | M34 | M15 | M34 | M15 | M34 | M15 | M34 |
| R4 资源需求量 | 8 | 8 | 8 | 8 | 8 | 8 | 8 | 8 | 8 | 8 | 8 | 8 |
| R4 资源需求总量 | 16 | | 16 | | 16 | | 16 | | 16 | | 16 | |
| R4 资源提供量 | 16 | | 16 | | 16 | | 16 | | 16 | | 16 | |

表 6－12　项目 A、B、C 的 R4 资源不足需求分配冲突

| | 5.14 | | 5.17 | | 5.18 | | 5.19 | | 5.20 | | 5.21 | |
|---|---|---|---|---|---|---|---|---|---|---|---|---|
| | M14 | M34 | M14 | M34 | M14 | M34 | M14 | M34 | M14 | M34 | M14 | M34 |
| R4 资源需求量 | 8 | 8 | 8 | 8 | 8 | 8 | 8 | 8 | 8 | 8 | 8 | 8 |
| R4 资源需求总量 | 16 | | 16 | | 16 | | 16 | | 16 | | 16 | |
| R4 资源提供量 | 12 | | 12 | | 12 | | 12 | | 12 | | 12 | |
| | 5.11 | | 5.12 | | 5.31 | | 6.1 | | 6.2 | | 6.3 | |
| | M14 | M25 | M14 | M25 | M15 | M34 | M15 | M34 | M15 | M34 | M15 | M34 |
| R4 资源需求量 | 8 | 8 | 8 | 8 | 8 | 8 | 8 | 8 | 8 | 8 | 8 | 8 |
| R4 资源需求总量 | 16 | | 16 | | 16 | | 16 | | 16 | | 16 | |
| R4 资源提供量 | 12 | | 12 | | 12 | | 12 | | 12 | | 12 | |

1) 任务 M14 和 M34 资源冲突产生的延期成本

任务 M14 和 M34 资源冲突的解决方案有如下两种：

• M14 延期执行。由于 R2 资源冲突造成延迟的 2 个工作日在 M22 上延期执行，所以不会因为 M12 延期导致 M14 同步延期。将工作日上的剩余资源分配给 M14 时，$E_{14}=1920$ 元。由于 M13 的工期大于 M14 的工期，且大于上述延期，因而不会造成任务 M15 及里程碑任务 M16、M17 的延迟。由于 M14 延期导致里程碑任务 M14 延迟造成的客户罚款为 12600 元，所以，由以上计算可以得到，由于 M14 延期执行产生的延期成本总共为 14520 元。

• M34 延期执行。将工作日上的剩余资源分配给 M34 时，$E_{34}=1680$ 元。由于 M33 的工期大于 M34 的工期，且大于上述延期，所以不会造成任务 M35 及里程碑任务 M36、M37 的延迟。由于 M34 延期导致里程碑任务 M34 延迟造成的客户罚款为 5400 元，所以，由以上计

算可以得到,由于 M34 延期执行产生的延期成本总共为 7080 元。

通过比较,任务 M14 延期费用较高,所以选择资源冲突部分由 M14 优先使用资源,而延期执行 M34。

2)任务 M14 和 M25 资源冲突产生的延期成本

任务 M14 和 M34 资源冲突的解决方案有如下两种:

• M14 延期执行。将工作日上的剩余资源分配给 M14 时,$E_{14}=640$ 元。由于 M14 延期导致里程碑任务 M14 延迟造成的客户罚款为 4200 元。因此,由以上计算可以得到,由于 M14 延期执行产生延期成本合计为 4840 元。

• M25 延期执行。将工作日上的剩余资源分配给 M25 时,$E_{25}=400$ 元。由于 M25 延期导致里程碑任务 M26 延迟造成的客户罚款为 1800 元,导致里程碑任务 M27 延迟造成的客户罚款为 1800 元。因此,由以上计算可以得到,由于 M25 延期执行产生的延期成本合计为 4000 元。

通过比较,任务 M14 延期费用较高,但是如果 M14 优先使用资源,会导致项目 B 延期交货,在某种程度上客户是不能接受的。并且,在任务 M14 进行里程碑考核后还有 7 个工作日的缓冲时间,所以选择资源冲突部分由 M25 优先使用资源,即延迟执行 M14。

3)任务 M15 和 M34 资源冲突产生的延期成本

任务 M15 和 M34 资源冲突的解决方案有如下两种:

• M15 延期执行。将每工作日的剩余资源分配给 M15 时,$E_{15}=1280$ 元。由于 M15 延期会导致里程碑任务 M16 延迟,造成的客户罚款为 8400 元,导致里程碑任务 M17 延迟造成的客户罚款为 8400 元。所以,由以上计算可以得到,由于 M15 延期执行产生的延期成本合计为 18080 元。

• M34 延期执行。将每工作日的剩余资源分配给 M34 时,$E_{34}=1120$ 元。由于 M34 延期导致里程碑任务 M34 延迟,造成的客户罚款为 6000 元。所以,由以上计算可以得到,由于 M34 延期执行产生的延期成本合计为 7120 元。

通过比较,任务 M15 延期费用较高,且会影响到里程碑任务 M16 和 M17 的正常执行,所以,选择资源冲突部分由 M15 优先使用资源,即延迟执行 M34。

最终得到的 R4 资源分配方案如表 6-13 所示。由此得到多项目关于 R4 资源延迟成本为 7080+4840+7120=19040(元),再加上多项目对于 R2 资源延迟成本 400 元,所以延迟总费用为 19440 元,已经超出了预定的延迟总费用。根据以上分析可见,必须采取措施弥补由于资源不足产生的损失。

表 6-13　R4 资源不足时项目 A、B、C 的需求分配方案

| | 5.14 | | 5.17 | | 5.18 | | 5.19 | | 5.20 | | 5.21 | |
|---|---|---|---|---|---|---|---|---|---|---|---|---|
| | M14 | M34 | M14 | M34 | M14 | M34 | M14 | M34 | M14 | M34 | M14 | M34 |
| R4 资源需求量 | 8 | 8 | 8 | 8 | 8 | 8 | 8 | 8 | 8 | 8 | 8 | 8 |
| R4 资源提供量 | 8 | 4 | 8 | 4 | 8 | 4 | 8 | 4 | 8 | 4 | 8 | 4 |

| | 5.11 | | 5.12 | | 5.31 | | 6.1 | | 6.2 | | 6.3 | |
|---|---|---|---|---|---|---|---|---|---|---|---|---|
| | M14 | M25 | M14 | M25 | M15 | M34 | M15 | M34 | M15 | M34 | M15 | M34 |
| R4 资源需求量 | 8 | 8 | 8 | 8 | 8 | 8 | 8 | 8 | 8 | 8 | 8 | 8 |
| R4 资源提供量 | 4 | 8 | 4 | 8 | 8 | 4 | 8 | 4 | 8 | 4 | 8 | 4 |

**3. 资源不足时的赶工分析**

由于当资源不足时项目延迟总成本较高,超出了预定的限额,为了使项目总成本不超过预定的成本控制目标,就需要采取补偿资源缺失量的方式来降低项目延迟总成本。下面使用赶工法对几种情形下的赶工成本进行计算分析。

1)当 R2 资源不足时任务 M12 和 M22 的赶工成本

通过项目计划和资源计算可以发现,任务 M12 与 M22 资源冲突的阶段工时不足量为 16 个工时。XW 公司通常不安排员工在夜间加班,因此利用此阶段的 2 个假期进行赶工,即将 4 月 3 日、4 日作为假期赶工工作日。如果 M12 赶工,得到 $E_{12}=1280$ 元;如果 M22 赶工,得到 $E_{22}=800$ 元。由于任务 M22 的赶工成本最小,所以采用任务 M22 赶工的方式,赶工工作日为 4 月 3 日、4 日,赶工成本为 800 元。

2)当 R4 资源不足时任务 M14 和 M34 的赶工成本

通过项目计划和资源计算可以发现,任务 M14 与 M34 资源冲突的阶段工时不足量为 24 个工时,且在此阶段前后有 6 个假期可以用来进行赶工,所以可以把工时的不足利用这 6 个假期进行补偿。24 个工时按照正常工作时间分配需要 3 个工作日,每个工作日工作 8 个工时,可将 5 月 9 日、15 日、16 日、22 日作为备选假期赶工工作日。如果 M14 赶工,即 5 月 9 日、15 日、16 日赶工,得到 $E_{14}=1920$ 元;如果 M34 赶工,即 5 月 15 日、16 日、22 日赶工,得到 $E_{34}=1680$ 元。任务 M34 的赶工成本最小,采用任务 M34 赶工的方式。此外,再考虑到如果 15 日、16 日、22 日连续赶工可能会使员工连续工作至少 9 天以上,所以将赶工工期调整为 5 月 15 日、16 日、23 日,赶工成本为 1680 元。

3)当 R4 资源不足时任务 M14 和 M25 的赶工成本

通过项目计划可以发现,任务 M14 与 M25 在资源冲突阶段的工时不足量为 8 工时,且在此阶段前有 2 个假期可以用来进行赶工。将 5 月 9 日作为假期赶工工作日,如果 M14 赶工,得到 $E_{14}=640$ 元;如果 M25 赶工,得到 $E_{25}=400$ 元。任务 M25 的赶工成本较小,所以采用任务 M25 赶工的方式解决资源冲突,赶工成本为 400 元。

4)当 R4 资源不足时任务 M15 和 M34 的赶工成本

通过项目计划可以发现,任务 M15 与 M34 在资源冲突阶段的工时不足量为 16 工时,且在此阶段前后有 4 个假期可以用来进行赶工。将 5 月 30 日和 6 月 5 日作为假期赶工工作日,如果 M15 赶工,得到 $E_{15}=1280$ 元;如果 M34 赶工,得到 $E_{34}=1120$ 元。任务 M34 的赶工成本较小,采用任务 M34 赶工的方式解决资源冲突。再考虑到如果 5 月 30 日和 6 月 5 日赶工可能会使员工连续工作至少 7 天以上,所以将赶工工期调整为 5 月 29 日和 6 月 6 日,这样员工的连续工作日为 6 天,赶工成本为 1120 元。

由此可以得到赶工情形下的 R4 资源分配方案,如表 6-14 所示。最终得到项目由于资源不足时的赶工成本为 800+1680+400+1120=4000(元),小于预定的延迟总费用,因此赶工方案可以实施。

**表 6-14　R4 资源不足时项目 A、B、C 的赶工资源分配方案**

| | 4.3 | | 4.4 | | 5.9 | | 5.15 | | 5.16 | |
|---|---|---|---|---|---|---|---|---|---|---|
| | M12 | M22 | M12 | M22 | M14 | M34 | M14 | M34 | M14 | M34 |
| 资源提供量 | 0 | 8 | 0 | 8 | 0 | 0 | 0 | 8 | 0 | 8 |
| | 5.22 | | 5.9 | | 5.29 | | 6.6 | | | |
| | M14 | M34 | M14 | M25 | M15 | M34 | M15 | M34 | | |
| 资源提供量 | 0 | 8 | 0 | 8 | 0 | 8 | 0 | 8 | | |

**4. 增加不足资源的分析**

由以上对资源不足时的延迟总费用分析可以发现,一旦某资源出现不能满足分配的情况,必然会造成项目成本的增加。弥补资源不足的最直接措施是增加资源量,从而满足项目实施的最低需求量。对项目 A、B、C 执行过程进行分析,可以发现存在 R2 和 R4 资源不足的问题,所以,可以考虑增加这两个资源的可用量。即保持 5 月 4 日前的 R4 资源配置,从而保证所有的任务对 R4 资源需求量;在 R2 资源配置过程中满足各项目任务的使用需求,确保在不赶工的情况下按计划完成任务。

### 6.4.4　求解结果分析

关于多项目的资源配置,上面分别从原始资源配置、R4 资源不足、赶工与增加资源四个方面进行了计算分析。在资源配置与项目计划不变的情况下,由于 R2 资源存在不足的问题,项目延迟总费用上升 400 元;当出现人力资源可用量变动而导致 R4 资源不足时,在项目计划不变的情况下,延迟总费用上升 19440 元(超出了预定的目标);而当通过赶工补偿 R4 资源不足时,多项目延迟总费用上升了 4000 元;如果将所有资源增加到足以保证所有项目实施且没有资源冲突的状态,多项目延迟总费用为 0 元,但这只是一个期望值,XW 公司需要调用更多的资源来配合这一目标的实现。

项目资源不足的问题最终采取赶工的方式来解决。在这种解决方式下,项目管理者需要在原始项目计划的基础上,在部分假期安排赶工,解决由于工作日资源不足造成的项目延期问题。此外,在对赶工进行分析时发现,周末赶工的日期是可以选择调整的,比如任务 M14 和 M34 资源冲突时,可以将 5 月 8 日、9 日、15 日、16 日、22 日、23 日作为假期赶工工作日,但是考虑到如果 15 日、16 日、22 日连续赶工会使员工连续工作至少 9 天以上,所以将赶工工期调整为 5 月 15 日、16 日、23 日,这样更人性化一些。所以,在保证项目延迟总费用最小的前提下,对员工连续工作时间设置一定的限制也可以适当予以考虑。

通过上述的分析和讨论,由于 5 月 4 日以后 R4 资源不足,导致项目增加延迟费用的问题,从计算结果可以发现该问题会使项目成本升高、效益下降。根据这个结论对资源配置计划进行调整,调整的原则包括降低各任务延迟费用、最大程度满足客户需求、保证里程碑任务按时完成,以及尽量减少员工的连续工作时间,其目的也是为了降低成本,以及尽早获得客户的阶段支付款项。对于本案例,最终采取赶工的方式,使资源不足的任务可以利用假期来完成,从而较为经济合理地解决了这一问题。另外,需要说明的是,除了调整的资源配置外,其余资源配置计划仍然按照原始的资源配置方案执行。最终,调整后的资源配置方案如表 6-15所示。

表 6-15 多项目资源配置调整方案

| | 4.3 | | 4.4 | | 5.9 | | 5.11 | | 5.12 | | 5.14 | |
| --- | --- | --- | --- | --- | --- | --- | --- | --- | --- | --- | --- | --- |
| | M12 | M22 | M12 | M22 | M14 | M25 | M14 | M25 | M14 | M25 | M14 | M34 |
| 资源提供量 | 0 | 8 | 0 | 8 | 0 | 8 | 4 | 8 | 4 | 8 | 8 | 4 |

| | 5.15 | | 5.16 | | 5.17 | | 5.18 | | 5.19 | | 5.20 | |
| --- | --- | --- | --- | --- | --- | --- | --- | --- | --- | --- | --- | --- |
| | M14 | M34 | M14 | M34 | M14 | M34 | M14 | M34 | M14 | M34 | M14 | M34 |
| 资源提供量 | 0 | 8 | 0 | 8 | 8 | 4 | 8 | 4 | 8 | 4 | 8 | 4 |

| | 5.21 | | 5.22 | | 5.29 | | 5.31 | | 6.1 | | 6.2 | |
| --- | --- | --- | --- | --- | --- | --- | --- | --- | --- | --- | --- | --- |
| | M14 | M34 | M14 | M34 | M15 | M34 | M15 | M34 | M15 | M34 | M15 | M34 |
| 资源提供量 | 8 | 4 | 0 | 8 | 0 | 8 | 8 | 4 | 8 | 4 | 8 | 4 |

| | 6.3 | | 6.6 | |
| --- | --- | --- | --- | --- |
| | M15 | M34 | M15 | M34 |
| 资源提供量 | 8 | 4 | 0 | 8 |

## 6.5 多项目管理措施制定及实施效果评价

在上述对多项目资源配置问题的分析讨论中,利用优化模型和建立的 Excel 表格方法,对 XW 公司的三个项目在原始资源分配计划、资源不足以及赶工的情况下分别进行了计算和分析,得到各种情况下资源分配造成的项目延迟总费用。接着,根据对资源数量改变时的延迟总费用的计算,提出了减少该费用的具体措施,并通过分析得到采取赶工方式下的项目延迟总费用,为制定多项目管理措施提供了定量化依据。下面根据多项目的实际情况,着重针对多项目资源分配制定相应的改进措施和控制方案,以达到多项目延迟总费用最低并改进多项目管理的目的。

### 6.5.1 多项目管理措施制定

上述的 3 个项目最早于 2010 年 3 月开工,而本案例对其资源配置的研究开始于 2010 年 4 月底,得出研究初步结果时已经到了 2010 年 6 月初,很多问题已经无法按时解决。针对项目执行的中后期问题,结合研究结果,为项目主管经理提出了资源配置建议,将项目的各种资源优先投入到对项目成本和工期影响较大的项目中,尽量减少项目的损失,确保关键任务的按期完成,以达到尽早拿到客户阶段支付款项的目的。在此前提下,又通过和相关部门的沟通,在资源配置方面形成了加强管理、提升项目综合效益的如下措施。

**1. 健全资源计划组织机构**

在需要进行资源配置时,由主管经理牵头组织资源配置计划小组,加强对项目进度的控制管理,并系统地对项目进度和资源配置进行统筹安排和协调控制,确保项目能按照计划顺利实施。通过以上对资源配置的计算分析,可以看出,加强对项目资源配置的管理能够带来良好的经济效益。比如,对以上 3 个项目的资源配置进行优化分析,在内外部条件相同的条件下,可以将多项目延迟总费用由 19440 元减少到了 4000 元。

**2. 保证资源数量充足**

从对资源配置的分析中可以发现,在全部任务资源充足的情况下,多项目不会产生延迟总费用,也就降低了项目成本。所以,在进行资源调整的同时,要尽可能地保证资源数量充足,这样就可以避免因为资源不足导致的一系列问题。通常,项目资源不足可以通过新招收人员、人员的合理调配等方式来解决。

**3. 完善项目资源保证方案**

制订详尽的资源保证方案,运用运筹学和网络计划技术合理安排各项目任务的实施计划,采用并行工程,尽可能地使较多的资源同时使用到不同的项目上去,以缩短各任务的完成时间。

**4. 落实项目资源的管理制度**

每周定期组织项目相关人员召开项目资源配置例会,或在每天早会上通报项目进度情况和资源使用情况,解决影响工期和资源配置的具体问题。实行目标责任制,将各任务阶段目标落实到个人,并与当月和年度考核挂钩。比如,以上 3 个项目在全部完工后,因为中后期对资源配置的调度和优化,多项目延迟总费用降为 9120 元,经过主管经理的批准,把这部分节省的费用作为奖金发放给了各项目组的相关人员。

**5. 尽量保证项目工期**

保证计划的工期能够按时完成,才能够使计划的资源配置得到正常实现。通过以上对资源配置的分析可以发现,当 5 月 4 日以后出现任务资源不足时,项目管理者如果选择牺牲项目的工期来解决资源不足问题,反而可能导致本来没有资源冲突的任务,因为工期的延长而出现资源冲突的现象,对其他任务的资源配置造成很大负面影响,进而产生恶性循环。

**6. 提高工作效率**

采取多种措施,提高工作效率,这些措施包括:

· 做好项目资料的分类存档工作,避免因出现版本混乱和没有正确的技术资料,而导致工作时间延长的现象。

· 按照既定计划安排工作,当人员出现变动时必须做好工作交接,以避免由于对现有工作不了解造成工作时间延长的情况。

· 在空余工作时间对现有产品的机械及电气结构进行改进,以降低加工难度和加工成本。

- 定期和当外购配件有变更时,及时向相关部门和人员提供相应的配件规格、采购周期、外购产品样本和成本最优方案,避免由于配件未到货导致工作无法开展的现象发生。
- 做好已完成项目的后评价工作,总结项目实施过程中存在的问题并进行分析,避免同样的问题再次发生。

**7.缩短机械加工任务的时间**

通过缩短机械加工任务的时间,可以使电气加工任务成为关键活动,这样既可以增强对该任务的控制,又可以缩短整个项目的工期。

**8.取消电气加工任务的里程碑节点**

与客户协商取消电气加工任务的里程碑节点,这是由于与机械加工任务工期相比,电气加工任务的工期较短,即使任务延期,也不会对总工期造成影响。所以,建议将这个里程碑节点放在机械加工任务完成之后,这样客户在审查时就可以看到所有加工完成的产品。

## 6.5.2　实施效果对比评价

**1.理论求解结果与资源不足时的资源配置计划计算结果对比分析**

通过分析求解结果可以知道,根据优化模型求解得到的资源分配方案,在赶工的状态下需要增加成本 4000 元。而在资源不足状态下,为确保项目正常运行,需要增加成本 19440 元。就成本的增加额来说,前一种方案仅是后一种方案的 21%。根据前一种方案下的资源分配结果,对 XW 公司的三个项目计划安排进行调整,得到的结果见表 6 - 16。

表 6 - 16　资源分配调整后的多项目计划

| 序号 | 任务 | 工期<br>(包含假期) | 开始日期 | 结束日期 | 备注 |
|---|---|---|---|---|---|
| 0 | 项目 A | 82 | 2010.3.22 | 2010.7.13 | |
| 1 | 确定实施方案 | 2 | 2010.3.22 | 2010.3.23 | |
| 2 | 设计 | 18 | 2010.3.24 | 2010.4.16 | |
| 3 | 机械加工 | 30 | 2010.4.19 | 2010.5.28 | |
| 4 | 电气加工 | 25 | 2010.4.19 | 2010.5.21 | |
| 5 | 系统组装 | 4 | 2010.5.31 | 2010.6.3 | |
| 6 | 联机调试 | 10 | 2010.6.4 | 2010.6.17 | |
| 7 | 产品安装 | 18 | 2010.6.18 | 2010.7.13 | |
| 0 | 项目 B | 45 | 2010.4.1 | 2010.5.28 | |
| 1 | 确定实施方案 | 1 | 2010.4.1 | 2010.4.1 | |
| 2 | 设计 | 4 | 2010.4.2 | 2010.4.5 | 4 月 3 日、4 日假期赶工 |
| 3 | 机械加工 | 25 | 2010.4.6 | 2010.5.10 | |
| 4 | 电气加工 | 8 | 2010.4.6 | 2010.4.15 | |

| 序号 | 任务 | 工期<br>(包含假期) | 开始日期 | 结束日期 | 备注 |
|---|---|---|---|---|---|
| 5 | 系统组装 | 3 | 2010.5.11 | 2010.5.12 | 5月9日假期赶工 |
| 6 | 联机调试 | 4 | 2010.5.13 | 2010.5.18 | |
| 7 | 产品安装 | 8 | 2010.5.19 | 2010.5.28 | |
| 0 | 项目C | 108 | 2010.4.26 | 2010.9.15 | |
| 1 | 确定实施方案 | 2 | 2010.4.26 | 2010.4.27 | |
| 2 | 设计 | 12 | 2010.4.28 | 2010.5.13 | |
| 3 | 机械加工 | 42 | 2010.5.14 | 2010.7.12 | |
| 4 | 电气加工 | 35 | 2010.5.14 | 2010.6.24 | 5月15日、16日、22日、<br>29日和6月6日假期赶工 |
| 5 | 系统组装 | 6 | 2010.7.13 | 2010.7.20 | |
| 6 | 联机调试 | 16 | 2010.7.21 | 2010.8.11 | |
| 7 | 产品安装 | 25 | 2010.8.12 | 2010.9.15 | |

通过与5月4日以后的实际项目计划进行比较,发现当出现资源不足的情况时,由于某些工作日未完成工作,导致项目不能按照计划实施,使里程碑任务延迟,无法按时得到客户的阶段支付款项。同时,由于计划延迟造成项目实施成本增加,没有按期交货而被客户罚款,所有这些都降低了项目的利润,并且对XW公司声誉造成不良的影响。

使用赶工法对资源进行配置后,虽然工期有所延长,但是各个项目的最终完成时间不变,同时也避免了里程碑任务延迟的现象,最直接的效果是不会被客户惩罚,并且可以确保按时交货。虽然赶工需要付出部分赶工费用,相关人员需要连续工作超出日常的工作天数,但是相对于延迟造成的费用损失是相对较小的,而且节约的费用也可以用作奖金发放,从而使得连续工作的人员可以得到经济上的补偿。本案例要求多项目管理的目标是延迟总费用不得超过10000元,当3个项目全部完成时,延迟费用为9120元。从分析结果可以知道,这个目标还是相对合理的。但是,如果前述的分析结论可以全部得到实施的话,项目延迟总费用还可以进一步减少44%。

**2. 采取措施后项目资源分配及效益与采取措施前情况的比较**

与项目的实际实施过程相比,本研究具有一定的滞后性,因而无法及时解决项目所遇到的全部问题。经过与项目管理者和上级领导的沟通,本研究的部分结果得到采纳,对未完成的任务进行资源计划的合理变更,并结合项目存在的问题制定了项目管理的具体措施,这些措施目前已经被写入公司管理制度。通过上述工作,对XW公司多项目管理中存在的问题进行了补救,产生了良好的经济效果。在这些措施中,首先在健全资源计划组织机构的同时,加大了人员招聘的力度,提早对新员工进行岗前培训,使他们能够尽快地熟悉相应岗位的工作,达到提前入岗的目的,这样就可以从一定程度上缓解资源不足的问题。其次,通过对现有员工进行专业培训,使员工拥有高效完成工作的自主意识,提高工作效率就可以增加单位时间的工作量,同样达到解决资源不足问题的目的。

通过对发生资源冲突的任务的资源配置进行调整,对未按照计划完成的任务采取赶工措施,在各个周末加班进行延迟任务的进度补偿。通过连续的假期加班补偿,将项目 B 和项目 C 未完成的任务拉回到正常的项目计划要求中,也为后续任务的顺利执行创造了条件,确保了客户的阶段支付款能够及时到位,改善了项目的财务状况,使公司资金状况由紧张变为正常,调整的效果非常明显。采取资源配置优化管理方法后,对未执行的任务加强管理,通过提升工作效率和强化激励手段,使员工以往的工作方式得到了改进,其工作积极性得到提高,也有效改善了项目的经济效益和员工的个人收益。

# 问题思考

1. XW 公司的管理现状是怎样的? 多项目资源配置和进度计划控制的要点是什么?

2. 总结 XW 公司多项目资源配置优化模型的构建思路,并解释模型的目标函数和约束条件。

3. 如何利用 Excel 数据表格对优化模型进行求解? 在求解过程中,当发生资源不足的冲突时,解决的方法有哪些? 如何在这些解决方法中作出合理的选择?

4. XW 公司的多项目管理措施有哪些? 其实施效果怎样?

5. 根据自己的理解,结合本案例说说多项目管理与单项目管理的异同。

# 第 7 章　CQYJ 西部管道第十二标段
# 工程进度管理

## 7.1　工程进度管理概况

### 7.1.1　工程的基本情况

中国石油天然气集团公司的"西部原油、成品油管道工程建设项目",是目前国内设计的输量大、距离长、压力高的输油管道,也是继"西气东输"后又一西部大开发的标志性工程。西部原油、成品油管道工程的建设,对于缓解兰新铁路运输压力,优化西部石油资源配置,提高石油产品市场竞争能力,带动西部地区经济发展都具有十分重要的意义。西部原油、成品油管道总的走向为独山子—乌鲁木齐—鄯善—红柳河—嘉峪关—武威—兰州,途经新疆、甘肃的 25 个县(市)。一期工程建设 2 条管道干线、7 条分输支线,新建管道总长度约 4000 公里。原油管道干线的起点为鄯善,终点为兰州,全长 1550 公里,设计年输量 2000 万吨;成品油管道干线的起点为乌鲁木齐,终点为兰州,全长 1840 公里,设计年输量 1000 万吨。这条石油输送管道的建成,会大大缓解我国东西部地区石油输送能力不足的问题,因此,尽量地缩短工期,不仅能节约资源,而且会有更为重大的政治意义。

CQ 石油勘探局建设工程总公司承建此次"西部原油、成品油管道工程建设项目"的第十二标段工程,简称为"CQYJ 西部管道第十二标段工程",起自 BK001 号桩($X=4117518.48$,$Y=35381504.32$,里程为 0 km+000m)至 BL001 号桩($X=4073890.05$,$Y=35381713.86$,里程为 96 km+57m)。本标段管线从甘肃省武威市凉州区武铁分局农场处进入古浪县境内,途经永丰堡、周家庄、四湾台村、梁家新庄、吴家湾村、李家湾村、刘家窝铺、褚家窝铺、裴家营镇、王家庄、岳家滩村、苦水沟、崖头村、青石崖、年家井村、一座磨村,由此进入景泰县境内。本标段线路水平长度为 96.057 km,实际长度为 96.349 km。管道沿线穿越等级公路 7 处,穿越冲沟 28 处,穿越古长城 2 处,穿越西气东输管道 2 处,穿越光缆 11 次,穿越小型河流、水渠共 24 处,穿越地震断裂带 1 处。

"CQYJ 西部管道第十二标段工程"途径地理环境复杂,施工难度较大,主要表现在:BK108A 桩—BK114 桩段进入石方峡谷,峡谷宽度为 3～5m,长度约 1.3 km,需进行石方爆破,石方工程量大;BK114—BK125 桩段进入山地,长度约 6 km,翻越 4 座山梁,高差起伏较大,仅有狭窄的山间小路,需要修筑施工伴行路;BK126—BK141 桩段进入丘陵台地,期间有多处冲沟;本段共有 39.12 km 水浇地,灌渠纵横,每 15 天浇水一次,施工期选择为本年 4 月上旬至 6 月下旬,水浇地的施工也为本标段的施工重点。加之某些施工区域无路通行,线路经过地区村落分布较为稀少,人口居住较分散,生活条件较差。上述情况在很大程度上制约着标段施工的进度及质量。"CQYJ 西部管道第十二标段工程"施工估算时间如下:

- 测量、放线完工日期:2005 年 3 月 1 日;

- 开焊完工日期：2005 年 3 月 20 日；
- 成品油主管线焊接完工日期：2005 年 9 月 28 日；
- 原油管线焊接完工日期：2005 年 9 月 28 日；
- 成品油线路试压吹扫和试压后的连头完工日期：2005 年 10 月 20 日；
- 原油线路试压吹扫和试压后的连头完工日期：2005 年 11 月 30 日；
- 44 号阀室完工日期：2005 年 10 月 20 日；
- 西靖、新堡两个泵站完工日期：2005 年 10 月 30 日；
- 三桩埋设完工日期：2005 年 12 月 31 日；
- 地貌恢复完工日期：2005 年 12 月 31 日。

## 7.1.2　进度管理中存在的问题

"CQYJ 西部管道第十二标段工程"的实施，是按照以往的经验和习惯进行的，由于工程现实条件和内外部环境的影响，工程在进度管理中存在不少问题，主要表现在进度严重滞后，网络进度计划编制不合理，工程进展不能严格按照网络进度计划执行，主观随意性太大，工程管理、技术人员费用控制观念不强，技术与经济管理严重脱节，等等。

**1. 进度严重滞后**

该工程原定开工日期为 2005 年 3 月 1 日，竣工日期为 2005 年 12 月 31 日，由于各方面的不可控因素，实际开工时间为 2005 年 3 月 20 日。从施工单位制订的时标网络图及相关资料中可以得到，与原定的开工日期相比，在 2005 年 3 月 20 日开工，使得主体建筑安装总承包商进入施工现场之前，该工程进度已实际拖延 20 天。

**2. 网络进度计划编制不合理**

进度计划编制是进度管理的前提和依据，它的准确与否直接关系到项目进度管理的质量。对于"CQYJ 西部管道第十二标段工程"来说，总承包人编制的施工时标网络进度图，完全是按照投标时的网络计划来安排的，进入施工现场后技术人员并没有深入了解周边情况、工程特点及市场行情等，也没有认真推敲和调整网络进度计划。以"管道焊接工作"为例，原计划该工作持续时间长达 160 天，这是工程技术人员在多年施工经验基础之上总结出来的，但由于在此次施工过程中，采用了新的自动焊接设备，使焊接的效率大大提高，缩短了施工期限，因此，该工作的持续时间应该进行适当缩减。另外，此次施工中由于管道经过的大都是贫困地区，雇佣农民工比较容易，且人工成本也比原来预期要低，所以，实际施工与原施工进度计划存在较大差异。

**3. 工程进度计划的执行主观随意性大**

工程进度安排理应严格执行网络进度计划，但实际上由于现场施工人员水平参差不齐、管理粗放等原因，网络进度计划并没有很好地执行。一方面，很多专业施工人员均为农民工出身，素质有限，只知道干好自己分内的工作，对于整个工程统筹优化不理解，也不了解工程网络进度计划。另一方面，项目部管理人员养成了粗放式管理的习惯，为追回延误的工期，能够采取的方法就是全面的加班和赶工，忽视网络计划的计算、分析和优化。

**4. 工程管理中的技术与经济严重脱节**

在我国建筑行业"重技术、轻经济"的传统思想的影响下，管理、技术人员在施工过程中，从不考虑施工方案、进度计划对工程费用的影响,认为这是经济人员考虑的问题,费用控制观念不强。而对于经济人员来说,他们往往认为自己的工作就是编预算、审结算,过多干预施工还会招来技术人员的反感。上述问题在本工程中体现得尤为明显,工程管理、技术人员把目光过多地集中在质量、进度方面,采取了一些赶工措施,但赶工措施费却得不到业主方的认可,造成了工程费用的失控。而经济人员只停留在事后算账的层面,并没有对费用控制采取措施,并以此优化和调整工程的进度计划。

业主对"CQYJ 西部管道第十二标段工程"工期要求的底线为 2005 年 12 月 31 日,即主体工程必须在此期间完成。但从以上分析来看,目前距离这个工期目标已拖延 20 天。如何追回工期是摆在施工单位面前的头等大事。工程对于工期控制的方式主要有三种:

- 加班加点赶工期。因为开工时间的延误,要保证整个工程总工期,施工单位就必须投入大量人力物力加班加点赶工期。
- 减少工程量或降低工程质量来加快进度。
- 通过优化施工进度计划来缩短工期。

上述第一种方法对于工期缩短确实有一定效果,但前提是施工单位为了工期目标的实现必须不计成本,如果建设单位不能补偿赶工措施费,施工单位的利润就必然会受到影响。而本工程是在工程量清单招标基础上的固定单价合同,如工程无变更则工程总费用也是固定的。另外,前期工期延误有业主原因,也有施工单位原因,根据我国现行建筑施工方面的有关规定,因施工单位原因引起的工期延误和费用增加,建设单位不承担任何责任,所有损失均由施工单位负责。施工单位如果加班加点赶工期,由此增加的费用不可能得到业主全额补偿,这绝不是施工单位希望看到的。第二种方法中,不管是减少工程量,还是降低工程质量,都必须得到建设单位的认可。但本工程属于西部建设重点项目,质量上不容许出现任何差错,且作为施工单位,为了维护自身荣誉,也不能容许工程质量出现问题,因此通过降低工程质量来缩短工期的方法是不可取的。通过以上分析可以看出,通过优化施工进度计划来缩短工期是最理想的办法,同时也是可行的。

# 7.2 工程进度管理相关数据

## 7.2.1 工作分解结构(WBS)

工作分解结构(work breakdown structure,WBS)是将项目产品和工作按照其内在的关联或实施过程的顺序进行逐层分解从而形成的结构示意图,能够形象地显示出实现项目目标所必须完成的所有工作,是整个进度计划编制的基础。WBS 虽然不能显示项目工作的逻辑关系,但能够说明所有项目工作的组织和隶属关系,从而方便项目团队对各项工作进行跟踪、检查和控制。

输油管道铺设施工程序大体分为以下几个步骤:冷弯管制作、施工便道修筑、管沟开挖、油管组装、管道焊接、管口补口、阀门安装及试压、管沟回填,详细的施工过程如图 7-1 所示。根据输油管道施工程序图,可以对 CQYJ 西部管道第十二标段工程的工作结构进行分解,得到输油管道施工的工作结构分解图如图 7-2 所示。根据输油管道施工的工作分解结构图,可以清楚地看到输油管道施工共由施工准备工作、管沟开挖、管道组装及焊接、管沟回填及检测、竣工验收等 5 个大项和 38 个小项工作组成。

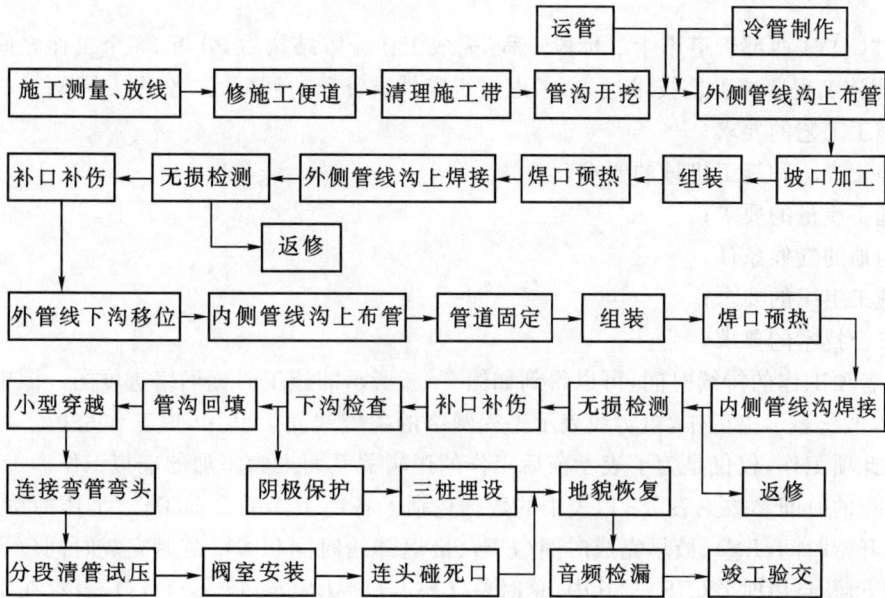

图 7-1　管道施工程序图

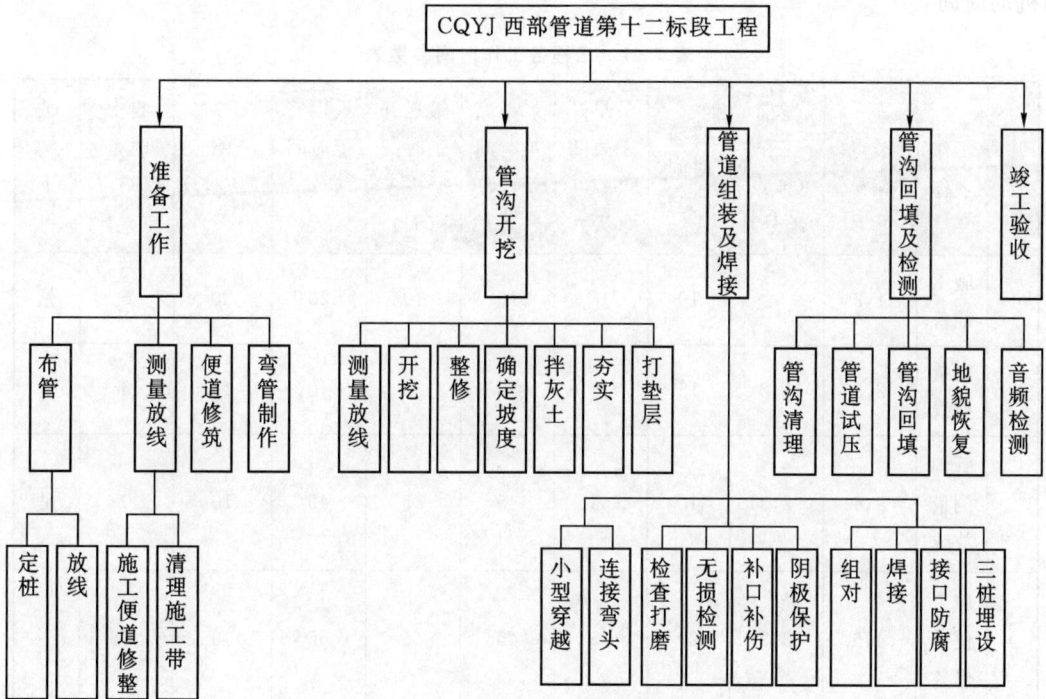

图 7-2　CQYJ 西部管道第十二标段工程工作结构分解

### 7.2.2 施工网络计划及时间参数计算

在对"CQYJ 西部管道第十二标段工程"完成工作分解结构后,分析 38 个工作之间的逻辑关系,按照施工程序或工艺技术过程,考虑组织安排或资源的调配,并考虑以下条件:

- 施工工艺的要求;
- 施工方法和施工机械的要求;
- 施工质量的要求;
- 当地的气候条件;
- 施工组织的要求;
- 安全技术的要求。

结合各项工作的持续时间,可以得到如图 7-3 所示的施工时标网络进度图。图中实线表示实工作,虚线表示虚工作,粗实线表示工程网络的关键线路。其中,虚工作是指实际施工过程中并无此项工作,仅仅是为了表示前后工作的逻辑关系而人为添加的虚拟工作。

各工作的时间参数见表 7-1,表中的数据包括了各项工作的紧前工作、工作的持续时间、工作最早开始时间($ES$)、最早完成时间($EF$)、最迟开始时间($LS$)、最迟完成时间($LF$)、工作总时差($TF$)及自由时差($FF$)。其中,总时差 $TF(i,j)=LS(i,j)-ES(i,j)$,表示在不影响总工期的前提下,本工作可以利用的机动时间;自由时差 $FF(i,j)=\text{Min}[ES(\text{工作}(i,j)\text{的所有有紧后工作})]-EF(i,j)$,表示在不影响其紧后工作最早开始时间的前提下,本工作可以利用的机动时间。

表 7-1 工程各工作时间参数表

| 序号 | 工作名称 | 节点编号 | 紧前工作(节点编号) | 持续时间(天) | 最早开工时间 $ES(i,j)$(天) | 最早完工时间 $EF(i,j)$(天) | 最迟开工时间 $LS(i,j)$(天) | 最迟完工时间 $LF(i,j)$(天) | 总时差 $TF(i,j)$(天) | 自由时差 $FF(i,j)$(天) | 关键工作 |
|---|---|---|---|---|---|---|---|---|---|---|---|
| 1 | 施工准备 | 1,2 | | 10 | 0 | 10 | 10 | 20 | 20 | 0 | 是 |
| 2 | 测量放线 | 2,3 | 1,2 | 15 | 25 | 40 | 25 | 40 | 15 | 0 | 是 |
| 3 | 管沟测量放线 | 3,6 | 2,3 | 10 | 35 | 45 | 35 | 45 | 10 | 0 | 是 |
| 4 | 施工便道修整 | 4,6 | 2,3 | 20 | 25 | 45 | 45 | 65 | 40 | 0 | |
| 5 | 清理施工带 | 5,6 | 2,3 | 5 | 25 | 30 | 30 | 35 | 10 | 0 | |

| 序号 | 工作名称 | 节点编号 | 紧前工作（节点编号） | 持续时间（天） | 最早开工时间 $ES(i,j)$（天） | 最早完工时间 $EF(i,j)$（天） | 最迟开工时间 $LS(i,j)$（天） | 最迟完工时间 $LF(i,j)$（天） | 总时差 $TF(i,j)$（天） | 自由时差 $FF(i,j)$（天） | 关键工作 |
|---|---|---|---|---|---|---|---|---|---|---|---|
| 6 | 冷弯管制作 | 2,7 | 5,6 | 50 | 25 | 75 | 115 | 165 | 140 | 0 | |
| 7 | 管道防腐 | 2,8 | 2,5 4,5 | 52 | 25 | 77 | 115 | 167 | 142 | 0 | |
| 8 | 弯管坡口加工 | 7,9 | 2,7 | 10 | 75 | 85 | 125 | 135 | 60 | 0 | |
| 9 | 直管坡口加工 | 8,10 | 2,8 | 12 | 77 | 89 | 125 | 137 | 60 | 0 | |
| 10 | 管沟开挖 | 6,17 | 4,6 3,6 5,6 | 80 | 35 | 115 | 155 | 235 | 200 | 0 | 是 |
| 11 | 管沟整修 | 11,12 | 6,17 | 15 | 35 | 50 | 80 | 95 | 60 | 0 | |
| 12 | 确定坡度 | 12,13 | 11,12 | 5 | 50 | 55 | 90 | 95 | 45 | 0 | |
| 13 | 拌灰土 | 13,14 | 12,13 | 10 | 55 | 65 | 115 | 125 | 70 | 0 | |
| 14 | 分层夯实 | 14,15 | 13,14 | 10 | 65 | 75 | 130 | 140 | 75 | 32 | |
| 15 | 打垫层 | 15,17 | 14,15 | 25 | 80 | 105 | 155 | 170 | 90 | 0 | |
| 16 | 运管 | 16,17 | 6,17 | 70 | 25 | 95 | 125 | 195 | 170 | 66 | |
| 17 | 布管 | 17,18 | 6,17 16,17 | 10 | 115 | 125 | 135 | 145 | 30 | 0 | 是 |
| 18 | 组对 | 18,19 | 17,18 | 10 | 125 | 135 | 155 | 165 | 40 | 0 | 是 |
| 19 | 小型穿越 | 17,20 | 17,18 | 20 | 125 | 145 | 145 | 165 | 40 | 0 | |

| 序号 | 工作名称 | 节点编号 | 紧前工作（节点编号） | 持续时间（天） | 最早开工时间 $ES(i,j)$（天） | 最早完工时间 $EF(i,j)$（天） | 最迟开工时间 $LS(i,j)$（天） | 最迟完工时间 $LF(i,j)$（天） | 总时差 $TF(i,j)$（天） | 自由时差 $FF(i,j)$（天） | 关键工作 |
|---|---|---|---|---|---|---|---|---|---|---|---|
| 20 | 连接弯头 | 20,21 | 17,20 | 10 | 145 | 155 | 135 | 145 | 0 | 0 | |
| 21 | 阀门安装 | 21,22 | 20,21 | 10 | 155 | 165 | 145 | 155 | 0 | 0 | |
| 22 | 焊接 | 19,23 | 18,19 21,22 | 90 | 135 | 225 | 200 | 290 | 155 | 0 | 是 |
| 23 | 管道保湿 | 22,24 | 21,22 19,23 | 25 | 175 | 200 | 170 | 195 | 20 | 0 | |
| 24 | 连接死口 | 24,29 | 22,24 | 25 | 200 | 225 | 195 | 220 | 20 | | |
| 25 | 接口防腐 | 23,29 | 19,23 24,29 | 10 | 225 | 235 | 215 | 225 | 0 | 153 | 是 |
| 26 | 检查打磨 | 25,26 | 19,23 | 20 | 125 | 145 | 180 | 200 | 75 | 143 | |
| 27 | 无损检测 | 26,27 | 25,26 | 30 | 145 | 175 | 210 | 240 | 95 | 38 | |
| 28 | 焊接补伤 | 27,28 | 26,27 | 15 | 175 | 190 | 225 | 240 | 65 | 35 | |
| 29 | 阴极保护 | 28,29 | 23,29 | 15 | 190 | 205 | 240 | 255 | 65 | 45 | |
| 30 | 分段试压 | 29,30 | 23,29 | 10 | 235 | 245 | 245 | 260 | 25 | 0 | 是 |
| 31 | 总体试压 | 30,31 | 29,30 | 10 | 245 | 255 | 255 | 265 | 20 | 23 | 是 |
| 32 | 管沟清理 | 29,32 | 30,31 | 35 | 260 | 295 | 265 | 300 | 40 | 0 | |
| 33 | 管沟回填 | 31,34 | 30,31 29,32 | 15 | 255 | 270 | 265 | 280 | 25 | 58 | 是 |

| 序号 | 工作名称 | 节点编号 | 紧前工作（节点编号） | 持续时间（天） | 最早开工时间 ES(i,j)（天） | 最早完工时间 EF(i,j)（天） | 最迟开工时间 LS(i,j)（天） | 最迟完工时间 LF(i,j)（天） | 总时差 TF(i,j)（天） | 自由时差 FF(i,j)（天） | 关键工作 |
|---|---|---|---|---|---|---|---|---|---|---|---|
| 34 | 附属工程施工 | 33,34 | 31,34 32,34 | 35 | 160 | 195 | 270 | 305 | 145 | 75 | |
| 35 | 地貌恢复 | 34,35 | 31,34 32,34 | 10 | 270 | 280 | 275 | 285 | 15 | 75 | 是 |
| 36 | 三桩埋设 | 31,36 | 30,31 | 25 | 260 | 285 | 260 | 285 | 0 | 0 | |
| 37 | 音频检测 | 35,37 | 34,35 31,36 | 10 | 280 | 290 | 295 | 305 | 25 | 0 | 是 |
| 38 | 竣工验收 | 37,38 | 35,37 | 10 | 290 | 300 | 300 | 310 | 20 | 0 | 是 |
| 39 | 虚工作 | 2,4 | 1,2 | 0 | | | | | | | |
| 40 | 虚工作 | 3,5 | 2,3 | 0 | | | | | | | |
| 41 | 虚工作 | 2,16 | 2,3 3,5 4,6 | 0 | | | | | | | |
| 42 | 虚工作 | 6,11 | 3,6 4,6 5,6 | 0 | | | | | | | |
| 43 | 虚工作 | 19,25 | 18,19 | 0 | | | | | | | |
| 44 | 虚工作 | 26,33 | 25,26 | 0 | | | | | | | |
| 45 | 虚工作 | 32,34 | 29,32 | 0 | | | | | | | |

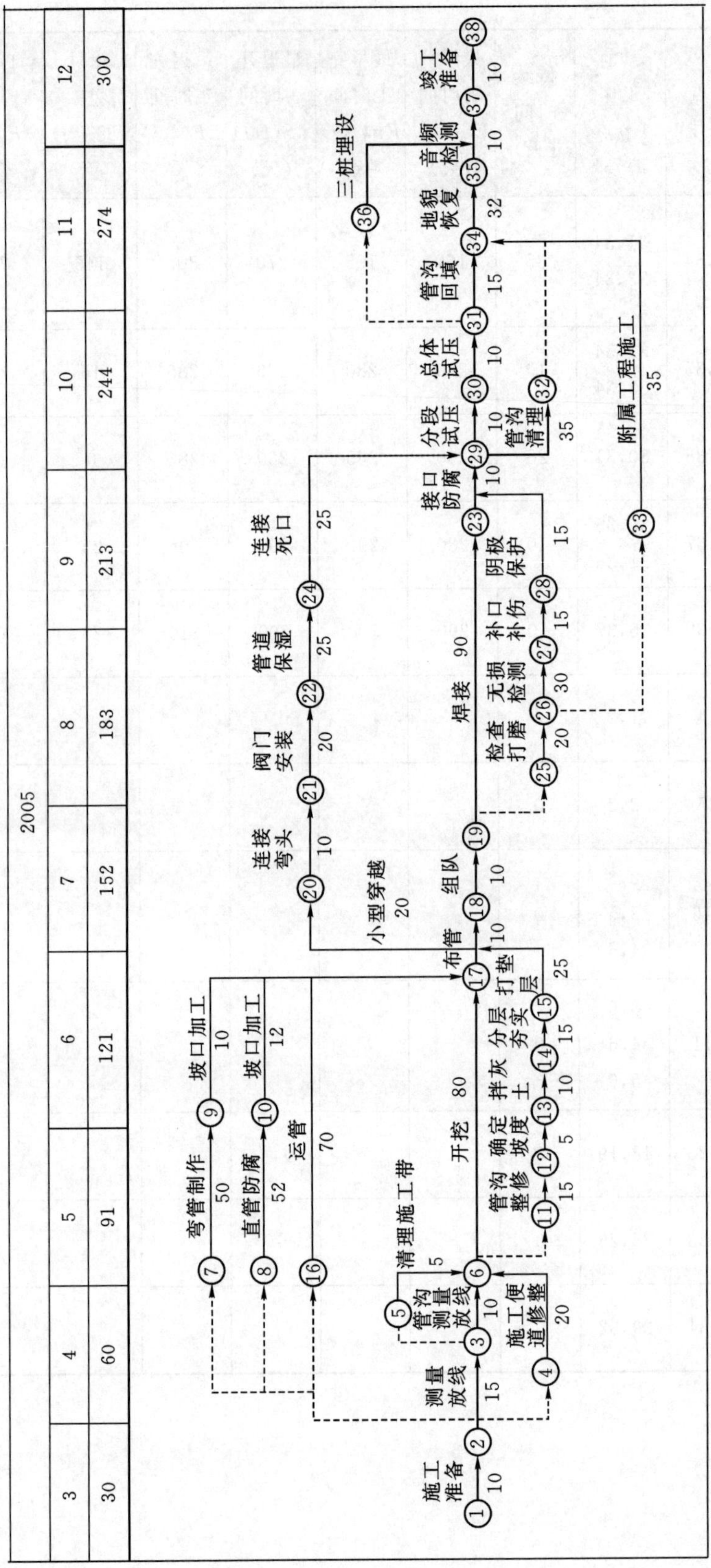

| 2005 | | | | | | | | | | |
|---|---|---|---|---|---|---|---|---|---|---|
| 3 | 4 | 5 | 6 | 7 | 8 | 9 | 10 | 11 | 12 | |
| 30 | 60 | 91 | 121 | 152 | 183 | 213 | 244 | 274 | 300 | |

图 7 - 3　工程施工时标网络进度图

由图7-3可以看出,油管铺设项目开工日期为2005年3月1日,完工日期为2005年12月31日,总工期为300天,关键路径有四条,分别为CPM1、CPM2、CPM3、CPM4:

- 第一条关键路径CPM1:1→2→3→6→17→18→19→23→29→30→31→34→35→37→38;
- 第二条关键路径CPM2:1→2→3→6→17→18→19→23→29→30→31→35→36→37→38;
- 第三条关键路径CPM3:1→2→3→6→17→18→19→23→29→32→34→35→37→38;
- 第四条关键路径CPM4:1→2→3→6→17→18→19→23→29→32→34→35→36→37→38。

# 7.3　基于现实情形的工程进度计划优化

## 7.3.1　工程活动网络参数的提炼

### 1. 分项工作的持续时间估算

通过前面的分析可以知道,本工程的网络进度计划存在编制不合理的地方,部分分项工作的持续时间与实际情况不符。对此,可以利用PERT(program evaluation and review technique)即计划评审技术,来估计各分项工作的持续时间。假设各项工作的持续时间服从$\beta$分布,近似地用三点估计法估算出各分项工作的三个时间值,即最短、最长和最可能持续时间,再用下式进行加权平均后,算出一个期望值作为工作的持续时间:

$$t_{ij} = (a_{ij} + 4c_{ij} + b_{ij})/6$$

式中:$t_{ij}$为工作$(i,j)$的期望持续时间;$a_{ij}$为工作$(i,j)$的最短持续时间(亦称乐观估计时间);$b_{ij}$为工作$(i,j)$的最长持续时间(亦称悲观估计时间);$c_{ij}$为工作$(i,j)$的正常持续时间。依据上式估算的各分项工作的持续时间见表7-2。

表7-2　各工作持续时间表

| 序号 | 工作名称 | 节点编号 $(i,j)$ | 乐观估计时间 $a_{ij}$(天) | 正常持续时间 $c_{ij}$(天) | 悲观估计时间 $b_{ij}$(天) | 期望持续时间 $t_{ij}$(天) |
|---|---|---|---|---|---|---|
| 1 | 施工准备 | 1,2 | 8 | 10 | 12 | 10 |
| 2 | 测量放线 | 2,3 | 10 | 15 | 20 | 15 |
| 3 | 管沟测量放线 | 3,6 | 7 | 10 | 13 | 10 |
| 4 | 施工便道修整 | 4,6 | 15 | 20 | 25 | 20 |
| 5 | 清理施工带 | 5,6 | 2 | 5 | 8 | 5 |
| 6 | 冷弯管制作 | 2,7 | 35 | 50 | 65 | 50 |
| 7 | 管道防腐 | 2,8 | 40 | 52 | 64 | 52 |
| 8 | 弯管坡口加工 | 7,9 | 5 | 10 | 15 | 10 |
| 9 | 直管坡口加工 | 8,10 | 8 | 12 | 16 | 12 |

| 序号 | 工作名称 | 节点编号 $(i,j)$ | 乐观估计时间 $a_{ij}$（天） | 正常持续时间 $c_{ij}$（天） | 悲观估计时间 $b_{ij}$（天） | 期望持续时间 $t_{ij}$（天） |
|---|---|---|---|---|---|---|
| 10 | 管沟开挖 | 6,17 | 40 | 80 | 120 | 80 |
| 11 | 管沟整修 | 11,12 | 8 | 10 | 24 | 12 |
| 12 | 确定坡度 | 12,13 | 2 | 4 | 6 | 4 |
| 13 | 拌灰土 | 13,14 | 4 | 8 | 12 | 8 |
| 14 | 分层夯实 | 14,15 | 12 | 14 | 16 | 14 |
| 15 | 打垫层 | 15,17 | 12 | 20 | 40 | 22 |
| 16 | 运管 | 16,17 | 50 | 70 | 90 | 70 |
| 17 | 布管 | 17,18 | 6 | 10 | 14 | 10 |
| 18 | 组对 | 18,19 | 8 | 10 | 12 | 10 |
| 19 | 小型穿越 | 17,20 | 12 | 15 | 36 | 18 |
| 20 | 连接弯头 | 20,21 | 8 | 10 | 16 | 9 |
| 21 | 阀门安装 | 21,22 | 10 | 18 | 26 | 18 |
| 22 | 焊接 | 19,23 | 80 | 90 | 100 | 90 |
| 23 | 管道保湿 | 22,24 | 16 | 22 | 24 | 23 |
| 24 | 连接死口 | 24,29 | 16 | 22 | 24 | 23 |
| 25 | 接口防腐 | 23,29 | 8 | 10 | 12 | 10 |
| 26 | 检查打磨 | 25,26 | 16 | 20 | 25 | 20 |
| 27 | 无损检测 | 26,27 | 20 | 30 | 40 | 30 |
| 28 | 焊接补口 | 27,28 | 12 | 15 | 18 | 15 |
| 29 | 阴极保护 | 28,29 | 13 | 15 | 17 | 15 |
| 30 | 分段试压 | 29,30 | 7 | 10 | 13 | 10 |
| 31 | 总体试压 | 30,31 | 6 | 10 | 14 | 10 |
| 32 | 管沟清理 | 29,32 | 25 | 35 | 45 | 35 |
| 33 | 管沟回填 | 31,34 | 10 | 15 | 20 | 15 |
| 34 | 附属工程施工 | 33,34 | 24 | 35 | 46 | 35 |
| 35 | 地貌恢复 | 34,35 | 6 | 10 | 14 | 10 |
| 36 | 三桩埋设 | 31,36 | 20 | 25 | 30 | 25 |
| 37 | 音频检测 | 35,37 | 4 | 10 | 16 | 10 |
| 38 | 竣工验收 | 37,38 | 6 | 10 | 14 | 10 |
| 39 | 虚工作 | 1,2 | 0 | 0 | 0 | 0.00 |

| 序号 | 工作名称 | 节点编号 $(i,j)$ | 乐观估计时间 $a_{ij}$（天） | 正常持续时间 $c_{ij}$（天） | 悲观估计时间 $b_{ij}$（天） | 期望持续时间 $t_{ij}$（天） |
|---|---|---|---|---|---|---|
| 40 | 虚工作 | 2,3 | 0 | 0 | 0 | 0.00 |
| 41 | 虚工作 | 2,16 | 0 | 0 | 0 | 0.00 |
| 42 | 虚工作 | 6,11 | 0 | 0 | 0 | 0.00 |
| 43 | 虚工作 | 19,25 | 0 | 0 | 0 | 0.00 |
| 44 | 虚工作 | 25,26 | 0 | 0 | 0 | 0.00 |
| 45 | 虚工作 | 32,34 | 0 | 0 | 0 | 0.00 |

在表 7－2 中，$a_{ij}$ 和 $b_{ij}$ 两种工作的持续时间是由多组专业人员估算，利用统计方法进行算术平均。而 $c_{ij}$ 根据施工现场情况和工期定额，按照下式进行估算：

$$c_{ij} = Q_{ij}/(S_{ij}R_{ij}N_{ij}) \quad \text{或} \quad c_{ij} = (Q_{ij}H_{ij})/(R_{ij}N_{ij})$$

式中：$c_{ij}$ 为工作 $(i,j)$ 的持续时间；$Q_{ij}$ 为工作 $(i,j)$ 要完成的工程量或工作量；$S_{ij}$ 为工作 $(i,j)$ 的计划产量定额；$R_{ij}$ 为工作 $(i,j)$ 拟投入的人工数或机械台班数；$N_{ij}$ 为工作 $(i,j)$ 的工作班次；$H_{ij}$ 为工作 $(i,j)$ 的计划时间定额。

**2. 施工时标网络图的调整**

将各分项工作的期望完成时间取整后作为各工作的持续时间，即可得到各分项工作的时间参数如表 7－3 所示，以及优化后的施工时标网络进度图见 7－4。

表 7－3　调整后的工程各工作时间参数表

| 序号 | 工作名称 | 节点编号 | 紧前工作（节点编号） | 持续时间（天） | 最早开工时间 $ES(i,j)$（天） | 最早完工时间 $EF(i,j)$（天） | 最迟开工时间 $LS(i,j)$（天） | 最迟完工时间 $LF(i,j)$（天） | 总时差 $TF(i,j)$（天） | 自由时差 $FF(i,j)$（天） | 关键工作 |
|---|---|---|---|---|---|---|---|---|---|---|---|
| 1 | 施工准备 | 1,2 | | 10 | 0 | 10 | 10 | 20 | 20 | 0 | 是 |
| 2 | 测量放线 | 2,3 | 1,2 | 15 | 25 | 40 | 25 | 40 | 15 | 0 | 是 |
| 3 | 管沟测量放线 | 3,6 | 2,3 | 10 | 35 | 45 | 35 | 45 | 10 | 0 | 是 |
| 4 | 施工便道修整 | 4,6 | 2,3 | 20 | 25 | 45 | 45 | 65 | 40 | 0 | |

| 序号 | 工作名称 | 节点编号 | 紧前工作（节点编号） | 持续时间（天） | 最早开工时间 $ES(i,j)$（天） | 最早完工时间 $EF(i,j)$（天） | 最迟开工时间 $LS(i,j)$（天） | 最迟完工时间 $LF(i,j)$（天） | 总时差 $TF(i,j)$（天） | 自由时差 $FF(i,j)$（天） | 关键工作 |
|---|---|---|---|---|---|---|---|---|---|---|---|
| 5 | 清理施工带 | 5,6 | 2,3 | 5 | 25 | 30 | 30 | 35 | 10 | 0 | |
| 6 | 冷弯管制作 | 2,7 | 5,6 | 50 | 25 | 75 | 115 | 165 | 140 | 0 | |
| 7 | 管道防腐 | 2,8 | 2,5 4,5 | 52 | 25 | 77 | 115 | 167 | 142 | 0 | |
| 8 | 弯管坡口加工 | 7,9 | 2,7 | 10 | 75 | 85 | 125 | 135 | 60 | 0 | |
| 9 | 直管坡口加工 | 8,10 | 2,8 | 12 | 77 | 89 | 125 | 137 | 60 | 0 | |
| 10 | 管沟开挖 | 6,17 | 4,6 3,6 5,6 | 60 | 5 | 65 | 30 | 90 | 25 | 0 | 是 |
| 11 | 管沟整修 | 11,12 | 6,17 | 12 | 35 | 47 | 80 | 92 | 57 | 0 | |
| 12 | 确定坡度 | 12,13 | 11,12 | 4 | 47 | 51 | 90 | 94 | 43 | 0 | |
| 13 | 拌灰土 | 13,14 | 12,13 | 8 | 51 | 59 | 115 | 119 | 68 | 0 | |
| 14 | 分层夯实 | 14,15 | 13,14 | 14 | 59 | 73 | 125 | .139 | 80 | 32 | |
| 15 | 打垫层 | 15,17 | 14,15 | 22 | 73 | 95 | 150 | 172 | 99 | 0 | |
| 16 | 运管 | 16,17 | 6,17 | 70 | 25 | 95 | 30 | 105 | 10 | 0 | |
| 17 | 布管 | 17,18 | 16,17 | 10 | 95 | 105 | 115 | 125 | 30 | 0 | 是 |

| 序号 | 工作名称 | 节点编号 | 紧前工作（节点编号） | 持续时间（天） | 最早开工时间 $ES(i,j)$（天） | 最早完工时间 $EF(i,j)$（天） | 最迟开工时间 $LS(i,j)$（天） | 最迟完工时间 $LF(i,j)$（天） | 总时差 $TF(i,j)$（天） | 自由时差 $FF(i,j)$（天） | 关键工作 |
|---|---|---|---|---|---|---|---|---|---|---|---|
| 18 | 组对 | 18,19 | 17,18 | 10 | 105 | 115 | 135 | 145 | 40 | 0 | 是 |
| 19 | 小型穿越 | 17,20 | 17,18 | 18 | 105 | 143 | 125 | 163 | 40 | 0 | |
| 20 | 连接弯头 | 20,21 | 17,20 | 9 | 143 | 152 | 134 | 143 | 0 | 0 | |
| 21 | 阀门安装 | 21,22 | 20,21 | 18 | 152 | 160 | 134 | 152 | 0 | 0 | |
| 22 | 焊接 | 19,23 | 18,19 21,22 | 90 | 160 | 250 | 200 | 290 | 130 | 0 | 是 |
| 23 | 管道保湿 | 22,24 | 21,22 19,23 | 23 | 250 | 273 | 250 | 273 | 0 | 0 | |
| 24 | 连接死口 | 24,29 | 22,24 | 23 | 250 | 273 | 250 | 273 | 0 | | |
| 25 | 接口防腐 | 23,29 | 19,23 24,29 | 10 | 205 | 215 | 195 | 205 | 0 | 153 | 是 |
| 26 | 检查打磨 | 25,26 | 19,23 | 20 | 105 | 125 | 160 | 180 | 75 | 143 | |
| 27 | 无损检测 | 26,27 | 25,26 | 30 | 125 | 155 | 190 | 220 | 95 | 38 | |
| 28 | 焊接补伤 | 27,28 | 26,27 | 15 | 155 | 170 | 205 | 220 | 65 | 35 | |
| 29 | 阴极保护 | 28,29 | 23,29 | 15 | 170 | 185 | 220 | 235 | 65 | 45 | |
| 30 | 分段试压 | 29,30 | 23,29 | 10 | 215 | 225 | 225 | 240 | 15 | 0 | 是 |
| 31 | 总体试压 | 30,31 | 29,30 | 10 | 225 | 235 | 235 | 245 | 20 | 23 | 是 |
| 32 | 管沟清理 | 29,32 | 30,31 | 35 | 260 | 275 | 245 | 280 | 20 | 0 | |

| 序号 | 工作名称 | 节点编号 | 紧前工作（节点编号） | 持续时间（天） | 最早开工时间 $ES(i,j)$（天） | 最早完工时间 $EF(i,j)$（天） | 最迟开工时间 $LS(i,j)$（天） | 最迟完工时间 $LF(i,j)$（天） | 总时差 $TF(i,j)$（天） | 自由时差 $FF(i,j)$（天） | 关键工作 |
|---|---|---|---|---|---|---|---|---|---|---|---|
| 33 | 管沟回填 | 31,34 | 30,31 29,32 | 15 | 235 | 250 | 245 | 260 | 25 | 58 | 是 |
| 34 | 附属工程施工 | 33,34 | 31,34 32,34 | 35 | 140 | 175 | 250 | 285 | 145 | 75 | |
| 35 | 地貌恢复 | 34,35 | 31,34 32,34 | 10 | 250 | 260 | 255 | 265 | 15 | 75 | 是 |
| 36 | 三桩埋设 | 31,36 | 30,31 | 25 | 240 | 265 | 240 | 265 | 25 | 0 | |
| 37 | 音频检测 | 35,37 | 34,35 31,36 | 10 | 260 | 270 | 275 | 285 | 25 | 0 | 是 |
| 38 | 竣工验收 | 37,38 | 35,37 | 10 | 270 | 280 | 280 | 280 | 0 | 0 | 是 |
| 39 | 虚工作 | 2,4 | 1,2 | 0 | | | | | | | |
| 40 | 虚工作 | 3,5 | 2,3 | 0 | | | | | | | |
| 41 | 虚工作 | 2,16 | 2,3 3,5 4,6 | 0 | | | | | | | |
| 42 | 虚工作 | 6,11 | 3,6 4,6 5,6 | 0 | | | | | | | |
| 43 | 虚工作 | 19,25 | 18,19 | 0 | | | | | | | |
| 44 | 虚工作 | 26,33 | 25,26 | 0 | | | | | | | |
| 45 | 虚工作 | 32,34 | 29,32 | 0 | | | | | | | |

表 7－3 中的数据包括了各项工作的紧前工作、工作的持续时间、工作最早开始时间（$ES$）、最早完成时间（$EF$）、最迟开始时间（$LS$）、最迟完成时间（$LF$）、工作总时差（$TF$）及自由时差（$FF$）。由图 7－4 可以看出，调整后的施工进度网络图中关键路线虽然有变化，依旧有四条，分别记为 CPM1、CPM2、CPM3、CPM4：

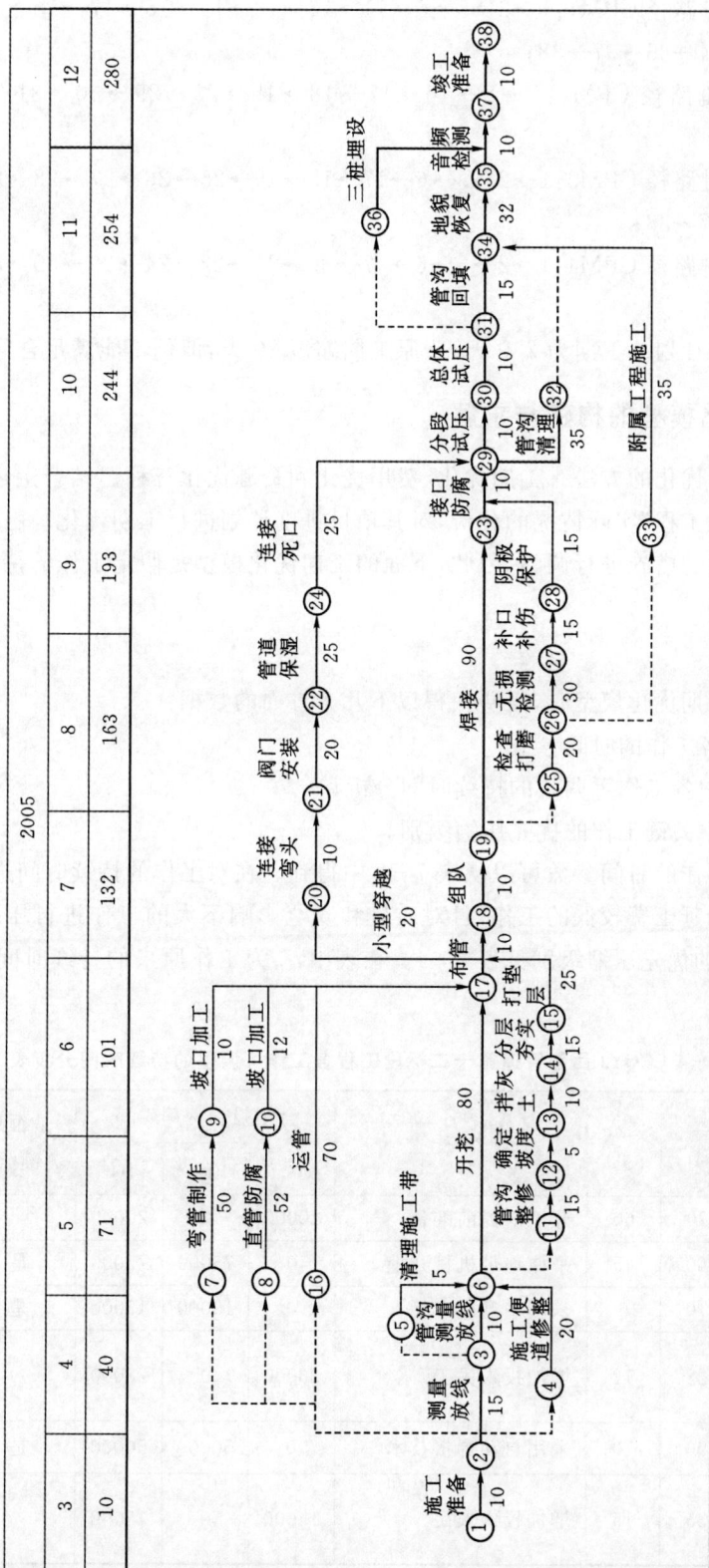

图 7 - 4　调整后的工程施工时标网络进度图

- 第一条关键路径 CPM1：1→2→3→6→11→12→13→14→15→17→18→19→23→29→30→31→34→35→37→38；
- 第二条关键路径 CPM2：1→2→16→17→18→19→23→29→30→31→34→35→37→38；
- 第三条关键路径 CPM3：1→2→3→6→17→18→19→25→26→27→28→29→30→31→34→35→37→38；
- 第四条关键路径 CPM4：1→2→3→6→17→20→21→22→24→29→30→31→34→35→37→38。

调整后的项目计划总工期为 280 天，比原工期缩短 20 天，但仍不能满足合同要求。

## 7.3.2　优化模型的构建与求解

项目进度计划优化的方法有工期优化、费用优化和资源优化三种。结合上述对"CQYJ 西部管道第十二标段工程"实际情况的分析，对其项目进度计划进行工期优化。由于工作的持续时间可以通过一定的措施进行调整，因此，下面的工期优化模型是假定工作的持续时间可以调整的条件下构建的。

### 1. 数据准备

在构建项目工期优化模型时，需要获得以下几个方面的数据：
- 网络图中各工作的时间参数；
- 网络计划中各工作可调整的持续时间分析；
- 关键线路中关键工作的优先压缩级别。

网络图中各工作的时间参数可以从表 7-3 中得到。在对工作的持续时间进行压缩时，优先选择易于压缩和赶工费较低的工作，且对质量和安全影响不大的工作进行压缩。按照这一原则，确定该工程的优先压缩级别见表 7-4。在表中，$t_{ij}$ 为工作原来的持续时间，$t'_{ij}$ 为工作可调整的持续时间。

表 7-4　CQYJ 西部管道第十二标段工程各工作可调整的持续时间分析表

| 工作名称 | 节点编号 | $t_{ij}$（天） | $t'_{ij}$（天） | 措施 | 计划投资费用（元） | | | 是否是关键活动 | 优先压缩级别 |
| --- | --- | --- | --- | --- | --- | --- | --- | --- | --- |
| | | | | | 人工费 | 材料费 | 小计 | | |
| 运管 | 16,17 | 70 | 60 | 开工前提前准备 | 20000 | 0 | 20000 | | 4 |
| 开挖 | 6,17 | 60 | 45 | 平原地带机械开挖 | 0 | 75000 | 75000 | 是 | 3 |
| 布管 | 17,18 | 10 | 5 | 采用吊升机布管 | 0 | 15000 | 15000 | 是 | 6 |
| 打垫层 | 15,17 | 22 | 12 | 增加投入民工 | 23000 | 0 | 23000 | | 5 |
| 焊接 | 19,23 | 90 | 70 | 采用自动焊接技术 | 0 | 50000 | 50000 | 是 | 1 |
| 管沟清理 | 29,32 | 35 | 15 | 增加投入农民 | 15000 | 0 | 15000 | | 2 |

### 2. 模型构建

根据以上分析所获得的数据,为方便模型的表示和求解,做如下假设:

- 假设一:假定一个项目由 $n$ 个工作组成,各工作之间的逻辑关系保持不变,且工作在执行过程中不能中断或抢先,整个进度计划的开始时间为第 0 天。
- 假设二:项目要求完成得越早越好,工作的执行受被表示为 AoA(activity‐on‐arc,即用箭线表示工作,用节点表示事件)网络的 0 时滞结束‐开始型优先关系约束。
- 假设三:工作工期可以通过一定的新技术和方法进行调整,即假定工作的持续时间可以调整。

在上述假设条件的基础上,构建"CQYJ 西部管道第十二标段工程"进度计划的工期优化模型如下所述:

$$\text{Min } LF_{in}$$
$$\text{s. t.} \quad ES_{1i} = 0$$
$$LF_{ij} - t'_{ij} \geqslant LF_{hi}$$

其中:$LF_{in}$ 为终节点之前工作 $(i, n)$ 的最迟完成时间,亦即整个工程的最迟完成时间;$ES_{1i}$ 为开始节点之后工作 $(1, i)$ 的最早开始时间,亦即整个工程的最早开始时间;$t'_{ij}$ 为工作 $(i, j)$ 可调整的持续时间;$LF_{hi}$ 为工作 $(i, j)$ 的各紧前工作 $(h, i)$ 的最迟结束时间。在上述优化模型中,目标函数是最小化整个工程的完成时间,约束条件包括整个工程的开始时间定义和工作之间的逻辑关系。通过求解该优化模型,即可得到使工程尽早完成的进度计划安排。

### 3. 优化模型求解

根据表 7‐4 所给出的信息,按照"焊接→开挖→布管→运管→打垫层→管沟清理"的次序对工作进行压缩,以实现缩短工程工期的目的。

1)压缩"焊接"工作

对于"焊接"工作,$LF_{19,23} = 290$。其紧前任务为工作 $(18, 19)$ 和工作 $(21, 22)$,这两个工作的最迟完成时间为:$LF_{18,19} = 145$,$LF_{21,22} = 152$。根据上述优化模型中的逻辑关系约束,有 $290 - t'_{19,23} \geqslant 152$,即 $t'_{19,23} \leqslant 138$。由表 7‐4 可知,$t'_{19,23} = 70$ 天,即该工作可调整为 70 天。经过计算可得,$LF_{37,38} = 260$ 天,可行线路如下:

- 第一条线路:1→2→3→6→17→18→19→23→29→30→31→34→35→37→38;
- 第二条线路:1→2→3→6→17→18→19→23→29→30→32→34→35→37→38;
- 第三条线路:1→2→3→6→17→18→19→23→29→30→31→36→37→38;
- 第四条线路:1→2→3→6→17→18→19→25→26→27→28→29→30→31→34→35→37→38;
- 第五条线路:1→2→3→6→17→18→19→25→26→27→28→29→32→34→35→37→38;
- 第六条线路:1→2→3→6→17→18→19→25→26→27→28→29→30→31→36→37→38;
- 第七条线路:1→2→3→6→17→20→21→22→24→29→30→31→34→35→37→38;
- 第八条线路:1→2→3→6→17→20→21→22→24→29→32→34→35→37→38;
- 第九条线路:1→2→3→6→17→20→21→22→24→29→30→31→36→37→38。

其中,第四条线路为关键路径。

2)压缩"开挖"工作

进过第一次压缩后,重新计算网络图各项时间参数和最小工期,经过计算得:$LF = 115$,其紧前工作 $LF_{3,4} = 45, LF_{4,6} = 65, LF_{5,6} = 35$。则由优化模型中的逻辑关系约束,有 $115 - t'_{6,17} \geqslant 65$,即 $t'_{6,17} \leqslant 50$。由表 $7-4$ 可知,$t'_{6,17} = 45$ 天,即该工作可调整到 45 天。经过计算可得,$LF_{37,38} = 265$ 天,其可行线路如下:

- 第一条线路:$1 \to 2 \to 3 \to 6 \to 17 \to 18 \to 19 \to 23 \to 29 \to 32 \to 34 \to 35 \to 37 \to 38$;
- 第二条线路:$1 \to 2 \to 3 \to 6 \to 17 \to 18 \to 19 \to 23 \to 29 \to 32 \to 34 \to 35 \to 37 \to 38$;
- 第三条线路:$1 \to 2 \to 3 \to 6 \to 17 \to 18 \to 19 \to 23 \to 29 \to 30 \to 31 \to 36 \to 37 \to 38$;
- 第四条线路:$1 \to 2 \to 16 \to 17 \to 18 \to 19 \to 23 \to 29 \to 30 \to 31 \to 34 \to 35 \to 37 \to 38$;
- 第五条线路:$1 \to 2 \to 16 \to 17 \to 18 \to 19 \to 23 \to 29 \to 32 \to 34 \to 35 \to 37 \to 38$;
- 第六条线路:$1 \to 2 \to 16 \to 17 \to 18 \to 19 \to 23 \to 29 \to 30 \to 31 \to 36 \to 37 \to 38$。

其中,第三条为关键路径。

3)压缩"布管"工作

重新计算网络图各项时间参数和最小工期,经过计算得:$LF_{17,18} = 125$,其紧前工作 $LF_{16,17} = 105$,则由逻辑关系约束得:$125 - t_{17,18} \geqslant 105$,即 $t_{17,18} \leqslant 20$。由表 $7-4$ 可知,$t_{17,18} = 5$ 天,即该工作可调整 5 天。经过计算可得,$LF_{37,38} = 275$ 天,其可行线路如下:

- 第一条线路:$1 \to 2 \to 3 \to 6 \to 17 \to 18 \to 19 \to 23 \to 29 \to 30 \to 31 \to 34 \to 35 \to 37 \to 38$;
- 第二条线路:$1 \to 2 \to 3 \to 6 \to 17 \to 18 \to 19 \to 23 \to 29 \to 30 \to 32 \to 34 \to 35 \to 37 \to 38$;
- 第三条线路:$1 \to 2 \to 3 \to 6 \to 17 \to 18 \to 19 \to 23 \to 29 \to 30 \to 31 \to 36 \to 37 \to 38$。

其中,第一条为关键路径。

4)压缩"运管"工作

重新计算网络图各项时间参数和最小工期,经过计算得:$LF_{16,17} = 105$,其紧前工作 $LF_{6,17} = 90$,则由逻辑关系约束得:$105 - t'_{16,17} \geqslant 90$,即 $t_{16,17} \leqslant 15$。由表 $7-4$ 可知,$t'_{16,17} = 60$ 天,即该工作可调整为 60 天。经过计算可得,$LF_{37,38} = 270$ 天,可行线路为:

- 第一条线路:$1 \to 2 \to 3 \to 16 \to 17 \to 18 \to 19 \to 23 \to 29 \to 30 \to 31 \to 34 \to 35 \to 37 \to 38$;
- 第二条线路:$1 \to 2 \to 3 \to 6 \to 11 \to 12 \to 13 \to 14 \to 15 \to 18 \to 19 \to 23 \to 29 \to 30 \to 31 \to 34 \to 35 \to 37 \to 38$;
- 第三条线路:$1 \to 2 \to 3 \to 6 \to 17 \to 18 \to 19 \to 25 \to 26 \to 27 \to 28 \to 29 \to 30 \to 31 \to 34 \to 35 \to 37 \to 38$;
- 第四条线路:$1 \to 2 \to 3 \to 7 \to 9 \to 17 \to 18 \to 19 \to 23 \to 29 \to 30 \to 31 \to 34 \to 35 \to 37 \to 38$;
- 第五条线路:$1 \to 2 \to 3 \to 16 \to 17 \to 18 \to 19 \to 23 \to 29 \to 32 \to 34 \to 35 \to 37 \to 38$;
- 第六条线路:$1 \to 2 \to 3 \to 16 \to 17 \to 18 \to 19 \to 23 \to 29 \to 30 \to 31 \to 36 \to 37 \to 38$;
- 第七条线路:$1 \to 2 \to 3 \to 6 \to 11 \to 12 \to 13 \to 14 \to 15 \to 18 \to 19 \to 23 \to 29 \to 32 \to 34 \to 35 \to 37 \to 38$;
- 第八条线路:$1 \to 2 \to 3 \to 6 \to 11 \to 12 \to 13 \to 14 \to 15 \to 18 \to 19 \to 23 \to 29 \to 30 \to 31 \to 36 \to 37 \to 38$;
- 第九条线路:$1 \to 2 \to 3 \to 6 \to 17 \to 18 \to 19 \to 25 \to 26 \to 27 \to 28 \to 29 \to 32 \to 34 \to 35 \to 37 \to 38$;

- 第十条线路：$1 \rightarrow 2 \rightarrow 3 \rightarrow 6 \rightarrow 17 \rightarrow 18 \rightarrow 19 \rightarrow 25 \rightarrow 26 \rightarrow 27 \rightarrow 28 \rightarrow 29 \rightarrow 30 \rightarrow 31 \rightarrow 36 \rightarrow 37 \rightarrow 38$；
- 第十一条线路：$1 \rightarrow 2 \rightarrow 3 \rightarrow 7 \rightarrow 9 \rightarrow 17 \rightarrow 18 \rightarrow 19 \rightarrow 23 \rightarrow 29 \rightarrow 32 \rightarrow 34 \rightarrow 35 \rightarrow 37 \rightarrow 38$；
- 第十二条线路：$1 \rightarrow 2 \rightarrow 3 \rightarrow 7 \rightarrow 9 \rightarrow 17 \rightarrow 18 \rightarrow 19 \rightarrow 23 \rightarrow 29 \rightarrow 30 \rightarrow 31 \rightarrow 36 \rightarrow 37 \rightarrow 38$。

其中，第二条为关键路径。

5）压缩"打垫层"工作

重新计算网络图各项时间参数和最小工期，经过计算得：$LF_{15,17} = 172$，其紧前工作 $LF_{14,15} = 139$，则由逻辑关系约束得：$172 - t'_{15,17} \geqslant 139$，即 $t'_{15,17} \leqslant 33$。由表7-4，可知 $t'_{15,17} = 12$ 天，即该工作可调整为12天。结果计算可得，$LF_{37,38} = 270$ 天，可行线路如下：

- 第一条线路：$1 \rightarrow 2 \rightarrow 3 \rightarrow 6 \rightarrow 11 \rightarrow 12 \rightarrow 13 \rightarrow 14 \rightarrow 15 \rightarrow 18 \rightarrow 19 \rightarrow 23 \rightarrow 29 \rightarrow 30 \rightarrow 31 \rightarrow 34 \rightarrow 35 \rightarrow 37 \rightarrow 38$；
- 第二条线路：$1 \rightarrow 2 \rightarrow 3 \rightarrow 6 \rightarrow 11 \rightarrow 12 \rightarrow 13 \rightarrow 14 \rightarrow 15 \rightarrow 18 \rightarrow 19 \rightarrow 23 \rightarrow 29 \rightarrow 32 \rightarrow 34 \rightarrow 35 \rightarrow 37 \rightarrow 38$；
- 第三条线路：$1 \rightarrow 2 \rightarrow 3 \rightarrow 6 \rightarrow 11 \rightarrow 12 \rightarrow 13 \rightarrow 14 \rightarrow 15 \rightarrow 18 \rightarrow 19 \rightarrow 23 \rightarrow 29 \rightarrow 30 \rightarrow 36 \rightarrow 37 \rightarrow 38$；
- 第四条线路：$1 \rightarrow 2 \rightarrow 3 \rightarrow 6 \rightarrow 17 \rightarrow 18 \rightarrow 20 \rightarrow 21 \rightarrow 22 \rightarrow 24 \rightarrow 29 \rightarrow 30 \rightarrow 31 \rightarrow 34 \rightarrow 35 \rightarrow 37 \rightarrow 38$；
- 第五条线路：$1 \rightarrow 2 \rightarrow 3 \rightarrow 6 \rightarrow 17 \rightarrow 18 \rightarrow 20 \rightarrow 21 \rightarrow 22 \rightarrow 24 \rightarrow 29 \rightarrow 32 \rightarrow 34 \rightarrow 35 \rightarrow 37 \rightarrow 38$；
- 第六条线路：$1 \rightarrow 2 \rightarrow 3 \rightarrow 6 \rightarrow 17 \rightarrow 18 \rightarrow 20 \rightarrow 21 \rightarrow 22 \rightarrow 24 \rightarrow 29 \rightarrow 30 \rightarrow 36 \rightarrow 37 \rightarrow 38$；
- 第七条线路：$1 \rightarrow 2 \rightarrow 3 \rightarrow 6 \rightarrow 17 \rightarrow 18 \rightarrow 19 \rightarrow 25 \rightarrow 26 \rightarrow 27 \rightarrow 28 \rightarrow 29 \rightarrow 30 \rightarrow 31 \rightarrow 34 \rightarrow 35 \rightarrow 37 \rightarrow 38$；
- 第八条线路：$1 \rightarrow 2 \rightarrow 3 \rightarrow 6 \rightarrow 17 \rightarrow 18 \rightarrow 19 \rightarrow 25 \rightarrow 26 \rightarrow 27 \rightarrow 28 \rightarrow 29 \rightarrow 32 \rightarrow 34 \rightarrow 35 \rightarrow 37 \rightarrow 38$；
- 第九条线路：$1 \rightarrow 2 \rightarrow 3 \rightarrow 6 \rightarrow 17 \rightarrow 18 \rightarrow 19 \rightarrow 25 \rightarrow 26 \rightarrow 27 \rightarrow 28 \rightarrow 29 \rightarrow 30 \rightarrow 31 \rightarrow 36 \rightarrow 37 \rightarrow 38$。

其中，第一条为关键路径。

6）压缩"管沟清理"工作

重新计算网络图各项时间参数和最小工期，经过计算得：$LF_{29,32} = 280$，其紧前工作 $LF_{30,31} = 245$，则由逻辑关系约束得：$280 - t'_{29,32} \geqslant 245$，即 $t'_{29,32} \leqslant 35$。由表7-4，可知 $t'_{29,32} = 15$ 天，即该工作可调整为15天。结果计算可得：$LF_{37,38} = 260$ 天，可行线路如下：

- 第一条线路：$1 \rightarrow 2 \rightarrow 3 \rightarrow 6 \rightarrow 17 \rightarrow 18 \rightarrow 19 \rightarrow 23 \rightarrow 29 \rightarrow 30 \rightarrow 31 \rightarrow 34 \rightarrow 35 \rightarrow 37 \rightarrow 38$；
- 第二条线路：$1 \rightarrow 2 \rightarrow 3 \rightarrow 6 \rightarrow 17 \rightarrow 18 \rightarrow 19 \rightarrow 23 \rightarrow 29 \rightarrow 30 \rightarrow 32 \rightarrow 34 \rightarrow 35 \rightarrow 37 \rightarrow 38$；
- 第三条线路：$1 \rightarrow 2 \rightarrow 3 \rightarrow 6 \rightarrow 17 \rightarrow 18 \rightarrow 19 \rightarrow 23 \rightarrow 29 \rightarrow 30 \rightarrow 36 \rightarrow 37 \rightarrow 38$。

其中，第一条为关键路径。

从以上压缩过程可以看出，经过几次工期压缩，工期由280天压缩到260天，而要求工期270天，即满足了要求的工期，而且比要求工期还缩短了10天，即工程可以提前10天完工。在上述压缩过程中，分别压缩了运管、开挖、布管、打垫层、焊接、管沟清理等工作，其中，布管工作只能压缩5天，不能满足要求；运管和打垫层工作可以满足工期280天的要求，但费用要增加 $20000 + 23000 = 43000$（元）；开挖工作可将工期压缩到265天，但费用增加75000元；焊接和管沟清理工作可将工期压缩到 260 天,费用增加 50000＋15000＝65000(元)。根据投入产出比的原则,我们应优先选择焊接工作进行优化。

从以上结果可知,清理施工带在本工程施工过程中属于技术含量较低的工作,所以,通过增加劳动力投入或延长劳动时间就可以加快施工进度。而且清理施工带属于工程前期的准备工作,施工带不清理后期管道开挖没有办法继续进行,因而它的优先级比较高。除清理施工带之外,如管沟整修、拌灰土、打垫层、管沟回填等工作都属于此类性质的施工过程,都可以通过同样的办法加以解决。焊接是该工程非常重要的工作程序,它不但影响着工程的进度,同时还制约着工程的质量。在工程进度优化过程中,主要是运用运筹优化的办法,把焊接工作同其他可以同时进行的工作一起进行,从而缩短了施工时间,加快了工程进度。该工程最终的实施结果是:工期从最初合同中规定的 300 天,缩短到 260 天,并且保证了工程质量,工程进度计划的优化效果较为明显。

# 7.4 基于挣值法的工程实施过程控制

## 7.4.1 工程进度控制措施的制定

在工程实际施工过程中,不仅要注意技术上达标,更要在管理上下足工夫。项目的进度控制是一个动态循环的过程(如图 7-5 所示),而不是静止不变的,项目管理者必须针对现实情况的变化及时采取有效措施,制订严密的进度管理流程,适时调整进度计划。具体的进度控制措施如下。

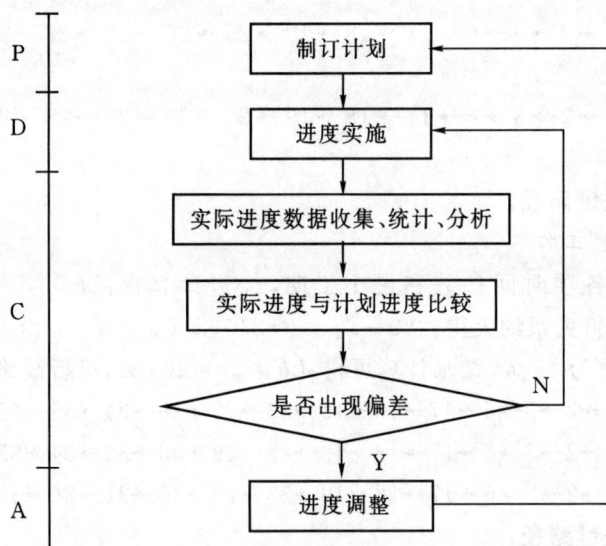

图 7-5　工程进度管理流程图

**1. 制订严密的进度管理流程**

指定专人负责工程进度的管理、协调和控制工作,要随时通过各施工单位项目负责人了解工程进展情况,协调各类资源,随时随地对进度进行跟踪、调节与控制,及时调整关键路径。同时,在施工过程中,应对照关键路径中的关键点进行施工进度的检查,从对检查的分析中找出油管施工工期的主要控制点,然后进行检查、一一对照分析找出必要的调整措施,据此修改原计划,以便施工过程能够正常顺利地进行。对于本工程,项目经理根据工程特点要求进度管理人员每天两次对项目进度进行跟踪和调整,时间定在每日中午和晚上收工时间,这样既不影响工作的正常进行,也可及时调整进度计划。而且,在进行进度控制的过程中,也要注意对工程质量的控制,在施工中严格遵守《输油输气管道线路工程施工及验收规范(SY0401—98)》、《石油天然气管道跨越工程及验收规范(SY0470—2000)》、《管道下向焊接工艺规程(SY/T4071—93)》、《石油天然气钢制管道对焊接缝全自动超声波检测(SY/T0327—2003)》等文件的规定,在油管施工中注意每一个细小环节的质量控制,减少返工,切实改善施工进度。

**2. 加强组织管理,实行项目经理负责制**

组织措施是保证工程能够顺利进行的基础条件,在此次项目施工中,在原油管施工作业队的基础上,项目经理在全公司范围内进行招聘。然后,再由项目经理对项目团队人员进行选拔和聘任。项目经理代表公司行使管理职能,负责整个项目的施工组织、管理、控制、协调和服务。有了项目经理的协调组织,可以促使项目组成员既分工又协作,建立一支高效的项目团队。同时,在项目经理的协调下,有利于做好各项保证措施的落实,以使项目可以高效地运转。此外,需要强调的是,要建立一支高效的项目施工管理团队,只有项目经理的负责是远远不够的,必须发挥项目部全体人员工作的积极性和主动性。要对普通的项目管理人员进行教育,让他们认识到项目进度关乎整个工程的成败,使其能够严格按照项目进度计划进行施工,克服在施工过程中主观随意性过大的缺点,及时向项目经理汇报项目进度、质量及费用的使用状况,使项目经理做到心中有数。总之,发挥整个项目部人员的团结、拼搏、奉献精神,是项目进度能够改善的关键。图7-6给出了"CQYJ西部管道第十二标段工程"项目部的组织机构图,通过该组织机构确保了工程项目部的正常运转,使得该工程的进度得到了有效的实施和控制。

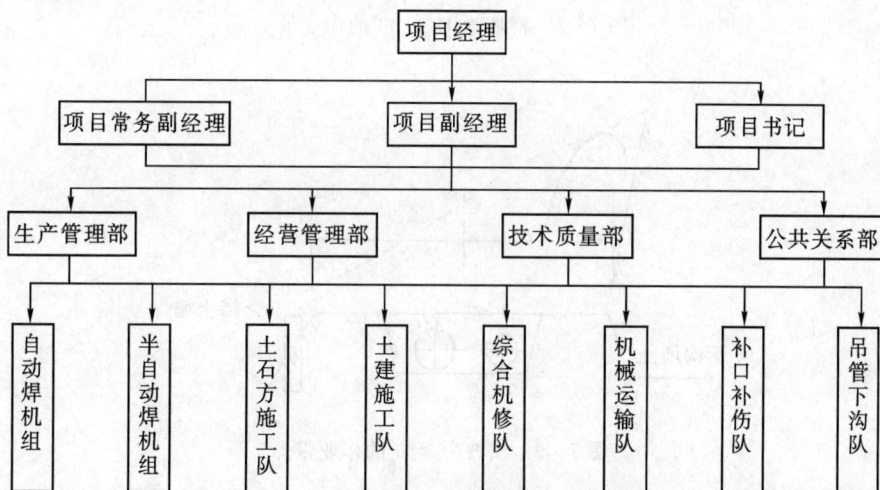

图7-6　CQYJ西部管道第十二标段工程项目部组织机构图

**3. 制订合理的施工方案**

首先,施工便道修筑作为整个项目施工的基础,直接关系到后续工作是否能够顺利进行。在"CQYJ 西部管道第十二标段工程"的施工中,由于环境恶劣,地形复杂,会使便道修筑遇到很多特殊情况,这就需要根据不同的地形地貌选择合理的施工便道修筑方案。图 7-7 至图 7-10 便给出了在不同情形下的四种施工便道修整方案,这几种方案是在工程实际施工过程中经过不断调整形成的,可为以后类似工程的顺利进行提供有价值的借鉴。

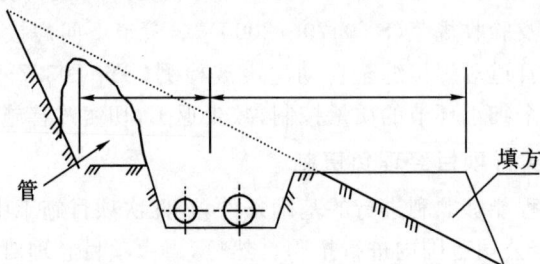

图 7-7　横坡为 8°~15°的作业带

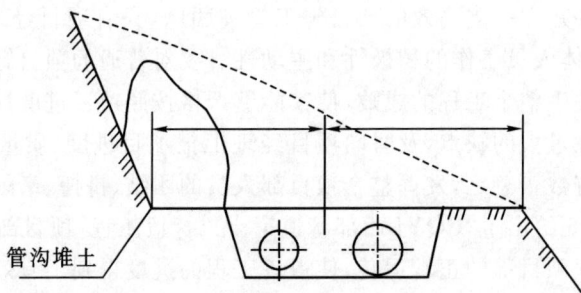

图 7-8　横坡为 15°~30°的作业带

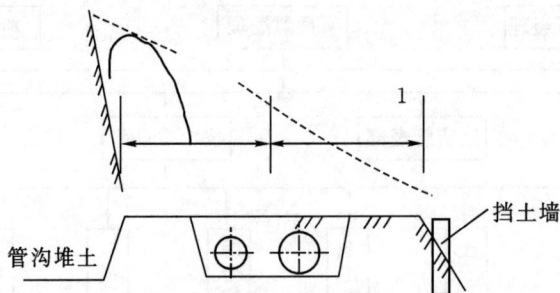

图 7-9　横坡为 ≥30°的作业带

此外,焊接是此次工程项目中的关键工作。首先,管道焊接量很大,几乎贯穿整个工程始终;其次,天气及气候变化会给焊接带来很大影响;再次,就是管道焊接对焊接工技术要求比较

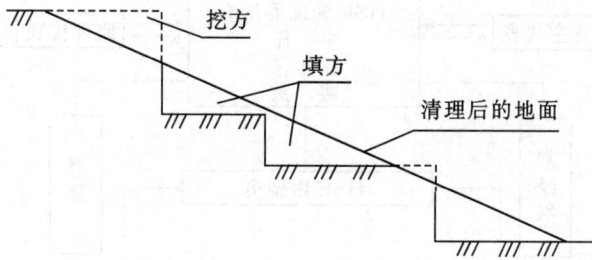

图 7 - 10　台地作业带

高。上述因素使得焊接工作成为制约工程进度的关键因素。为保证工程能够按期完工,必须做好焊接工作的准备和实施工作,具体的措施包括以下几个方面:

• 加强管道焊接质量管理,为后续的工作施工打好基础。焊工应在试板上进行焊接参数调试,严禁在管壁或坡口内进行调试;焊接引弧应在坡口内进行,严禁在管壁上起弧;焊道的起弧或收弧处相互错开 30 mm 以上。焊接前每个引弧点和接头必须修磨,必须在前一焊层全部完成后,才允许开始下一焊层的焊接。焊丝在每次引弧前,将端部去除约 10 mm。引弧时焊丝干伸长量为 19～25 mm。对当天没有用完的焊丝,收工前从送丝机中取出或连同送丝机一起放入施工现场库房内。

• 做好焊工上线前的思想教育工作,使他们对焊接的步骤、工艺参数等等了然于心;开好开焊动员会,使焊工具备强烈的责任心和事业心。对焊接工进行考核,对于考核不合格的工人,坚决不能上线。同时,对金属结构制作工也要做好教育培训工作,不能一下完料就觉得万事大吉,还要积极地做好下一工序中的吊装和对口的准备工作。

• 特殊环境下处理措施。在下列任一种焊接环境下,若无有效的防护措施,严禁施焊:雨雪天气;大气相对湿度大于 90%;环境温度低于 5℃;低氢型焊条手工电弧焊,风速大于 5 m/s;纤维素型焊条手工电弧焊,风速大于 8 m/s;药芯焊丝半自动焊,风速大于 8 m/s;自动焊和STT 焊接,风速大于 2 m/s。

**4. 加强对施工过程的 HSE 管理**

HSE(health,safety,environment)即指与健康、安全及环境有关的工程因素,这些因素显然会对工程的进度产生直接的影响。为了对"CQYJ 西部管道第十二标段工程"施工作业过程中各岗位员工操作行为进行明确的规范,消除岗位操作潜在的危险因素,实现本工程的安全目标,项目部编制了《CQYJ 西部管道第十二标段 HSE 作业计划书》、《CQYJ 西部管道第十二标段 HSE 作业指导书》和《CQYJ 西部管道第十二标段 HSE 现场检查表》,对现场的 HSE 工作进行了明确的规定。同时,成立了 HSE 委员会及相应的组织机构,具体人员构成如图 7 - 11所示。对于 HSE 管理,要严格落实"两书一表"制度,从而对项目施工人员的行为及时进行规范,将可能会发生的错误消灭在萌芽状态。此外,HSE 管理的成功实施,有赖于项目经理和具体施工人员的共同努力,因此,项目团队要在此方面投入足够的资源和精力。

**5. 其他进度管理的措施**

首先,制订激励机制,实行提前奖励和延期惩罚的考核制度,鼓励具备条件的工作提前完工。在工程施工过程中,虽然按照合同规定的时间完工是工程管理的最终目标,但是施工进度

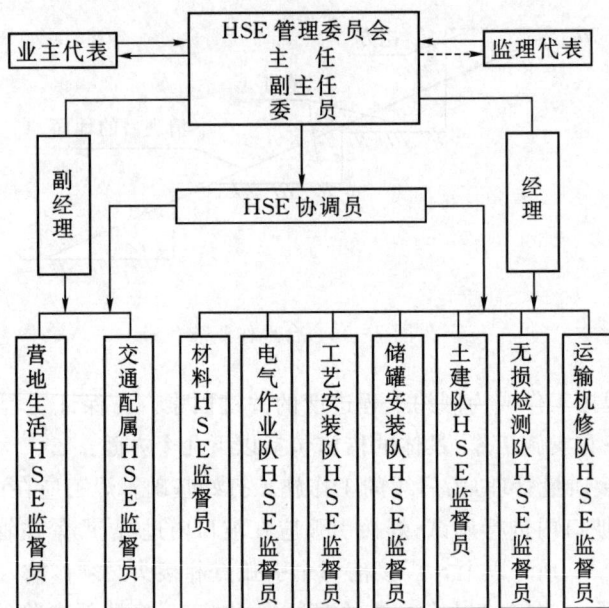

图 7-11 项目 HSE 管理人员构成图

计划不会是一成不变的,要及时根据具体的施工情况进行调整。所以,应鼓励有条件的工作在保证质量及不超出预计费用的条件下提前完工,并对能够提前完工的工作进行奖励,鼓励具体的工程分包方提前按照要求交工,为后续的工程进度控制留下余地。

其次,加大工程管理人员、技术人员对工程投入与产出关系的认识,合理处理工程成本与效益之间的关系。费用是制约工程进度的最重要因素,没有充足的资源保证,按时完工会成为不可能实现的目标。但同时,也不能为了赶进度,任意的追加工程费用。通常情况下,工程在施工过程中,工程管理和技术人员为了加快进度,而采取的各项措施会使工程费用超过预算水平,造成技术与经济的严重脱节,从而给工程发包方带来损失。工程施工过程中,要实现的最终目标是在费用约束下,实现工程进度的最优化,因此应注意工程进度和费用的综合平衡。

最后,加强行政干预。通过发布进度指令,进行指导、协调、考核,必要时延长每天的工作时间。行政命令是最直接的干预工程进度的方法,也是一种行之有效的方法。同时,在工期非常紧迫的情况下,也可以通过延长劳动时间来解决工程进度问题。总之,在实际的施工过程中,可能会遇到各种各样的问题,要视具体情况具体对待,在实践中摸索出一套行之有效的方法,为以后的工程项目施工积累经验。在前述内容中,我们通过对工程施工网络计划图的优化,将原计划 300 天的工程工期缩短到了 260 天。但需要指出的是,工程进度计划的实施是一个非常复杂的过程,受到诸多因素的影响,因此,要保证优化后的工程进度计划能够顺利实施,还要对工程进度进行有效的控制,确保目标能够最终实现。

### 7.4.2 进度执行情况的挣值分析

在本工程项目的实施过程中,考虑到工期较长,将工程状态检查日期设定为七周,收集各项工作的实施信息,采用挣值分析法对工程实施过程进行分析,从而实现对进度和成本的集成控制。挣值分析法的计算过程分为以下几个步骤实施：

- 计算计划工作的预算成本（BCWS）。计划工作的预算成本在进度计划编制完成并实施之前就已经确定，采用列表的方法将每个工序任务的计划工作预算成本，按照项目状态检查日期的间隔时间列出。
- 计算已完工作的实际成本（ACWP）。在项目状态检查日，收集项目各方面的数据，定期将实际工程的进度和发生的费用汇总后，按照状态检查日期的间隔时间列出。
- 计算各项工作在状态检查日的完成比例。对于不同的工程任务，完成比例的计算方式不同，可以按照工程量、成果数量、产值等不同口径进行分析。考虑到本工程项目为输油管道，其典型特征就是施工工序多，需要考虑的因素多，如果一项一项地计算有一定难度。在前边的成本预算等步骤中，都是以天为单位进行计算的，因此，在以下的挣值计算中也都以天为单位进行计算。
- 计算挣值，即已完工程的预算成本（BCWP）。根据各个周期的完成比例计算对应的 BCWP，BCWP＝BCWS（合计）×完成比例。
- 评估分析。根据上面所得出的数据计算进度偏差 SV、成本偏差 CV、成本差异率 CVP 和进度差异率 SVP。

按照上述方法对该工程采用挣值法进行分析，由于在前述的基本假设中已经假定计划工作量和实际工作量的差距可以忽略不计。因此进一步假定工程费用按照预算也是均匀地进行分摊，即施工的每一天所发生的工程直接费都是相同的。

**1. 第一个检查点（检查时间为 5 月 14 日）**

在前期施工过程中，同时进行的有五个大施工工序，即：冷弯管制作、管沟开挖、布管、施工便道修筑和运管。在第一个检查点发现，工程按事先制订的计划在正常施工，管沟开挖的施工与预定的进度计划相同。另外，由于施工当地劳动力比较充裕，因此，施工便道的修筑比原计划进展得要快。利用挣值分析法进行计算所得到的结果如表 7-5 所示。从该表可以看出，几项工作实际施工进度比原计划的都有所加快，最慢也是和计划进度一致，这样的进度是令人满意的，仍然要继续保持。

表 7-5　第一检查点结果分析表

| 任务名称 | 单项工作预算成本总值(元) | 完成比例 | 已完工作预算成本(挣值)BCWP(元) | 计划工作预算成本BCWS(元) | 已完工作实际成本ACWP(元) | 进度偏差SV(元) | 成本偏差CV(元) |
|---|---|---|---|---|---|---|---|
| 冷弯管制作 | 3350292 | 71.30% | 2388758 | 2532821 | 2388758 | −144063 | 0 |
| 管沟开挖 | 338525 | 23.70% | 80230 | 80230 | 80230 | 0 | 0 |
| 布管 | 378250 | 12.50% | 47281 | 47281 | 47281 | 0 | 0 |
| 施工便道修筑 | 378250 | 55.00% | 188550 | 189350 | 187250 | −800 | 1300 |
| 运管 | 136935 | 30% | 46935 | 46935 | 46935 | 0 | 0 |
| 合计 | 4582252 | | 2751754 | 2896617 | 2750454 | −144863 | 1300 |

另外,从挣值分析的结果知道,管道开挖施工比较正常,为了使每道工序的施工质量都能够得到有效控制,对管道开挖后序施工要根据质量控制点的划分,按照表7-6所给出的质量控制点继续做好质量控制,以质量保证进度和效益。这些控制点的划分是进行质量检查的依据,其中,对A级控制点是管道开挖质量控制的重点。A级控制点首先由施工单位自检合格后,上报监理单位进行检查。在监理检查合格后上报质量监督部门,再由质量监督部门会同施工单位、监理单位三方共同进行验收,直至验收合格方可进行下道工序。对于B级控制点则由监理验收合格后即可。

表7-6 基础质量控制点的划分

| 控制阶段 | 控制点 | 控制点类别 | 主要控制内容 | 见证材料 |
|---|---|---|---|---|
| 管道开挖 | 土质管道开完 | B | 管道尺寸要求 | 施工纪录 |
| | 石质管道开完 | B | 石料爆破 | 施工纪录 |
| | 山谷穿越开完 | A | 对俯冲带的施工 | 施工纪录 |
| | 水浇地开挖 | B | 避免农作物的损害 | 施工纪录 |
| | 沙漠地带开挖 | A | 注意对脆弱生态环境的保护 | 施工纪录 |

## 2. 第二个检查点(检查时间为7月20日)

第二个检查点冷弯管制作、施工便道修筑、运管等工作均已完成,检查主要是针对正在进行的工作。检查得到的结果见表7-7,从该表中的数据可见,管段组装焊接、施工便道修筑以及运管都处于正常的状态,而布管和油管组装都处于进度提前状态,从而为下一步的进度控制打下了较好的基础。

表7-7 第二检查点结果分析

| 任务名称 | 单项工作预算成本总值(元) | 完成比例 | 已完工作预算成本(挣值)BCWP(元) | 计划工作预算成本BCWS(元) | 已完工作实际成本ACWP(元) | 进度偏差SV(元) | 成本偏差CV(元) |
|---|---|---|---|---|---|---|---|
| 冷弯管制作 | 3350292 | 100.00% | 1105597 | 1105597 | 1105597 | 0 | 0 |
| 管沟开挖 | 338525 | 73.70% | 249439 | 243738 | 249439 | 5701 | 0 |
| 施工便道修筑 | 378250 | 100% | 190500 | 190500 | 190500 | 0 | 0 |
| 运管 | 136935 | 100% | 90000 | 90000 | 90000 | 0 | 0 |
| 布管 | 350048 | 71.10% | 248884 | 235901 | 248884 | 12983 | 0 |
| 油管组装 | 338525 | 45.80% | 148525 | 148525 | 140512 | 0 | 8013 |
| 管道焊接 | 964723 | 35.60% | 216892 | 222892 | 216892 | -6000 | 0 |
| 合计 | 5857298 | | 2249837 | 2237153 | 2241824 | 12684 | 8013 |

**3. 第三个检查点(检查时间为 9 月 15 日)**

第三个检查点时间是 9 月 15 日,检查时已经完全进行到管道的关键阶段,布管已经完成,对管道的组对及焊接成为工作的重点。对第三检查点的挣值分析如表 7-8 所示。第三检查点是完成工程施工任务的关键期,检查结果是:管道试水正常,焊接有望提前完工。焊接中,由于引进了先进的生产工艺,并且加强了对焊接工人的培训,进度大大加快。但由于气候原因,以及工人施工过程中存在的技术问题,焊接程序仍然是工程进度控制的重点。

**表 7-8　第三检查点结果分析**

| 任务名称 | 单项工作预算成本总值(元) | 完成比例 | 已完工作预算成本(挣值)BCWP(元) | 计划工作预算成本BCWS(元) | 已完工作实际成本ACWP(元) | 进度偏差SV(元) | 成本偏差CV(元) |
|---|---|---|---|---|---|---|---|
| 管沟开挖 | 338525 | 100% | 80040 | 80140 | 80030 | -100 | 10 |
| 布管 | 350048 | 100% | 67366 | 66866 | 66866 | 500 | 0 |
| 油管组装 | 338525 | 100.00% | 190000 | 190000 | 190000 | 0 | 0 |
| 管道焊接 | 964723 | 72% | 410007 | 395007 | 410007 | 15000 | 0 |
| 管沟回填 | 152857 | 42.50% | 110057 | 110057 | 110057 | 0 | 0 |
| 合计 | 2144678 | | 857470 | 857470 | 857470 | 0 | 0 |

## 7.4.3　实施效果的对比分析

在上述内容中,根据工程的实际情况,制定了具体的进度计划控制措施,并将这些控制措施应用到工程实际工作中,使得该工程最终于 2005 年 12 月 10 日完成,工期缩短 40 天,满足了工程工期的要求。该工程关键线路上的各项工作计划工期与实际工期对比分析结果见表 7-9。在该表中,计划工期数据来源于进度模型优化结果,实际工期来源于实际施工过程,由进度管理人员跟踪、调整而得。分析各分项工作的实际工期,可以发现实际工期与计划工期有部分差别,对于这些差别解释如下。

**表 7-9　关键线路各项工作计划工期与实际工期对比分析表**

| 序号 | 工作名称 | 计划工期(天) | 实际工期(天) |
|---|---|---|---|
| 1 | 施工准备 | 10 | 10 |
| 2 | 测量放线 | 15 | 15 |
| 3 | 管沟测量放线 | 10 | 10 |
| 4 | 施工便道修筑 | 20 | 20 |
| 5 | 清理施工带 | 5 | 5 |
| 6 | 冷弯管制作 | 50 | 50 |
| 7 | 管道防腐 | 52 | 52 |

| 序号 | 工作名称 | 计划工期(天) | 实际工期(天) |
|---|---|---|---|
| 8 | 弯管坡口加工 | 10 | 10 |
| 9 | 直管坡口加工 | 12 | 12 |
| 10 | 管沟开挖 | 80 | 60 |
| 11 | 管沟整修 | 15 | 12 |
| 12 | 确定坡度 | 5 | 4 |
| 13 | 拌灰土 | 10 | 8 |
| 14 | 分层夯实 | 15 | 14 |
| 15 | 打垫层 | 25 | 22 |
| 16 | 运管 | 70 | 70 |
| 17 | 布管 | 10 | 10 |
| 18 | 组对 | 10 | 10 |
| 19 | 小型穿越 | 20 | 18 |
| 20 | 连接弯头 | 10 | 9 |
| 21 | 阀门安装 | 10 | 18 |
| 22 | 焊接 | 90 | 80 |
| 23 | 管道保湿 | 25 | 23 |
| 24 | 连接死口 | 25 | 23 |
| 25 | 接口防腐 | 10 | 10 |
| 26 | 检查打磨 | 20 | 26 |
| 27 | 无损检测 | 30 | 30 |
| 28 | 焊接补伤 | 15 | 15 |
| 29 | 阴极保护 | 15 | 15 |
| 30 | 分段试压 | 10 | 10 |
| 31 | 总体试压 | 10 | 10 |
| 32 | 管沟清理 | 35 | 35 |
| 33 | 管沟回填 | 15 | 15 |
| 34 | 防腐工程施工 | 35 | 35 |
| 35 | 地貌恢复 | 10 | 10 |
| 36 | 三桩埋设 | 25 | 25 |
| 37 | 音频检测 | 10 | 10 |
| 38 | 竣工验收 | 10 | 10 |

对于施工便道休整、管沟开挖、拌灰土、打垫层、管沟回填、管沟清理等工作来讲,实际工期比计划工期都有或多或少的缩短,这是因为这些工作的技术含量都不是很高,只要有充足的劳

动力投入就可以。由于该工程施工所经过的地区劳动力比较充裕,只要工程需要,随时都可以补充到大量的劳动力,有利于工程工期的缩短。计划与实际的不一致也说明,工程的管理人员没有深入实际分析工程的特有环境,而是按一般经验办事,没有制订出切实合理的工程进度计划。

从表 7-9 还可以发现,在焊接环节节省了不少时间。焊接工作是这段工程的关键程序,同时焊接完成的好坏直接关系到工程的质量,所以,在工程开始之前,项目部就对焊工做了良好的培训。然而在焊接刚刚开始的时候,由于工人技术还不是很熟练,造成施工过慢,有时还会有返工现象发生。因此,刚开始时焊接实际工期比计划工期要慢,但随着工人技术的不断熟练以及采用了新的焊接技术(自动焊接技术),使焊接效率大大提高,最终实际工期比计划工期要短。上述情况说明,工程管理人员在做计划时一定要充分考虑人力资源状况对工程进度的影响,加强对工程实施过程的控制,才能使工程如期完成。

从表 7-9 也可以发现管口打磨工作的实际工期要比计划工期长。这是因为工程施工时,刚好碰到施工区域雨季,造成提前运送到工地的油管出现局部生锈以及沾泥状态,工程在组装管道之前必须对管口进行清理才能进行下一道工序,因此延缓了工程的进展。可见,工程实际施工过程中会遇到很多意想不到的情况,作为工程项目部,应该制定各种应急措施,防止意外情况的发生以及意外情况对工程进度的影响。总之,无论在工程施工过程中遇到了怎样的特殊情况,都要发挥所有项目工作人员的主动性和创造性,根据实际情况,分析具体问题,提出相应的解决措施,并依靠这些措施确保工程进度计划的最佳实施结果。

## 问题思考

1. 归纳该工程的基本情况及进度管理中存在的问题。

2. 工程的进度管理数据包括哪些内容? 怎样在不确定条件下估算工作的持续时间?

3. 怎样建立工程进度计划的工期优化模型? 如何利用对工作持续时间的压缩,实现对优化模型的求解?

4. 谈谈利用挣值分析法对工程进度进行控制的实施步骤和内容。

5. 该工程的进度控制措施有哪些? 工程进度的实际控制效果如何?

# 第8章 SXTZ大厦主楼工程进度、费用和质量的集成管理

## 8.1 SXTZ大厦主楼工程概况

SXTZ大厦主楼由陕西QD房地产开发有限公司开发建设,设计单位为中国建筑西北设计研究院,监理单位为西安PM建设监理有限公司。2005年12月15日经陕西QD房地产开发有限公司公开招标,由DSYJ建设公司中标承建,并于2006年1月10日签订施工总承包合同,合同价款为53255186元。合同价款的确定执行建设部和国家质检总局联合发布的,中华人民共和国国家标准GB 50500—2003《建设工程工程量清单计价规范》,为固定单价合同,合同工期600日历天,约定的开工日期为2006年1月25日,竣工日期为2007年9月17日,质量标准要求为合格。

SXTZ大厦主楼总建筑面积22026 $m^2$,建筑结构形式为框架剪力墙结构,建筑主体高度82.2 m,建筑层数为地上二十一层、地下二层,结构使用年限50年,耐火等级及分类为一级一类,抗震设防烈度8度。平面形式为菱形点式楼,七层以下为不规则菱形,最大边长26.27 m,最小边长7.2 m。七层以上平面局部缩回,呈对称菱形。建筑左右两侧设核心筒,设置安全疏散楼梯间,中间一层为共享大厅,二至二十一层为办公区,地下一二层为设备用房。设置三部乘客电梯(其中一部为消防电梯)。建筑地基采用混凝土灌注桩(不包括在本施工合同范围内),基础为钢筋混凝土有梁式满堂基础,框架柱及左、右核心筒体设置钢筋砼(混凝土)承台,主体结构中部为框架结构,两侧核心筒体为全剪力墙结构。安装工程包括10/0.4 kV变配电系统、电力配电系统、照明系统、建筑物防雷、接地系统、暖通空调系统和室内给排水系统。

**1.进度管理**

合同约定2006年1月25日工程开工建设,而实际开工建设已到2006年3月15日,实际开工工期较原计划开工日期滞后50天。工程开工建设后,施工单位按照总工期600天的控制工期总目标,并按照标前划分的14个分项工作的施工进度横道图,向业主方编制上报施工进度计划。经业主方审查后,认为2007年9月17日工程必须竣工验收并交付使用,即工程总工期由600天缩短为550天。鉴于施工单位划分的14个分项工作过于粗放,要求施工单位进一步细化,并要求施工单位编制施工进度网络计划,明确各分项工作之间的逻辑关系,编制切实可行且利于指导工程进度控制的施工进度计划,以便于工程施工过程中定期检查施工实际进度状况,并与计划比较找出偏差,分析偏差产生的原因及其对工期目标的影响程度,监督施工单位及时采取措施调整工程进度计划。

**2.费用管理**

业主方要求2007年9月17日工程必须竣工验收并交付使用,工程开工日期的延期是施工单位未能有效地组织施工引起的,不是业主方应承担的风险,因此业主方拒绝施工单位开工日期延期的费用索赔。经过总包商DSYJ建设公司研究,项目应保证8%的利润指标,即总费

用须控制在 48994771 元以内。这要求施工单位的项目部必须对施工生产经营过程中所消耗的各种资源进行严格的监督、调节和限制,采用技术先进、功能合理、经济节约的施工方案,并把费用目标的控制贯穿于施工的全过程中,抓好风险的预测,采取防范措施,慎重确定工程的变更,并对工程费用的超支进行分析并采取预控措施,把各项费用控制在成本范围内,保证成本控制目标 48994771 元的实现。

**3. 质量管理**

由于工程开工日期的延误,施工单位在材料构配件未准备充分的情况下,盲目"赶工",造成基础筏板钢筋分项工程三个检验批的主控项目钢筋安装受力钢筋规格和数量不符合设计要求,一般项目受力钢筋安装的间距超出允许偏差 +10 mm,经监理验收不合格,要求返工。业主方认为,不能因为赶工,而忽视工程建设质量,要确保合同约定的质量控制目标的实现,即达到合格工程要求,各检验批、子分项、分项工程、子分部、分部工程合格率为 100%。上述情况要求施工单位必须严格做好施工质量的过程控制,严格事前控制和主动控制,抓好事中控制和反馈控制,确保最终的工程质量。

**4. 工期、费用及质量三大目标的统一管理**

鉴于上述工期、费用、质量管理中所出现的问题,DSYJ 建设公司允许项目部在总费用目标保持不变的条件下,可适当增加项目的成本费用,为采取加快工程进度的措施提供所必需的经济条件,并确保工程建设的施工质量。为实现这些目标,承包商就不能过分强调其中某一方面的单独目标,而使其他目标受到损害,不能因为工程的"赶工",而使工程费用提高,质量下降,抓好三大目标之间的统一管理,避免盲目赶工。与此同时,还要避免停工窝工,保证项目建设的连续性、均衡性,不但要使工期目标得以保证,而且还要获得较好的工程质量和较低的工程费用。

# 8.2　工程进度管理数据收集及分析

## 8.2.1　工作分解结构

对 SXTZ 大厦主楼工作内容按照其实施过程中的顺序进行逐层分解。首先该工程可以分解为土建工程、安装工程、室外工程等三个单位工程包。其中,土建工程又可以进一步分解为地基与基础、主体结构、建筑装饰装修、建筑屋面工程四个分部工程包;而安装工程可进一步分解为配管预埋、水、电、通风、空调系统安装、设备安装、安装调试四个分部工程包。地基与基础分部工程包还可以向下分解为基础筏板、地下一二层施工、地下室内回填及内隔墙、设备基础四个分项工程包。其他分部工程包的分解结果具体见图 8-1,通过工作分解结构,最终将SXTZ 大厦主楼划分为 31 个具体工作。图 8-1 的工作分解结构图形象地显示出实现项目目标包含的所有工作,它能够说明各个工作的组织情况及隶属关系,但不能显示项目工作的先后逻辑顺序关系。

## 8.2.2　工作之间的逻辑关系及持续时间估算

在对工程进行工作分解结构后,需要分析所得到的 31 个工作之间的逻辑关系。按照施工程序和工艺技术要求,考虑组织安排和资源调配,并在充分考虑以下条件的基础上,确定 31 个工作之间的先后逻辑关系:

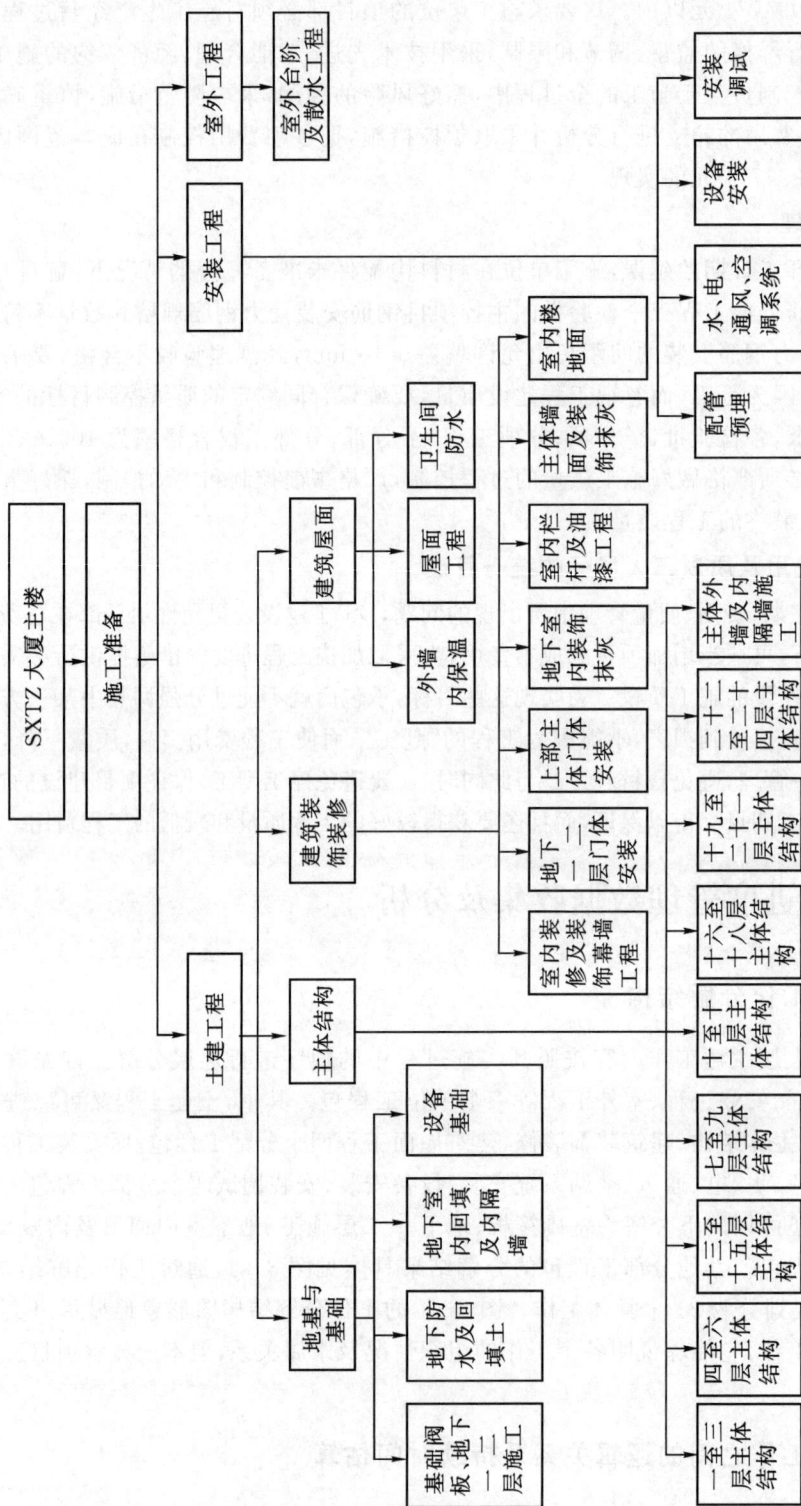

图 8-1　SXTZ 大厦主楼工程工作分解结构

- 施工工艺的要求；
- 施工方法和施工机械的要求；
- 施工质量的要求；
- 当地的气候条件；
- 施工组织的要求；
- 安全技术的要求。

通过上述方法,得到的 SXTZ 大厦主楼各工作逻辑关系,见表 8 - 1。其中,紧前工作是相对于某工作而言,紧排在该工作之前的工作,在紧前工作未完成之前,本工作不能开始。

**表 8 - 1　SXTZ 大厦主楼工程各工作逻辑关系**

| 序号 | 工作名称 | 节点编号 | 紧前工作 |
|---|---|---|---|
| 1 | 施工准备 | 1,2 | |
| 2 | 基础筏板、地下一二层结构施工 | 2,5 | 1,2 |
| 3 | 地下防水及土方回填 | 5,7 | 2,5 |
| 4 | 一至三层主体结构施工 | 7,8 | 5,7 |
| 5 | 四至六层主体结构施工 | 8,9 | 7,8 |
| 6 | 七至九层主体结构施工 | 9,10 | 8,9 |
| 7 | 十至十二层主体结构施工 | 10,12 | 9,10 |
| 8 | 十三至十五层主体结构施工 | 12,14 | 10,12 |
| 9 | 十六至十八层主体结构施工 | 14,18 | 12,14 |
| 10 | 十九至二十一层主体结构施工 | 18,21 | 14,18 |
| 11 | 二十二至二十四层主体结构施工 | 21,22 | 18,21 |
| 12 | 室内装修及外幕墙安装 | 22,34 | 21,22 |
| 13 | 安装调试 | 34,36 | 26,35;22,34;24,33;25,32 |
| 14 | 交工验收 | 36,39 | 30,37;31,38;34,36 |
| 15 | 室外生活水池 | 4,6 | 1,2 |
| 16 | 室内设备基础 | 6,13 | 4,6 |
| 17 | 地下一二层门安装 | 16,19 | 13,15 |
| 18 | 上部主体门安装 | 19,28 | 16,19 |
| 19 | 地下室内回填及内隔墙 | 13,15 | 6,13 |
| 20 | 主体外墙及内隔墙施工 | 15,27 | 13,15 |
| 21 | 主体墙面及顶棚装饰抹灰 | 27,30 | 19,28;15,27 |
| 22 | 室内栏杆及油漆工程 | 30,37 | 27,30 |

| 序号 | 工作名称 | 节点编号 | 紧前工作 |
|---|---|---|---|
| 23 | 地下室内装饰抹灰 | 17,20 | 13,15 |
| 24 | 外墙内保温 | 20,29 | 17,20 |
| 25 | 室内楼、地面 | 29,31 | 20,29 |
| 26 | 室外台阶、散水及零星工程 | 31,38 | 29,31 |
| 27 | 屋面工程 | 23,26 | 21,22 |
| 28 | 卫生间防水 | 26,35 | 23,26 |
| 29 | 水、暖、电配合土建埋管 | 3,24 | 1,2 |
| 30 | 水、暖、电、空调、通风安装 | 24,33 | 3,24 |
| 31 | 设备安装 | 25,32 | 3,24 |

工作持续时间是指完成该工作所花费的时间,其计算方法包括经验估算法和定额计算法两种。对于新结构、新工艺、新方法和新材料等没有定额可循的工程项目,可根据以往的施工经验采用经验估算法计算各工作的持续时间。定额计算法即利用施工企业的时间定额或产量定额,根据各工作的工作量和投入的资源量,计算其所需要花费的时间。其中,时间定额是指某种专业的工人班组或个人,在合理的劳动组织与合理使用材料的条件下,完成符合质量要求的单位产品所必需的工作时间;产量定额是指在合理的劳动组织与合理使用材料的条件下,某种专业、某种技术等级的工人班组或个人,在单位工日中所应完成的质量合格的产品数量。按照工作分解结构所得到的 31 个工作的工程量或工作量,利用定额计算法计算出的各工作的持续时间如表 8-2 所示。

表 8-2  SXTZ 大厦主楼工程各工作持续时间

| 序号 | 工作名称 | 节点编号 | 紧前工作 | 持续时间 $T_{ij}$(天) |
|---|---|---|---|---|
| 1 | 施工准备 | 1,2 | | 10 |
| 2 | 基础筏板、地下一二层结构施工 | 2,5 | 1,2 | 65 |
| 3 | 地下防水及土方回填 | 5,7 | 2,5 | 15 |
| 4 | 一至三层主体结构施工 | 7,8 | 5,7 | 45 |
| 5 | 四至六层主体结构施工 | 8,9 | 7,8 | 45 |
| 6 | 七至九层主体结构施工 | 9,10 | 8,9 | 30 |
| 7 | 十至十二层主体结构施工 | 10,12 | 9,10 | 30 |
| 8 | 十三至十五层主体结构施工 | 12,14 | 10,12 | 30 |
| 9 | 十六至十八层主体结构施工 | 14,18 | 12,14 | 30 |
| 10 | 十九至二十一层主体结构施工 | 18,21 | 14,18 | 30 |

| 序号 | 工作名称 | 节点编号 | 紧前工作 | 持续时间 $T_{ij}$（天） |
|---|---|---|---|---|
| 11 | 二十二至二十四层主体结构施工 | 21,22 | 18,21 | 30 |
| 12 | 室内装修及外幕墙安装 | 22,34 | 21,22 | 180 |
| 13 | 安装调试 | 34,36 | 26,35;22,34;24,33;25,32 | 40 |
| 14 | 交工验收 | 36,39 | 30,37;31,38;34,36 | 20 |
| 15 | 室外生活水池 | 4,6 | 1,2 | 15 |
| 16 | 室内设备基础 | 6,13 | 4,6 | 8 |
| 17 | 地下一二层门安装 | 16,19 | 13,15 | 12 |
| 18 | 上部主体门安装 | 19,28 | 16,19 | 60 |
| 19 | 地下室内回填及内隔墙 | 13,15 | 6,13 | 6 |
| 20 | 主体外墙及内隔墙施工 | 15,27 | 13,15 | 60 |
| 21 | 主体墙面及顶棚装饰抹灰 | 27,30 | 19,28;15,27 | 25 |
| 22 | 室内栏杆及油漆工程 | 30,37 | 27,30 | 10 |
| 23 | 地下室内装饰抹灰 | 17,20 | 13,15 | 10 |
| 24 | 外墙内保温 | 20,29 | 17,20 | 22 |
| 25 | 室内楼、地面 | 29,31 | 20,29 | 21 |
| 26 | 室外台阶、散水及零星工程 | 31,38 | 29,31 | 5 |
| 27 | 屋面工程 | 23,26 | 21,22 | 20 |
| 28 | 卫生间防水 | 26,35 | 23,26 | 7 |
| 29 | 水、暖、电配合土建埋管 | 3,24 | 1,2 | 110 |
| 30 | 水、暖、电、空调、通风安装 | 24,33 | 3,24 | 180 |
| 31 | 设备安装 | 25,32 | 3,24 | 45 |

## 8.2.3　网络计划时间参数计算

根据已确定的逻辑关系,按照工作持续时间,依据网络图绘制规则,绘制工程的双代号时标网络计划的时标网络,并据此计算网络计划的各工作时间参数见表 8 - 3。其中,网络计划的时间参数包括工作最早开工时间 $ES(i,j)$、工作最早完工时间 $EF(i,j)$、工作最迟完工时间 $LF(i,j)$、工作最迟开工时间 $LS(i,j)$、工作总时差 $TF(i,j)$ 和工作自由时差 $FF(i,j)$,这些参数分别定义如下:

• 最早开工时间 $ES(i,j)$ 和最早完工时间 $EF(i,j)$。工作的最早开始时间 $ES(i,j)$ 是指在其所有紧前工作全部完成后,本工作有可能开始的最早时间。工作的最早完工时间 $EF(i,j)$ 是指在其所有紧前工作全部完成后,本工作有可能完成的最早时间。最早完工时间 $EF(i,j)$ 等于本工作的最早开工时间 $ES(i,j)$ 与其持续时间 $T_{ij}$ 之和。

- 最迟完工时间 $LF(i,j)$ 和最迟开工时间 $LS(i,j)$。工作的最迟完工时间 $LF(i,j)$ 是指在不影响整个工程按期完成的前提下,本工作必须完成的最迟时间。工作的最迟开工时间 $LS(i,j)$ 是指在不影响整个工程按期完成的前提下,本工作必须开始的最迟时间。工作的最迟开工时间 $LS(i,j)$ 等于本工作的最迟完工时间 $LF(i,j)$ 与其持续时间 $T_{ij}$ 之差。

- 总时差 $TF(i,j)$ 和自由时差 $FF(i,j)$。工作的总时差 $TF(i,j)$ 是指在不影响总工期的前提下,本工作可以利用的机动时间。工作的自由时差 $FF(i,j)$ 是指在不影响其紧后工作最早开始时间的前提下,本工作可以利用的机动时间。

表 8-3　SXTZ 大厦主楼工程各工作网络计划时间参数

| 序号 | 工作名称 | 节点编号 | 持续时间（天） | 最早开工时间 $ES$ $(i,j)$ | 最早完工时间 $EF$ $(i,j)$ | 最迟开工时间 $LS$ $(i,j)$ | 最迟完工时间 $LF$ $(i,j)$ | 总时差 $TF$ $(i,j)$ （天） | 自由时差 $FF$ $(i,j)$ （天） |
|---|---|---|---|---|---|---|---|---|---|
| 1 | 施工准备 | 1,2 | 10 | 0 | 10 | 0 | 10 | 0 | 0 |
| 2 | 室外生活水池 | 4,6 | 15 | 10 | 25 | 444 | 459 | 434 | 434 |
| 3 | 基础筏板、地下一二层结构施工 | 2,5 | 65 | 10 | 75 | 10 | 75 | 0 | 0 |
| 4 | 水、暖、电配合土建埋管 | 3,24 | 110 | 10 | 120 | 250 | 360 | 240 | 240 |
| 5 | 室内设备基础 | 6,13 | 8 | 25 | 33 | 459 | 467 | 434 | 434 |
| 6 | 地下防水及土方回填 | 5,7 | 15 | 75 | 90 | 75 | 90 | 0 | 0 |
| 7 | 一至三层主体结构施工 | 7,8 | 45 | 90 | 135 | 90 | 135 | 0 | 0 |
| 8 | 四至六层主体结构施工 | 8,9 | 45 | 135 | 180 | 135 | 180 | 0 | 0 |
| 9 | 七至九层主体结构施工 | 9,10 | 30 | 180 | 210 | 180 | 210 | 0 | 0 |
| 10 | 十至十二层主体结构施工 | 10,12 | 30 | 210 | 240 | 210 | 240 | 0 | 0 |
| 11 | 地下室内回填及内隔墙 | 13,15 | 6 | 33 | 39 | 467 | 473 | 434 | 434 |
| 12 | 十三至十五层主体结构施工 | 12,14 | 30 | 240 | 270 | 240 | 270 | 0 | 0 |
| 13 | 地下一二层门安装 | 16,19 | 12 | 39 | 51 | 473 | 485 | 434 | 434 |
| 14 | 上部主体门安装 | 19,28 | 60 | 51 | 111 | 485 | 545 | 434 | 434 |
| 15 | 主体外墙及内隔墙施工 | 15,27 | 60 | 39 | 99 | 485 | 545 | 446 | 446 |
| 16 | 地下室内装饰抹灰 | 17,20 | 10 | 39 | 49 | 522 | 532 | 483 | 483 |
| 17 | 外墙内保温 | 20,29 | 22 | 49 | 71 | 532 | 554 | 483 | 483 |
| 18 | 屋面工程 | 23,26 | 20 | 360 | 380 | 517 | 537 | 157 | 157 |
| 19 | 十六至十八层主体结构施工 | 14,18 | 30 | 270 | 300 | 270 | 300 | 0 | 0 |

| 序号 | 工作名称 | 节点编号 | 持续时间（天） | 最早开工时间 $ES(i,j)$ | 最早完工时间 $EF(i,j)$ | 最迟开工时间 $LS(i,j)$ | 最迟完工时间 $LF(i,j)$ | 总时差 $TF(i,j)$（天） | 自由时差 $FF(i,j)$（天） |
|---|---|---|---|---|---|---|---|---|---|
| 20 | 十九至二十一层主体结构施工 | 18,21 | 30 | 300 | 330 | 300 | 330 | 0 | 0 |
| 21 | 二十二至二十四层主体结构施工 | 21,22 | 30 | 330 | 360 | 330 | 360 | 0 | 0 |
| 22 | 室内装修及外幕墙安装 | 22,34 | 180 | 360 | 540 | 360 | 540 | 0 | 0 |
| 23 | 主体墙面及顶棚装饰抹灰 | 27,30 | 25 | 111 | 136 | 545 | 570 | 434 | 434 |
| 24 | 室内楼、地面 | 29,31 | 21 | 71 | 92 | 554 | 575 | 483 | 483 |
| 25 | 卫生间防水 | 26,35 | 7 | 380 | 387 | 537 | 540 | 153 | 153 |
| 26 | 水、暖、电、空调、通风安装 | 24,33 | 180 | 120 | 300 | 360 | 540 | 240 | 240 |
| 27 | 设备安装 | 25,32 | 45 | 120 | 165 | 495 | 540 | 375 | 375 |
| 28 | 室内栏杆及油漆工程 | 30,37 | 10 | 136 | 146 | 570 | 580 | 434 | 394 |
| 29 | 室外台阶、散水及零星工程 | 31,38 | 5 | 92 | 97 | 575 | 580 | 483 | 443 |
| 30 | 安装调试 | 34,36 | 40 | 540 | 580 | 540 | 580 | 0 | 0 |
| 31 | 交工验收 | 36,39 | 20 | 580 | 600 | 580 | 600 | 0 | 0 |

在关键路径法中,某一条路径上的所有工作的持续时间总和,称为该路径的持续时间。总持续时间最长的路径称为关键路径,关键路径的长度就是网络计划的总工期。在网络计划中,关键路径可能不止一条,且在网络计划执行过程中,关键路径还会发生变化。关键路径上的工作称为关键工作。在网络计划的实施过程中,关键工作的实际进度提前或拖后,均会对总工期产生影响,因此,关键工作的实际进度是工程进度计划控制工作中的重点。

依据前述计算所得的网络计划时间参数,可以看出分项工作(1,2)"施工准备"、工作(2,5)"基础阀板及地下一二层结构施工"、工作(5,7)"地下防水及回填土"、工作(7,8)"一至三层主体结构"、工作(8,9)"四至六层主体结构"、工作(9,10)"七至九层主体结构"、工作(10,12)"十至十二层主体结构"、工作(12,14)"十三至十五层主体结构"、工作(14,18)"十六至十八层主体结构"、工作(18,21)"十九至二十一层主体结构"、工作(21,22)"二十二至二十四层主体结构"、工作(22,34)"室内装修及幕墙安装"、工作(34,36)"安装调试"、工作(36,39)"交工验收"的总时差为 0。按照关键工作的定义,总时差最小的工作即是关键工作,而由关键工作组成的路径即为关键路径,由此可确定出 SXTZ 大厦主楼的关键路径为:1→2→5→7→8→9→10→12→14→18→21→22→34→36→39,项目总工期为 590 天。

由于其他非关键路径的工作总时差远大于需要压缩的总工期 40 天(例如,屋面工程总时差为 157 天),因此,非关键工作不会因时间压缩变为关键工作,从而使得项目部可以把关键路径工作的时间压缩作为工程工期优化的重点。依据上述计算分析,可知项目总工期为590天,较合同工期提前10天。但由于实际开工建设已到2006年3月15日,较合同约定2006年1月25日开工日期滞后50天。因此,对于该工程,如不进行进度的优化,实际工程竣工日期将会较合同约定的日期滞后40天,这是业主方所不能接受的。由此可见,必须对工程的进度进行有效的优化,以实现业主方对工程工期的要求。

## 8.3 工程费用、质量控制及其与进度的协调

### 8.3.1 工程费用数据分析

按照进度与费用的同步控制原则,依据上述工期数据下的施工网络计划,分解计算 SXTZ 大厦主楼各分项工作的成本费用。各分项工作$(i,j)$的成本费用 $C_{ij}$ 用下式计算:

$$C_{ij} = C_d + C_{ud} + C_f + C_p$$

其中:$C_d$ 为直接费用,$C_d$ = 人工工日数×工日单价+材料消耗量×材料单价+机械台班数×台班单价+其他直接费+现场管理费;$C_{ud}$ 为间接费用,$C_{ud}$ = 企业管理费+财务费+其他间接费;$C_f$ 为税金,$C_f$ = 工程计税基数×税率;$C_p$ 为计划利润,$C_p$ = 工程造价×利润率(8%)。得到的结果见表8-4,在表8-4中数据的基础上,可以按下式计算出工程计划的总成本费用 $C$:

$$C = C_{1,2} + C_{2,5} + C_{5,7} + C_{7,8} + C_{8,9} + C_{9,10} + C_{10,12} + C_{12,14} + C_{14,18} + C_{18,21} + C_{21,22} + C_{22,34} + C_{34,36} + C_{36,39} + C_{4,6} + C_{6,13} + C_{16,19} + C_{19,28} + C_{13,15} + C_{15,27} + C_{27,30} + C_{30,37} + C_{17,20} + C_{20,29} + C_{29,31} + C_{31,38} + C_{23,26} + C_{26,35} + C_{3,24} + C_{24,33} + C_{25,32}$$

依据上式,可以计算出工程的总成本费用为47549273元。从表8-4中的数据可以分析得出:关键路径上的成本费用为37905755元,占工程总成本费用的79.7%;非键线路上的成本费用为9643518元,占工程总成本费用的20.3%。从关键路径上的成本费用所占的比例考虑,把关键路径上工作的成本费用作为费用控制的重点。

表 8-4 SXTZ 大厦主楼工程各工作成本费用

| 序号 | 工作名称 | 节点编号 | 持续时间(天) | 成本费用(元) |
|---|---|---|---|---|
| 关键路径工作 | | | | 37905755 |
| 1 | 施工准备 | 1,2 | 10 | 24000 |
| 2 | 基础筏板、地下一二层结构施工 | 2,5 | 65 | 3720504 |
| 3 | 地下防水及土方回填 | 5,7 | 15 | 270452 |
| 4 | 一至三层主体结构施工 | 7,8 | 45 | 3586237 |
| 5 | 四至六层主体结构施工 | 8,9 | 45 | 3963460 |
| 6 | 七至九层主体结构施工 | 9,10 | 30 | 3299640 |
| 7 | 十至十二层主体结构施工 | 10,12 | 30 | 3299640 |
| 8 | 十三至十五层主体结构施工 | 12,14 | 30 | 3167654 |
| 9 | 十六至十八层主体结构施工 | 14,18 | 30 | 3167654 |

| 序号 | 工作名称 | 节点编号 | 持续时间(天) | 成本费用(元) |
|---|---|---|---|---|
| 10 | 十九至二十一层主体结构施工 | 18,21 | 30 | 3104302 |
| 11 | 二十二至二十四层主体结构施工 | 21,22 | 30 | 235926 |
| 12 | 室内装修及外幕墙安装 | 22,34 | 180 | 9765424 |
| 13 | 安装调试 | 34,36 | 40 | 246542 |
| 14 | 交工验收 | 36,39 | 20 | 54320 |
| 非关键路径工作 | | | | 9643518 |
| 15 | 室外生活水池 | 4,6 | 15 | 208328 |
| 16 | 室内设备基础 | 6,13 | 8 | 66749 |
| 17 | 地下一二层门安装 | 16,19 | 12 | 115070 |
| 18 | 上部主体门安装 | 19,28 | 60 | 575355 |
| 19 | 地下室内回填及内隔墙 | 13,15 | 6 | 61550 |
| 20 | 主体外墙及内隔墙施工 | 15,27 | 60 | 596062 |
| 21 | 主体墙面及顶棚装饰抹灰 | 27,30 | 25 | 265171 |
| 22 | 室内栏杆及油漆工程 | 30,37 | 10 | 102456 |
| 23 | 地下室内装饰抹灰 | 17,20 | 10 | 99884 |
| 24 | 外墙内保温 | 20,29 | 22 | 224506 |
| 25 | 室内楼、地面 | 29,31 | 21 | 213112 |
| 26 | 室外台阶、散水及零星工程 | 31,38 | 5 | 44296 |
| 27 | 屋面工程 | 23,26 | 20 | 205821 |
| 28 | 卫生间防水 | 26,35 | 7 | 76343 |
| 29 | 水、暖、电配合土建埋管 | 3,24 | 110 | 1063522 |
| 30 | 水、暖、电、空调、通风安装 | 24,33 | 180 | 4821299 |
| 31 | 设备安装 | 25,32 | 45 | 903994 |
| 总成本费用 | | | | 47549273 |

## 8.3.2　工程质量数据分析

质量管理评价较为繁琐和复杂,控制起来也较为困难。为此,将工程质量与进度同步进行管理,并统一在一个平台上,以期能在同一时间上,观测到进度与质量的变化,进行偏差分析、查找数据差距,实施动态修正和控制,进而消除质量隐患。定义 SXTZ 大厦主楼的工程质量 $Q$,为各个分项工作的质量加权平均得到,如下式:

$$Q=W_{1,2}\times Q_{1,2}+W_{2,5}\times Q_{2,5}+W_{5,7}\times Q_{5,7}+W_{7,8}\times Q_{7,8}+W_{8,9}\times Q_{8,9}+W_{9,10}\times Q_{9,10}+$$

$$W_{10,12} \times Q_{10,12} + W_{12,14} \times Q_{12,14} + W_{14,18} \times Q_{14,18} + W_{18,21} \times Q_{18,21} + W_{21,22} \times Q_{21,22} + W_{22,34} \times Q_{22,34} +$$
$$W_{34,36} \times Q_{34,36} + W_{36,39} \times Q_{36,39} + W_{4,6} \times Q_{4,6} + W_{6,13} \times Q_{6,13} + W_{16,19} \times Q_{16,19} + W_{19,28} \times Q_{19,28} +$$
$$W_{13,15} \times Q_{13,15} + W_{15,27} \times Q_{15,27} + W_{27,30} \times Q_{27,30} + W_{30,37} \times Q_{30,37} + W_{17,20} \times Q_{17,20} + W_{20,29} \times Q_{20,29} +$$
$$W_{29,31} \times Q_{29,31} + W_{31,38} \times Q_{31,38} + W_{23,26} \times Q_{23,26} + W_{26,35} \times Q_{26,35} + W_{3,24} \times Q_{3,24} + W_{24,33} \times Q_{24,33} +$$
$$W_{25,32} \times Q_{25,32}$$

其中:$Q_{ij}$ 为工作 $(i,j)$ 的质量,其取值为 0 到 1 之间的连续数值,为 1 时表示达到合同要求,即为工作的正常质量;$W_{ij}$ 为 $(i,j)$ 的质量权重系数,反映某项工作对整个工程质量的影响程度,其取值也介于 0 到 1 之间,通过专家打分法获得,所有 $W_{ij}$ 的总和等于 1。依据工期数据下的施工进度网络计划,分解建立 SXTZ 大厦主楼各分项工作的质量数据如表 8-5 所示。从对表中的数据分析可以得出,关键路径上的工作质量权重系数总和,占工程总质量权重系数的65.5%;而非键路径上的工作质量权重系数总和,占工程总质量权重系数的 34.5%。因此,把关键路径上的工作质量作为工程质量的控制重点。

表 8-5 SXTZ 大厦主楼工程各工作质量数据

| 序号 | 工作名称 | 节点编号 | 持续时间(天) | 工作的正常质量 $Q_{ij}$ | 项目质量权重系数 $W_{ij}$ |
|---|---|---|---|---|---|
| | 关键路径工作 | | | | 0.655 |
| 1 | 施工准备 | 1,2 | 10 | 1 | 0.025 |
| 2 | 基础筏板、地下一二层结构施工 | 2,5 | 65 | 1 | 0.05 |
| 3 | 地下防水及土方回填 | 5,7 | 15 | 1 | 0.03 |
| 4 | 一至三层主体结构施工 | 7,8 | 45 | 1 | 0.05 |
| 5 | 四至六层主体结构施工 | 8,9 | 45 | 1 | 0.05 |
| 6 | 七至九层主体结构施工 | 9,10 | 30 | 1 | 0.05 |
| 7 | 十至十二层主体结构施工 | 10,12 | 30 | 1 | 0.05 |
| 8 | 十三至十五层主体结构施工 | 12,14 | 30 | 1 | 0.05 |
| 9 | 十六至十八层主体结构施工 | 14,18 | 30 | 1 | 0.05 |
| 10 | 十九至二十一层主体结构施工 | 18,21 | 30 | 1 | 0.05 |
| 11 | 二十二至二十四层主体结构施工 | 21,22 | 30 | 1 | 0.05 |
| 12 | 室内装修及外幕墙安装 | 22,34 | 180 | 1 | 0.05 |
| 13 | 安装调试 | 34,36 | 40 | 1 | 0.06 |
| 14 | 交工验收 | 36,39 | 20 | 1 | 0.04 |

| 序号 | 工作名称 | 节点编号 | 持续时间(天) | 工作的正常质量 $Q_{ij}$ | 项目质量权重系数 $W_{ij}$ |
|---|---|---|---|---|---|
| | 非关键路径工作 | | | | 0.345 |
| 15 | 室外生活水池 | 4,6 | 15 | 1 | 0.02 |
| 16 | 室内设备基础 | 6,13 | 8 | 1 | 0.015 |
| 17 | 地下一二层门安装 | 16,19 | 12 | 1 | 0.015 |
| 18 | 上部主体门安装 | 19,28 | 60 | 1 | 0.015 |
| 19 | 地下室内回填及内隔墙 | 13,15 | 6 | 1 | 0.015 |
| 20 | 主体外墙及内隔墙施工 | 15,27 | 60 | 1 | 0.015 |
| 21 | 主体墙面及顶棚装饰抹灰 | 27,30 | 25 | 1 | 0.025 |
| 22 | 室内栏杆及油漆工程 | 30,37 | 10 | 1 | 0.015 |
| 23 | 地下室内装饰抹灰 | 17,20 | 10 | 1 | 0.015 |
| 24 | 外墙内保温 | 20,29 | 22 | 1 | 0.025 |
| 25 | 室内楼、地面 | 29,31 | 21 | 1 | 0.015 |
| 26 | 室外台阶、散水及零星工程 | 31,38 | 5 | 1 | 0.02 |
| 27 | 屋面工程 | 23,26 | 20 | 1 | 0.03 |
| 28 | 卫生间防水 | 26,35 | 7 | 1 | 0.02 |
| 29 | 水、暖、电配合土建埋管 | 3,24 | 110 | 1 | 0.02 |
| 30 | 水、暖、电、空调、通风安装 | 24,33 | 180 | 1 | 0.04 |
| 31 | 设备安装 | 25,32 | 45 | 1 | 0.025 |
| | 合　　计 | | | | 1 |

本工程的管理目标是实现费用、质量与进度的同步控制,依据对工程进度、费用、质量的数据分析,工程开工日期不得滞后 50 天,计划工程成本费用为 47549273 元,工程的相对质量应达到 1。为了满足业主方所要求的合同约定的工程竣工日期,施工单位在 2006 年 3 月 15 日至 4 月 5 日盲目地进行"赶工",结果造成基础筏板钢筋规格型号采购错误,且已绑扎完毕的筏板钢筋分项工程三个检验批的主控项目不符合质量验收规范,被业主方要求停工整改。因此,如不合理协调进度、费用、质量的约束目标,则势必造成进度延误、费用失控、质量不合格的情况发生。

### 8.3.3　工程进度、费用及质量管理中存在的问题

**1. 进度管理问题**

本工程进度管理存在的主要问题是进度滞后,调整后的施工进度网络计划总工期不能满足业主方对竣工日期的要求,且在工程施工过程中施工单位不能严格按照进度网络计划执行,

主观随意性较大。现分别分析如下。

1）进度滞后

合同约定 2006 年 1 月 25 日工程开工建设,而实际开工建设已到 2006 年 3 月 15 日,实际开工日期较原计划开工日期滞后 50 天。按照调整后的施工进度网络计划,截止 2006 年 3 月 15 日各分项工作延期情况如表 8-6 所示。从该表可以看出,截止 2006 年 3 月 15 日关键路径工作施工准备、基础筏板及地下一二层结构施工,非关键路径室外生活水池、室内设备基础、水、暖、电配合土建埋管均未完成计划投资,较计划进度偏差 2975352 元。即 2006 年 3 月 15 日施工单位工程开工,较计划工期拖延 50 天,工程完成投资拖后 2975352 元。

表 8-6　SXTZ 大厦主楼工程各工作进度滞后情况

| 序号 | 工作名称 | 节点编号 | 计划完成投资额(元) | 分项工程总投资(元) | 计划完成投资额占分项工程总投资的比例(%) |
|---|---|---|---|---|---|
| | 关键路径工作 | | 2313540 | 3744504 | |
| 1 | 施工准备 | 1,2 | 24000 | 24000 | 100 |
| 2 | 基础筏板、地下一二层结构施工 | 2,5 | 2289540 | 3720504 | 61.5 |
| | 非关键路径工作 | | 661812 | 1338599 | |
| 3 | 室外生活水池 | 4,6 | 208328 | 208328 | 100 |
| 4 | 室内设备基础 | 6,13 | 66749 | 66749 | 100 |
| 5 | 水、暖、电配合土建埋管 | 3,24 | 386735 | 1063522 | 36.4 |
| | 合　计 | | 2975352 | 5083103 | |

2）调整后的施工进度网络计划不合理

按照施工单位调整后的施工进度网络计划,项目总工期 590 天仍不能满足 2007 年 9 月 17 日竣工日期的要求。按照 2006 年 3 月 15 日工程开工建设,实际竣工日期较 2007 年 9 月 17 日拖后 40 天,这是业主方所不能接受的。为此,业主方、监理单位对施工单位编制的施工进度网络计划中的关键路径工作的持续时间进行分析,认为施工单位按照定额计算法所确定的主体结构的施工持续时间,不符合现场实际情况。定额计算法中所确定的时间定额(产量定额)是按照社会平均劳动力水平编制的,而现在各施工企业已普遍采用大模板工程,替代组合式钢模板工程,加快模板的周转效率,缩短工程建设工期。为此,业主方、监理单位、施工单位的工程技术人员,按照计划评审技术对主体结构的如下三个历时值重新进行了估算,得到的结果见表 8-7:

- 最乐观估计时间 $a$:在最顺利情况下完成该工作所需要的最短时间;
- 最可能估计时间 $b$:在正常情况下完成该工作所需要的最可能时间;
- 最悲观估计时间 $c$:在最不利条件下完成该工作所需要的最长时间。

依据上述三个历时值的估算结果,可以利用下式计算工作的期望持续时间 $Te$ 和期望持续时间方差 $\sigma^2$:

$$Te=(a+4b+c)/6;\quad \sigma^2=[(c-a)/6]^2$$

估算出的结果列于表 8-7 中。从该表中的数据可以看出,主体结构各分项工作的期望持续时间,与施工进度计划中该工作的持续时间存在一定的差异。例如,"一至三层主体结构施工"按照计划评审技术计算所得的持续时间为 40.67 天,而施工进度网络计划该工作的持续时间却为 45 天。

表 8-7　SXTZ 大厦主楼工程主体结构分项工程持续时间估算

| 序号 | 工作名称 | 节点编号 | 最乐观计时间 $a$(天) | 最可能估计时间 $b$(天) | 最悲观估计时间 $c$(天) | 期望持续时间 $Te$(天) | 期望持续时间的方差 $\sigma^2$ |
|---|---|---|---|---|---|---|---|
| 1 | 一至三层主体结构施工 | 7,8 | 38 | 40 | 46 | 40.67 | 0.11 |
| 2 | 四至六层主体结构施工 | 8,9 | 40 | 45 | 52 | 45.33 | 0.69 |
| 3 | 七至九层主体结构施工 | 9,10 | 25 | 28 | 35 | 28.67 | 0.25 |
| 4 | 十至十二层主体结构施工 | 10,12 | 25 | 28 | 35 | 28.67 | 0.25 |
| 5 | 十三至十五层主体结构施工 | 12,14 | 25 | 28 | 35 | 28.67 | 0.25 |
| 6 | 十六至十八层主体结构施工 | 14,18 | 25 | 28 | 35 | 28.67 | 0.25 |
| 7 | 十九至二十一层主体结构施工 | 18,21 | 25 | 28 | 35 | 28.67 | 0.25 |
| 8 | 二十二至二十四层主体结构施工 | 21,22 | 25 | 28 | 35 | 28.67 | 0.25 |

3)施工单位不能严格按照进度网络计划执行,主观随意性较大

施工进度网络计划是工程进度管理的依据,每天各项工作的安排均应严格执行网络计划,而在实际施工过程中,由于施工单位管理人员的技术水平参差不齐,不能深刻理解和全面掌握施工进度网络计划,造成 2006 年 3 月 15 日工程开工时,关键路径工作"基础筏板结构施工"与非关键路径"室外生活水池"同时施工,造成现场管理混乱。

**2. 费用、质量管理问题**

由于工程进度滞后,造成 2006 年 3 月 15 日工程开工建设后,为了赶工期,施工单位一度对工程费用失去控制。例如,施工单位对"基础筏板结构施工"中的钢筋,未能按设计型号及数量进行采购;对"上部主体结构施工"的大模板,在未编制模板施工方案并报请监理单位审批同意的情况,大量采购施工用大模板。这说明施工单位没有把成本费用目标 48994771 元贯穿于施工全过程,没有制订切实可行、技术合理、经济节约的施工方案,没有采取防范措施对工程费用的超支进行预控。此外,由于盲目地"赶工",施工单位对"基础筏板结构施工"中的钢筋未能按设计型号及数量进行采购,造成"基础筏板钢筋"分项工程的三个检验批的主控项目钢筋安装

的受力钢筋规格和数量不符合设计要求,一般项目受力钢筋安装的间距超出允许偏差＋10 mm,经监理验收不合格,不得不进行返工。

**3. 问题解决思路分析**

2007 年 9 月 17 日工程竣工验收交付使用,这是业主方对施工单位提出的工期目标要求;控制总费用在 48994771 元内,这是 DSYJ 建设公司对项目部提出的费用目标要求;而保证工程建设质量是施工单位对工程建设合同的履约承诺。如何实现工程进度、费用和质量三大目标之间的均衡优化,就成为承包商必须解决的关键问题,而解决工程进度管理的问题则成为上述问题解决的重中之重。通常,为解决工期滞后的问题,往往采取以下两种方式:第一种方式为不惜投入大量的人力、物力和财力,进行"赶工",把拖延的工期抢出来;第二种方式为减少工程量或降低工程质量加快工程进度。第一种方式一定程度上可以保证项目工期目标的实现,但却需要施工单位投入大量的人力、物力和财力,如果业主方不予以补偿,施工单位的成本费用指标会大幅度上升。由于本工程采用工程量清单计价,为固定单价合同,工程前期的工期延误,是施工单位造成的,业主方不会承担任何补偿。因此,施工单位投入大量的人力、物力和财力,进行"赶工",把拖延的工期抢出来,这是施工单位所不愿意的。第二种方式以减少工程量或降低工程质量加快工程进度,这是业主方所不允许的。减少工程量意味着部分功能的缺失,降低工程质量意味工程的可靠性及安全性难以得到保证,因而减少工程量或降低工程质量加快工程进度是不行的。所以,通过优化施工进度计划来缩短工期,减少成本费用的支出,保证工程的建设质量是较为理想可行的方法。

# 8.4  工程进度、费用与质量的综合优化

根据上述分析可知,SXTZ 大厦主楼工程进度滞后,引起费用超支、工程质量不合格。因此,施工单位必须采取有效的措施,在保证即定费用目标和质量标准的前提下,分析计算工期目标,优化施工进度网络计划。故 SXTZ 大厦主楼工程施工管理所面临的问题,是在工程费用、质量约束下的项目进度优化问题。

## 8.4.1  数据准备与提炼

### 1. 工作持续时间

如前所述,施工单位调整后的施工进度网络计划的工作持续时间,是按照定额计算法计算所得,与现场实际情况存在一定偏差。因此,业主方、监理单位、施工单位的工程技术人员,通过计划评审技术估算每一工作的三个历时值,并进一步计算工作的期望持续时间和持续时间的方差。按照与表 8-7 中数据同样的计算过程,估算得到的 SXTZ 大厦主楼各工作的期望持续时间见表 8-8。通过采用计划评审技术进行的估算,可以看出工程的关键路径未发生变化,工程工期为 569.68 天,仍不能满足工程 2007 年 9 月 17 日竣工日期的要求。但是,极限赶工工期为 509 天,可以满足工程的工期要求。

表 8 - 8 SXTZ 大厦主楼工程各工作持续时间估算

| 序号 | 工作名称 | 节点编号 | 最乐观估计时间 $a$ （天） | 最可能估计时间 $b$ （天） | 最悲观估计时间 $c$ （天） | 期望持续时间 $Te$（天） | 期望持续时间的方差 $\sigma^2$（天） |
|---|---|---|---|---|---|---|---|
| | 关键路径工作 | | | | | | |
| 1 | 施工准备 | 1,2 | 6 | 8 | 12 | 8.33 | 0.11 |
| 2 | 基础筏板、地下一二层结构施工 | 2,5 | 56 | 60 | 70 | 61.00 | 0.44 |
| 3 | 地下防水及土方回填 | 5,7 | 12 | 12 | 15 | 12.50 | 0.00 |
| 4 | 一至三层主体结构施工 | 7,8 | 38 | 40 | 46 | 40.67 | 0.11 |
| 5 | 四至六层主体结构施工 | 8,9 | 40 | 45 | 52 | 45.33 | 0.69 |
| 6 | 七至九层主体结构施工 | 9,10 | 25 | 28 | 35 | 28.67 | 0.25 |
| 7 | 十至十二层主体结构施工 | 10,12 | 25 | 28 | 35 | 28.67 | 0.25 |
| 8 | 十三至十五层主体结构施工 | 12,14 | 25 | 28 | 35 | 28.67 | 0.25 |
| 9 | 十六至十八层主体结构施工 | 14,18 | 25 | 28 | 35 | 28.67 | 0.25 |
| 10 | 十九至二十一层主体结构施工 | 18,21 | 25 | 28 | 35 | 28.67 | 0.25 |
| 11 | 二十二至二十四层主体结构施工 | 21,22 | 25 | 28 | 35 | 28.67 | 0.25 |
| 12 | 室内装修及外幕墙安装 | 22,34 | 160 | 175 | 190 | 175.00 | 6.25 |
| 13 | 安装调试 | 34,36 | 30 | 38 | 48 | 38.33 | 1.78 |
| 14 | 交工验收 | 36,39 | 15 | 16 | 20 | 16.50 | 0.03 |
| | 总工期 | | 509 | | | 569.68 | |
| | 非关键路径工作 | | | | | | |
| 15 | 室外生活水池 | 4,6 | 12 | 14 | 20 | 14.67 | 0.11 |
| 16 | 室内设备基础 | 6,13 | 5 | 6 | 10 | 6.50 | 0.03 |
| 17 | 地下一二层门安装 | 16,19 | 8 | 10 | 15 | 10.50 | 0.11 |
| 18 | 上部主体门安装 | 19,28 | 55 | 65 | 70 | 64.17 | 2.78 |
| 19 | 地下室内回填及内隔墙 | 13,15 | 5 | 8 | 12 | 8.17 | 0.25 |
| 20 | 主体外墙及内隔墙施工 | 15,27 | 55 | 62 | 68 | 61.83 | 1.36 |
| 21 | 主体墙面及顶棚装饰抹灰 | 27,30 | 20 | 28 | 35 | 27.83 | 1.78 |
| 22 | 室内栏杆及油漆工程 | 30,37 | 8 | 12 | 16 | 12.00 | 0.44 |
| 23 | 地下室内装饰抹灰 | 17,20 | 8 | 12 | 16 | 12.00 | 0.44 |
| 24 | 外墙内保温 | 20,29 | 20 | 25 | 35 | 25.83 | 0.69 |

| 序号 | 工作名称 | 节点编号 | 最乐观估计时间 $a$（天） | 最可能估计时间 $b$（天） | 最悲观估计时间 $c$（天） | 期望持续时间 $Te$（天） | 期望持续时间的方差 $\sigma^2$（天） |
|---|---|---|---|---|---|---|---|
| 25 | 室内楼、地面 | 29,31 | 16 | 24 | 30 | 23.67 | 1.78 |
| 26 | 室外台阶、散水及零星工程 | 31,38 | 4 | 8 | 15 | 8.50 | 0.44 |
| 27 | 屋面工程 | 23,26 | 15 | 25 | 32 | 24.50 | 2.78 |
| 28 | 卫生间防水 | 26,35 | 5 | 8 | 12 | 8.17 | 0.25 |
| 29 | 水、暖、电配合土建埋管 | 3,24 | 100 | 120 | 140 | 120.00 | 11.11 |
| 30 | 水、暖、电、空调、通风安装 | 24,33 | 160 | 180 | 200 | 180.00 | 11.11 |
| 31 | 设备安装 | 25,32 | 40 | 48 | 60 | 48.67 | 1.78 |

**2. 工程费用数据**

按照工程进度与成本费用的同步控制原则,依据工程工作分解结构下的各项工作,对正常工作完成时间下的计划总成本费用 47549273 元进行成本费用分解,得到正常工作下的各项工作成本费用 $C_{ij}^n$。而对于极限赶工下的各项工作成本费用 $C_{ij}^s$,按照赶工的时间,需投入的人力、周转性材料及机械费,由施工单位的技术经济人员按照下式计算获得:

$C_{ij}^s$ = $C_{ij}^n$ + 人工工日数×工日单价(人工费)+ 材料消耗量×材料单价(周转材料摊销费) + 机械台班数×台班单价(机械摊销费)

例如,对于工作"施工准备",$C_{1,2}^s$ = $C_{1,2}^n$ +80 工日×30 元 / 工日(人工费);对于工作"基础筏板、地下一二层结构施工",$C_{2,5}^s$ = $C_{2,5}^n$ +160 工日×30 元 / 工日(人工费)+ 684214 元(周转材料摊销费)+ 55087 元(机械摊销费)。所有工作的 $C_{ij}^s$ 之和,即为工程在极限赶工情况下的总成本费用。

在工作持续时间的压缩过程中,工作成本费用与工作持续时间之间的关系用下式表示:

$$C_{ij}^s = C_{ij}^n + \beta_{ij}(T_{ij}^n - T_{ij}^s)$$

其中:$T_{ij}^n$ 为工作$(i,j)$的正常工作时间,对应于最可能估计时间 $b$;$T_{ij}^s$ 为工作$(i,j)$的极限赶工时间,对应于最乐观估计时间 $a$;$\beta_{ij}$ 为工期成本系数,反映工作$(i,j)$每压缩一天所消耗的费用。各工作的工期成本系数见表 8 - 9,通过对表 8 - 9 中的数据进行分析,可以得出:正常工作情况下合理的工期 569.68 天,对应的工程成本费用为 47549273 元;极限赶工工期为 509天,对应的工程成本费用为 55114501 元。由于仅对关键路径工作的持续时间进行压缩,所以,此处只计算关键路径上各工作的工期成本系数。

表 8-9　SXTZ 大厦主楼工程各工作的工期成本系数

| 序号 | 工作名称 | 节点编号 | 极限赶工工作时间 $T'_{ij}$（天） | 正常工作完成时间 $T^n_{ij}$（天） | 极限赶工成本费用 $C'_{ij}$（元） | 正常工作成本费用 $C^n_{ij}$（元） | 工期成本系数 $\beta_{ij}$ |
|---|---|---|---|---|---|---|---|
| 关键路径工作 | | | | | | | |
| 1 | 施工准备 | 1,2 | 6 | 8.33 | 26400 | 24000 | 1030.043 |
| 2 | 基础筏板、地下一二层结构施工 | 2,5 | 56 | 61.00 | 4464605 | 3720504 | 148820.160 |
| 3 | 地下防水及土方回填 | 5,7 | 12 | 12.50 | 311020 | 270452 | 81135.600 |
| 4 | 一至三层主体结构施工 | 7,8 | 38 | 40.67 | 4303484 | 3586237 | 1070518.507 |
| 5 | 四至六层主体结构施工 | 8,9 | 40 | 45.33 | 4756152 | 3963460 | 148722.702 |
| 6 | 七至九层主体结构施工 | 9,10 | 25 | 28.67 | 3959568 | 3299640 | 179816.894 |
| 7 | 十至十二层主体结构施工 | 10,12 | 25 | 28.67 | 3959568 | 3299640 | 179816.894 |
| 8 | 十三至十五层主体结构施工 | 12,14 | 25 | 28.67 | 3801185 | 3167654 | 172624.196 |
| 9 | 十六至十八层主体结构施工 | 14,18 | 25 | 28.67 | 3801185 | 3167654 | 172624.196 |
| 10 | 十九至二十一层主体结构施工 | 18,21 | 25 | 28.67 | 3725162 | 3104302 | 169171.771 |
| 11 | 二十二至二十四层主体结构施工 | 21,22 | 25 | 28.67 | 283111 | 235926 | 12857.003 |
| 12 | 室内装修及外幕墙安装 | 22,34 | 160 | 175.00 | 11718509 | 9765424 | 130205.653 |
| 13 | 安装调试 | 34,36 | 30 | 38.33 | 295850 | 246542 | 5919.376 |
| 14 | 交工验收 | 36,39 | 15 | 16.50 | 65184 | 54320 | 7242.667 |
| 非关键路径工作 | | | | | | | |
| 15 | 室外生活水池 | 4,6 | 12 | 14.67 | 208328 | 208328 | |
| 16 | 室内设备基础 | 6,13 | 5 | 6.50 | 66749 | 66749 | |
| 17 | 地下一二层门安装 | 16,19 | 8 | 10.50 | 115070 | 115070 | |
| 18 | 上部主体门安装 | 19,28 | 55 | 64.17 | 575355 | 575355 | |
| 19 | 地下室内回填及内隔墙 | 13,15 | 5 | 8.17 | 61550 | 61550 | |
| 20 | 主体外墙及内隔墙施工 | 15,27 | 55 | 61.83 | 596062 | 596062 | |

| 序号 | 工作名称 | 节点编号 | 极限赶工工作时间 $T_{ij}^s$（天） | 正常工作完成时间 $T_{ij}^n$（天） | 极限赶工成本费用 $C_{ij}^s$（元） | 正常工作成本费用 $C_{ij}^n$（元） | 工期成本系数 $\beta_{ij}$ |
|---|---|---|---|---|---|---|---|
| 21 | 主体墙面及顶棚装饰抹灰 | 27,30 | 20 | 27.83 | 265171 | 265171 | |
| 22 | 室内栏杆及油漆工程 | 30,37 | 8 | 12.00 | 102456 | 102456 | |
| 23 | 地下室内装饰抹灰 | 17,20 | 8 | 12.00 | 99884 | 99884 | |
| 24 | 外墙内保温 | 20,29 | 20 | 25.83 | 224506 | 224506 | |
| 25 | 室内楼、地面 | 29,31 | 16 | 23.67 | 213112 | 213112 | |
| 26 | 室外台阶、散水及零星工程 | 31,38 | 4 | 8.50 | 44296 | 44296 | |
| 27 | 屋面工程 | 23,26 | 15 | 24.50 | 205821 | 205821 | |
| 28 | 卫生间防水 | 26,35 | 5 | 8.17 | 76343 | 76343 | |
| 29 | 水、暖、电配合土建埋管 | 3,24 | 100 | 120.00 | 1063522 | 1063522 | |
| 30 | 水、暖、电、空调、通风安装 | 24,33 | 160 | 180.00 | 4821299 | 4821299 | |
| 31 | 设备安装 | 25,32 | 40 | 48.67 | 903994 | 903994 | |
| 总成本费用 | | | | | 55114501 | 47549273 | |

### 3. 工程质量数据

因为工程的质量很难量化，所以采用相对质量的概念，即假定在理想情况下每项工作的正常工作相对质量 $Q_{ij}^n$ 为 1。对于极限赶工时间下的工作相对质量，按照合格质量为 0.6 确定极限赶工条件下的工作质量 $Q_{ij}^s$，且确定各项工作质量占项目总质量的权重系数 $W_{ij}$，由此计算得到正常工作下的项目质量 $Q_{ij}^n \times W_{ij}$ 与极限赶工工作下的项目质量 $Q_{ij}^s \times W_{ij}$。在对工程各工作持续时间的压缩过程中，工作质量与工作持续时间的关系用下式表示：

$$Q_{ij}^s = Q_{ij}^n - \alpha_{ij}(T_{ij}^n - T_{ij}^s)$$

其中：$\alpha_{ij}$ 为工期质量系数，反映工作工期每压缩一天对工作相对质量所产生的影响。

对于 SXTZ 大厦主楼工程，各工作的工期质量数据列于表 8 - 10。由表 8 - 10 中的数据可以得出，正常工作情况下合理的工期 569.68 天所对应的正常工作的项目质量为 1，极限赶工工期 509 天所对应的赶工工作的项目质量为 0.6。由于仅对关键路径工作的持续时间进行压缩，故只计算关键路径上各工作的工期质量系数。

表 8 - 10　SXTZ 大厦主楼工程各工作的工期质量系数

| 序号 | 工作名称 | 节点编号 | 极限赶工工作时间 $T_{ij}$（天） | 正常工作完成时间 $T_{ij}^n$（天） | 正常工作的工作质量 $Q_{ij}^n$ | 极限赶工工作质量 $Q_{ij}$ | 工作质量占项目质量的权重 $W_{ij}$ | 正常工作的项目质量 $Q_{ij}^n \cdot W_{ij}$ | 极限赶工工作的项目质量 $Q_{ij} \cdot W_{ij}$ | 工期质量系数 $\alpha_{ij}$ |
|---|---|---|---|---|---|---|---|---|---|---|
| | | | | 关键路径工作 | | | | | | |
| 1 | 施工准备 | 1,2 | 6 | 8.33 | 1 | 0.6 | 0.025 | 0.025 | 0.015 | 0.1717 |
| 2 | 基础筏板、地下一二层结构施工 | 2,5 | 56 | 61.00 | 1 | 0.6 | 0.05 | 0.05 | 0.03 | 0.0800 |
| 3 | 地下防水及土方回填 | 5,7 | 12 | 12.50 | 1 | 0.6 | 0.03 | 0.03 | 0.018 | 0.0800 |
| 4 | 一至三层主体结构施工 | 7,8 | 38 | 40.67 | 1 | 0.6 | 0.05 | 0.05 | 0.03 | 0.5970 |
| 5 | 四至六层主体结构施工 | 8,9 | 40 | 45.33 | 1 | 0.6 | 0.05 | 0.05 | 0.03 | 0.0750 |
| 6 | 七至九层主体结构施工 | 9,10 | 25 | 28.67 | 1 | 0.6 | 0.05 | 0.05 | 0.03 | 0.1090 |
| 7 | 十至十二层主体结构施工 | 10,12 | 25 | 28.67 | 1 | 0.6 | 0.05 | 0.05 | 0.03 | 0.1090 |
| 8 | 十三至十五层主体结构施工 | 12,14 | 25 | 28.67 | 1 | 0.6 | 0.05 | 0.05 | 0.03 | 0.1090 |
| 9 | 十六至十八层主体结构施工 | 14,18 | 25 | 28.67 | 1 | 0.6 | 0.05 | 0.05 | 0.03 | 0.1090 |
| 10 | 十九至二十一层主体结构施工 | 18,21 | 25 | 28.67 | 1 | 0.6 | 0.05 | 0.05 | 0.03 | 0.1090 |
| 11 | 二十二至二十四层主体结构施工 | 21,22 | 25 | 28.67 | 1 | 0.6 | 0.05 | 0.05 | 0.03 | 0.1090 |
| 12 | 室内装修及外幕墙安装 | 22,34 | 160 | 175.00 | 1 | 0.6 | 0.05 | 0.05 | 0.03 | 0.0267 |
| 13 | 安装调试 | 34,36 | 30 | 38.33 | 1 | 0.6 | 0.06 | 0.06 | 0.036 | 0.0480 |
| 14 | 交工验收 | 36,39 | 15 | 16.50 | 1 | 0.6 | 0.04 | 0.04 | 0.024 | 0.2667 |

| 序号 | 工作名称 | 节点编号 | 极限赶工工作时间 $T_{ij}^c$ （天） | 正常工作完成时间 $T_{ij}^n$ （天） | 正常工作的工作质量 $Q_{ij}^n$ | 极限赶工工作质量 $Q_{ij}^c$ | 工作质量占项目质量的权重 $W_{ij}$ | 正常工作的项目质量 $Q_{ij}^n \cdot W_{ij}$ | 极限赶工工作的项目质量 $Q_{ij}^c \cdot W_{ij}$ | 工期质量系数 $\alpha_{ij}$ |
|---|---|---|---|---|---|---|---|---|---|---|
| | | | | 非关键路径工作 | | | | | | |
| 15 | 室外生活水池 | 4,6 | 12 | 14.67 | 1 | 0.6 | 0.02 | 0.02 | 0.012 | |
| 16 | 室内设备基础 | 6,13 | 5 | 6.50 | 1 | 0.6 | 0.015 | 0.015 | 0.009 | |
| 17 | 地下一二层门安装 | 16,19 | 8 | 10.50 | 1 | 0.6 | 0.015 | 0.015 | 0.009 | |
| 18 | 上部主体门安装 | 19,28 | 55 | 64.17 | 1 | 0.6 | 0.015 | 0.015 | 0.009 | |
| 19 | 地下室内回填及内隔墙 | 13,15 | 5 | 8.17 | 1 | 0.6 | 0.015 | 0.015 | 0.009 | |
| 20 | 主体外墙及内隔墙施工 | 15,27 | 55 | 61.83 | 1 | 0.6 | 0.015 | 0.015 | 0.009 | |
| 21 | 主体墙面及顶棚装饰抹灰 | 27,30 | 20 | 27.83 | 1 | 0.6 | 0.025 | 0.025 | 0.015 | |
| 22 | 室内栏杆及油漆工程 | 30,37 | 8 | 12.00 | 1 | 0.6 | 0.015 | 0.015 | 0.009 | |
| 23 | 地下室内装饰抹灰 | 17,20 | 8 | 12.00 | 1 | 0.6 | 0.015 | 0.015 | 0.009 | |
| 24 | 外墙内保温 | 20,29 | 20 | 25.83 | 1 | 0.6 | 0.025 | 0.025 | 0.015 | |
| 25 | 室内楼、地面 | 29,31 | 16 | 23.67 | 1 | 0.6 | 0.015 | 0.015 | 0.009 | |
| 26 | 室外台阶、散水及零星工程 | 31,38 | 4 | 8.50 | 1 | 0.6 | 0.02 | 0.02 | 0.012 | |
| 27 | 屋面工程 | 23,26 | 15 | 24.50 | 1 | 0.6 | 0.03 | 0.03 | 0.018 | |
| 28 | 卫生间防水 | 26,35 | 5 | 8.17 | 1 | 0.6 | 0.02 | 0.02 | 0.012 | |
| 29 | 水、暖、电配合土建埋管 | 3,24 | 100 | 120.00 | 1 | 0.6 | 0.02 | 0.02 | 0.012 | |
| 30 | 水、暖、电、空调、通风安装 | 24,33 | 160 | 180.00 | 1 | 0.6 | 0.04 | 0.04 | 0.024 | |
| 31 | 设备安装 | 25,32 | 40 | 48.67 | 1 | 0.6 | 0.025 | 0.025 | 0.015 | |
| | 项目总质量 | | | | | | 1 | 1 | 0.6 | |

### 8.4.2　进度、费用与质量综合优化模型的构建

**1. 模型建立的假设条件**

为了使复杂的问题能够得到合理的简化,建立符合现实情况的工程进度、费用和质量的综合优化模型,在对 SXTZ 大厦主楼工程实际情况进行分析的基础上,提出如下假设条件:

- 假设条件一:工程项目中的工作$(i,j)$的实际持续时间、成本费用和工作质量,分别介于工作的正常持续时间和赶工持续时间、正常成本费用和赶工成本费用以及正常情况下的质量和赶工情况下的质量之间。即

$$T_{ij}^s(赶工持续时间) \leqslant T_{ij}(实际持续时间) \leqslant T_{ij}^n(正常持续时间);$$
$$C_{ij}^n(正常成本费用) \leqslant C_{ij}(实际成本费用) \leqslant C_{ij}^s(赶工成本费用);$$
$$Q_{ij}^s(赶工工作质量) \leqslant Q_{ij}(实际工作质量) \leqslant Q_{ij}^n(正常工作质量)。$$

- 假设条件二:对工程项目中任何一项工作$(i,j)$,在合理持续时间与赶工持续时间之间的成本费用和工作质量,与该项工作的施工时间呈线性关系。在这段时间区间内,工作的成本费用与其持续时间成反比;而工作质量与持续时间成正比。即

$$(C_{ij}^s - C_{ij})/(C_{ij} - C_{ij}^n) = \beta_{ij}(T_{ij}^n - T_{ij})/(T_{ij} - T_{ij}^s);$$
$$(Q_{ij}^n - Q_{ij})/(Q_{ij} - Q_{ij}^s) = \alpha_{ij}(T_{ij}^n - T_{ij})/(T_{ij} - T_{ij}^s)。$$

- 假设条件三:总工期由关键路线上所有工作的持续时间累加得到;总成本 $C$ 可由所有单项工作的成本相加得到;工程质量 $Q$ 由各单项工作的质量 $Q_{ij}$,按照各工作的质量权重系数,加权求和得到。即

$$工程总工期\ T = T_r(关键路径上的各项工作持续时间的和);$$
$$工程总费用\ C = \sum C_{ij}(各分项工作费用的和);$$
$$工程质量:Q = \sum Q_{ij}W_{ij}(各分项工作的相对质量与质量权重系数之积的和)。$$

其中,$\sum W_{ij} = 1$。下面就基于以上的三个假设条件,研究 SXTZ 大厦主楼工程费用、质量约束下的工期优化,使得项目工期最短。

**2. 优化模型构建**

根据上述讨论,构建质量和成本约束条件下的 SXTZ 大厦主楼工程的工期优化模型如下所述:

Min $T = T_r$(关键路径上的各项工作持续时间的和)

$$s.t.\ T_{ij}^s \leqslant T_{ij} \leqslant T_{ij}^n \tag{8-1}$$
$$C \leqslant C_r \tag{8-2}$$
$$Q \geqslant Q_r \tag{8-3}$$
$$C_{ij} = C_{ij}^n + \beta_{ij}(T_{ij}^n - T_{ij}) \tag{8-4}$$
$$Q_{ij} = Q_{ij}^n - \alpha_{ij}(T_{ij}^n - T_{ij}) \tag{8-5}$$
$$C = \sum C_{ij} \tag{8-6}$$
$$Q = \sum Q_{ij}W_{ij} \tag{8-7}$$

$$\alpha_{ij} = \frac{Q_{ij}^n - Q_{ij}^s}{T_{ij}^n - T_{ij}^s} \qquad (8-8)$$

$$\beta_{ij} = \frac{C_{ij}^s - C_{ij}^n}{T_{ij}^n - T_{ij}^s} \qquad (8-9)$$

$$T_{ij} \geqslant 0 \qquad (8-10)$$

其中：$C_r$ 为工程的总成本费用约束，$Q_r$ 为合格工程的质量下限要求。在上述优化模型中，目标函数是在压缩关键路径上可压缩的各项工作的持续时间之后，关键工作的持续时间之和最小化。各约束条件解释如下：

1）工期约束

约束条件式（8-1）为工期约束，确保压缩后关键路径上可压缩的各项工作持续时间，大于极限赶工的持续时间而小于正常情况下的持续时间，且压缩后的项目总工期大于极限赶工的项目工期而小于正常情况下的项目工期。

2）费用约束

约束条件式（8-2）、（8-4）和（8-6）构成费用约束。式（8-2）确保工程总成本费用不超过给定的总成本费用约束；式（8-4）给出了各项工作的成本费用计算公式；而式（8-6）则定义了工程总成本费用，等于各项工作的成本费用之和。上述费用约束条件确保在压缩关键路径上应压缩的各项工作的持续时间后，各项工作的费用小于极限赶工下的成本费用，而大于正常情况下的工作费用，且关键路径上的总费用等于压缩关键路径上各项工作费用之和。总成本费用等于关键路径各工作费用与非关键路径各工作费用之和，非关键路径各工作费用等于正常情况下的工作费用，且项目的总费用小于极限赶工总费用而大于正常总费用。

3）质量约束

约束条件式（8-3）、（8-5）和（8-7）构成质量约束。式（8-3）确保工程总质量不低于合同规定的质量下限要求；式（8-5）给出了各项工作的工作质量计算公式；而式（8-7）则定义了工程工作质量等于各项工作的工作质量加权之和。上述费用约束条件确保在压缩关键路径上应压缩的各项工作的持续时间之后，各项工作的质量大于极限赶工下的质量而小于正常情况下的质量，且关键路径上的质量等于压缩关键路径上各项工作质量加权之和。工程质量等于关键路径各工作质量与非关键路径各工作质量加权之和；非关键路径各工作质量等于正常情况下的工作质量；压缩关键路径上应压缩的各项工作的持续时间后，工程质量大于极限赶工质量而小于正常质量。

4）其他约束

约束条件式（8-8）、（8-9）和（8-10）构成优化模型的参数约束。在上述约束条件下，确保压缩后关键路径上各项工作的费用，满足在各项工作极限赶工下的成本费用与正常情况下的工作费用之间；质量满足各项工作的质量，介于极限赶工下的质量与正常情况下的质量之间。

**3. SXTZ 大厦主楼工程优化模型**

将 SXTZ 大厦主楼工程的相关数据代入到上述优化模型之中，可以得到如下的具体的工程进度、费用和质量综合优化模型如下。

$$\text{Min } T = T_{1,2} + T_{2,5} + T_{5,7} + T_{7,8} + T_{8,9} + T_{9,10} + T_{10,12} + T_{12,14} + T_{14,18} + T_{18,21} + T_{21,22} +$$
$$T_{22,34} + T_{34,36} + T_{36,39}$$

s. t.

- 工期约束。关键路径上各项工作的持续时间,大于极限赶工下的持续时间而小于正常情况下的持续时间。具体如下:

$$6 \leqslant T_{1,2} \leqslant 8.33$$
$$56 \leqslant T_{2,5} \leqslant 61$$
$$12 \leqslant T_{5,7} \leqslant 12.5$$
$$40 \leqslant T_{7,8} \leqslant 40.67$$
$$40 \leqslant T_{8,9} \leqslant 45.33$$
$$25 \leqslant T_{9,10} \leqslant 28.67$$
$$25 \leqslant T_{10,12} \leqslant 28.67$$
$$25 \leqslant T_{12,14} \leqslant 28.67$$
$$25 \leqslant T_{14,18} \leqslant 28.67$$
$$25 \leqslant T_{18,21} \leqslant 28.67$$
$$25 \leqslant T_{21,22} \leqslant 28.67$$
$$160 \leqslant T_{22,34} \leqslant 175$$
$$30 \leqslant T_{34,36} \leqslant 38.33$$
$$15 \leqslant T_{36,39} \leqslant 16.5$$
$$509 \leqslant T \leqslant 569.68$$

- 质量约束。工程质量等于关键路径上各工作质量与非关键路径上各工作质量之和;非关键路径上各工作质量等于正常情况下的工作质量;工程质量大于极限赶工质量而小于正常质量。具体如下:

$$Q_{1,2} = 1, 0.1717(8.33 - T_{1,2})$$
$$Q_{2,5} = 1, 0.08(61 - T_{2,5})$$
$$Q_{5,7} = 1, 0.08(12.5 - T_{5,7})$$
$$Q_{7,8} = 1, 0.597(40.67 - T_{7,8})$$
$$Q_{8,9} = 1, 0.075(45.33 - T_{8,9})$$
$$Q_{9,10} = 1, 0.109(28.67 - T_{9,10})$$
$$Q_{10,12} = 1, 0.109(28.67 - T_{10,12})$$
$$Q_{12,14} = 1, 0.109(28.67 - T_{12,14})$$
$$Q_{14,18} = 1, 0.109(28.67 - T_{14,18})$$
$$Q_{18,21} = 1, 0.109(28.67 - T_{18,21})$$
$$Q_{21,22} = 1, 0.109(28.67 - T_{21,22})$$
$$Q_{22,34} = 1, 0.0267(175 - T_{22,34})$$
$$Q_{34,36} = 1, 0.048(38.33 - T_{34,36})$$
$$Q_{36,39} = 1, 0.2667(16.5 - T_{36,39})$$
$$Q = 0.025Q_{1,2} + 0.05Q_{2,5} + 0.03Q_{5,7} + 0.05Q_{7,8} + 0.05Q_{8,9} + 0.05Q_{9,10} + 0.05Q_{10,12}$$

$$+0.05Q_{12,14}+0.05Q_{14,18}+0.05Q_{18,21}+0.05Q_{21,22}+0.05Q_{22,34}+0.06Q_{4,36}$$
$$+0.04Q_{36,39}+0.02Q_{4,6}+0.015Q_{6,13}+0.015Q_{16,19}+0.015Q_{19,28}+0.015Q_{13,15}$$
$$+0.015Q_{15,27}+0.025Q_{27,30}+0.015Q_{30,37}+0.015Q_{17,20}+0.025Q_{20,29}+0.015Q_{29,31}$$
$$+0.02Q_{31,38}+0.03Q_{23,26}+0.02Q_{26,35}+0.02Q_{3,24}+0.04Q_{24,33}+0.025Q_{25,32}$$
$$0.9254 \leqslant Q \leqslant 1$$

- 费用约束。工程总成本费用等于关键路径上各工作成本,与非关键路径上各工作成本费用之和;非关键路径各工作成本等于正常情况下的工作成本;工程总成本大于极限赶工总成本而小于正常总成本。具体如下:

$$C_{1,2}=24000+1028.57(8.33-T_{1,2})$$
$$C_{2,5}=3720504+148820.16(61-T_{2,5})$$
$$C_{5,7}=270452+81135.6(12.5-T_{5,7})$$
$$C_{7,8}=3586237+1075871.1(40.67-T_{7,8})$$
$$C_{8,9}=3963460+148629.75(45.33-T_{8,9})$$
$$C_{9,10}=3299640+179980.36(28.67-T_{9,10})$$
$$C_{10,12}=3299640+179980.36(28.67-T_{10,12})$$
$$C_{12,14}=3167654+172781.13(28.67-T_{12,14})$$
$$C_{14,18}=3167654+172781.13(28.67-T_{14,18})$$
$$C_{18,21}=3104302+169325.56(28.67-T_{18,21})$$
$$C_{21,22}=235926+12868.69(28.67-T_{21,22})$$
$$C_{22,34}=9765424+130205.65(175-T_{22,34})$$
$$C_{34,36}=246542+5917.01(38.33-T_{34,36})$$
$$C_{36,39}=54320+7242.67(16.5-T_{36,39})$$

$$C=C_{1,2}+C_{2,5}+C_{5,7}+C_{7,8}+C_{8,9}+C_{9,10}+C_{10,12}+C_{12,14}+C_{14,18}+$$
$$C_{18,21}+C_{21,22}+C_{22,34}+C_{34,36}+C_{36,39}+C_{4,6}+C_{6,13}+C_{16,19}+$$
$$C_{19,28}+C_{13,15}+C_{15,27}+C_{27,30}+C_{30,37}+C_{17,20}+C_{20,29}+C_{29,31}+$$
$$C_{31,38}+C_{23,26}+C_{26,35}+C_{3,24}+C_{24,33}+C_{25,32}$$
$$=[24000+1028.57(8.33-T_{1,2})]+[3720504+148820.16(61-T_{2,5})]$$
$$+[270452+81135.6(12.5-T_{5,7})]+[3586237+1075871.1(40.67-T_{7,8})]$$
$$+[3963460+148629.75(45.33-T_{8,9})]+[3299640+179980.36(28.67-T_{9,10})]$$
$$+[3299640+179980.36(28.67-T_{10,12})]+[3167654+172781.13(28.67-T_{12,14})]$$
$$+[3167654+172781.13(28.67-T_{14,18})]+[3104302+169325.56(28.67-T_{18,21})]$$
$$+[235926+12868.69(28.67-T_{21,22})]+[9765424+130205.65(175-T_{22,34})]$$
$$+[246542+5917.01(38.33-T_{34,36})]+[54320+7242.67(16.5-T_{36,39})]+9643518$$

$$47549273 \leqslant C \leqslant 55114501$$

按照上述模型,工程进度优化的总工期,由关键路径上各工作的优化时间之和构成,且各工作的优化时间,应大于极限赶工下的持续时间而小于正常情况下的持续时间,同时各工作的优化时间须满足质量约束与费用约束。其中,质量约束为工程质量等于关键路径各工作质量与非关键路径各工作质量之和,各分项工作的质量等于正常工作质量减去工期优化所减少的相对质量,项目质量大于极限赶工质量而小于正常质量。费用约束为工程总成本费用等于关键路径上各工作成本与非关键路径上各工作成本费用之和,非关键路径上各工作成本等于正常情况下的工作成本,各分项工作的费用等于正常工作费用加上工期优化所增加的费用,工程总成本小于极限赶工总成本而大于正常总成本。

### 8.4.3　SXTZ 投资大厦主楼优化模型的求解及分析

**1. 模型求解**

本模型的约束条件是一组多元一次不等式,可以运用 LINDO 软件进行求解。LINDO 是专门用于求解数学规划问题的软件包,主要用于求解线性规划、非线性规划、二次规划和整数规划等问题。利用 LINDO 软件进行求解的步骤如图 8-2 所示,具体编写的 LINDO 程序如下所述。

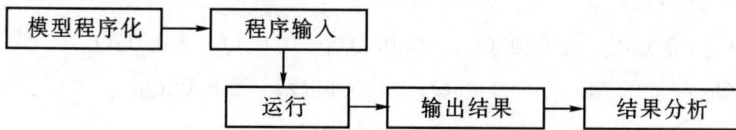

图 8-2　模型求解流程图

$$\text{Min } T = T_{1,2} + T_{2,5} + T_{5,7} + T_{7,8} + T_{8,9} + T_{9,10} + T_{10,12} + T_{12,14} + T_{14,18} + T_{18,21} + T_{21,22} +$$
$$T_{22,34} + T_{34,36} + T_{36,39}$$

s. t.

$6 \leqslant T_{1,2} \leqslant 8.33$

$56 \leqslant T_{2,5} \leqslant 61$

$12 \leqslant T_{5,7} \leqslant 12.5$

$40 \leqslant T_{7,8} \leqslant 40.67$

$40 \leqslant T_{8,9} \leqslant 45.33$

$25 \leqslant T_{9,10} \leqslant 28.67$

$25 \leqslant T_{10,12} \leqslant 28.67$

$25 \leqslant T_{12,14} \leqslant 28.67$

$25 \leqslant T_{14,18} \leqslant 28.67$

$25 \leqslant T_{18,21} \leqslant 28.67$

$25 \leqslant T_{21,22} \leqslant 28.67$

$160 \leqslant T_{22,34} \leqslant 175$

$30 \leqslant T_{34,36} \leqslant 38.33$

$15 \leqslant T_{36,39} \leqslant 16.5$

$509 \leqslant T \leqslant 569.68$

$Q_{1,2} = 1 - 0.1717(8.33 - T_{1,2})$

$Q_{2,5} = 1 - 0.08(61 - T_{2,5})$

$$Q_{5,7}=1-0.08(12.5-T_{5,7})$$

$$Q_{7,8}=1-0.597(40.67-T_{7,8})$$

$$Q_{8,9}=1-0.075(45.33-T_{8,9})$$

$$Q_{9,10}=1-0.109(28.67-T_{9,10})$$

$$Q_{10,12}=1-0.109(28.67-T_{10,12})$$

$$Q_{12,14}=1-0.109(28.67-T_{12,14})$$

$$Q_{14,18}=1-0.109(28.67-T_{14,18})$$

$$Q_{18,21}=1-0.109(28.67-T_{18,21})$$

$$Q_{21,22}=1-0.109(28.67-T_{21,22})$$

$$Q_{22,34}=1-0.0267(175-T_{22,34})$$

$$Q_{34,36}=1-0.048(38.3-T_{34,36})$$

$$Q_{36,39}=1-0.2667(16.5-T_{36,39})$$

$$Q=0.025Q_{1,2}+0.05Q_{2,5}+0.03Q_{5,7}+0.05Q_{7,8}+0.05Q_{8,9}+0.05Q_{9,10}$$
$$+0.05Q_{10,12}+0.05Q_{12,14}+0.05Q_{14,18}+0.05Q_{18,21}+0.05Q_{21,22}$$
$$+0.05Q_{22,34}+0.06Q_{34,36}+0.04Q_{36,39}+0.345$$

$$0.9254\leqslant Q\leqslant 1$$

$$C_{1,2}=24000+1028.57(8.33-T_{1,2})$$

$$C_{2,5}=3720504+148820.16(61-T_{2,5})$$

$$C_{5,7}=270452+81135.6(12.5-T_{5,7})$$

$$C_{7,8}=3586237+1075871.1(40.67-T_{7,8})$$

$$C_{8,9}=3963460+148629.75(45.33-T_{8,9})$$

$$C_{9,10}=3299640+179980.36(28.67-T_{9,10})$$

$$C_{10,12}=3299640+179980.36(28.67-T_{10,12})$$

$$C_{12,14}=3167654+172781.13(28.67-T_{12,14})$$

$$C_{14,18}=3167654+172781.13(28.67-T_{14,18})$$

$$C_{18,21}=3104302+169325.56(28.67-T_{18,21})$$

$$C_{21,22}=235926+12868.69(28.67-T_{21,22})$$

$$C_{22,34}=9765424+130205.65(175-T_{22,34})$$

$$C_{34,36}=246542+5917.01(38.33-T_{34,36})$$

$$C_{36,39}=54320+7242.67(16.5-T_{36,39})$$

$$C=[24000+1028.57(8.33-T_{1,2})]+[3720504+148820.16(61-T_{2,5})]$$
$$+[270452+81135.6(12.5-T_{5,7})]+[3586237+1075871.1(40.67-T_{7,8})]$$
$$+[3963460+148629.75(45.33-T_{8,9})]+[3299640+179980.36(28.67-T_{9,10})]$$
$$+[3299640+179980.36(28.67-T_{10,12})]+[3167654+172781.13(28.67-T_{12,14})]$$
$$+[3167654+172781.13(28.67-T_{14,18})]+[3104302+169325.56(28.67-T_{18,21})]$$
$$+[235926+12868.69(28.67-T_{21,22})]+[9765424+130205.65(175-T_{22,34})]$$
$$+[246542+5917.01(38.33-T_{34,36})]+[54320+7242.67(16.5-T_{36,39})]+9643518$$

47549273≤C≤55114501

**2. 求解结果及分析**

将上述模型输入到 LINDO 软件中,并经检查无误后运行该软件,得到的优化结果见表 8-11。需要说明的是,该表只列出了非零结果,其中,"取值"列表示各关键工作优化后的持续时间,"合计"表示压缩时间后的项目总工期;"成本增加额"列表示各关键工作优化时间后增加的费用,"合计"表示优化时间后的项目增加费用;"质量下降额"列表示各关键工作优化时间后降低的项目相对质量,"合计"表示优化时间后的项目减少的相对质量。在该求解结果下,目标函数的值为 544.000。

表 8-11 优化模型求解结果

| 变量 | 取值 | 成本增加额 | 质量下降额 |
|---|---|---|---|
| $T_{1,2}$ | 6.0000 | 24000.000 | 0.0100 |
| $T_{2,5}$ | 61.0000 | 0.000 | 0.0000 |
| $T_{5,7}$ | 12.0000 | 40568.000 | 0.0120 |
| $T_{7,8}$ | 40.6700 | 0.000 | 0.0000 |
| $T_{8,9}$ | 45.3300 | 0.000 | 0.0000 |
| $T_{9,10}$ | 28.6700 | 0.000 | 0.0000 |
| $T_{10,12}$ | 28.6700 | 0.000 | 0.0000 |
| $T_{12,14}$ | 28.6700 | 0.000 | 0.0000 |
| $T_{14,18}$ | 28.6700 | 0.000 | 0.0000 |
| $T_{18,21}$ | 28.6700 | 0.000 | 0.0000 |
| $T_{21,22}$ | 25.0000 | 47185.000 | 0.0200 |
| $T_{22,34}$ | 165.2500 | 1217423.000 | 0.0125 |
| $T_{34,36}$ | 30.0000 | 49308.000 | 0.0240 |
| $T_{36,39}$ | 15.0000 | 10864.000 | 0.0160 |
| 合计 | 544 | 1367748 | 0.0945 |

LINDO 优化软件的求解结果说明,在施工进度网络计划中,对于关键路径 1→2→5→7→8→9→10→12→14→18→21→22→34→36→39,将其上的工作(1,2)、工作(5,7)、工作(21,22)、工作(22,34)、工作(34,36)和工作(36,39)分别压缩 2.33、0.5、3.67、9.35、8.33 和 1.5 天,相应的费用分别增加 24000 元、40568 元、47185 元、1217423 元、49308 元和 10864 元,项目质量分别降低 0.015、0.018、0.03、0.0375、0.036 和 0.024。关键路径上各工作的工期、费用和质量变化见表 8-12。

表 8-12 理论最优解下的工期、质量及成本优化结果

| 序号 | 工作名称 | 节点编号 | 极限赶工工作时间 $T_{ij}^b$ (天) | 正常工作完成时间 $T_{ij}^n$ (天) | 正常工作的项目质量 $Q_{ij} \cdot W_{ij}$ | 赶工工作的项目质量 $Q_{ij} \cdot W_{ij}$ | 极限赶工成本费用 $C_{ij}^b$ (元) | 正常工作成本费用 $C_{ij}^n$ (元) | 工期质量系数 $\alpha_{ij}$ | 工期成本系数 $\beta_{ij}$ | 可压缩的工作 | 缩短时间 (天) | 调整后应缩短时间 (天) | 成本费用增加值 (天) | 项目相对质量 | 总工期 (天) |
|---|---|---|---|---|---|---|---|---|---|---|---|---|---|---|---|---|
| 一 | 关键路径工作 | | | | | | | | | | | | | | | |
| 1 | 施工准备 | 1-2 | 6 | 8.33 | 0.025 | 0.015 | 26400 | 24000 | 0.1717 | 1030.04 | √ | 2.33 | 2.33 | 2400 | 0.015 | 6 |
| 2 | 基础筏板、地下一二层结构施工 | 2-5 | 56 | 61 | 0.05 | 0.03 | 4464605 | 3720504 | 0.0800 | 148820.2 | | | | | 0.05 | 61 |
| 3 | 地下防水及方回填 | 5-7 | 12 | 12.5 | 0.03 | 0.018 | 311020 | 270452 | 0.8000 | 81135.60 | √ | 0.5 | 0.5 | 40567.8 | 0.018 | 12 |
| 4 | 一至三层主体结构施工 | 7-8 | 40 | 40.67 | 0.05 | 0.03 | 4303484 | 3586237 | 0.5970 | 1070518.5 | | | | | 0.05 | 40.67 |
| 5 | 四至六层主体结构施工 | 8-9 | 40 | 45.33 | 0.05 | 0.03 | 4756152 | 3963460 | 0.0750 | 148722.70 | | | | | 0.05 | 45.33 |
| 6 | 七至九层主体结构施工 | 9-10 | 25 | 28.67 | 0.05 | 0.03 | 3959568 | 3299640 | 0.1090 | 179816.89 | | | | | 0.05 | 28.67 |
| 7 | 十至十二层主体结构施工 | 10-12 | 25 | 28.67 | 0.05 | 0.03 | 3959568 | 3299640 | 0.1090 | 179816.89 | | | | | 0.05 | 28.67 |
| 8 | 十三至十五层主体结构施工 | 12-14 | 25 | 28.67 | 0.05 | 0.03 | 3801185 | 3167654 | 0.1090 | 172624.20 | | | | | 0.05 | 28.67 |

续表 8 - 12

| 序号 | 工作名称 | 节点编号 | 极限赶工工作时间 $T'_{ij}$（天） | 正常工作完成时间 $T_{ij}$（天） | 正常工作的项目质量 $Q_{ij}\cdot W_{ij}$ | 赶工工作的项目质量 $Q'_{ij}\cdot W_{ij}$ | 极限赶工成本费用 $C'_{ij}$（元） | 正常工作成本费用 $C_{ij}$（元） | 工期质量系数 $\alpha_{ij}$ | 工期成本系数 $\beta_{ij}$ | 可压缩的工作 | 缩短时间（天） | 调整后应缩短时间（天） | 成本费用增加值（天） | 项目相对质量 | 总工期（天） |
|---|---|---|---|---|---|---|---|---|---|---|---|---|---|---|---|---|
| 9 | 十六至十八层主体结构施工 | 14—18 | 25 | 28.67 | 0.05 | 0.03 | 3801185 | 3167654 | 0.1090 | 172624.20 | | | | | 0.05 | 28.67 |
| 10 | 十九至二十一层主体结构施工 | 18—21 | 25 | 28.67 | 0.05 | 0.03 | 3725162 | 3104302 | 0.1090 | 169171.77 | | | | | 0.05 | 28.67 |
| 11 | 二十二至二十四层主体结构施工 | 21—22 | 25 | 28.67 | 0.05 | 0.03 | 283111 | 235926 | 0.1090 | 12857.00 | √ | 3.67 | 3.67 | 47185.2 | 0.03 | 25 |
| 12 | 室内装修及外幕墙安装 | 22—34 | 160 | 175 | 0.05 | 0.03 | 11718509 | 9765424 | 0.0267 | 130205.65 | √ | 9.35 | 9.35 | 1217423 | 0.037533 | 165.65 |
| 13 | 安装调试 | 34—36 | 30 | 38.33 | 0.06 | 0.036 | 295850 | 246542 | 0.0480 | 5919.38 | √ | 8.33 | 8.33 | 49308.4 | 0.036 | 30 |
| 14 | 交工验收 | 36—39 | 15 | 16.5 | 0.04 | 0.024 | 65184 | 54320 | 0.2667 | 7242.67 | √ | 1.5 | 1.5 | 10864 | 0.024 | 15 |
| | 非关键路径工作 | | | | 0.345 | 0.207 | 9643518 | 9643518 | | | | | | | 0.345 | |
| | 合计 | | 509 | 569.68 | 1 | 0.6 | 55114501 | 47549273 | | | | | | 1367748 | 0.9055 | 544 |

表8-12给出了理论最优解下的工期、质量及成本优化结果。通过表8-12可以看出,压缩关键路径上的工作(1,2)"施工准备"、工作(5,7)"地下防水及土方回填"、工作(21,22)"二十二至二十四层主体结构"、工作(22,34)"室内装饰及幕墙安装"、工作(34,36)"安装调试"和工作(36,39)"交工验收"等6项关键工作,是工期费用系数及工期质量系数最小的6项工作,说明此6项工作单位工期的调整对工程费用、质量影响程度较小,也就是说这6项工作的工程费用和质量对工期的变化最不敏感。

关键路径上剩余的其他8项工作均为主体结构施工,从基础筏板、地下一二层至地上二十一层,工期费用系数大,说明单位工期的调整对工程费用、质量影响程度较大,也就是说这8项工作的工程费用和质量对工期的变化较敏感。例如,非压缩工作(7,8)"一至三层主体结构施工"工期费用系数 $\beta_{ij}=1070518$、工期质量系数 $\alpha_{ij}=0.5970$;压缩工作(22,34)"室内装修及幕墙工程"工期费用系数 $\beta_{ij}=130205$、工期质量系数 $\alpha_{ij}=0.0267$。非压缩工作(7,8)"一至三层主体结构施工"的工期费用系数,是压缩工作(22,34)"室内装修及幕墙工程"的8倍;非压缩工作(7,8)"一至三层主体结构施工"的工期质量系数,是压缩工作(22,34)"室内装修及幕墙工程"的22倍。这说明如缩短工作(7,8)与工作(22,34)同样的单位工期,工作(7,8)所需的工程费用是工作(22,34)的8倍,工作(7,8)所降低的工程质量是(22,34)的22倍。主体结构的施工在项目施工中占较大比例(工程费用占项目总费用的57%,工程质量占项目总质量的40%),而本次求解结果未压缩的关键路径上其他8项工作均为主体结构施工。由此可见,这与现场施工的实际情况的要求也是相一致的。

利用网络计划的既有资源,通过工期优化,使工期压缩了25.68天,项目总工期调整为544天。在此情况下,工程成本和质量的变化如下:

成本费用增加=24000+40568+47185+1217423+49308+10864=1367748(元)

调整后工程总成本费用=37905755(正常工作情况下关键路径费用)+1367748+9643518(非关键路径费用)=48917021(元)

工程质量降低=0.0100+0.0120+0.0200+0.0125+0.0240+0.0160=0.0945

调整后项目质量=0.655(正常工作情况下关键路径质量)-0.0945+0.345(非关键路径质量)=0.906。

经过优化后的工程总工期为544天,较合同工期缩短56天,不仅可以把比合同工期滞后的50天追回,而且还可以把竣工日期提前6天,保证2007年9月11日工程竣工验收交付使用;优化后的工程总费用48917021元,满足DSYJ建设公司对项目部要求保证8%的利润指标,即总费用须控制在48994771元内的要求;优化后的工程项目相对质量0.906远大于极限赶工下的项目相对合格质量0.6,保证了工程项目的工作质量。

# 8.5 控制措施制定及实施效果对比分析

## 8.5.1 进度控制措施

### 1.进度控制要点

按照优化后的工程总工期544天的要求,瞄准总承包合同约定的2007年9月11日必须竣工验收并交付使用的目标,基于投资大厦主楼工程工期紧、技术难度大、交叉作业多、质量要求高、机电系统及设备繁杂等特点,根据优化模型确定的施工关键路径,制订各级控制计划,保证工期总目标能够实现。

1)关键路径

SXTZ 大厦主楼工程的关键路径是 1→2→5→7→8→9→10→12→14→18→21→22→34→36→39,其主要内容包括"基础阀板工程"、"地下一二层主体结构"、"地下室防水及回填土"、"地上一至二十四层主体结构"、"室内装修及幕墙工程"和"安装调试"等。这些工作是整个工程进度控制的重点,将关键路径上的工作(1,2)、(5,7)、(21,22)、(22,34)、(34,36)和(36,39)分别压缩 2.33 天、0.5 天、3.67 天、9.35 天、8.33 天和 1.5 天后,优化后的工程总工期为 544天,比原来缩短了 25.68 天。工作"室外生活水池"、"室内设备基础"、"主体外墙及室内填充隔墙"、"屋面工程"和"给排水、暖气、动力、照明、空调、通风各系统的管路预埋及安装"为非关键路径,在抓好关键路径工作的同时,也要协调好这些非关键路径上的工作,在不影响关键路径上的工作的前提下,合理、及时地插入作业,确保整个工程的顺利完成。

2)施工难点

了解设计意图,熟悉施工图纸,以及掌握施工重点,是制订科学合理、切实可行的施工计划的先决条件。SXTZ 大厦主楼工程的施工难点主要有:

- 幕墙工程新颖复杂。投资大厦主楼幕墙形式为带水平玻璃肋的垂直幕墙,带水平装饰带的铝板幕墙及点式玻璃幕墙。由于幕墙玻璃分格大,给运输、安装带来较大困难,因而幕墙的深化设计和现场安装是工程施工的难点。

- 清水砼涉及面广。按照设计要求,投资大厦主楼结构顶板、墙、梁、柱构件要求达到清水砼效果,这会对工期和成本的控制造成困难。

- 受季节性施工影响较大。投资大厦主楼工程将跨越 1 个冬季、2 个雨季,且地上十三至二十四层主体结构施工均在冬季施工,室外幕墙的安装又在雨季施工,对工程的影响较大。

- 安装工程调试难度较大。安装工程各专业系统给排水、暖气、动力、照明、空调、通风之间,以及它们与土建、装饰工程等专业之间存在大量的交叉作业,协调配合难度较大。在施工过程中产生诸多设备安装位置与安装方案、线路敷设、系统配置的变化,造成施工与管理上的难度增大。

针对上述施工难点,有针对性地提前采取措施,确保工程能够按期完成。

**2.明确制订各级控制计划**

投资大厦主楼工程涉及的专业分包单位较多,各分项工程的穿插作业、交叉作业现象也较多,若各工作间能够安排合理则可相互促进;反之,则会相互制约、影响工程正常进行。在整个建设周期中,以总控计划为龙头,制订各阶段、年、季、月及各种资源配置支持性计划,使人力、材料、机械、设备和建设资金得以合理、充分、有效的运用,并为进度控制提供标准和依据,以保障整个施工进度平稳有序地按既定计划完成。为了实现上述目标,需要坚持如下基本原则:

1)总控计划是实现工期目标的纲领性文件

一个完善可行的施工总控计划是施工进度控制的基础和依据。按照合同确定的总目标(2007 年 9 月 17 日竣工验收)的要求,依据调整后的施工进度网络计划,编制可行的施工组织设计,并充分考虑工程特点、难点及施工过程中可能遇到的风险,编制总控计划说明。同时,制定与调整后总进度网络计划相配套的各分包单位进场、深化图纸设计确认、材料、设备采购进场、劳动力资源配置等支持性计划,并以此形成投资大厦主楼完整的总控计划,作为指导项目实施的纲领性文件。为保证总控计划的时效性及可操作性,根据现场施工进展的实际情况,在地上二十四层主体结构封顶、外幕墙安装、安装调试等施工阶段,先后三次对总控计划进行适时调整,以便更有效地指导施工,确保总工期目标的实现。

2)阶段性计划是确保节点目标实现的基础

投资大厦主楼工程于 2005 年 3 月 15 日开工建设,工程跨越 1 个冬季、2 个雨季,受季节影响的分部分项工程较多。例如,地上十三至二十四层主体结构施工均在冬季施工,室外幕墙的安装又在雨季施工,因而根据不同阶段施工特点制订阶段性施工计划显得尤为重要。根据上述实际情况,项目部制订以"2006.5.16"地下室结构出 +0.000 mm、"2007.2.28"主体结构封顶、"2007.8.2"建筑幕墙安装完毕、"2007.9.2"设备安装调试完毕为阶段性形象目标。为确保施工总进度计划的实现,每当一个阶段性计划制订完成时,总包单位便与相关单位分别签定责任书,明确工期、质量、安全、文明施工等项目管理指标。在确保安全、质量的前提下,完成阶段性施工生产任务。

3)用周期计划对施工状况进行分析及调整

围绕现场施工进度安排的需要,在满足总控计划及阶段性计划的目标要求下,制订不同时间跨度的周期计划,对现场各个施工作业环节加以细化,以利于指导施工生产。以时间跨度为周的周期计划为例,编制的主要内容包括:本周施工发生的重大事件,本周施工进展完成情况,本周施工前期技术准备工作完成情况,本周工、料、机使用情况,以及本周施工中存在的问题及解决的措施。所以,通过切实可行的年、季、月、周等周期计划,可以做到以周计划保月计划、以月计划保季计划、以季计划保年计划,最终实现总控及阶段性计划目标。同时,利用周期计划,也可以实现对总进度网络计划及阶段性目标的定期检查与对比分析。

4)日计划是控制工期的有效手段

根据现场施工进展运行状况,对关键环节、重点部位要求各分包单位逐日制订施工达到部位计划,指出可能影响进度实施的潜在风险,经统筹考虑后,制订周密的日计划,并在施工中加大协调及监控力度,以保证各道工序有序地进行。如在地下室结构出 +0.000、主体结构封顶的最后施工阶段,室外幕墙安装、设备及各系统的安装调试等重要分项工程的收尾冲刺阶段,分别把剩余的工程量按照计划节点的完成日期进行倒排,对每一个环节、每一道工序制订严密的日施工计划,每日排查影响因素,统筹协调各道工序,使得各分项工程均按既定的工期目标完成。

**3. 实施保证**

在工程的实施过程中,通过统计、跟踪和检查,收集有关实际进度的信息,比较分项工程实际进展与计划的偏差,对产生偏差的各种因素及影响目标的程度进行分析与评估,并组织、指导、协调相关单位及时采取有效措施纠正进度偏差,必要时通过重新调整进度计划或改变施工部署来满足施工生产要求,使进度始终处于受控状态,直至按既定总控计划完成全部施工任务。具体措施如下。

1)收集工程信息

在计划执行过程中,总承包商要求各分包单位对各自工作面的工程进度,以及施工作业中存在的问题等内容以日报的形式报送总承包商,使总承包商及时了解各分项工程信息。同时总承包商每日深入现场,实时跟踪、检查计划落实情况,对各个施工环节分别从工、料、机、法、环等各因素加以评估,全面掌握施工进展状态。通过对现场施工进度的全面掌控,及时检查计划执行情况,根据局部进度滞后或超前情况,对进度数据进行整理、分析,找出偏差的原因,制定相应的措施,对局部计划进行调整并对资源配置进行改善,使实际进度回到目标计划上来,最终按总控计划实现整个工程目标。例如,在 2005 年 9 月 28 日进入地下一二层施工,为加快工期,发挥劳动效率,减少周转材料的投入,根据工程特点划分为三个施工区域,每个区域再细分为若干作业流水段的形式组织施工,并用三支劳务队同时展开施工,有效地加快了施工进度。

2)严控工程质量

材料、设备保质保量地如期进场,是保证整个工程施工进度的前提基础。特别是钢筋和商品砼的质量,对于确保主体结构封顶目标的正常实现具有直接的影响。当工程质量与施工进度发生矛盾时,总承包商首先把工程质量放在第一位,坚持所有分项工程都必须在保证质量的前提下组织施工生产,强调施工过程的质量管理和控制,避免因质量问题而造成返工现象。在施工过程中,总承包商严格执行自检、互检、交接检、样板会签、专业会签等制度,严把施工过程质量关,保障各分项工程施工生产顺利进行。

3)机电配合土建

投资大厦主楼工程涉及给排水、空调、消防、通风、动力照明、防雷接地、综合布线及安全防范等 12 个机电专业系统安装,因而机电配合土建穿插的协调配合,也是保证整体施工进度计划顺利实施的重要前提。为确保工程总工期的实现,机电安装围绕土建施工进度计划进行合理安排。同时,狠抓机电各专业管线预埋及洞口预留,组织好各种机电设备招标采购工作,使得机电安装工作能够较早介入,确保大量机电设备能够按计划如期进场安装,为后续工作创造了施工条件,从而确保投资大厦主楼的整体施工进度。

4)编制进展报告

定期或不定期编制进度分析报告,是进度管理控制的一项重要基础工作。通过收集整理安全、技术、质量、商务等部门,以及各分包单位一切与工程进度有关的信息资料,结合现场施工进展状况,编写各类施工进度分析报告,有针对性地制定纠正和预防措施,可以为进度计划的有效执行提供参考依据。例如,在“2007.8.2”工期节点目标实施过程中,经检查发现,分包单位承担的施工关键工序“室外幕墙施工”进度严重滞后,而受其影响,室内装饰装修工程均无法正常开展,最终可能影响“2007.8.2”工期节点目标的实现。于是,总承包商工程部立即编写了一份《室外幕墙施工计划可行性分析报告》,通过调研收集来的详细数据,指出玻璃、百叶、石材等材料严重不足,现场劳动力也略显不足等问题,提出加大材料供应的协调力度、合理调配劳动力等措施,并对其施工进度计划进行调整的建议。这份报告引起了公司领导的高度重视,经研究决定,总承包商正式向分包单位发函,通报其施工生产所面临的严峻形势,指出其可能会产生的不良后果,以及这种不良后果对工程施工全局的负面影响。接到函件后,分包单位立即派来领导亲临现场指挥,只用一周时间就理顺材料供应、新增一支劳务队,使制约施工的因素快速得到解决,只用了 40 天的时间便完成了近 2 个月的工程量,不仅追回了工期,还为公共区域装修提供了工作面,为实现“2007.8.2”工期节点目标奠定了坚实的基础。

### 8.5.2 成本控制措施

**1.制定成本规划并优化资源配置**

1)成本分析及其特点

为了科学有效地控制投资大厦主楼工程成本,使得工期优化后的项目总成本目标48917021元能够顺利实现,对大厦主楼的工程成本构成、组成性质及主要工程量进行分析,发现建筑工程成本为30316814元,占项目总成本的61.97%,是投资大厦主楼成本的最为主要的构成部分。建筑幕墙装饰装修工程成本为11450358元,占项目总成本的23.41%;安装工程工程成本为7149849元,占项目总成本的14.62%,它们也是项目成本的不可忽视的构成部分。在这些成本中,承包商能够控制的成本为32001748元,占项目总成本48917021元的65.42%。其中,主要材料钢筋2603t,成本为13809099元,占工程总成本的28.23%;商品砼11397 m$^3$,成本为5527545元,占工程总成本的11.30%;它们是材料供应的管理和控制的重点。SXTZ大厦主楼工程各分项工程成本如表8-13所示。

**表8-13 SXTZ大厦主楼工程各分项工程成本**

| 序号 | 分项工程名称 | 分项工程成本(元) | 分项工程成本占项目总成本比例(%) |
|---|---|---|---|
| 一 | 建筑装饰工程 | 41767172 | 85.38 |
| 1 | 建筑工程 | 30316814 | 61.97 |
| 2 | 幕墙工程 | 9765424 | 19.96 |
| 3 | 装饰工程 | 1684934 | 3.44 |
| 二 | 建筑安装工程 | 7149849 | 14.62 |
| 1 | 电气工程 | 3870456 | 7.91 |
| 2 | 给排水工程 | 1847154 | 3.78 |
| 3 | 通风空调工程 | 1432239 | 2.93 |
| | 合　计 | 48917021 | 100 |

2)成本管理规划

基于上述分析,通过市场调查,确定以DSYJ建设公司的专业施工能力为依托,充分利用国内建筑专业市场,对工程成本管理进行规划。具体措施如下:

• 确定了对各专业分包采用模拟市场方法进行内部邀请招标,确定按清单单价承包并签订分包合同。按照这种方式,在工程施工前,先后与雁翔劳务、沈阳远大、集团安装公司分别就主体施工劳务、幕墙工程、安装工程签订了分包合同。

• 对于钢筋、商品砼的材料供应,由于其所占项目总成本的比例较大,而且在合同履约期间市场价格波动大,但总承包合同中该材料价格却不允许调整。所以,它们的采购结果会直接影响到成本控制目标的实现。鉴于上述情况,对于钢筋、混凝土材料,由总承包商进行市场招标,选择并确定供应商,直接供应结构分包单位进行结构施工。这样,由分包单位承担材料用量的风险,而材料价格的市场风险由项目总承包承担。通过这种采购供应模式,有效地控制了它们的成本。

- 对于总承包合同中清单价为固定价格的专业分包项目,总承包商在全面了解市场行情的基础上,确定合理的分包拦标价,最大限度地规避总承包风险。
- 根据施工总平面图,对施工现场临时道路、管线、施工队伍生活区等公用设施,由总承包部集中布置、统一管理,由各分包单位租赁使用。

**2. 制订成本控制计划**

施工总承包控制计划是项目总承包商控制项目成本的重要依据,是进行分包招标、财务管理及编制有关经营生产计划的基础。结合投资大厦主楼的实际情况,依据施工组织设计及施工方案,参照各种先进的技术经济定额及企业内部定额,针对工程的具体特点制订成本控制计划,以此分解目标,落实责任。同时,通过建立健全制度、技术创新、阳光采购、细节管理、管理创新等手段,保证项目成本控制目标的实现。

1)编制成本控制计划,落实管理责任

依据工期优化后的项目总成本,项目部与集团公司签订工程管理目标责任书。首先,在深入调查分析市场、研究总承包合同、优化施工方案的基础上,工程总承包部制订了成本控制计划,其中包括分包采购成本控制计划、现场管理费控制计划及其他费用开支计划。其次,依据成本控制计划进一步分解各项经济技术指标,并落实到责任部门和责任人,通过技术创新、优化施工方案及施工组织设计等措施,规避合同风险,实现工程管理成本目标。

2)通过技术创新,节约工程成本

在工程施工过程中,通过多次组织设计、监理及专家参加的技术论证会,对重点专业进行施工方案优化与技术创新,以达到有效控制与降低工程成本的目的。例如,投资大厦主楼二次内墙分割结构总面积约 5000 m²,采用 PRC 轻质复合隔墙板。该墙板具有强度高、绿色、环保、隔声、保温、防火、防水、易切割等优点,尤其是施工时作业安装方便,省工省时,不易产生裂缝。另外,在墙体超高时,通过使用钢结构分层法满足超高墙的安装要求,与原设计的双面石膏板中间加重磅岩棉相比,提前工期 3 天,节约资金 12 万元,并减少了后续维修成本,受到业主、监理等有关方面的充分肯定,施工质量亦达到优良。

3)阳光采购

投资大厦主楼材料设备成本约占工程总成本的 70%,涵盖建筑结构、机电安装、装饰装修等专业,产品种类繁多、技术性较强,市场具有多样性。因此,它们的选定、采购、供应等环节,不但会影响工程总成本,也会影响到工程进度和质量。为了在保证功能使用的前提下合理地控制材料成本,项目部对工程中达到规定标准的材料设备供应商,按照材料交易市场规定的程序进行公开招标;其他非常规材料设备采购工作,则通过模拟市场招标程序,进行询价比选供应厂家。各种价格合理的材料设备采购合同的顺利签订,为大厦主楼工程按照计划实施及项目成本控制奠定了坚实的基础。

4)现场经费包干使用

在与公司签订成本目标责任书后,制订了现场经费财务预算总计划及年度计划,包括工资、办公费、招待费等 30 余项,分解到各职能部门,实行包干使用,并在计划范围内按规定程序审批采购,有效地控制了现场经费的支出。

**3. 推行阶段性"合同履约评价",及时规避合同管理风险**

为了加强合同履行的过程控制,有效规避总承包风险,项目总承包对各分包单位分季度进行阶段性合同履约评价。合同履约评价的对象是各专业分包单位,评价的内容包括分包单位的质量、安全、进度及成本管理等方面,评价以定量分析为主,且定量分析与定性分析相结合,强调以统计数据说话,通过分析发现问题并制定整改措施,从而有效地规避了总承包风险。这种总、分包合同履约评价活动,每季度进行一次,把上季度的总结评价与下季度改进措施相结合。在总分包合同的管理过程中,由于总包与分包所处的角度或分工不同,总包单位更有可能看清问题的症结所在。通过对分包单位的提前"预警"并及时解决问题,把问题消灭在萌芽状态,省去了后期纠错整改的麻烦和无谓的损失。

## 8.5.3 质量控制措施

**1. 质量控制目标规划**

SXTZ 大厦主楼质量控制目标为达到合格工程的要求,各检验批、子分项、分项工程、子分部、分部工程合格率为 100%。为实现这一目标,依据国家相关部门统一制定的作为检验和验收工程项目质量依据的技术法规文件,如《建筑工程施工质量验收统一标准》(GB50300—2001)《混凝土结构工程施工质量验收规范》(GB50204—2002)《建筑装饰装修工程质量验收规范》(GB50210—2001)等,建立带有模糊推理的质量控制知识库及专家系统。

投资大厦主楼工程质量控制知识库划分为地基与基础、主体结构、建筑装饰装修、建筑屋面、建筑给水、排水及采暖、建筑电气、通风与空调八个分部工程。各分部工程的质量控制知识库又划分为子分部工程,如建筑装饰装修分部工程划分为地面工程、抹灰工程、门窗工程、吊顶工程、轻质隔墙工程、幕墙工程、涂饰工程、细部工程八个子分部工程;建筑电气工程划分为变配电室、供电干线、电气动力、电气照明安装、备用和不间断电源安装、防雷及接地安装六个子分部工程。各子分部工程的质量控制知识库又进一步划分为分项工程,如子分部幕墙工程划分为玻璃幕墙、金属幕墙、石材幕墙三个分项工程;防雷及接地安装子分部工程划分为接地装置安装、避雷引下线、变配电室接地干线附设、建筑物等电位连接、接闪器安装五个分项工程。各分项工程的质量控制知识库还包括了检验批质量控制知识库,该知识库由主控项目检验和一般项目检验构成。其中,主控项目是对检验批的基本质量起决定性影响的检验项目,必须全部符合专业工程验收规范的要求。

**2. 质量过程控制**

推行"预防和改进为主"的质量管理原则,运用系统、全面的综合管理方式,重点控制影响工程质量的因素。所采取的具体措施如下。

1)制订纠正和预防工作流程

遵循 PDCA 循环解决每一个检验批的质量问题。通过 PDCA 循环过程,对存在的问题进行改进和处理,对其中效果良好的方法、措施加以巩固,形成标准在类似过程中推广应用;而错误的做法则引以为戒,在后续过程中尽量避免。对于本次 PDCA 循环过程中没有解决或解决不彻底的问题,要转入下一次 PDCA 循环想办法解决。在每次循环中都不断赋予新的内容,使质量控制水平得到不断改进和提高。例如,对于"钢筋工程"可通过如下措施,保证其施工质量:

- 按施工图核查绑扎成型的钢筋骨架,检查钢筋品种、直径、数量、间距和形状;
- 检查骨架的外形尺寸,其偏差是否超过规定,并检查保护层厚度,构造筋是否符合构造要求;
- 检查锚固长度,箍筋加密区及加密间距;
- 检查钢筋接头外观质量,取样试件力学性能试验是否达到要求,对接头位置(相互错开)进行检查后形成数据库。

将收集到的数据与钢筋工程检验批知识库中的数据进行对比分析推理,按照 PDCA 循环过程,消除检验批的工程质量问题。

2)质量分析会制度

依据 ISO 9001 标准和质量管理文件的要求,结合现场施工的实际情况,按照现场收集的质量数据与知识库中的数据进行对比分析推理,发现质量问题。每周召开一次现场质量分析会,找出问题症结和影响因素,制定切实可行的纠正和预防措施,以及与之相配套的施工技术管理办法,做到有的放矢。在每周生产例会上,把质量讲评列为例会的重要议事内容,指出施工中存在的质量问题以及解决这些问题的具体措施,会后予以贯彻执行。定期召开《质量监督核查追踪》专题分析会,追查造成质量问题的责任单位和责任人,评定责任大小,明确整改措施、整改期限、整改标准、整改责任人和监督执行人。对工程质量变化趋势进行分析,找出已经出现的质量问题(含不合格物质、不合格过程)和可能造成质量问题的潜在因素,制定出相应的纠正、预防措施。

3)样板引路制度

在各分项(工序)工程施工前,依据施工方案和技术交底,以及现行的国家规范、标准,按照现场收集的质量数据,与知识库数据进行对比分析,推理找出的问题症结。组织进行分项(工序)样板施工,在施工部位挂牌注明工序名称、施工责任人、技术交底人、操作班长、施工日期等。将每一层的第一个施工段的各分部分项工程及重点工序都做为样板,请监理验收,样板未通过验收前不得进行下一道工序。施工队伍在样板施工中接受质量技术方面的严格培训,做到统一操作程序、统一施工做法、统一质量验收标准。

4)施工过程"三检"制度

加强施工过程中的"三检"制度管理,即施工单位作业人员按知识库数据自检,自检合格后与下一道工序的作业人员交接检查,满足知识库后由施工单位专职质检员检查。通过"三检"制度,确保本道工序质量,检查上道工序质量,服务下道工序,使得每道工序均达到质量目标,保证工序的可追溯性,以及施工进度的顺利完成。

### 8.5.4　工期、费用、质量综合控制措施

**1. 制订工程目标集成管理计划**

按照优化模型的求解结果,工程总工期为 544 天、工程总费用为 48917021 元、工程的相对质量为 0.906。为了实现投资大厦主楼的上述目标,制订包括目标、任务、范围、进度安排、工程里程碑、质量规划、预算费用诸多内容的工程集成管理计划,并把工程集成计划目标、任务和计划安排,作为工程管理的控制重点,不但作为考核各项工作过程的标准,而且作为考核工作结果的标准,保证工程的质量、数量、时间按工程集成计划展开。以工程集成计划作为工程各专项、各部分和各相关利益主体,进行协调指挥的指导性文件,避免实施过程中多头指挥所产

生的冲突矛盾,防止不同专项管理者的"各自为政"。

项目集成计划是依据工程的工作分解结构,按照上述优化模型的求解结果,采用进度控制措施下的四级网络计划,对工程费用控制、质量管理采用与进度计划一体化的施工方案。通过选择合理的施工方法与配套的施工机械,保证集成计划的顺利实施。例如,本工程采用清水混凝土,而清水混凝土的模板投入要比普通混凝土高。通过对木梁胶合板模板与全钢大模板的比较分析,根据本工程异形模板多、周转次数少的特点,选择木梁胶合板模板,与全钢大模板相比降低了工程费用,并保证了工程建设工期。

**2. 集成管理计划的控制与实施**

按照挣得值法 EVM(earned value method)和集成控制原理,对工程的进度、费用和质量进行全面的综合控制,根据 SXTZ 大厦主楼工程的实际情况,对进度与成本的挣得值法进行如下调整和完善。

- 费用偏差 CV(cost variance)分析:

$$费用偏差\ CV = 已完工作预算费用\ BCWP - 已完工作实际费用\ ACWP$$

当费用偏差为负值时,即表示工程运行超出预算费用;当费用偏差为正值时,表示工程运行节支,实际费用没有超出预算费用。

- 进度偏差 SV(schedule variance)分析:

$$进度偏差\ SV = 已完工作预算费用\ BCWP - 计划工作预算费用\ BCWS$$

当进度偏差为负值时,表示进度延误,即实际进度落后于计划进度;当进度偏差为正值时,表示进度提前,即实际进度快于计划进度。

- 质量偏差 QV(quality variance)分析:

$$质量偏差\ QV = 已完工作的实际质量价值 - 已完工作的计划质量价值$$

已完工作的实际质量价值是各项工作实际完成后,工程质量检查人员依据正常工作下的质量和模型优化求解下的工程质量,按照检验批合格的数量所确定的工作相对质量;已完工作的计划质量价值是模型优化求解下的项目质量。当质量偏差为负值时,表示工作质量不达标;当质量偏差为正值时,表示工作质量满足计划工作质量。如果偏差为负值,应及时发现问题,查找原因,并采取适当的纠偏措施。

举例说明,"十六层至十八层主体结构"施工分项工作计划的工作预算费用 BCWS = 3167654 元,已完工作(包括 62 个检验批)的计划质量价值 = 0.05。2006 年 12 月 16 日进行跟踪检查分析数据为:已完工作实际费用 ACWP = 3195429 元,已完工作预算费用 BCWP = 3189762 元,已完工作的实际质量价值 = (61/62)0.05 = 0.049(一个检验批验收不合格)。按照挣得值法和集成控制原理,上述三个指标的计算结果如下:

- 费用偏差 CV = 3189762 - 3195429 = -5669(元),表明费用超支;
- 进度偏差 SV = 3189762 - 3167654 = 22108(元),表明进度提前;
- 质量偏差 QV = 0.049 - 0.05 = -0.001,表明质量不合格。

进一步对"十六层至十八层主体结构"分项工作的工程费用超支和质量不合格的原因进行分析,发现施工单位的劳务分包为"赶工",超报模板费用,并因"赶工"造成质量的不合格。故要求劳务分包单位按照优化后的施工进度网络计划的科学工期进行施工,不得进行不必要的"赶工",造成费用超支和质量不合格。

### 8.5.5　实施效果

通过实施以上工程进度、费用与质量的控制措施,在进度方面,投资大厦主楼工程自 2006 年 3 月 15 日开工,2006 年 4 月 2 日完成基础筏板工程,2006 年 5 月 12 日完成地下室主体结构施工,2007 年 2 月 28 日地上二十四层主体结构封顶,基础筏板、地下室、主体结构均按各阶段计划目标实现。2006 年 11 月 28 日,幕墙分包施工单位进场,历经近三个月的时间完成深化图纸的设计、审批、修改,然后审批及施工方案的编制、论证、修改及再论证等各项施工前期的准备工作。从 2007 年 3 月 15 日开始玻璃幕墙安装(较形象进度进度计划滞后 17 天),2007 年 8 月 5 日全部安装完毕(较阶段性计划滞后 3 天)。2007 年 9 月 2 日设备安装调试按阶段性计划完成,2007 年 9 月 12 日工程竣工验收交付使用,较合同计划工期提前 6 天。在费用方面,工程总费用为 47985432 元,较工期优化后的项目总成本 48917021 元节省了 931589 元。在质量方面,SXTZ 大厦主楼工程共计 627 个检验批次合格率 100%,124 个分项工程合格率 100%,地基与基础、主体结构、建筑装饰装修、建筑屋面、建筑给水、排水及采暖、建筑电气、通风与空调八个分部工程质量验收合格,大厦主楼单位工程质量评定为合格,较好地实现了工程的各项目标。

## 问题思考

1.SXTZ 大厦主楼工程的基本情况怎样? 其进度、费用和质量管理的目标各是什么?

2.如何客观、准确地描述工程的进度、费用和质量? SXTZ 大厦主楼工程进度、费用和质量控制所面临的问题有哪些?

3.在优化模型中,工期、费用和质量约束各自的作用是什么? 怎样实现工程进度、费用和质量的综合优化?

4.如何对优化模型进行求解? 模型的求解结果说明了什么问题? 怎样付诸实施?

5.工程的进度、费用和质量控制措施有哪些? 如何使这些措施能够相互配合,达到综合优化的效果?